权威·前沿·原创

皮书系列为
"十二五""十三五""十四五"时期国家重点出版物出版专项规划项目

BLUE BOOK

智 库 成 果 出 版 与 传 播 平 台

四川蓝皮书

BLUE BOOK OF SICHUAN

四川农业农村发展报告
（2025）

ANNUAL REPORT ON SICHUAN'S AGRICULTURE
AND RURAL DEVELOPMENT (2025)

深化农村改革
Deepen Rural Reform

主　编／杨　颖
副主编／张克俊　庞　淼　高　杰

社会科学文献出版社
SOCIAL SCIENCES ACADEMIC PRESS（CHINA）

图书在版编目（CIP）数据

四川农业农村发展报告. 2025：深化农村改革／杨
颖主编. -- 北京：社会科学文献出版社，2025.6.
（四川蓝皮书）. -- ISBN 978-7-5228-5608-7

Ⅰ. F327.71

中国国家版本馆 CIP 数据核字第 2025L8D328 号

四川蓝皮书

四川农业农村发展报告（2025）
——深化农村改革

主　　编／杨　颖
副 主 编／张克俊　庞　森　高　杰

出 版 人／冀祥德
责任编辑／张铭晏
责任印制／岳　阳

出　　版／社会科学文献出版社·皮书分社（010）59367127
　　　　　地址：北京市北三环中路甲29号院华龙大厦　邮编：100029
　　　　　网址：www.ssap.com.cn
发　　行／社会科学文献出版社（010）59367028
印　　装／三河市东方印刷有限公司

规　　格／开　本：787mm×1092mm　1/16
　　　　　印　张：26.25　字　数：392千字
版　　次／2025年6月第1版　2025年6月第1次印刷
书　　号／ISBN 978-7-5228-5608-7
定　　价／158.00元

读者服务电话：4008918866

四川蓝皮书编委会

主　任　刘立云　杨　颖

副主任　廖祖君

编　委（按姓氏笔画为序）

王　芳　王　倩　王　楠　向宝云　刘　伟

刘金华　李晟之　李晓燕　张立伟　张克俊

陈　妤　陈　映　罗木散　庞　森　赵　川

彭　剑　蓝定香　虞　洪　翟　琨

《四川农业农村发展报告（2025）》
编 委 会

主 编　杨　颖

副主编　张克俊　庞　森　高　杰

撰稿人　（按文序先后排列）

主要编撰者简介

杨 颖 四川省社会科学院党委副书记、院长，教授，经济学博士、工学博士、应用经济学博士后，《农村经济》期刊主编、《毛泽东思想研究》期刊主编。曾担任四川省经济学会副会长，四川省新闻工作者协会第五届理事会副主席。先后在《人民日报》《光明日报》《党建》等各类刊物发表100多篇论文，对策建议获中央领导肯定性批示3件次。出版《全球价值链下四川产业集群升级研究》等多部学术专著。主持中共中央党校（国家行政学院）、商务部、四川省等多项省部级研究课题。先后获湖北省人民政府科技进步奖一等奖一项（2006年），获中共中央党校科研成果一等奖（2006年）、二等奖（2006年）和三等奖（2014年）各一项，获湖北省政府第四届社会科学优秀成果奖三等奖一项（2004年），获武汉市人民政府社会科学优秀成果奖优秀奖两项（2005年、2007年）等多项省部级奖项。

张克俊 四川省社会科学院农村发展研究所所长、研究员，《农村经济》期刊常务副主编，农业经济管理专业博士生导师，四川省学术技术带头人，享受国务院政府特殊津贴专家，四川省决策咨询委员会委员，四川省乡村振兴智库专家。主要从事农村改革发展研究，主持国家社会科学基金重大项目"健全城乡发展一体化的要素平等交换体制机制研究"等20余项国家级、省部级课题，在全国核心期刊发表学术论文近百篇，出版了《四川巩固拓展脱贫攻坚成果同乡村振兴有效衔接研究》《健全城乡融合发展的要素平等交换体制机制研究》等多部学术专著，调研和政策咨询报告30余篇获得省部级领导肯定性批示。荣获四川省政府哲学社会科学优秀成果奖一等奖 3 项、二等奖 4 项、三等奖 6 项。

庞　淼　四川省社会科学院农村发展研究所研究员。主要从事"三农"政策、资源与环境等问题研究。主持完成 2 项国家社会科学基金课题、1 项人事部对海外留学人员科技活动择优资助优秀项目，主持完成省部级和国外合作课题 20 余项。在全国核心期刊公开发表学术论文 30 余篇，出版 6 部中文专著，2 部英文专著，若干政策建议获省委、省政府领导批示。

高　杰　四川省社会科学院农村发展研究所研究员，理论经济学博士、应用经济学博士后，硕士生导师。先后在《光明日报》《农村经济》《财经科学》等各类刊物上发表论文 30 余篇，政策建议获四川省委主要领导肯定性批示 6 余件次。出版《中国农业产业化经营组织演进研究》等 4 部学术专著。主持国家社会科学基金项目 2 项、四川省社会科学基金重大项目 1 项、四川省规划年度项目 2 项。先后获四川省哲学社会科学优秀成果奖一等奖 1 项、二等奖 3 项、三等奖 1 项。

前　言

2024 年是全面贯彻党的二十大精神、以中国式现代化引领四川现代化建设的继续推进之年，是实现"十四五"规划目标任务的关键一年。四川省委全面贯彻党的二十大和二十届三中全会精神，深入贯彻落实习近平总书记关于"三农"工作的重要论述和对四川工作系列重要指示精神，把推进乡村全面振兴作为新时代新征程"三农"工作的总抓手，新时代更高水平"天府粮仓"建设步伐加快，农业强省建设迈出新步伐，乡村产业融合发展取得新进展，宜居宜业和美乡村建设扎实推进，乡村基础设施水平进一步改善提高，脱贫攻坚成果持续巩固拓展，农村资源要素活力明显增强，农民增收路径多渠道拓展，乡风文明持续提高，乡村治理明显改善，农村保持和谐稳定。

2025 年是完成"十四五"规划目标任务的收官之年，是开启"十五五"规划的蓄势之年。做好 2025 年和今后一个时期四川"三农"工作，要以习近平新时代中国特色社会主义思想为指导，全面贯彻党的二十大和二十届二中、三中全会精神，深入学习贯彻习近平总书记关于"三农"工作的重要论述和对四川工作系列重要指示精神，深入实施"四化同步、城乡融合、五区共兴"发展战略，坚持和加强党对"三农"工作的全面领导，完整准确全面贯彻新发展理念，坚持稳中求进工作总基调，坚持农业农村优先发展，坚持城乡融合发展，深入学习运用"千万工程"经验，进一步深化农村改革，奋力推进乡村全面振兴，确保国家粮食安全，确保不发生规模性返贫致贫，提升乡村产业发展水平、乡村建设水平、乡村治理水平，加快建

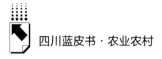

设农业强省。

四川蓝皮书《四川农业农村发展报告（2025）——深化农村改革》是在四川蓝皮书《四川农业农村发展报告（2024）——城乡融合发展》基础上的继续推进。本书以全面贯彻落实中央一号文件精神和四川省委一号文件精神为主线，客观反映2024年四川农业农村发展总体状况和2025年基本走势。同时，重点反映四川农村改革的进展成效、实践经验、存在的主要制约及新时代新征程全面深化农村改革的思路对策。本书的写作得到了四川省发展和改革委员会、四川省农业农村厅、四川省统计局、成都市农业农村局等有关部门和地方的大力支持，编辑出版得到了社会科学文献出版社的大力支持。在此表示衷心感谢！

由于时间紧、资料准备不足，书中难免存在疏漏之处，敬请各位领导、专家学者和广大读者批评指正。

杨颖

2025 年 3 月 27 日

摘　要

《四川农业农村发展报告（2025）——深化农村改革》是一本比较全面展示四川农业农村改革发展重要研究成果的蓝皮书。全书分为三个部分。第一部分是总报告，包括2024年四川农业农村发展现状与2025年展望，四川农村改革进展、成效经验与突破方向。2024年四川农业农村发展稳中有进，农业农村改革效能继续提升，但面临结构性矛盾突出，存在农民持续增收难度加大、农业产业化经营水平相对较低、农业新质生产力发展水平不足等诸多问题。2025年，四川在推进农村改革进程中将聚焦重点领域，探索更具突破性的改革路径，破除体制机制障碍。第二部分是专题篇，包括四川深化承包地"三权分置"改革研究、深化新型农村集体经济发展路径与运行机制改革研究、健全推进乡村全面振兴长效机制研究、农村防止返贫致贫机制的实践探索和优化对策研究、健全种粮农民收益保障机制研究、高质量推进高标准农田建设机制研究、深化集体林地"三权分置"改革的实践与策略研究、加快健全农业转移人口市民化机制研究等，围绕四川农业农村深化改革相关方面进行专题研究，探索农村改革后的优化路径，推动城乡要素双向流动与融合发展，提升农业农村现代化水平，推动四川从农业大省向农业强省实现跨越。第三部分是案例篇，包括土地制度、体制机制创新、农业产业、城乡融合、生态价值转化等领域的精选案例，总结四川多个地区深化农村改革的创新实践，形成可复制推广的经验与模式。如四川筠连县在扶贫和帮扶资产管理上资产保值增值，泸县农村宅基地"三权分置"改革激活农村土地资源价值，大英县在农业转移人口市民化进程中构建权益保障和公共服务配套体系，眉山市东坡区、南充市西充县、成都市温江区等地分别在高标准农田建设验收管护、农业社会化服务体系建设、都市现代农业经营体系创新等方面取得显著成效，以实践验证理论、以经验推动改革。这些案例从不同角度展现四川农业农村改革的多样性与创造性，为全省乃至全国提供丰富的实践样本与思路启发。

关键词： 深化农村改革　乡村振兴　四川

目 录 ⟨⟩

Ⅰ　总报告

Ⅱ　专题篇

Ⅲ　案例篇

皮书数据库阅读**使用指南**

总 报 告

B.1

2024年四川农业农村发展现状
与2025年展望

摘　要：　2024年是四川农业农村发展取得显著成效的一年。农业生产总值稳健增长，现代农业发展持续向好，农业农村改革效能继续提升，宜居宜业和美乡村建设加快，农民生活水平显著提升，同时也面临结构性矛盾突出，存在农民持续增收难度加大、农业产业化经营水平相对较低、农业新质生产力发展水平不足等诸多问题。2025年，四川将抓住现有新机遇，以中央一号文件和四川省委一号文件为引领，深度聚焦"三农"领域重点难点

---

* 四川农业农村发展总报告课题组成员：张克俊，四川省社会科学院农村发展研究所所长，研究员，主要研究方向为城乡融合；庞淼，四川省社会科学院农村发展研究所研究员，主要研究方向为农村政策和生态建设；虞洪，四川省社会科学院产业经济与对外开放研究所所长，研究员，主要研究方向为粮食安全和农村经济；王沁钰，四川省社会科学院农村发展所，主要研究方向为农村发展；何栌林，四川省社会科学院农村发展所，主要研究方向为农村发展；罗琨，四川省社会科学院农村发展研究所，主要研究方向为农村发展；喻杨杨，四川省社会科学院农村发展研究所，主要研究方向为农村发展；李美霖，四川省社会科学院农村发展研究所，主要研究方向为农村发展；吴蝶，四川省社会科学院农村发展研究所，主要研究方向为农村发展。

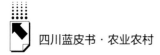

问题进一步夯实"天府粮仓"建设，巩固拓展脱贫攻坚成果，壮大县域富民产业，着力推进乡村建设治理以及深化农村重点改革，推动四川从农业大省向农业强省转变，为四川农业农村现代化建设筑牢坚实根基。

关键词： 农业农村　农村改革　四川省

一　2024年四川农业农村发展的主要进展及成效

2024年四川农业农村发展取得显著成效。全省各级政府全面贯彻落实习近平总书记关于"三农"工作的系列重要论述，扎实推进乡村振兴行动计划，农业农村现代化水平持续提升。高标准农田建设进程显著加速，实现了新增与升级改造共计425万亩的目标。粮食生产再获丰收，粮食播种面积稳中有增，单产提升明显，总产量达到726.8亿斤，高于预期目标11.8亿斤。[①] 全省有序推进2000个宜居宜业和美乡村建设，农村地区卫生厕所的普及率已达到95%，生活污水治理率攀升至75.7%。此外，四川大力发展"川字号"特色产业，强化全产业链科技支撑，积极培育新产业新业态，推动农村一二三产业融合发展。通过一系列措施，农业生产效率显著提升，促进农民收入的增加与农村经济的全面发展。

（一）农业生产总值稳健增长

1.粮食产量实现"三增"

2024年，四川坚定不移地以构建现代化高质量"天府粮仓"为核心目标，深入实施粮食生产体系与种植结构的全面升级策略，取得显著成效。一是粮食播种面积基本稳定。2024年，各地采取切实措施防止耕地"非粮

[①] 《关于四川省2024年国民经济和社会发展计划执行情况及2025计划草案的报告》，《四川日报》2025年2月8日。

化"，优化种粮结构，积极推进小麦恢复性种植。全年粮食播种面积9608.8万亩，比2023年增加2.8万亩。① 二是粮食总产量渐进增长。2024年四川粮食总产量达3633.8万吨，比2023年增加40万吨，同比增长1.1%，再创历史新高。其中，冬小麦总产量增加12万吨，玉米总产量增加26万吨。三是粮食综合单产稳步提高。尽管局部地区出现阶段性高温及强降雨，但全省大多数农业区域的光温与水资源匹配良好，气象条件总体满足粮食作物生长需求。"天府粮仓·百县千片"项目持续深化推进，主要作物大面积单产提升行动实施效果明显。粮食综合单产达到378.2公斤/亩，提高4.1公斤/亩，同比增长1.1%。特别是冬小麦和玉米两项增长明显，2024年四川明确冬小麦扩种目标，各地将生产任务落实到田间地块，冬小麦单产同比提高4.5公斤/亩，同时，四川全力建设玉米单产提升项目，系统推进玉米绿色高效生产，玉米单产同比提高9公斤/亩。②

2. 经济作物持续增长提升

2024年，四川经济作物生产总体稳定。其中，蔬菜及食用菌总产量5645.6万吨，同比增长4.2%；水果总产量1597.4万吨，同比增长19.0%；冬油菜籽总产量372.0万吨，同比增长5.0%；茶叶总产量45.4万吨，同比增长6.8%；中药材总产量333.0万吨，同比增长11.0%（见表1）。

表1 2023年、2024年四川省经济作物产量

单位：万吨，%

经济作物	2023年	2024年	同比增长
蔬菜及食用菌	5417.9	5645.6	4.2
冬油菜籽	354.4	372.0	5.0
茶叶	42.5	45.4	19.0

---

① 《2024年四川民生调查数据公布：全省居民人均可支配收入34325元》，https://scnews.newssc.org/system/20250117/001502187.html，2025年1月17日。

② 《关注2024四川民生调查数据②｜"天府粮仓"再获丰收 2024年四川粮食总产量达3633.8万吨》，https://sichuan.scol.com.cn/ggxw/202501/82884372.html，2025年1月17日。

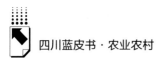

续表

经济作物	2023 年	2024 年	同比增长
水果	1341.8	1597.4	19.0
中药材	300.0	333.0	11.0

3.畜牧业生产总体稳定

2024 年，四川畜牧业生产总体平稳且生产形势良好，生猪产能适度调整，市场供应充足。全年生猪出栏 6149.6 万头，同比下降 7.7%；猪肉产量479.4 万吨，同比下降 2.1%。年末四川生猪存栏 3643.0 万头，同比下降5.5%；能繁母猪存栏 360.5 万头，同比下降 2.3%。[①] 尽管年度生猪出栏量出现了下滑的趋势，但全年累计出栏量依然稳居全国首位。[②] 2024 年四川为保持畜牧业生产持续稳定，出台相关措施。相继印发《四川省畜禽遗传改良计划实施管理办法（试行）》和《促进牦牛产业高质量发展政策措施》，推动肉牛产业发展，禽蛋和牛奶产量实现不同程度的增长。推进生猪产业现代化发展，四川扎实推进包括猪肉在内的"菜篮子"产品生产稳定与市场供应保障工作。加速生猪产业现代化转型，通过实施产能调控和加强非洲猪瘟等疫病防控，确保生猪全年出栏量超过 6000 万头，维护畜牧业稳定发展。[③]

4.林草生态显著改善

2024 年，四川林草生态发展取得显著成效，林草产业总产值达到 5800亿元，同比增长 11.5%。一是生态修复与保护工作。全省完成营造林 522.5

---

① 《2024 年四川民生调查数据公布：全省居民人均可支配收入 34325 元》，https：//scnews.newssc.org/system/20250117/001502187.html，2025 年 1 月 17 日。

② 《全文发布！2025 年四川省政府工作报告》，https：//sichuan.scol.com.cn/gcdt/202502/82894572.html，2025 年 2 月 6 日。

③ 《中共四川省委 四川省人民政府关于学习运用"千村示范、万村整治"工程经验，在推进乡村振兴上全面发力的意见》，http：//www.sc.gov.cn/104652/10464/10797/2024/2024/2/29/b3bf48d29eb34238a587，be51d1480295，2024 年 2 月 29 日。

万亩，退化草原修复 956.3 万亩，分别超出年度目标的 51.5% 和 16%。[①] 其中全年累计实施人工造林及更新造林 58.61 万亩，完成退化林修复工程 118.79 万亩，开展森林抚育工作 320.2 万亩，义务植树近 9000 万株，治理沙化土地 55.7 万亩、石漠化土地 18.1 万亩。2024 年四川启动千岁古树名木保护三年行动，开展古树名木保护"七进"和"我为古树上保险"等活动，争取中央专项彩票公益金 4500 万元支持翠云廊古柏等重点古树（群）抢救性保护复壮，新增古树名木 5967 株，新建省级古树公园 5 个。二是推进"天府森林四库"建设。提升"水库"功能，系统构建岷江上游退化林水源涵养功能提升、干旱河谷植被重建和川西北沙化治理配套关键技术体系；"钱库"扩容开拓致富门路，积极拓展生态旅游的外延与内涵，2024 年四川林草生态旅游综合收入突破 2000 亿元；"粮库"立体开发释放潜能，截至 2024 年底，全省林粮经营面积达 8100 万亩，林粮产量 1450 万吨，产值 1700 亿元，较"天府森林粮库"建设启动前分别增长 10.8%、33.4% 和 33.6%；"碳库"机制创新打破壁垒，开展不同层级、不同资源类型的省级林草碳汇工作试点，打造大熊猫国家公园非煤矿山生态修复、马尾松退化林修复等 12 个固碳增汇示范样板基地，开发碳汇项目 30 个。[②]

5. 水产养殖能力稳步提升继续推进

2024 年，四川水产工作持续向好。全年实现渔业经济总产出 766 亿元以上，同比增长 5.3%。[③] 一是继续强化水产品质量安全监管。四川积极开展各项水产产业发展和安全生产工作调研，总结 2024 年水产养殖重点品种药物残留突出问题专项治理、涉渔项目建设和渔业安全生产情况。[④] 二是巩

---

① 《2025 年全省林业和草原工作会议召开》，http://lcj.sc.gov.cn/scslyt/ywcd/2025/2/20/b1d6d7f1730e45d2981c5d4957acc4ff.shtml，2025 年 2 月 20 日。

② 《在绿水青山间书写保护发展新答卷——2024 年四川推动林草工作高质量发展》，http://www.scst.org.cn/shengtai/11186.html，2025 年 2 月 20 日。

③ 《今年四川渔业经济总产值预计将超过 766 亿元》，https://sichuan.scol.com.cn/ggxw/202412/82858368.html，2024 年 12 月 10 日。

④ 《渔业渔政管理处、省水产局赴德阳市开展水产产业发展和安全生产工作调研》，http://nynct.sc.gov.cn//nynct/c100626/2024/12/23/fb0bf48a3cc84a0ebc044e360a0e3 0f3.shtml，2024 年 12 月 23 日。

固水产养殖基本盘。2024 年四川持续推动水产健康养殖领域的低碳转型，重点推广稻渔综合种养、设施渔业等高效养殖技术以及种养循环策略和"三池两坝"等尾水净化模式，以实现资源节约型和环境友好型的水产养殖发展目标。遵循《四川省水产养殖业水污染物排放标准》的要求，致力于加强水产养殖尾水的监测与管理，并积极推进池塘的标准化改造与尾水净化工程。三是振兴发展水产种业。2024 年四川计划实施一系列战略举措，包括积极支持白乌鱼的保种及创新育种繁殖基地的建设，重点推进长吻鮠"川江 1 号"和乌鳢"玉龙 1 号"新品种的推广应用，并预计新增养殖面积5 万亩。①

（二）现代农业发展持续向好

1. 新型经营主体发展态势良好

2024 年，四川新型经营主体发展态势良好，规模和影响力持续扩大。农民合作社示范社达 1.4 万个，国家级示范社达 594 个，位居全国第四，省级示范社超过 2000 个。全国已认定的示范家庭农场总数达 40000 家，其中，省级示范农场数量为 3383 家。② 截至 2024 年底，全省家庭农场数量已超过27 万个，累计带动农户 801 万户。一是积极扶持新型经营主体。四川持续强化对新型农业经营主体的支持培养，旨在启动并深化家庭农场与农民合作社的发展能力建设行动计划，促进农业产业化联合体的组建与壮大，增强经营主体实力和联农带农能力。二是新型经营主体带动农民增收初见成效。四川重点培育和发展家庭农场、农民合作组织以及农业企业等新型农业经营主体，旨在显著提升供销合作社体系服务于"三农"的能力，推动农民增收。同时通过完善产业链利益联结机制，引导企业与小农户建立紧密的合作关系，确保增值收益更多分配到农户。全省农民合作社成员户均获得直接收益

---

① 《四川力争实现渔业总产值 750 亿元以上》，《四川农村日报》2025 年 2 月 24 日。
② 《合作社+家庭农场：四川农业现代化的主力军》，《四川日报》2024 年 6 月 5 日。

1200 元以上，产业化联合体实现年销售额 507.93 亿元，成员户均增收 1.7万元。①

2. 现代农业园区建设成效显著

2024 年，四川现代农业园区建设发展态势良好，成效显著。一是推动"天府粮仓·千园建设"行动。全省深入推行"天府粮仓·千园建设"行动，旨在全力建设一批现代化农业示范区，显著提升农业生产力与可持续发展水平，园区数量和质量均实现大幅提升。截至 2024 年底，全省累计评定省级星级农业园区 277 个，其中五星级现代农业园区 69 个。2024 年度四川新增 95 个星级现代农业园区，包括 15 个五星级园区、15 个四星级园区和65 个三星级园区，粮油、生猪等主导产业表现出显著优势，成为保障粮食安全和推进农业现代化的核心力量。二是打造高品质现代农业园区。四川建立严格的园区动态管理机制，实行"红黄牌"制度，对已评定的星级园区进行"严进严出"管理，确保园区建设质量。2024 年全省现代农业园区农业综合产值达到 4700 亿元，产业规模和联农带农效果显著提升。② 在园区建设过程中四川还注重联农带农机制的完善。

3. 农业科技全面升级

2024 年，四川农业科技发展全面发力，以政策引领、科技创新和资源整合推动农业现代化及"天府粮仓"建设。一是政策引领推进科技发展。2024 年四川印发了《建设新时代更高水平"天府粮仓"行动方案》和《四川省科技支撑更高水平"天府粮仓"建设实施方案（2023—2027 年）》等政策文件，明确农业科技发展的目标和路径。③ 二是科技驱动和资源整合。2024 年在种业创新方面，四川聚焦"8 个 100"目标，启动"1+3"种源关

---

① 《新型农业经营主体发展规模不断壮大，家庭农场超 27 万个 四川加快构建现代农业经营体系》，https://ny.scol.com.cn/news/202412/82852623.html，2024 年 12 月 3 日。
② 《天府粮仓｜2024 年度四川省星级现代农业园区名单出炉，95 个园区"上星"》，《四川日报》2025 年 2 月 11 日。
③ 《农业科技报乡村振兴看四川系列报道：全面发力科技支撑打造更高水平天府粮仓》，https://www.sohu.com/a/798280387_378064，2024 年 8 月 3 日。

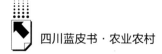

键核心技术攻关,力争到2025年选育突破性新品种100个以上,[①] 四川省智慧农业科技协会依托天府科技云平台,整合省内智慧农业领域的科研院校及企业资源。其中,四川省农业科学院主持了国家重点研发计划项目3项和科技厅揭榜挂帅项目3项,新增重大科技项目总经费超1.3亿元。2024年,四川在种质资源研究方面取得重大突破,人工合成小麦衍生品种川麦104的高质量基因组组装成果为全球小麦育种提供了重要参考。三是发展农业新质生产力。四川通过实施"1+3"种子耕地农机关键核心技术攻关,重点支持新品种定向培育、智能农机农艺等关键领域的技术攻关,推动农业新质生产力发展。[②]

4. 农产品品牌建设稳步推进

2024年,四川推进农产品标准化、绿色化、优质化与品牌化协同发展,旨在全面提升农业产业的核心竞争力与市场影响力。一是实施"三品一标"提升行动。四川新制定发布省级农业地方标准64项,现行有效标准595项,成功实施了10个国家现代农业全产业链标准化试点项目,并且认证登记了共计2929个绿色有机地理标志与特色优质农产品,此外四川构建了遍及全国的76个绿色食品原料标准化生产基地以及3个集绿色食品一二三产业融合发展的示范区域,面积902.76万亩;全国有机农产品基地4个,面积581.13万亩,数量居全国前列。二是推进"天府粮仓"精品品牌培育行动。四川培育推出上百个"天府粮仓"优质农产品品牌,其中麦洼牦牛、汶川甜樱桃等四个品牌被农业农村部纳入国家级农业精品品牌培育计划,利州红梨、西充黄心苕等22个品牌也已成功列入了中国农业品牌名录,开设"三品一标"品牌农产品专卖店108个,实现推广营销双赢。[③]

---

① 《省农科院:创新攻关体制机制以科技支撑四川农业强省建设》,《四川日报》2025年1月20日。
② 《以新质生产力为引擎推进农业农村现代化》,《四川日报》2024年7月22日。
③ 《农业农村厅召开2024年四川省农产品质量安全情况新闻发布会》,http://nynct.sc.gov.cn//nynct/c100656/2025/2/11/31356c882623432ba190f449a18d01c2.shtml,2025年2月11日。

5. 农业生产社会化服务

2024年，四川农业生产社会化服务规模扩大至2200万亩次，农产品销售总额达1400亿元，显著提升了农业生产效率，有力助推了乡村产业振兴。一是搭建服务体系。2024年四川全面构建县乡村三级社会化服务体系，所有涉农县（市、区）均已建成县级服务中心，[①] 并按《全省县乡村三级农业社会化服务体系建设方案》深化试点创新，实现粮食作物生产托管服务面积约2400万亩次，占总服务面积超54%。[②] 二是推广服务模式。2024年，四川推行"大托管"服务，鼓励支持农业企业、专合社、社会化服务组织采取"农资+服务""科技+服务""互联网+服务"等方式，开展农业标准推广社会化、托管式服务。[③] 各地不断创新社会化服务模式，华蓥市搭建"滴滴农机—云耕天下"社会化服务平台，整合村集体组织、农机专业合作社资源，2024年以来，实现订单收发服务137例，服务面积1790.22亩。[④]

（三）农业农村改革效能提升

1. 县域城乡融合持续推进

2024年，四川围绕"抓好两端、畅通中间"总体思路，聚焦三大主线推动县域城乡融合发展。一是全面提升县城功能品质。启动18个设区城市体检全覆盖，同步实施县城"精修细补十项民生工程"，截至2024年9月底，全省共计启动并实施了8523个老旧小区的改造工程，并成功增设了6748部电梯，更新燃气管网1.26万公里，县城建成区海绵城市达标面

① 《关于四川省2024年国民经济和社会发展计划执行情况及2025年计划草案的报告》，https://www.sc.gov.cn/10462/10464/10699/10701/2025/2/8/b44fba6b95f842f59fec076b2225c6f5.shtml，2025年2月8日。

② 《四川加快构建现代农业经营体系，在锦绣田野书写蜀乡答卷》，https://ny.scol.com.cn/news/202411/82845792.html，2024年11月26日。

③ 《农业农村厅召开2024年四川省农产品质量安全情况新闻发布会》，http://nynct.sc.gov.cn/nynct/c100656/2025/2/11/31356c882623432ba190f449a18d01c2.shtml，2025年2月11日。

④ 《华蓥市"滴滴农机"创新社会化服务模式》，http://nynct.sc.gov.cn/nynct/c100632/2024/8/12/ab4afb87409b4e748188e516f31fa123.shtml，2024年8月12日。

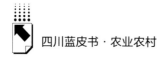
积占比提升至 38%。成都作为全国首批城市更新示范城市，在城中村改造试点中开工安置房 7.4 万套，"平急两用"公共基础设施在建项目达 44 个。① 二是推动城乡要素流动。2024 年，四川实施农业转移人口市民化政策，引导 80 余万农村居民迁移至城镇，使全省常住人口城镇化率提高 1 个百分点。② 同时四川已启动为期三年的"雁归天府·创赢未来"农民工返乡创业服务体系计划，2024 年成功回引 8.3 万名农民工返乡创业，示范带动就业 18.6 万人，产值达 127.7 亿元。③ 三是推动城乡融合试点先行。成都西部区域作为国家级城乡融合发展试验区加速建设，深入推进县域城乡融合发展制度改革，遴选 20 个县（市、区）开展扩权赋能改革。同时，成都、攀枝花、宜宾、广安差异化改革试验步入深水区，加快推进城乡融合发展。2024 年前三季度，四川 39 个欠发达县域 GDP 增长 5.7%，增速高于全省 0.4 个百分点。④

2. 新型农村集体经济持续发展

一是贯彻《中共中央关于进一步全面深化改革、推进中国式现代化的决定》，四川结合省情开创性提出促进新型农村集体经济发展策略，涵盖资源承包、物业租赁、中介服务、经营性资产合作等模式，确保其稳健发展与持续繁荣。⑤ 二是开展全省盘活用好农村集体资产资源发展新型农村集体经济培训班，总结"三资"监管专项整治成效，分析工作形势，立足长远与

① 《关于四川省 2024 年国民经济和社会发展计划执行情况及 2025 年计划草案的报告》，《四川日报》2025 年 2 月 8 日。
② 《为何今年 GDP 增长预期目标为 6% 左右》，https：//www.sc.gov.cn/10462/c111481v/2024/1/23/0fd7c030c469494d883c5d1be45d7d8c.shtml？version＝zzz，2024 年 1 月 23 日。
③ 《2024 年四川回引 8.3 万名农民工返乡创业》，https：//ny.scol.com.cn/news/202501/82878215.html，2025 年 1 月 9 日。
④ 《进一步全面深化改革四川击鼓催征再出发》，《四川日报》2025 年 2 月 5 日。
⑤ 《中共四川省委关于深入贯彻党的二十届三中全会精神 进一步全面深化改革奋力谱写中国式现代化四川新篇章的决定》，http：//nynct.sc.gov.cn//nynct/c100628/2024/10/14/37b927b81e66450bbf50fd443d3ea4ea.shtml，2024 年 10 月 14 日。

当下结合，结合农村集体经济组织法实施，运用专项整治成果。① 三是强化财政支持村集体经济高质量发展，试点工作开展以来，四川不断加大补助力度、扩大支持范围，持续推进扶持壮大村集体经济。其中，2017～2022年，四川财政投入54.6亿元，支持6492个村；2023～2024年，实施新一轮扶持发展新型农村集体经济政策，四川财政投入29.3亿元，支持2666个村。② 在财政投入持续扩大支持下，2023年四川农村集体经济组织总收入达到159.2亿元，有经营性收入的村达到27371个，占29569个村的92.6%。

3. 乡村振兴投入机制不断健全

2024年，四川持续完善乡村振兴的资金投入体系与资源配置模式。一是持续强化公共财政资金的投入与支持，确保农业农村成为一般公共预算中的优先支持对象。2024年四川各级政府提升乡村振兴财政投入，明确强化市县财政责任落实，构建契合战略目标职责、稳定高效的财政支撑架构，包括实施土地出让收益定向农用及省级统筹调用制度。此外确保年度土地出让收入计提比例不低于9%，保障财政投入有效性和连续性，将符合标准的乡村全面振兴项目纳入地方政府债券资助范围。二是精炼和完善农业财政与金融体系的互动政策，包括充分利用农业信贷担保补助、农业产业化银行贷款贴息政策以及乡村振兴背景下的农业产业发展贷款风险补偿金制度等财政激励工具，旨在优化并推广"助农振兴贷"，以更有效地支持农业产业的发展和乡村经济的振兴。筠连县腾达镇官井村通过资源整合，成功引入并优化了金融体系，为茶叶企业及农户量身定制了"优质茶叶贷款"（简称"好茶贷"）产品，③

---

① 《全省盘活用好农村集体资产资源发展新型农村集体经济培训班在宜宾市翠屏区举办》，http：//nynct. sc. gov. cn//nynct/c100625/2024/9/24/f643699bd9a54b3984a5aab6ed59c311. shtml，2024年9月24日。

② 《四川财政统筹支持村集体经济高质量发展》，https：//czt. sc. gov. cn/sccet/c102358/2025/2/6/81a7f8ab6a264b55ae9bae345769955f. shtml，2025年2月6日。

③ 《中共四川省委 四川省人民政府关于学习运用"千村示范、万村整治"工程经验，在推进乡村振兴上全面发力的意见》，http：//www. sc. gov. cn/10462/10464/10797/2024/2024/2/29/b3bf48d29eb34238a587, be51d1480295，2024年2月29日。

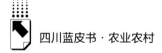

茶企融资贷款超过 200 万元，有力支撑当地茶产业发展。① 三是引导社会资本投入，针对农村地区的数字普惠金融发展，通过深化农村信用体系建设，构建并优化市场化涉农金融风险补偿机制，搭建多层次的农业保险体系，强化农业再保险框架并有效分散重大灾害风险，实现金融支持与风险管理的双层提升。四川鼓励推动市场化运作并依法设立乡村振兴投资基金，首要目标是高效地指导与管控社会资金的流向，确保其精准投入农业农村领域的各项建设项目，如"万企兴万村"行动。② 2024 年四川积极在甘孜州等地推进牦牛养殖保险，通过电子芯片耳标锁定牲畜身份，实现数据实时共享，目前已为 67 余万头牦牛采集信息，为农牧民提供风险保障 3.29 亿元，累计赔付 1000 余万元，受益农户 1827 户次。③

4. 乡村人才队伍建设持续加强

2024 年，四川乡村人才建设取得显著成效，为乡村振兴注入强大动力。一是完善乡村人才培育体系。2024 年四川印发了《农业技术指导员队伍建设试点实施方案》和《农业机械指导员队伍建设试点实施方案》，明确到 2024 年底，全省农业技术指导员和农业机械指导员两支队伍人才总量分别达到 2000 人。④ 二是壮大乡村实用人才团队。2024 年四川持续实施乡村产业振兴带头人培育的"头雁"项目，旨在五年内系统性地培养 5000 名引领乡村产业发展的核心人物。⑤ 2024 年，该项目采取"4 个一"培育模式在四川农业大学雅安校区启动，强化对青年农民及新型农业经营主体的培训与指

① 《筠连县腾达镇官井村入选四川省宜居宜业和美乡村建设典型案例》，https：//finance.sina. com. cn/wm/2025-02-18/doc-inekxfhz5682587. shtml，2025 年 2 月 18 日。
② 《乡村全面振兴规划（2024—2027 年）》。
③ 《附件：四川省第四批数字乡村建设优秀案例选编（2024）》，https：//sichuan. scol. com. cn/amsc/202412/82872884. html，2024 年 12 月 31 日。
④ 《年内扩至 4000 人四川印发实施方案建设农村实用人才队伍》，https：//www. sckjw. com. cn/info/d3474a79fee5492bb91a3819f2d68537，2024 年 10 月 25 日。
⑤ 《2024 年乡村产业振兴带头人培育"头雁"项目启动》，https：//epaper. scdaily. cn/shtml/scrb/20241120/318950. shtml，2024 年 11 月 20 日。

导工作，同时推行农村实用人才带头人的培训项目。[①] 三是加强乡村干部人才队伍建设。2024年四川强调选拔有"三农"经验业绩的干部以强化党政领导班子专业素质与效能，着力选拔有能力经验引领"三农"发展的县（市、区）党委书记，并通过乡镇党政正职培训及农村党员党校轮训，增强乡镇领导班子引领乡村振兴的能力。[②] 四是健全乡村人才保障机制。四川确立了定期派遣人才服务乡村的机制，组织科技、医疗、教育人才团队定点帮扶，实施大学生西部计划，建立乡村人才分级评价体系，构建人才县域统筹使用体系，激励返乡人员、退役军人、退休专家参与乡村振兴，实现多领域人才协同与资源优化。[③]

5. 欠发达地区常态化帮扶持续推进

2024年，四川在推进欠发达地区常态化帮扶方面取得了一系列重要进展，帮扶工作成效显著。一是健全常态化帮扶机制，凝聚多方合力。四川制定出台10条措施开展托底性帮扶，扎实推进39个欠发达县域托底性帮扶，动员省内先发地区、国有企业和民营企业参与；[④] 构建以"1+8"为核心的战略布局，其核心目标集中于增强脱贫地区的内在发展活力与能力，以实施"夯基强本"行动为关键举措，全面聚焦资源与精力，力求在关键领域实现突破性进展，高质量推进巩固拓展脱贫攻坚成果；东西部协作和对口支援投入财政帮扶资金34.4亿元，共计启动了807个帮扶项目，协同构建了115个产业园区，成功吸引并支持500家企业落地投产，累计实现实际到位投资总额达494亿元。[⑤] 二是强化防贫监测，提升帮扶精确性。实行防返贫常态化监测帮扶体

---

① 《2024年四川"头雁"项目启动，"五个一"帮扶体系助力乡村产业振兴》，https：//cbgc. scol. com. cn/news/5626216，2024年11月11日。

② 《中共四川省委　四川省人民政府关于学习运用"千村示范、万村整治"工程经验在推进乡村振兴上全面发力的意见》，https：//www. sc. gov. cn/10462/10464/10797/2024/2/29/b3bf48d29eb34238a587be51d1480295. shtml，2024年2月29日。

③ 《乡村全面振兴规划（2024—2027年）》。

④ 《四川推进39个欠发达县域托底性帮扶》，http：//jx. people. com. cn/n2/2024/0302/c355185-40762502. html，2024年3月2日。

⑤ 《全文发布！2025年四川省政府工作报告》，https：//sichuan. scol. com. cn/gcdt/202502/82894572. html，2025年2月6日。

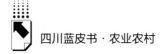

系促进计划，构建了一套由县级、乡级和村级三个层级组成的网格化监测网络架构，设立村级网格员5.2万名，畅通因灾返贫"绿色通道"，全年累计识别监测对象18.2万户，针对性帮扶措施落实率100%。[①②] 三是推进人才和技术帮扶，激活内生动力。健全帮扶激励机制，推进科技帮扶人才关心激励机制的落地落实，鼓励专家服务团在受扶地开展科技成果转化，构建效益共享联结机制，实现帮扶长期持续。[③] 2024年四川省林草局通过健全"省级监督员＋市级协调员＋县级联络员"联络机制，强化业务指导和跟踪问效，进一步提升科技人才"组团式"帮扶质效。

（四）宜居宜业和美乡村建设加快推进

1. 农村人居环境持续优化

2024年，四川致力于不断优化与提升农村地区的居住环境，深入借鉴并实践"千万工程"的成功经验，开展农村人居环境整治提升行动。一是深入推动农村地区实施"厕所革命"。探索农户基于自愿原则实施标准化卫生设施改造模式，政府验收合格后享受直接补贴至个人户头的奖励补偿机制，[④] 2024年四川争取中央资金2.4亿元，支持12个县（市、区）开展农村人居环境整治重点县项目建设，年度内开工建设达100%。下达农村厕所革命奖补资金10.31亿元，支持21个市（州）156个县（市、区）1982个行政村开展厕所革命整村推进项目，新（改）建农村卫生厕所42.53万户。[⑤] 二是实施农村生活垃圾收集、运输及处理设施的完善与效能强化行

① 《关于学习运用"千村示范、万村整治"工程经验在推进乡村振兴上全面发力的意见》，《四川日报》2024年2月29日。
② 《关于四川省2024年国民经济和社会发展计划执行情况及2025年计划草案的报告》，https://www.sc.gov.cn/10462/10464/10699/10701/2025/2/8/b44fba6b95f842f59fec076b2225c6f5.shtml，2025年2月8日。
③ 《2024年四川林草专家帮扶推广150余项应用》，《四川农村日报》2025年1月20日。
④ 《中共四川省委 四川省人民政府关于学习运用"千村示范、万村整治"工程经验在推进乡村振兴上全面发力的意见》，https://www.sc.gov.cn/10462/10464/10797/2024/2/29/b3bf48d29eb34238a587be51d1480295.shtml，2024年2月29日。
⑤ 《我省统筹抓好农村人居环境整治》，https//nynct.sc.gov.cn/nynct/c100626/2025/2/14/82b359332a344fbca43e5f4fbcb55c20.shtml，2025年2月14日。

动。2024年印发了《四川省推进农村生活垃圾收运处置体系建设巩固提升行动方案》，明确规定到2025年底农村生活垃圾收运处置体系覆盖的行政村比例应稳定维持在99%及以上水平，①旨在显著提升农村环境卫生质量与可持续管理水平。同时四川争取中央预算内投资2.4亿元，支持盐边县、蓬安县、沐川县等12个县开展农村生活垃圾处理，②截至2024年5月，四川生活垃圾日均无害化处理能力达6.42万吨，焚烧处理能力居全国第六。③三是继续实施生活污水与黑臭水体治理工作。截至2024年第一季度，四川农村生活污水得到有效治理的行政村比例从2019年初的19.63%提升至73.51%，④已解决650万余户2600万余人农村生活污水收集治理问题，居全国前列。⑤其中成都完成国家监管清单水体19个、省监管清单水体18个的治理工作，⑥达州完成铜钵河等跨界河流的黑臭水质治理工作，水质稳定达到区域水域功能要求。⑦

2. 农村公共服务逐步完善

2024年，四川在农村公共服务领域持续发力，一是推进农村教育质量提升。四川旨在推动基础教育优质均衡发展的战略举措，已成功实施大规模的教育资源优化与整合计划，包括总计5838所中小学（幼儿园）与4973个教学点的布局调整，深度融入学区制与集团化办学的创新模式，在全省183个县（市、区）构建起732个广泛覆盖的义务教育学区网络，有效促进城

---

① 《我省出台农村生活垃圾收运处置体系建设巩固提升方案》，https：//www. sohu. com/a/757386431_121106884，2024年2月9日。

② 《2024年四川省12县获中央预算内投资支持开展农村人居环境整治项目建设》，https：//www. reportway. org/xmtrzsbyj/32992. html，2024年9月14日。

③ 《"全过程"、"全方位"、"全社会"助推四川垃圾分类积极成效》，https：//www. reportway. org/article/32992. htmltps：//www. cn-hw. net/article/detail/999262207436914689，2024年5月20日。

④ 《从19.63%提升至73.51%看农村生活污水资源化利用中的"四川路径"》，https：//news. qq. com/rain/a/20240627A084U900，2024年6月27日。

⑤ 《破解农村生活污水治理难题四川这样做》，http：//www. sc. chinanews. com. cn/scxw/2024-10-21/217831. html，2024年10月21日。

⑥ 《关于成都市农村黑臭水体排查和治理情况的公示》，https：//sthj. chengdu. gov. cn/cdhbj/c136862/2024-08/19/content_2090bf335b33455dba6b7241753ab8d3. shtml，2024年8月19日。

⑦ 《观察丨川渝如何破题共绘美丽生态图景？看这三个关键词》，https：//www. cqnews. net/1/detail/1344722344409923584/web/content_1344722344409923584. html，2025年2月27日。

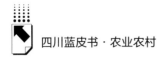

乡学校之间的协同发展与资源共享。① 二是完善线上公共服务平台。2024 年四川建成"川善治"数字化乡村治理平台，覆盖 2.8 万个村，推动乡村治理能力现代化。② 为解决农村地区医保服务不便问题，四川已将高频率的医疗保障服务项目下放到乡镇（街道）及村（社区）层级，以此构建起覆盖省级、市级、县级、乡镇级以及村级的五级医疗保障经办服务网络体系。截至 2024 年底，全省共计 3100 个乡镇（街道）已设立专门的医疗保险服务窗口，而村（社区）层面亦广泛开展了相应的医保服务项目。③ 三是完善农村养老服务网络。四川在养老服务领域不断创新，2024 年逐步提升全国城乡居民基本养老保险的基础养老金水平，并建立健全覆盖县、乡、村三级的养老服务基础设施体系，开展县域养老服务体系创新试点，构建并成功运营 484 个集约化的社区养老服务综合体，设立家庭养老床位 2.1 万张，此"健康敲门行动"已为失能老人提供了累计 67.5 万人次的专业健康服务。④

3. 农村基础设施建设全面升级

2024 年，四川农村基础设施全面升级不断完善。一是农村公路建设方面。四川持续推动农村公路建设，新改建农村公路 11421.9 公里，新增乡村运输"金通工程"客车 5000 辆，新增线路 573 条，⑤ 新增 6192 个自然村组通硬化路、95 个乡镇通三级公路。⑥ 二是农村电网建设方面。2024 年国网四川省电力公司大力推进农村电网建设，累计管理 35 千伏及以上工程 418

① 《四川推进 39 个欠发达县域托底性帮扶》，http：//jx. people. com. cn/n2/2024/0302/c355185-40762502. html，2024 年 3 月 2 日。
② 《关于四川省 2024 年国民经济和社会发展计划执行情况及 2025 年计划草案的报告》，https：//www. sc. gov. cn/10462/10464/10699/10701/2025/2/8/b44fba6b95f842f59fec076b2225c6f5. shtml，2025 年 2 月 8 日。
③ 《方便 6133 万参保人！四川构建线上线下全覆盖医保服务网丨奋力谱写中国式现代化四川新篇章》，https：//sichuan. scol. com. cn/ggxw/202412/82872471. html，2024 年 12 月 31 日。
④ 《四川推进 39 个欠发达县域托底性帮扶》，http：//jx. people. com. cn/n2/2024/0302/c355185-40762502. html，2024 年 3 月 2 日。
⑤ 《关于学习运用"千村示范、万村整治"工程经验在推进乡村振兴上全面发力的意见》，《四川日报》2024 年 2 月 29 日。
⑥ 《四川公路水路建设投资连续 4 年超 2000 亿元》，https：//www. chinanews. com/gn/2025/01-13/10352363. shtml，2025 年 1 月 13 日。

项，新增线路4429.556千米。① 2024年国家发展和改革委员会下达四川省农村电网中央预算内投资计划4.2亿元，其中光伏独立供区增容扩建工程将建设光伏电站5.9兆瓦，储能43.39兆瓦时，惠及甘孜州理塘县、凉山州盐源县、凉山州木里县、阿坝州壤塘县4个县16个乡的1501户居民。② 三是农村水利建设方面。2024年四川促进农村供水高质量发展，优先实施城乡供水一体化及集中供水规模化建设项目，印发《四川省农村供水高质量发展规划》，提出加快全省农村供水从"有没有"向"好不好""优不优""强不强"转变。四川通过实行"一县一策""一库一策"精细调度，稳步增加工程蓄水，到2024年7月底，全省水利工程总蓄水量超过多年同期。③ 四是通信建设方面，2024年四川在5G网络覆盖和数字基础设施建设方面实现跨越式发展。截至2024年12月20日，四川2.6万个行政村全面实现"村村通5G"，四川省通信管理局组织基础电信企业投入资金85亿元，成功建设农村5G基站6.4万个，其中中国移动通信集团四川有限公司累计投入58.5亿元，建设基站4.5万个。④ 2024年四川农村地区已实现1644万宽带用户的广泛接入，居全国首位。农村用户的移动网络月均流量消耗达到了24GB，显著高于全省平均水平。此外接近1000万名农村居民享受到了智慧安防服务，农村居民在在线教育领域的参与度也十分可观，累计超过了1400万人次。农村居民参与农村网络零售活动更是活跃，总交易额突破了2600亿元人民币，充分展现了农村数字化转型的显著成效与巨大潜力。⑤

4. 乡风文明建设稳步推进

一是持续推进农村移风易俗工作。2024年，四川实施"蜀乡新风"计

① 《国网四川电力：2024年建设管理35千伏及以上工程418项新增线路4429.556千米》，https://news.bjx.com.cn/html/20250115/1422931.shtml，2025年1月15日。
② 《关于十四届全国人大二次会议第4828号建议的答复摘要》，http://zfxxgk.nea.gov.cn/2024-07/15/c_1310787284.htm，2024年7月15日。
③ 《利水而兴——2024四川年终经济专稿⑤》，《四川日报》2024年12月20日。
④ 《四川全省提前实现"村村通5G"五大运营商都做了什么》，https://www.163.com/dy/article/JLUGI5E205199DKK.html，2025年1月15日。
⑤ 《四川实现"村村通5G"》，《四川日报》2024年12月23日。

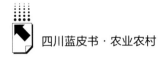

划，推动乡风文明建设十大行动，探索开展城乡精神文明建设融合发展试点，深化移风易俗宣传教育，强化村规民约激励约束功能，治理移风易俗突出问题，整治高额彩礼等不良习俗，推进婚俗改革。① 二是推进乡村文化振兴。2024年四川省农业农村厅与四川省文学艺术界联合会联合印发《大地流彩·四川乡村文化振兴行动方案》，坚持"治理为基、体育搭台、文化唱戏"，守正创新，规范开展活动，展示乡村文化，促进农村精神文明建设。②在农业农村部农村社会事业促进司发布的2024年全国乡村特色文化艺术典型案例中，四川6个案例入选，案例数量居全国各省份第二名。③ 三是发挥典型示范作用。四川通过评选表彰乡村文化振兴样板村镇，发挥乡风文明建设典型示范作用。2024年，全省有61个乡镇入选省级样板镇（乡、街道），67个村入选省级样板村（社区）。④ 2024年四川持续作响"德耀巴蜀"品牌，组织开展第九届全国道德模范四川省候选人资格复查和事迹宣传，其中共50人荣获"四川省道德模范"称号，158人（组）入选"四川好人榜"，13人荣登"中国好人榜"，同时持续深化"新时代好少年"评选宣传，评选出30名"新时代好少年"，其中2人荣获全国"新时代好少年"称号。⑤

5. 数字乡村建设亮点纷呈

一是提升数字乡村信息网络设施水平。2024年，全省146个行政村实现4G与光纤网络100%全覆盖，魔镜慧眼视频监控接入1.5万余路，17个乡镇、3个街道办的主要街道和重点场所实现5G信号覆盖，为扩大农业农

---

① 《文明中国·四川篇｜德耀巴蜀大地，见证文明中国——四川省精神文明建设工作侧记》，https：//www. news. cn/government/20241125/981588a61d0a45c4921dbf766b1466f8/c. html，2024年11月25日。

② 《规范乡村文化活动 构建美好精神家园》，http：//nynct. sc. gov. cn//nynct/c100626/2024/8/22/85fa146449674de3b73c45cc5d555b45. shtml，2024年8月22日。

③ 《我省6个案例入选全国乡村特色文化艺术典型案例》，http：//nynct. sc. gov. cn//nynct/c100626/2024/10/18/7933ea0d36854bbebe61ed9d589288f9. shtml，2024年10月18日。

④ 《这三组数据，描画出四川在推进乡村振兴上全面发力的向上轨迹》，https：//sichuan. scol. com. cn/ggxw/202403/82481187. html，2024年3月8日。

⑤ 《文明之笔绘就四川幸福生活新画卷》，http：//www. wenming. cn/20250127/020c589733894fb3874bc32a9c58bec1/c. html，2025年1月27日。

村应用场景、弥合乡村数字鸿沟创造了有利条件。① 二是提升数字乡村服务水平。2024年四川印发《数字乡村建设指南2.0》，指南指出按"平台上移、服务下沉"原则，利用国家级、省级系统平台资源，推动信息基建互联互通与数据资源整合共享。② 同时2024年推出"四川数字点亮万村计划"，目前服务已覆盖全省2.5万个行政村（社区），惠及近3000万农村居民，生成数据流量14.85亿条。③ 2024年四川正全面加速管理与服务的数字化转型，积极推行"互联网+"与"智慧广电+"的融合应用，不仅涵盖了乡村教育、医疗领域的数字化升级，还包含了文化服务的创新拓展。④

（五）农民生活水平显著提升

1. 农村居民人均收入稳步递增

一是人均收入持续增长。2024年全省居民人均可支配收入达到34325元，比2023年名义增长5.6%，扣除价格因素后实际增长率为5.6%。二是城乡差距逐步缩小。2024年城镇居民人均可支配收入47336元，名义增长4.7%，实际增长4.8%；农村居民人均可支配收入21303元，名义增长和实际增长均为6.6%。城乡居民收入比由2023年的2.26∶1下降为2.22∶1，这表明城乡居民之间的收入差距持续缩小（见表2）。⑤

---

① 《附件：四川省第四批数字乡村建设优秀案例选编（2024）》，https：//sichuan. scol. com. cn/amsc/202412/82872884. html，2024年12月31日。
② 《中央网信办、农业农村部有关负责同志就〈数字乡村建设指南2.0〉答记者问》，http：// nynct. sc. gov. cn//nynct/c100630/2024/5/22/dde052956353411f9b5aff53469ad47b. shtml，2024 年5月22日。
③ 《"四川数字点亮万村计划"已覆盖2.5万个行政村》，http：//nynct. sc. gov. cn/nynct/ c100630/2024/9/10/bd4ba791640d44aeacf24304cb435724. shtml，2024年9月10日。
④ 《乡村全面振兴规划（2024—2027年）》。
⑤ 《2024年我省农村居民人均可支配收入21303元》，https：//www. toutiao. com/article/74624 94537601122850/？ upstream_biz＝doubao&source＝m_redirect，2025年1月22日。

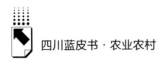

表2 2021~2024年四川省人均可支配收入情况

单位：元

	城镇居民人均可支配收入	农村居民人均可支配收入	城乡居民收入比
2021年	41444	17575	2.36∶1
2022年	43233	8672	2.32∶1
2023年	45227	19978	2.26∶1
2024年	47366	21303	2.22∶1

2. 农村居民收入结构多元

一是工资性收入增长稳健。2024年，全省居民人均工资性收入17076元，同比增长5.7%。工资性收入占可支配收入的比重为49.7%，对收入增长的贡献率达50.9%，为四大类收入中最大项，其中城镇居民和农村居民人均工资性收入分别为27525元、6618元，同比分别增长4.9%、6.4%。二是经营净收入持续增加。2024年，全省居民人均经营净收入6787元，同比增长5.5%。其中城镇居民和农村居民人均经营净收入分别为5525元、8049元，同比分别增长5.3%、5.9%。三是转移净收入增速领先。2024年居民人均转移净收入8339元，同比增长5.8%。其中城镇居民和农村居民人均转移净收入分别为10666元、6010元，同比分别增长4.2%、8.3%，惠农补贴、社会保障等转移支付政策向农村倾斜的效果显著。四是财产净收入增长较缓。2024年，全省居民人均财产净收入2123元，比上年增长3.6%，占人均可支配收入比重和增收贡献率分别为6.2%、4.1%，对居民可支配收入的拉动作用较弱。其中城镇居民和农村居民人均财产净收入分别为3620元、625元，同比分别增长3.2%、2.6%，① 城乡财产净收入比约为5.8∶1，反映农村土地流转、资产盘活等增收潜力尚未充分释放（见表3）。

---

① 《2024四川民生数据年报 | 去年全省居民人均可支配收入34325元比上年增长5.6%》，https：//www.scjjrb.com/2025/01/17/99424430.html，2025年1月17日。

表3　2024年四川省居民人均收入

单位：元，%

收入结构	工资性收入		经营净收入		转移净收入		财产净收入	
	人均收入	增速	人均收入	增速	人均收入	增速	人均收入	增速
全省居民	17076	5.7	6787	5.5	8839	5.8	2123	3.6
城镇居民	27525	4.9	5525	5.3	10666	4.2	3620	3.2
农村居民	6618	6.4	8049	5.9	6010	8.3	625	2.6

3. 农村居民消费支出增加

2024年四川农村居民消费支出逐步增长，农村居民生活不断改善。一是整体性收入增长。2024年全省居民人均消费支出24878元，比上年名义增长5.6%，扣除价格因素实际增长5.6%。其中城镇居民人均消费支出30874元，名义增长5.4%，实际增长5.5%；农村居民人均消费支出18878元，名义增长和实际增长均为5.5%。[①] 二是服务性收入增长。2024年四川居民人均服务性消费支出11097元，同比增长8.3%，高于居民消费增速2.7个百分点。服务性消费在居民消费支出中的占比达到44.6%，较2023年提高1.1个百分点。其中城镇居民和农村居民人均服务性消费支出与2023年相比，分别增长6.8%、10.4%，农村居民服务性消费支出增速明显快于城镇。[②]

二　存在的主要问题与挑战

2024年，四川农业农村发展在政策支持、科技赋能、改革深化等多方面的驱动下，取得了显著成效，为乡村振兴战略的深入实施奠定了坚实基础。但在农业农村现代化进程中仍面临结构性矛盾，存在农民持续增收难、

---

① 《2024年我省农村居民人均可支配收入21303元》，https：//www.toutiao.com/article/7462494537601122850/？ upstream_biz=doubao&source=m_redirect，2025年1月22日。

② 《关注2024四川民生调查数据①｜促消费政策发力显效四川居民消费平稳增长》，https：//sichuan.scol.com.cn/ggxw/202501/82884371.html，2025年1月17日。

农村劳动力结构需优化、农业产业化经营水平低等问题，迫切需要采取有效措施予以解决。

（一）农民增收可持续性有待增强

2024年，四川农村居民人均可支配收入增长6.6%，2014～2023年平均增长10%，表明农村居民收入实现稳定增长，但增速呈下降趋势且持续增收难度较大。从经营净收入看，农产品市场价格波动频繁且上升空间有限，农民缺乏有效应对市场风险的手段，压缩经营利润空间。从工资性收入看，受宏观经济与就业市场波动影响，农民工就业机会减少，企业裁员降薪致其收入不稳定。从财产净收入看，农村土地产权的权能实现受制度制约，集体资产盘活利用程度低，农民难以从土地、房屋等资产中获更多收益；部分脱贫群体因自身发展能力不足、产业基础薄弱，受上述因素影响更明显，收入增长瓶颈难突破。

（二）城乡融合发展亟须深化

2024年，四川在城乡融合发展中构建现代化乡村产业体系，优化农村生态环境与居住条件，促进农民增收，虽有成效但城乡融合机制和制度体系待完善。一是城乡基础设施和公共服务水平的均衡性发展需加强，农村地区的交通、能源供应、通信网络以及关键基础设施的发展尚显不足，与此相应的教育体系与医疗服务在和城市地区的比较中显示出一定的差距。二是城乡要素流动不畅，在人口要素方面，2024年四川常住人口城镇化率60.1%，低于全国平均水平6.9个百分点；在土地要素方面，四川农村面临土地承包经营权流转不畅、城乡建设用地交易市场不完善、宅基地制度需改革等挑战，土地要素潜力仍未充分激活，资源利用效率低。[①] 三是产业融合深度不足，产业经济规模较小，全省128个县（市、区）有78个省级及以上开发

---

① 杨少垒、谢江林、杜煜：《四川县域城乡融合发展的思路与对策》，《四川农业科技》，2024年第12期。

区，仅有 13 个营业收入超过 500 亿元，[1] 农业与工业、服务业的生产要素联动配置不足，导致农业回报下降、成本上升。

（三）生态环境和可持续发展面临压力

2024 年，四川粮食总产量达到 726.8 亿斤，比上年增加 8 亿斤，在保障国家粮食安全中发挥重要作用，但农业生产中生态环境与可持续发展仍面临挑战。一是水生态环境破坏多发。2024 年 11 月中央第三生态环境保护督察组督察四川时发现广元、雅安等地违规侵占长江支流河道岸线，自然保护区内珍稀鱼类生境遭到威胁，国家湿地公园内存在违法排污问题。[2] 2024 年 7 月，四川省生态环境保护督察组发现绵阳市部分县区生活污水处理设施建设滞后，存在污水溢流现象。[3] 二是人地矛盾突出。四川作为人口大省，2023 年常住人口 8425 万人，耕地面积 7878.91 万亩，人均耕地资源相对较少，人地矛盾较为突出。[4] 随着经济发展，四川在基础设施建设、城镇扩张等方面对土地的需求不断增加，导致部分耕地被占用。三是农业面源污染治理难度大。尽管四川在"十四五"期间提出了农业面源污染防治的多项措施，但农业生产的化肥与农药过量应用所引发的治理挑战依然严峻，畜禽养殖废弃物的不当处理导致面源污染问题仍存在；此外，生态补偿机制不完善是制约农业面源污染治理的重要因素之一，补偿标准较低、监管基础薄弱、系统治理与监管实践中的经验模式缺失等关键问题，也使得治理工作难以取得实质性进展。四是水资源时空分布不均，四川每年 5~10 月的降水量占全年的 70% 左右，全省 80% 的耕地与经济活动集中于盆地的中心区域水资源总

---

[1] 郭晓鸣、高杰：《四川推进县域城乡融合发展存在的主要矛盾和突破路径》，《清华大学中国农村研究院"三农"决策要参》2024 年第 21 期。

[2] 《四川省广元雅安等地长江支流和自然保护地生态破坏问题多发》，https：//www.mee.gov.cn/ywgz/zysthjbhdc/dcjl/202411/t20241114_1095322.shtml，2024 年 11 月 14 日。

[3] 《污泥处置乱象丛生、汗水溢流……四川省环保督察通报绵阳等 5 市典型案例！》，https：//www.thepaper.cn/newsDetail_forward_28469265，2024 年 8 月 20 日。

[4] 《最新出炉！来看四川土地"家底"》，https：//www.nbd.com.cn/articles/2024-11-08/3637488.html，2024 年 11 月 8 日。

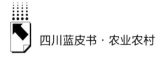

量仅占 20%、人均水资源量不足 1000 立方米，不到全国平均水平的 1/2，①
区域性缺水和季节性缺水问题较为明显。

（四）农业产业化经营水平较低

四川需提升农业产业化经营水平。一是龙头企业带动能力不足。全国农
业产业化国家重点龙头企业的名单中共计 1683 家企业，而四川仅有 128 家
企业入选，且部分龙头企业规模较小、资金实力较弱、技术创新能力不足，
难以发挥引领带动作用。二是农业规模化程度低。在农业经济体系中，小规
模农户的分散经营模式占据着主导地位，这一现状伴随着土地流转难题，制
约农业生产向规模化、集约化转型推进。三是信息化程度低，农业生产、加
工、销售等环节信息化应用水平不高，信息不对称问题严重，制约了农业产
业链的协同运作。四是农产品加工水平不高、冷链物流能力不足，加工技术
落后，产品附加值低，缺乏市场竞争力，目前四川的果蔬、肉类、水产品冷
链流通率的具体指标分别为 3%、15%、16%，冷藏运输率为 10%、30%、
35%，均显著低于全国平均水平，第三方冷链物流企业发展也明显滞后。②
这些问题制约了农业产业化发展，致农业附加值难提升，农民增收受限。

（五）农村劳动力结构亟待优化

四川农村劳动力结构优化问题。一是农村人口结构存在年龄失衡问题。
根据四川村（居）常住人口数据，0~14 岁常住人口中居住在社区和村的人
口占比分别为 15.5%、17%，两者占比接近；15~64 岁常住人口中居住在社
区的人口占比为 71%，居住在村的人口占比为 61.3%，社区高近 10 个百分
点；65 岁及以上常住人口中，居住在社区的人口占比为 13.5%，居住在村

---

① 《水资源家底殷实的四川为何还要到处"找水"》，《四川日报》2024 年 3 月 22 日。
② 赵国利、肖涵方：《基于因子分析法的四川省农产品冷链物流发展水平研究》，《现代农业》
  2022 年第 5 期。

的人口占比为 21.7%，社区低 8.2 个百分点。① 这表明城镇青壮年人口相对集中、农村老龄化更显著。近年来四川农村劳动力转移输出持续增长，大规模青壮年迁移性就业加剧农村劳动力结构老龄化，引发农业劳动力"低质化""弱质化"问题，难以适应农业现代化发展需求。二是产业从业人员结构失衡问题。四川农村富余劳动力向非农产业的流动进程展现相对缓慢的趋势。2023 年四川第一产业就业人员数量为 1535 万人，占总就业人员的 32.5%，尽管同比 2022 年的 34.0%有所下降，但第一产业仍然是吸纳就业人口的重要领域。② 三是农村劳动力就业质量问题。截至 2024 年 5 月底，四川共有农村劳动力 3502.04 万人，转移就业 2696.28 万人。③ 在就业领域上四川农村劳动力主要集中在劳动密集型产业和服务业，同时在就业收入上四川外出农民工月收入水平为 4042 元，与城镇就业人员的收入水平仍有较大差距。④

（六）农业新质生产力发展水平不足

农业新质生产力是推动农业现代化的核心动力，四川农业新质生产力发展水平有待提升，以适应农业现代化发展的新要求。一是科技创新能力不足，农业科研投入相对较少，科研成果转化率低，关键核心技术攻关能力较弱，难以满足产业需求，全省 417 家种业企业中尚无一家在主板上市，省内畜禽核心种源 80%依赖国外进口，且自主培育的高端设施蔬菜品种相对稀缺，设施番茄、辣椒外来品种市场占比超 60%。⑤ 二是农业科技人才结构有待优化，不仅人才总量不足，高层次、创新型人才也存在短缺情况，人才分布上呈现不均衡状态，基层农业科技人才尤为匮乏。三是产业体系不完善，

---

① 《图解：四川村（居）常住人口数据出炉！速来围观!!》，http://tjj.sc.gov.cn/scstjj/c105918/2021/11/26/7c4718cd07444ff1b786b5f45626a/28.shtml，2021 年 11 月 26 日。

② 《2023 年四川省人力资源和社会保障事业发展统计公报》。

③ 《四川上半年城镇新增就业 55.22 万人，就业形势总体稳定》，https://finance.sina.com.cn/jjxw/2024-07-04/doc-incayqcc8290362.shtml，2024 年 7 月 4 日。

④ 《四川调查年鉴 2024》。

⑤ 李镜、何敏：《农业强省目标下加快四川农业科技发展的对策建议》，《四川农业科技》2024 年第 7 期。

农业与第二、第三产业融合发展不够深入，新型农业经营主体的发展尚显不足，农业新业态、新模式的培育不足，农业产业链条较短，附加值较低。

三 2025年四川农业农村发展形势预测与展望

2025年是"十四五"规划收官之年，也是"十五五"规划谋篇布局、进一步全面深化改革的关键准备期。四川将全面贯彻习近平总书记关于"三农"工作的重要论述和重要指示精神，认真落实中央农村工作会议精神，坚持农业农村优先发展，坚持城乡融合发展，深入学习运用"千万工程"经验，加快推进农业强省建设和乡村全面振兴，以农业大省的责任担当为全国大局多作贡献。[①] 四川将以2025年中央一号文件和四川省委一号文件作为四川农业农村发展的行动指南，紧密结合中共四川省委十二届六次全会以及省委农村工作会议等对农村工作的细化部署，持续推动新型城镇化和乡村全面振兴协同共进，实现高质量发展和高水平安全的有机统一。2025年，四川将坚定不移以四化同步、城乡融合、五区共兴为总牵引，持续深入布局现代化建设战略，锚定农业农村现代化这一核心方向，集中力量攻克"三农"领域的重点难点问题，推动四川从农业大省向农业强省实现历史性跨越，为四川农业农村现代化建设筑牢更为坚实的根基。

（一）发展机遇

1.重大政策叠加推动形成区域协同发展的新格局

国家重大政策的叠加将持续发力，在新的一年里不断深化相关改革。国家战略腹地建设、新时代西部大开发、成渝地区双城经济圈建设等国家级顶层设计和配套政策相继出台落地，都对协同推进川渝两地区域发展新格局的形成至关重要。国家战略腹地建设虽基于国家安全考虑，但更重要

---

① 《王晓晖在省委农村工作会议上强调：加快推进农业强省建设和乡村全面振兴，以农业大省的责任担当为全国大局多作贡献》，https://nynct.sc.gov.cn/nynct/c100628/2025/1/16/222b94aa907a4527bd42d4d461b6e01b.shtml，2025年1月16日。

的是平衡区域发展与优化经济布局，强化了四川的战略支撑功能，更通过系统性布局重构了区域经济地理格局，对加快推进四川建设功不可没。2025年是《成渝地区双城经济圈建设规划纲要》的收官之年，也是第二个成渝地区双城经济圈建设新征程的开局之年。2025年1月，成渝两地签署《深化成渝地区双城经济圈区域市场一体化商务发展合作协议》，在优先实现区域一体化的基础上，进一步推动城乡融合发展体制机制创新发展。四川将立足双城经济圈建设，继续以"区域一体化"建设为着力点，在产业、消费、基础设施等领域持续扩大建设规模，进一步扩大城市辐射范围，带动周边地区优质均衡发展。《四川省国土空间规划（2021—2035年）》明确指出，四川是支撑新时代西部大开发、长江经济带发展等国家战略实施的重要地区。2024年10月，国务院批复《成都市国土空间总体规划（2021—2035年）》，将成都定位为西部重要的中心城市。成渝双城经济圈建设与西部大开发战略相互呼应，将推动四川农业农村在新型城镇化建设、乡村振兴等方面取得更大的成效，为实现区域协调发展、缩小城乡差距奠定坚实基础。未来随着政策的不断落地实施，川渝两地将进一步推动城乡融合发展，并通过都市圈辐射带动四川其他地区，为四川深化农业农村改革提供样本。

2. 新质生产力赋能农业科技创新

党的二十届三中全会提出，"健全因地制宜发展新质生产力体制机制"，新质生产力是科技、产业和生产关系的创新。中共四川省委十二届六次全会也提出，要因地制宜发展新质生产力促进三次产业融合，构建富有四川特色和优势的现代化产业体系。2025年中央一号文件提出，"推进农业科技力量协同攻关。以科技创新引领先进生产要素集聚，因地制宜发展农业新质生产力"，这是"农业新质生产力"首次在一号文件中体现，中共四川省委十二届五次全会中也提出，要以发展新质生产力为重要着力点，扎实推进高质量发展，这将加速推动新质生产力在农业领域的落地。四川是全国十三个粮食主产省之一，是全国生猪养殖第一大省，也是五大牧区之一、四大育制种省份之一，还是全国重要的冬春蔬菜生产优势区和

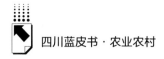

"南菜北运"基地,是名副其实的农业大省,未来四川将以科技创新为着力点,依托新质生产力赋能农业科技创新,推进生猪良种培育,完善种质资源保护体系,持续完善农业产业基础设施建设,推进农业机械化改革,加快农业科技成果转化应用,建立具有四川特色的现代农业体系,推动四川从农业大省向农业强省转变。

3.扩内需激发农业农村市场活力

2024年中央经济工作会议和中共中央政治局会议都提出了扩大内需消费的政策目标,可以说"扩内需"是2025年全国经济发展政策的基本导向。《2024年四川省人民政府工作报告》所作的2025年工作安排,也将"大力提振有效需求,全力以赴稳住经济大盘"放到首要位置。《2024年四川省国民经济和社会发展统计公报》显示,2024年末全省常住人口8364万人,户籍人口9060.5万人,在扩大内需市场上具有巨大的消费潜力。作为农业大省,为进一步挖掘农业农村消费潜力,四川将以扩内需为目标,以"农商文旅体"融合发展为主要抓手,结合新型城镇化建设打造多元消费场景,并结合地方本土文化和资源禀赋,打造文旅+康养、文旅+产业等新业态,进一步释放农村文旅消费潜力,同时完善农村商贸流通体系,打通城乡双向流动渠道,强化城乡生产消费互通,推动四川由生产型消费向服务型消费转变。

(二)面临的挑战

2025年,国际外部环境复杂性、严峻性、不确定性上升,经济复苏进程缓慢,给国内稳增长带来多重压力。在这样的大环境下,四川发展面临着更为复杂的外部挑战。与此同时,全省经济转型正处于关键节点,新旧动能转换尚需时日,面临着科技创新能力不足、产业结构深度调整压力大、区域发展不平衡等诸多问题。

1.粮食增产与农民增收压力仍然较大

粮食增产压力大。四川地形复杂,山地、丘陵占比较大为全省面积的90%,平原面积相对有限,仅占总面积的5.3%,且耕地集中分布于东部盆地和低山丘陵区,① 粮食产量受地理地貌的影响较大。随着城镇化、工业化进程的推进,部分城市周边的大量农田被用于城市建设和工业项目,耕地因"非粮化"和城镇化的扩张面临被侵占风险,对粮食增产增效形成了硬性约束,难以形成规模化种植。此外,部分地区过度依赖化肥、农药,导致土壤肥力下降,尤其一些传统农业产区,长期不合理的施肥灌溉使土壤保水保肥能力减弱,耕地质量下降将导致粮食产量可能无法达到预期。从长期来看,未来四川粮食增产的压力依然较大,且由于化肥的使用较为频繁,土壤肥力的增产作用已经不明显,未来可能削弱粮食产量和粮食质量。

农民增收放缓。受外部环境变化、市场波动、产业发展瓶颈等多种因素影响,四川部分地区出现农民增收放缓的迹象,具体表现为农产品价格波动频繁且下行压力较大,影响农民的经营性收入。以生猪行业为例,生猪价格受市场供求关系影响波动剧烈,2024 年四川全省生猪出栏量减少 7.7%,但猪肉产量仅下降了 2.1%,② 呈现明显的"缺猪不缺肉"特征,2025 年四川生猪产能释放可能超过需求恢复节奏,形成区域性供给过剩,养殖户需平衡产能调控与市场波动风险,还需应对饲料成本上升、疫病防控等挑战。此外,在农产品市场竞争激烈的情况下,四川在农产品品牌建设、市场渠道拓展等方面相对滞后,在价格博弈中处于劣势,农民难以从农产品销售中获得较高收益。同时,四川粮食加工转化率低,产品附加值不高,无法通过加工环节的增值来反哺粮食生产,带动农民增收和促进粮食增产。

2. 区域发展依然不均衡,民族偏远地区相对落后

区域发展不平衡不充分仍是四川发展最突出的问题,主要表现为大城市如成都市与周边小城市发展不均衡、城乡区域发展不均衡。以成都

---

① 《土地资源》,https://www.sc.gov.cn/10462/10778/10876/2021/1/4/dc85d210dd974b64a 830388 be44363f7. shtml,2021 年 1 月 4 日。

② 《2024 年度四川民生经济发展情况》,https://mp. weixin. qq. com/s? __biz = Mzg4OTA3O Dg3NA = = &mid = 2247567284&idx = 2&sn = acfb091d1918dbef0fedf663a6aedf2e&chksm = ce48 05331178915c8855ceb540020b7405746bb911431c646470dace36e455d625b20779a064&scene = 27,2025 年 1 月 17 日。

和绵阳为例，成都 2024 年 GDP 大幅领先位于第二梯队的绵阳，且与偏远地区如甘孜、凉山等地的经济总量相比差距更为明显。同时，成都周边的近郊农村因区位优势共享了都市经济红利，与偏远山区形成"富区要素集聚，穷区资源流失"的马太效应，成都等主要城市的经济虹吸效应越来越强，而其他偏远地区经济增长乏力，甘孜、凉山等山区陷入"资源输出—要素流失"的恶循环。一方面，缺乏主导产业支撑仍是欠发达地区面临的核心问题。尤其部分欠发达地区产业基础薄弱，产业发展规模小、层次低，产业链条短，缺乏特色优势产业，市场竞争力不足，不便的地理区位和匮乏的资源严重限制产业的规模化集约化发展。另一方面，部分已脱贫地区主要依靠政策扶持实现脱贫，脱贫基础不稳固，缺乏长期稳定的产业作为收入来源，面临返贫风险。同时，省内经济欠发达地区产业发展还普遍面临着资金短缺、技术落后、专业人才匮乏等问题，这些问题在一定程度上制约着脱贫攻坚成果的稳固，影响着脱贫攻坚成果同乡村振兴的有效衔接。

3. 农业生产机械化程度不高

随着城镇化的快速推进，四川大量农村青壮年劳动力涌入城市，农村留守劳动力中的中老年人占比较高，受身体与教育的双重限制，缺乏使用新型农业机械和智慧农业的意识和能力，导致耕种效率低下，土地综合利用效率低，难以实现土地的规模化、集约化经营。同时，四川农村地区多以小农户经营为主，土地分散在小农户手中，每户经营的土地面积较小，碎片化的耕地难以支撑大规模的机械化作业和统一的生产管理。农业机械化水平也有待提高，四川主要农作物耕种收综合机械化率虽已达 70%，在西南地区位居前列，但与相对应的产粮大省（如河南的 88.1%、山东的 92%）相比仍有差距，与其作为农业大省的地位不匹配。此外，四川丘陵山区耕地占比虽达到 78%，农作物耕种收综合机械化率却仅为 52%。虽然近年来四川农业机械总动力有所增长，但在一些山区和丘陵地区，由于地形复杂，农业机械的应用受到限制，机械化作业覆盖率较低。

（三）2025年预测与展望

1. "天府粮仓"建设将持续推进，粮食产量稳步增长

2025年，四川将继续推进"天府粮仓·百县千片"建设，打造粮油千亩高产示范片1000个，新建和改造高标准农田425万亩，耕地净增加60万亩以上，确保粮食总产量再上新台阶。2024年四川粮食总产量达3633.8万吨，比上年增加40万吨，增长1.11%（见图1），① 2025年预计粮食产量达到或突破3650万吨。四川将继续深化"五良"融合，以提单产带动增总产的粮食增产策略，政策核心从"扩面积"转向"提单产"，通过技术集成、政策激励和规模化经营挖掘粮食增产潜力。推动高标准农田建设质量与规模双提升，省级层面出台全国首部高标准农田建设管理条例，高标准农田建设工作未来将迈入法治化、规范化的新阶段，持续为粮食生产提供坚实保障。四川作为全国13个粮食主产省区之一、西部唯一粮食主产省和南方产粮大省，将进一步肩负打造保障国家重要初级产品供给战略基地的重任，夯实国家粮食安全战略地位。

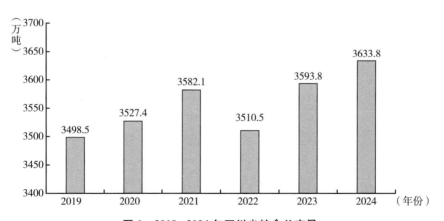

图1　2019~2024年四川省粮食总产量

---

① 《国家统计局关于2024年粮食产量数据的公告》，https://www.stats.gov.cn/sj/zxfb/2024 12/t20241213_1957744.html，2024年12月13日。

2. 生猪等重要农产品将保持稳定供给

2025 年四川省委一号文件提出要加快建设生猪产业集群，推进生猪产业现代化，确保生猪出栏稳定在 6000 万头以上，四川将不断优化生猪产能调控机制，推进生猪产业实现新的结构平衡。基于 2024 年出栏量 6149.6 万头的数据（见图 2），结合仔猪供应增长和产能去化矛盾，预计 2025 年四川生猪出栏量为 6200 万~6300 万头，同比增长 1%~3%，[①] 四川作为生猪第一大省，与全国生猪产业发展趋势一致，在不考虑疫病疫情等不确定因素背景下，猪肉产量持平略增，猪肉消费逐渐恢复，供需保持基本平衡格局，但需密切关注仔猪供应、猪价波动及行业产能调整动态。由于消费需求端对猪价支撑力度较弱，因此供给端变化仍是影响猪肉价格的关键因素。未来一年，四川将继续稳定能繁母猪存栏量和规模猪场保有量，加快建设生猪产业集群，推进生猪产业现代化发展。

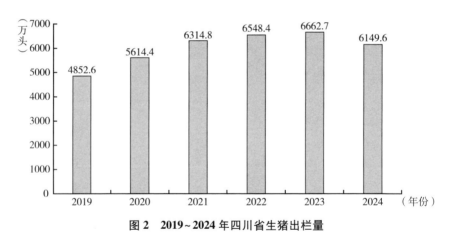

图 2　2019~2024 年四川省生猪出栏量

3. 农村居民人均可支配收入预计稳定增长

2024 年，四川着力全方位扩大内需，稳住经济大盘。2019~2024 年，四川农村居民人均可支配收入呈现持续增长的态势，从 14670 元增至 21303

---

① 张学彪：《2024 年中国生猪市场回顾与 2025 年展望：供需改善带动猪价回升，养殖盈利显著提升》，《猪业科学》2025 年 3 月 11 日。

元（见图3）。① 这得益于农村经济结构调整、农村产业发展、乡村振兴政策实施和农民收入提升等因素的综合作用，平均年增长率达到7.7%。2025年四川将继续做好农民增收任务，以促进消费和扩大内需激发经济发展活力，乡村产业有望蓬勃发展，消费增长总体预期乐观，因此预测四川省农村居民的人均可支配收入将持续增长，可能保持在2.20万~2.25万元，且有望超过2.25万元，城乡收入比进一步缩小至2.3∶1，城乡居民收入相对差距继续缩小。

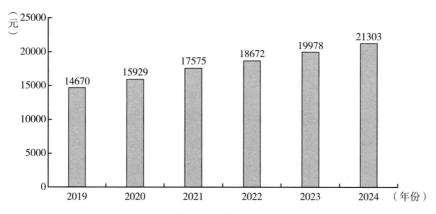

图3　2019~2024年四川省农村居民人均可支配收入

4. 高新科技赋能农业生产，农业现代化建设将全面提速升级

2024年四川新建国省级农业园区85个，以畜牧、粮油、蔬菜、水果、茶叶等为代表的产业链不断完善，四川农业产业集聚效应明显增强，形成了农业园区从种植养殖到加工销售的全产业链发展态势，未来四川将以科技为引擎，实现农业生产效率、质量与可持续性的全面提升，并持续关注技术落地效能与区域均衡发展，推动"川字号"农业品牌走向全球，为全国农业现代化提供"四川样本"。2025年，四川将以科技创新为核心驱动力，全面

---

① 《2024四川民生数据年报｜去年全省居民人均可支配收入34325元比上年增长5.6%》，四川经济网，2025年1月17日，https∶//static.scjjrb.com/files/app/scjjbapp/html/News/202501/17/99161415.html。

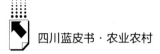

推进农业现代化转型，通过"技术突破、装备升级、智慧赋能"三大路径，构建起农业新质生产力体系，助力"天府粮仓"迈向更高水平；科技支撑体系全面强化，加速创新平台布局，四川将加快建设万安实验室、崖州湾国家实验室成都粮油作物试验基地，争创国家农业高新技术产业示范区，打造区域性农业科技创新策源地。

5. 推动川种振兴，大力实施"天府良机"行动

2025年5月，四川省农业农村厅等八部门联合印发《四川种业高质量发展水平大提升三年实施意见（2025—2027年）》，在培育优质川种的道路上继续发力，预计将新培育"育繁推"一体化创新联合体5个以上，建设邛崃粮油、三台生猪、彭州蔬菜三大区域育种创新中心，选育高产、抗逆的突破性新品种50个以上。预计2025年遴选培育1~2个种业强市、6~8个种业强县四川国家级制种大县和核心育种场数量将持续增长，巩固其作为全国四大育制种基地的地位，完成"天府良机"产学研推用一体化布局，农机装备产业园区和农机装备创新载体平台建设稳步推进。平原地区基本实现主要农作物全程机械化，全省农机总动力达到5100万千瓦，主要农作物耕种收综合机械化率达到75%。[1] 实施"天府良机"行动提升农作物机械化水平，针对丘陵山区农业机械化短板，深化丘陵山地小型农机化改造，四川将新增机播面积1500万亩以上，农作物综合机械化率提升6个百分点，建设50个区域农机服务中心，全年农机作业面积达2.8亿亩次。[2] 力争2025年丘陵山区机械化率显著提升，平原地区基本实现全程机械化。

6. 县域经济实力增强，深入推进城乡融合

2025年四川县域经济实力将持续增强，以县为单元编制面向2035年基本实现现代化公共服务的发展规划，实施全国百强县、百强区巩固提升和接

---

[1] 《9大重点任务！打造"天府良机"，四川这么干》，https://www.sc.gov.cn/10462/10464/13298/13299/2023/12/13/b0dbdb1534894de2b58d07288f24922e.shtml，2023年12月13日。

[2] 《2025年省委一号文件发布透过数据看四川农业新目标丨新闻发布最前线·深一度》，https://baijiahao.baidu.com/s?id=1825294095276542657&wfr=spider&for=pc，2025年2月28日。

续培育行动,通过"百强中心镇"建设,推动县城教育、医疗资源向乡村延伸。2025年,预计四川将新增1~2个全国百强县,省级百强中心镇培育数量进一步扩大,推动"强县带弱县"结对发展模式。推进城乡产业深度融合,农业现代化与新型工业化协同推进。四川以县域为切入点,关注"重点在县域、难点在乡村",立足"抓好两端、畅通中间"工作思路,通过产业融合、设施融合、要素融合和治理融合的"四个融合"路径,创新打造射洪市、西昌市等县级市成为"县域经济高质量发展促进城乡融合试点"。2025年,四川将继续以县域为载体,建立县域统筹机制,加快实现城乡基础设施统一规划、建设、管护,持续优化城乡教育、医疗、文化、社会保障等资源配置,形成"经济强县引领、产业深度融合、设施全域覆盖、要素双向流动"的城乡融合发展新格局。

7. 乡村面貌持续改善,农村改革将不断深化

2025年,四川将继续通过盘活农村资产资源,不断深化农村"三块地"改革,制定配套政策包括有序开展第二轮土地承包到期后再延长30年试点,坚持"大稳定、小调整",探索无地少地农户机动地增补、公益性岗位就业补偿等机制,确保绝大多数农户承包关系顺延,持续深化农村宅基地"三权分置"改革、有序推进农村集体经营性建设用地入市改革等举措,激发农村发展活力。同时,不断强化乡村发展要素保障,吸引更多资金、人才、技术等资源向农村汇聚,纵深推进农业农村改革。为落实好"长久不变"要求,四川此前已开展多批次试点,2020年以来先后3批次在3个县7个乡镇29个村开展试点。过去一年,借鉴"千万工程"经验,四川实施"百片引领、千村带动、万村补短"工程,农村人居环境整治成效显著。2025年,四川将进一步完善农村基础设施,实施新一轮农村公路提升行动,并通过新(改)建农村公路提升公共服务水平,美化村庄人居环境,全面提升四川乡村宜居宜业水平和群众获得感。

8. 绿色发展深入推进,持续探索生态产品价值实现

2025年,四川将加强农村面源污染治理,实施小流域治理攻坚,加快补齐城镇生活污水收集和处理设施短板,保持国考断面水质稳定达标。强化

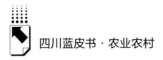

受污染农用地土壤污染溯源整治。严格建设用地土壤环境准入管理，加强重点行业企业土壤污染防控。开展环评改革试点，严格落实排污许可制度。四川将积极推进生活垃圾分类，启动"无废城市"建设，开展农村人居环境整治，持续探索土壤污染风险管控的四川模式。2024年四川省林草局、四川省生态环境厅联合印发了《四川省林草碳普惠管理办法（试行）》，标志着省级林草碳普惠机制从制度设计阶段迈入实质性建设阶段，为林草碳汇转化为经济价值提供了制度保障。四川将聚焦充实、完善全省水权水价改革框架体系，在全省首单水土保持生态产品价值转化交易的基础上，在全省8个县（市、区）开展水土保持生态产品价值转化交易工作，探索水土保持生态产品价值实现机制，进一步深化生态文明体制改革，持续推动四川经济社会向全面绿色发展转型。

四　2025年四川农业农村发展主要思路和对策建议

2025年是"十四五"规划的收官之年，也是为"十五五"筑牢根基的蓄势之年，扎实推进"三农"工作具有极为重大的意义。四川做好2025年"三农"工作要坚持以习近平新时代中国特色社会主义思想为指导，全面贯彻落实党的二十大和二十届二中、三中全会精神，深入贯彻落实习近平总书记关于"三农"工作的重要论述和对四川工作系列重要指示精神，深入学习运用"千万工程"经验，以改革开放和科技创新为动力，加快建设农业强省，持续用力加快建设新时代更高水平的"天府粮仓"，毫不放松巩固拓展脱贫攻坚成果，大力发展乡村富民产业，持续提升乡村规划建设和治理水平，进一步深化农村改革，厚植农业大省优势，做出更多亮点特色，推动四川"三农"工作始终走在全国前列。

（一）筑牢"天府粮仓"根基，保障粮食等重要农产品多元化供给

1. 强化粮食生产支撑与保护

粮食生产是四川农业农村发展的核心任务，而稳定粮食播种面积是保障

粮食产量的基础，一是实施新一轮粮食产能提升行动，主攻粮食单产提升和品质优化，加大政策扶持力度，在产粮大县实施专项补贴政策，制定差异化补贴标准，充分调动农民种粮积极性。二是继续实施精准执行稻谷、小麦最低收购价政策，根据市场波动灵活调整补贴标准，在省内产粮大县推广农业保险保费补贴政策，鼓励农户参保降低种植风险。三是继续巩固大豆扩种成果，支持发展高油高产大豆品种，扩大木本油料种植面积，持续实施"天府菜油"行动，提高油料作物的自给率。

2. 提升粮食综合生产能力

提升粮食综合生产能力需要从种业振兴和农业科技等多方面入手。一是实施粮食单产提升与绿色高效生产行动，推进主要粮食作物大面积单产提升工程，实施粮食绿色高产高质高效行动和五良融合发展项目，在平原、川中丘陵等粮食主产区扩大单产提升工程规模，结合区域气候和土壤条件推广高产高效种植模式，促进大面积增产。二是加大对农业科技研发的投入，鼓励省内科研机构和企业开展关键技术攻关，推广先进的种植技术和管理经验，提高粮食生产的科技含量，培育适合四川复杂地形和气候的优质高产品种，推动生物育种产业化，提升粮食产量和品质。三是深入开展粮食节约各项行动，加强宣传教育提高公众的节约意识，倡导合理膳食减少粮食浪费，并在粮食生产、储存、运输、加工等环节推广节粮减损技术降低粮食的损耗。

3. 严格耕地用途管制

耕地是粮食生产的命根子，严格耕地用途管制是保障粮食安全的关键。一是严格执行耕地总量管控和"以补定占"政策，将各类耕地占用纳入占补平衡统一管理，确保全省耕地总量动态平衡，针对四川丘陵山区耕地细碎、质量差异大的问题，完善补充质量评价和验收标准，确保新增耕地质量达标。二是持续整治"大棚房"、乱占耕地建房等违法行为，建立耕地种植用途监测体系，运用卫星遥感、无人机等技术手段，实现实时动态监测。三是分类有序推进耕地"非粮化"整改，结合不同地区产业发展实际，对耕地质量加强保护与改良，推动高标准农田建设，提升土壤质量和农业生产

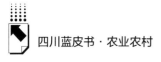
环境。

4. 加强农田水利建设

农田水利建设是提升农业生产能力的重要基础。一是要加大对农田水利设施建设的投入,全面开展病险水库除险加固来提高蓄水能力,加强中小河流治理和大中型灌区建设改造,在平原等区域推进现代化灌区建设以提升灌溉效率。二是重点提升易旱地区排灌能力,针对川东北、川南等易旱地区加强治理,推进农田水利设施建设和沟渠整治,提高农田排灌能力。三是要加快修复灾毁农田及灌排设施,完善农田水利配套设施,强化高标准农田全过程监管,探索具备条件的国有企业参与高标准农田建设模式,实施川种振兴三年行动计划和"天府良机"行动。

5. 构建多元化食物供给体系

随着居民生活水平的提高,食物消费需求的不断多样化。为了构建多元化的食物供给体系,一是践行大农业观和大食物观,充分利用四川丰富的自然资源,在大中城市周边建立蔬菜、水果、肉类等重要农产品应急保供基地,实施现代设施农业更新工程,以提高重要农产品自给率,并支持有条件地区发展高山蔬菜等。二是积极开发新型食物资源,鼓励发展森林食品,利用盆周山区丰富的森林资源,发展林下养殖、林菌等特色食物产业,丰富"天府森林粮库",拓展食物来源渠道。三是加强农产品质量安全监管,依托四川农产品质量安全追溯平台,建立从田间到餐桌的全程质量追溯体系,保障消费者食品安全健康。

(二)巩固拓展脱贫攻坚成果,促进欠发达地区可持续发展

1. 提升精准监测帮扶效能

巩固拓展脱贫攻坚成果是乡村振兴的前提,提升精准监测帮扶效能是有效巩固拓展脱贫攻坚成果的重要举措。一是要健全防止返贫动态监测机制,建好县级监测对象帮扶政策措施库,建立多部门数据共享平台,实现对脱贫人口和易返贫致贫人口的动态监测全覆盖。二是运用大数据平台精准监测,准确识别并持续跟踪有返贫或致贫风险的农户,将他们

纳入援助范围，并依据不同风险类别采取产业支持与就业促进等针对性帮扶措施。三是持续巩固提升"三保障"和饮水安全保障成果，建立常态化排查机制以及时发现并解决问题，确保脱贫户的基本生活保障不出现反复。

2. 拓宽脱贫人口增收渠道

巩固拓展脱贫攻坚成果的关键是有效拓宽脱贫人口增收渠道。一是深入开展防止返贫就业攻坚行动，依托四川特色产业和产业园区等开发更多就业岗位，加大稳岗就业政策支持力度，在省内发达地区与脱贫地区建立劳务对接机制。二是积极发展农村电商、乡村旅游与农产品加工等新产业新业态，引导脱贫人口参与其中拓宽增收渠道，并利用电商平台帮助脱贫地区销售特色农产品，让脱贫群众分享产业增值收益。三是要对脱贫人口加强职业技能培训，根据市场需求和脱贫人口意愿，开展针对性强的技能培训课程来提高其就业竞争力。

3. 推动欠发达地区加快发展

推动欠发达地区加快发展是缩小区域发展差距的重要举措。一是加大对省内原深度贫困地区、革命老区和民族地区的支持力度，在政策、资金与项目等方面给予倾斜，加强地区基础设施建设，改善交通与通信条件为地区发展奠定基础。二是加强欠发达地区产业扶持，通过结合当地资源优势发展特色产业，增强地区自我发展能力。强化对有劳动能力的低收入人口的开发式帮扶；加强社会救助兜底保障，对无劳动能力或丧失劳动能力的贫困人口提高保障标准，做到应保尽保。三是利用东西部协作、定点帮扶等机制，争取更多外部资源支持欠发达地区加快发展，并给予地区差异化支持。

4. 加强农村社会保障体系建设

进一步加强农村社会保障体系，以确保农村人口的基本生活得到保障。一是完善农村最低生活保障制度，提高保障的标准和精准度，将符合条件的农村低收入人口全部纳入保障范围，并推进城乡居民基本养老保险全覆盖。二是加强农村医疗救助体系建设，加大对农村低收入人口

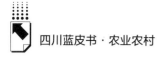

的医疗救助力度以降低其医疗费用负担。三是加强农村养老服务设施建设，健全县乡村三级养老服务网络，在人口老龄化严重地区，开展县域养老服务体系创新试点，鼓励开展村级互助性养老服务，解决农村老年人养老问题。

5. 推进帮扶项目产业化发展

推进帮扶项目产业化发展是实现脱贫地区可持续发展的关键，帮扶项目不能仅限于一时的资金支持或物资援助，要推动产业化发展形成可持续的经济增长模式。一是分类推进帮扶产业提质增效，按照巩固、升级、盘活、调整原则，对已有帮扶产业项目进行全面梳理，对低效闲置项目进行盘活或调整，实现长期可持续发展。二是拓宽帮扶产品销售渠道，加强消费帮扶平台企业和产品管理，通过电商平台等渠道拓宽帮扶产品销售市场。三是促进帮扶项目产业化，鼓励龙头企业、农民合作社等新型经营主体参与帮扶项目建设和运营，通过"公司+基地+农户""合作社+农户"等模式，提高帮扶项目的产业化水平和市场竞争力。

（三）着力壮大县域富民产业，提升富民产业综合竞争力

1. 培育壮大特色优势产业集群

特色优势产业集群是县域富民产业的重要支撑，应立足四川各县域的资源禀赋和产业基础，培育壮大川粮油、川茶等特色优势产业集群，打造具有县域显著特色的产业名片。一是推进特色优势农业全产业链发展，培育畜牧万亿级产业链、粮油五千亿级产业链及茶叶、蚕桑和食药同源等千亿级产业链。推进加工业转型升级，鼓励企业引进先进的生产设备和技术，延长产业链，提高其附加值。二是加强政策支持和基础设施建设，完善农业基础设施建设，优化农业生产环境。强化政策扶持力度，提供财政、税收等支持保障特色产业集群高效发展。三是实施农业品牌精品培育计划，培育"天府粮仓"精品品牌，打造一批具有四川特色的区域公用品牌、企业品牌和产品品牌，提升品牌知名度和市场竞争力，带动相关配套产业发展。

2. 推进现代农业园区提质增效

现代农业园区是农业现代化的重要载体，应持续加大对现代农业园区的投入，深入实施"天府粮仓·千园建设"行动，推进现代农业园区提质增效。一是加强园区科技研发和成果转化应用能力，引进和推广先进适用的技术和装备，应用物联网与人工智能等技术，实现精准种植、养殖和管理，以提高园区的科技水平和生产效率。二是创新园区运营管理机制，积极探索政府引导、企业主体、社会参与等多元化运营模式以提高园区的运营效益。三是要注重园区与周边乡村的协同发展，通过产业带动与技术辐射等方式促进乡村产业整体提升。

3. 加速乡村产业融合发展

乡村产业融合发展对提升产业综合竞争力有重要作用，关键在于促进农业与多个领域的紧密结合。一是加强农业与旅游、文化及健康产业的深度融合，在省内周边等地开展文化产业赋能乡村振兴试点，深入挖掘乡村历史文化与民俗风情等资源，发展农事体验与民宿等业态，拓宽农民增收渠道。二是继续推进农村一二三产业融合发展，拓展产业链增加农业附加值，促进农产品的深度加工与精细化发展，提高农产品加工转化率，培育一批农产品加工领军企业。三是发展农村电商、物流与金融服务，积极推动农村电商、物流与金融等服务业发展，完善"线上+线下"销售体系，为农业现代化和乡村产业升级提供有力支撑。

4. 推动农村电商和物流体系建设

农村电商和物流体系是乡村产业发展的关键支撑，应推动农村电商和物流体系高质量发展。一是加强农村电商基础设施建设，提升农村网络覆盖率和网速，完善农村电商服务站点功能，并培育一批懂电商运营、会网络营销的新型农民。二是完善农村电商服务体系，建设县级电商公共服务中心和村级电商服务站，并提供技术支持、物流配送与产品包装等一站式服务。三是加快构建农产品和农资的现代流通网络，支持各类主体协同共建供应链，推动冷链配送和即时零售向乡镇延伸深化快递进村，加强村级寄递物流综合服务站建设，解决农村物流"最后一公里"问题。

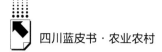

5.提升农业科技和智能化水平

农业科技和智能化水平是提升农业产业竞争力的重要保障。一是应加大对农业科技创新的投入，支持农业科研机构和企业开展农业关键技术攻关，重点突破丘陵地区农机化薄弱环节技术装备等领域的关键技术，以科技创新引领先进生产要素集聚，强化农业科研资源力量统筹。二是深入实施种业振兴行动，推动农机装备高质量发展，针对四川山地多、地块小的特点，研发推广轻便、多功能的农机装备。推进科技下乡万里行、科技特派员等人才帮扶，推动科技成果与农业生产紧密结合。三是落实"优机优补"政策，实施农机购置与应用的补贴，推广应用智能灌溉与无人机植保等智能化装备和技术，提高农业生产效率和质量以降低生产成本。

（四）着力推进乡村建设治理，打造宜居宜业和美乡村

1.完善乡村基础设施建设

推动基础设施向农村延伸，进一步提升农民群众生活品质和居住环境质量。一是在供水方面，推进县域城乡水务一体化管理，建立统一的服务标准和保障机制，确保农村居民用上安全、优质的饮用水。二是在供电方面，加强电网改造升级，鼓励有条件的地方建设公共充换电设施，优先保障农村电商等产业用电需求，提升农村电力保障水平。三是在交通建设方面，实施好新一轮农村公路提升行动，在山区等地质条件复杂的地区建设防护栏、排水设施等安全工程，持续推动"四好农村路"高质量发展，并改善农村水路交通出行条件，推进客货邮融合发展。

2.深化农村人居环境整治

良好的人居环境是和美乡村的重要标志，应持续开展农村人居环境整治，提升村容村貌和农村人居环境。一是在厕所治理方面，提高农村卫生厕所普及率，推广适合的无害化卫生厕所，并完善厕所管护机制，加强建设和管理。二是在生活垃圾和污水治理方面，根据人口密度、地理环境，选择合适的治理模式，生活垃圾要推动源头减量、就地就近处理和资源化利用，建立分类投放、收集、运输、处理体系；污水治理采用集中式、小型设备或生

态处理方式，加大黑臭水体的排查和治理力度。三是在农业治理方面，强化农业面源污染系统治理，鼓励规模化养殖场配套建设粪污处理设施并推广生态养殖模式，开展污染土壤修复和种植结构调整减少污染源头排放。

3. 加强农村基层党组织建设

为加强农村基层党组织建设，应坚持以党建引领基层治理。一是要选拔高素质农村基层党组织班子，加强对农村基层党组织书记和班子成员的培训，提高其领导能力和服务群众的能力，并保持县级党政领导班子成员任期稳定，减少频繁调动确保政策的连续性和稳定性，持续加强乡镇领导班子和干部队伍建设。二是实施村级党群服务中心"补短板"工程，通过"减上补下"等方式推动编制资源向乡镇倾斜，加强分类管理、统筹使用。三是继续深化整治不正之风和腐败问题，明确基层干部行为准则和处罚措施，加强廉洁教育，营造风清气正的农村政治生态。

4. 提高乡村基本公共服务水平

提高基本公共服务水平是乡村建设的重要目标。一是优化乡村教育资源配置，根据人口分布和学龄儿童数量变化调整学校布局，加大对寄宿制学校建设的投入，并建立城乡教师交流机制，城乡学校开展结对帮扶。二是加大对乡村医疗卫生机构的投入，提升医疗设备配置和服务能力，加强传染病防控和应急处置能力，定期安排演练以提高应对突发公共卫生事件的能力。三是完善三级养老与婴幼儿照护服务，建设综合性与区域性养老服务机构，通过政府补贴、社会力量参与等方式，共同探索多元化的养老与婴幼儿照护服务模式，为农村家庭提供便捷的照护服务。

5. 加强农村精神文明建设

为进一步加强新时代农村精神文明建设，应推动农耕文明和现代文明要素有机结合，将天府文化等中华优秀传统文化的精髓激活并传承，以此丰富现代文明在乡村领域的表现。一是实施公共文化设施提质增效、人文乡村建设等工程，融合地方民俗特色开展多样的文化活动，加强农村文化阵地建设，建设文化设施为村民提供文化活动场所。二是实施"蜀乡新风"行动，通过文艺演出等形式，推动党的创新理论进农村、进农户，将社会主义核心

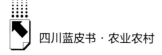

价值观融入村规民约，通过举办文明家庭评选活动，激励农村居民主动践行社会主义核心价值观。三是制定约束性规范和倡导性标准，利用村规民约促使村民实现自我管理，并加强农村科普阵地建设，开展科普宣传活动，提高农民科学文化素质。

（五）深化农村重点改革，释放农村发展新活力

1.完善农业经营体系

农业经营体系是农村经济发展的基础，应进一步完善农业经营体系，为农业高质量发展筑牢根基。一是培育新型农业经营主体时，要分类施策与精准扶持。重点支持长期稳定小农户发展为家庭农场，依据地域资源和产业特色，发展特色种植养殖项目；对农民合作社加强规范化建设指导，完善财务管理制度和利益分配机制；加大对农业企业扶持力度，在税收与土地等方面给予优惠政策，并与农户建立利益联结机制，带动农户增收致富。二是构建农业社会化服务体系时，充分利用政府、市场以及社会各界的作用，政府强化公益性服务供给，加强基层农业技术推广机构建设，充实专业技术人员队伍。鼓励市场主体参与，培育多元化的服务组织。三是加强农业社会化服务市场监管，完善服务标准和规范确保服务质量，促进市场的健康有序发展。

2.加强农村资产资源利用

要加强农村资产资源的有效利用，推动农村集体经济的发展。一是推动农村集体产权制度的革新，以县域为单位开展农村闲置资产清理，发掘并评估具有市场增值潜力的资产。对闲置资产资源探索多样化的盘活利用方式，进行合法流转和有效利用，提高资源利用效率。二是优化农村土地资源配置，严格落实耕地保护制度，探索土地流转与产业发展相结合的模式，根据省内产业特色和市场需求，合理规划土地用途。三是深入挖掘农村自然资源价值，应充分挖掘其生态和经济价值，在生态保护的前提下，合理开发利用森林和水域等自然资源，发展生态旅游、林下经济和水产养殖等产业。四是加强农村资产资源监管，完善农村资产资源监管制度，明确监管主体和职责，并对农村资产资源的清查、登记等进行全过程监管。

3. 强化农村要素保障机制

农村要素保障机制的强化是乡村振兴的关键支撑，应在资金、人才与土地等多个核心要素方面精准发力，为农村注入源源不断的发展活力。一是在资金方面，创新乡村振兴投融资机制，设立专项资金提高资金使用效率。通过政府和社会资本合作模式，参与基础设施建设等项目。二是在人才方面，完善乡村人才培育和发展机制，增强农民的科学文化素养及农业经营技能。设立人才表彰制度，对表现杰出的个人给予认可与奖励。三是在土地方面，保障土地资源有效供给，合理确定农村居民点与产业发展用地等的规模和布局，对田、水、路、林、村进行全域整治，提高土地利用效率。

4. 推进土地制度改革

土地制度改革是激发农村发展活力的重要举措，应聚焦土地承包、宅基地、集体经营性建设用地等核心领域。一是扎实落实第二轮土地承包到期后再延长30年政策，加强土地承包经营权保护，妥善处理好延包过程中的矛盾纠纷，建立纠纷调解仲裁机制，维护农民合法权益。二是积极探索"三权分置"的有效实现形式，明确宅基地所有权归农村集体经济组织，基于此适度放活使用权，按各地实际情况制定合理的流转规则，对超占、闲置宅基地实行有偿使用制度，提升宅基地的使用效率。三是推动农村集体经营性建设用地入市，使其能够有效用于推动农村产业发展及加强基础设施建设等关键领域，合理分配入市收益确保农村集体经济组织和农民能共享土地增值收益。

5. 发展壮大农村集体经济

发展壮大农村集体经济是实现乡村振兴的重要支撑，既关系到农村基本经济制度的完善，也直接影响农民的共同富裕和乡村治理的现代化水平。一是加强农村集体经济组织的规范化建设，健全集体经济组织的管理机制，完善村级集体经济组织的治理体系，明确成员权利义务，增强其透明度和公信力。二是加大对农村集体经济的资金投入力度，各级政府应通过财政补贴、专项资金支持等方式，加大对集体经济项目的扶持力度，并鼓励金融机构提供低息贷款、信用担保等金融服务。三是推动农村集体经济向市场化、产业

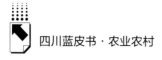

化方向发展，结合省内资源禀赋和产业特色，发展特色农业、乡村旅游等多元化经营模式，提高集体经济的市场竞争力。

（六）强化农业农村发展支持保障体系，确保乡村振兴战略高效推进

1. 落实"五级书记抓乡村振兴"

乡村振兴是一项系统工程，需要各级党委、政府共同推动。一是构建责任落实体系，明确五级书记的具体职责，构建层层压实责任与狠抓落实的工作格局，省级层面要统筹规划、政策制定和资金保障，市县层面要加强项目落地和精准施策，乡镇和村级要深入一线抓好政策落实，形成上下联动与责任清晰的工作体系。二是将乡村振兴工作纳入绩效考核体系，考核结果与干部的晋升、奖惩挂钩，工作成效显著的予以表彰奖励，对履职不力的严肃问责，确保责任落实到位。三是加强培训与指导，通过对各级书记进行培训和指导，定期举办乡村振兴专题培训，邀请专家学者与基层实践经验丰富的干部授课，提高各级书记抓乡村振兴的能力和水平。

2. 加大财政支农投入力度

财政支农投入是乡村振兴的重要保障，要进一步优化财政支农政策，确保各项支农资金精准高效使用。一是加大一般公共预算对农业农村的投入，优化财政支农资金结构，确保农业基础设施建设、农业科技创新与乡村公共服务等重点领域得到充足支持。二是强化财政资金整合力度，将涉农资金统筹使用以提高资金使用效益，避免重复投入和资源浪费。三是创新财政金融支持方式，鼓励政府引导基金、政策性金融机构等加大对乡村振兴的信贷支持，扩大农业农村投资规模。四是积极引导社会资本参与乡村振兴，鼓励企业、社会组织与个人等以多种方式投资农业农村，完善农业保险和农业信贷担保等金融服务体系，提供稳定的资金保障。

3. 加强乡村振兴人才队伍建设

人才队伍是乡村振兴战略的关键支撑，应构建多层次、多领域的乡村人才培养和引进机制，为乡村振兴提供强大的人才支撑。一是加强农村基层干

部队伍建设，健全农村干部选拔、培养与激励机制，提高农村基层治理能力。二是推进"乡村人才回引"计划，吸引本土优秀人才返乡创业，鼓励退役军人与大学生等返乡创新创业，打造一支扎根乡村的本土人才队伍。三是加快培育农业科技人才队伍，支持农业科研机构、高校与地方政府合作，鼓励农业科技人员深入乡村开展技术指导，提高农民科技素质和现代农业技能，四是建立城乡人才双向流动机制，优化人才激励措施，提升福利待遇，以吸引更多人才积极参与乡村振兴工作。

4. 强化政策支持和法治保障

乡村振兴战略的实施离不开完善的政策体系和法治保障，要进一步完善政策法规，为农业农村现代化发展提供制度保障。一是优化乡村振兴政策供给，制定差异化扶持政策，根据不同地区的资源禀赋、经济发展水平和产业特色，因地制宜实施精准扶持。二是完善农村土地政策，稳步推进农村土地制度改革，完善农村土地承包经营权流转机制，保障权益的同时提高土地利用效率。三是健全乡村治理法规体系，加强农村产权保护，保障农村集体经济组织和农民的合法权益，推动乡村治理的现代化。四是加强农村法治建设，提升农村基层依法治理能力，强化法律宣传和普法教育，提高农民的法律意识和依法维权能力。

5. 健全乡村振兴考核评估机制

乡村振兴考核评估是推动乡村振兴战略实施的重要手段，应建立科学、合理与可操作的考核评估体系，对各级政府进行全方位与全过程的监督评估。一是完善考核指标体系，围绕乡村产业发展与治理能力、农民收入增长等核心指标，科学设定考核标准确保考核内容全面、客观与公正。二是创新考核方式，综合运用数据监测与群众满意度调查等方式，提高考核的科学性和精准度。三是强化考核结果运用，将考核结果与干部考核、财政支持等挂钩，激励各级政府和相关部门高效推进乡村振兴战略。四是建立乡村振兴动态监测体系，运用大数据等技术实时掌握进展情况，提高决策的科学性和针对性，推动全省乡村振兴工作不断向前发展。

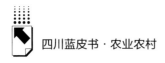

参考文献

文丰安：《中国式现代化进程中乡村振兴战略实施效果评价的原则、要素及路径》，《华中农业大学学报》2024年第4期。

张芳：《农业农村现代化的生成逻辑、困境所在及实践探索》，《农业经济》2025年第2期。

郑小明、朱黎、邱钰烽：《四川乡村振兴的现状、挑战与对策》，《西部经济管理论坛》2024年第3期。

周伟、杨晓军：《共同富裕目标下的县域乡村振兴：逻辑、挑战与进路》，《农业经济》2025年第1期。

《不断推动四川"三农"工作迈上新台阶》，《四川日报》2025年1月16日。

《对四川加快发展新型农村集体经济的思考》，《四川日报》2025年1月27日。

《今年四川"三农"工作这样干》，《四川日报》2025年1月16日，第4版。

《科技赋能"天府粮仓"稳产增产》，《四川日报》2024年12月6日，第1版。

《农业增效益、农民增收入、农村增活力"川字号"特色产业图强》，《四川日报》2024年12月4日。

B.2
四川农村改革进展、成效经验与突破方向

张克俊　吴　蝶*

摘　要：　党的十八届三中全会以来，四川在农村改革方面积极探索实践，取得了一系列显著成效。农村承包地"三权分置"改革、集体产权制度改革、集体建设用地入市、农业经营体系等多项改革稳步推进，激发了农村经济活力，保障了农民权益，加速了城乡融合发展。然而，四川农村改革还存在改革系统性不足、重点领域改革突破难、改革动力机制不强等诸多矛盾和问题。未来，四川农村改革需突出重点领域突破、强化系统集成、激发改革动力，为乡村全面振兴和城乡融合发展提供强大动力和制度保障。

关键词：　农村改革　乡村振兴　城乡融合

　　党的十八届三中全会以来，我国农村改革全面深化，旨在破除城乡二元结构壁垒，重塑农村经济发展活力，构建适应新时代发展需求的乡村治理体系与发展模式。四川作为我国的农业大省和人口大省，拥有丰富多样的农业资源、广袤的农村地域以及庞大的农村人口基数，在全国农业农村发展格局中具有举足轻重的地位。四川农村改革的创新实践与经验，不仅关系到四川自身农业农村的繁荣稳定，更对全国农村改革的推进具有重要的示范与借鉴意义。回顾过往，四川在农村改革的征程中积极探索、勇于创新，在多个关键领域取得了显著的阶段性成果。四川率先在全国对农村土地确权颁证，有效促进了土地资源的合理流转与高效利用，为农业规模化、现代化经营奠定

---

* 张克俊，四川省社会科学院农村发展研究所所长，研究员，主要研究方向为城乡融合；吴蝶，四川省社会科学院农村发展研究所，主要研究方向为农村发展。

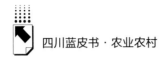

了坚实基础;农村集体经营性建设用地入市改革的先行先试,激活了农村土地的资产价值,拓宽了乡村发展的资金来源渠道;四川推进农村集体产权制度改革基本完成,明晰了产权归属,完善了治理机制,增强了农村集体经济的发展活力与农民的财产性收入;在全国率先出台了《四川省农村集体经济组织条例》,为农村集体经济组织的建立和运行提供了法律保障,也为国家立法探索了"四川经验";四川崇州创造的"农业共营制",大力推进了农业经营体系创新,加快传统农业向现代农业转型;四川大力推进财政支农资金使用方式创新,显著提升了资金使用效率,助推了现代农业发展。这些成果的取得,为赋能农业农村现代化建设注入了强劲动力,为激发农民农村活力构成了强劲动能。然而,随着改革向纵深推进,四川农村改革仍面临诸多深层次挑战,主要表现为土地承包延包、集体建设用地入市、宅基地"三权分置"等重点领域改革仍存在政策衔接难题;农村改革的系统性、整体性、协同性不足,各领域改革之间衔接不畅;强农惠农富农支持政策碎片化、财政资金整合难度高、金融服务创新面临瓶颈;农村产权制度改革深化受阻,农民参与度不高,改革经验推广难;等等。因此,系统梳理四川深化农村改革的主要进展和成效,总结其主要特点和经验,分析其面临的堵点与难点,可以为全国其他地区深化农村改革、推动乡村振兴提供有益借鉴。

一 党的十八届三中全会以来四川农村改革的主要进展和成效

党的十八届三中全会十多年来,四川农村改革在土地制度、集体产权制度、农业经营制度、农村资源资产制度、农村金融制度、新型农民制度等各领域全面展开,取得了突破性进展和成效。

(一)农村承包地"三权分置"改革取得重要突破

农村承包地制度由"两权分离"向"三权分置"演变和创新,是我国农村土地制度的重大创新。党的十八届三中全会以来,四川在推进农村承包地"三权分置"改革方面积极探索,取得了显著成效。承包地确权登记颁证作为稳定农村土地承包关系的重要举措,也是推进"三权分置"改革的基础和前提。四川早在2016年基本完成农村承包地确权登记颁证工作,确权面积达9094.51万亩,累计颁发土地承包经营权证1869万本,确权率达97.5%。[①] 这一改革有效保障了农户的承包权,为第二轮土地承包到期后再延长30年奠定了坚实基础,为深化农村土地制度改革提供了有力支撑。

在落实集体所有权方面,四川通过完善农村土地制度,确保农民集体依法拥有集体土地所有权,明确集体经济组织在土地发包、调整承包地、监督承包农户和经营主体等方面的权利,实现集体产权管理体系化、透明化。强化土地流转监督是落实集体所有权的重要方面,近年来四川大力建立健全农村土地流转监管体系,防止土地出现抛荒、损毁或非法改变用途等现象,确保集体资产的可持续利用和增值。集体土地被征收获得合理补偿是土地集体所有权的重要体现,国家对集体土地征收建立了合理补偿机制,有效维护农民集体的合法权益。

在稳定农户承包权方面,四川坚持"大稳定、小调整"原则,确保承包权长期稳定,并积极探索承包权有偿退出机制,满足不同农户的生产需求。四川正在稳妥有序开展第二轮土地承包到期后再延长30年试点,涉及17个县(市、区),深入研究和探索符合四川省实际的二轮延包路径,结合高标准农田建设和宜机化改造项目,支持多种方式探索解决承包土地细碎化问题,实现土地集中连片。面对农业转移人口市民化趋势,四川在试点县开展了承包权有偿退出试点,形成了永久退出、长期退出等模式,郫都区、崇州市等地试点建立的"退出补偿+社会保障衔接+职业技能培训"机制,对推进农业转移人口市民化起到了重要作用。

在放活土地经营权方面,四川通过创新土地经营权流转模式,推动农业适度规模经营,提高土地利用效率,促进农村经济发展。经过多年的实践,

---

① 《四川省〈中华人民共和国土地管理法〉实施办法3月1日起施行 如何落实最严格的耕地保护制度?》,http://www.moa.gov.cn/xw/qg/202303/t20230302_6422041.htm,2023年3月2日。

四川土地流转模式已从一次性出租向入股经营、合作经营等多元化方式转变,形成"农业共营制"。四川把土地流转与大力培育新型农业经营主体结合起来,截至2024年底,累计培育家庭农场27万个、农民合作社10.6万家,① 支持经营主体发展土地流转型规模经营和服务型规模经营。四川还大力推进金融创新支持土地经营权流转,实施了"土地流转收益保证贷款",业主可用土地经营权作为抵押反担保,以土地上未来预期收益作为贷款额度的考量向银行融资,大力支持了新型农业经营主体发展规模化农业。

(二)农村集体建设用地入市改革稳步推进

自2015年起,四川被纳入全国33个农村土地制度改革试点,重点探索集体经营性建设用地入市规则。2023年四川启动新一轮农村集体建设用地入市改革试点以来,19个县(市、区)完成94宗土地入市交易,总面积1040亩,交易金额达6.27亿元。② 四川率先构建了省级统筹的农村集体经营性建设用地入市制度,推动土地资源市场化配置。2024年4月,四川出台了《四川省农村集体经营性建设用地入市交易办法》,明确入市准备、交易、后续监管和收益分配等环节,形成全链条制度保障;依托农村产权交易平台,实现了农村集体经营性建设用地入市交易的全流程数字化,包括在线挂牌、竞价、合同签订以及资金结算等环节,有效提升市场化效率。

四川因地制宜探索多种入市交易模式,推动土地资源高效配置,一是"土地+林地"组合入市模式,例如,泸州市泸县创新性地将12.34亩集体经营性建设用地与715.54亩竹林经营权打包交易,③ 成功实现全国首宗"集建入市+林地"自然资源组合供应项目,有效盘活了低效土地和林地资

① 《四川省进一步深化农村改革 激发乡村全面振兴动力活力》,http://journal.crnews.net/ncgztxcs/2025/dyq/jj/969261_20250109093348.html,2025年1月9日。

② 《深化农村集体经营性建设用地入市改革试点收尾"农地入市",四川试出什么?》,https://www.sc.gov.cn/10462/10464/10797/2024/12/18/fe9bb580d92e4f87a04e44cd4c0fff7d.shtml,2024年12月18日。

③ 《全国首宗!这项自然资源组合供应在泸州成功交易》,https://www.toutiao.com/article/7440112411673330217/,2024年11月25日。

源，为当地带来了显著的经济效益。二是作价入股模式，例如资阳市临空经济区以作价入股的方式，将41.07亩农村集体经营性建设用地使用权在资阳农交所平台成功交易。每亩入股价格为35万元，以1437.45万元的总价成交，村集体与合作方共同成立注册资本分别不低于2000万元和1500万元的新公司，并持有不低于3%的股权，确保村集体长期收益。[1] 这种模式为社会资本拓展了投资渠道，降低了企业前期土地投资成本。三是弹性供地模式，例如成都市郫都区推出弹性供地方式，采取工业用地租赁、先租后让、弹性年期出让等多种供地方式，降低企业用地成本，支持实体经济发展。

四川在推进农村集体建设用地入市改革过程中，把建立标准化交易程序作为重要环节，确保入市过程公开、公正、高效。首先，做好入市准备，明确土地需符合国土空间规划、产业准入、生态环境保护等要求，且产权明晰、无权属争议。入市方案需经本集体经济组织成员的村民会议2/3以上成员或2/3以上村民代表同意。[2] 其次，在交易实施环节，集体经营性建设用地交易必须通过统一的交易平台进行，并参照国有建设用地使用权交易程序，明确交易方式、申请条件、公告发布、竞买资格审查等事项。最后，在交易后续环节，需要规范合同签订、土地交付、价款支付、权属登记等具体流程，同时明确闲置土地监管责任和二级市场交易各方的权责关系。

四川在推进集体经营性建设用地入市过程中，积极创新收益分配机制，确保集体和成员共享改革红利，主要是支持试点地区建立了土地增值收益调节金制度。土地增值收益调节金的征收标准和使用方式明确，旨在平衡国家、集体和农民的利益，土地出让所得在支付相关成本及税费后，剩余收益由村集体及其成员共同享有，并统一纳入集体资产监管体系。收益分配方案须经村民会议民主表决，严格遵循集体资金管理制度。同时，土地收益及使用情况必须向全体村民公示，接受法律监督，切实保障村民的知情权和决策参与权。

---

[1] 《除成都外，全省地级市首例！集体用地作价入股"变身"股东撬动千万投资》，https://sichuan.scol.com.cn/tfrm/202502/82907891.html，2025年2月16日。
[2] 《规范入市交易行为保护各方利益》，《四川日报》2024年3月13日。

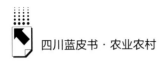

（三）供销合作社、集体林权、草原承包经营、水权等其他综合改革深入推进

在供销合作社方面，持续推进供销社综合改革，重点围绕社企分开、双线运行机制，完善管理体制和经营体系。例如，巴中市供销社整合资源组建全资社有企业，建立健全现代企业管理制度、拓展经营服务领域，增强了社有企业的经济实力和为农服务能力。同时大力开展农业社会化服务，补齐育秧、仓储、冷藏等服务短板，推动小农户与现代农业发展有机衔接。四川还启动实施了"千县千社质量提升行动"，加速构建便捷高效的农业社会化服务体系，不断提升服务能力和水平。创新了人事制度，打通联合社机关与社有企业的人才流动渠道，确保人力资源的有效配置。2023年，四川出台的《四川省供销合作社条例》为供销社改革提供了法律保障。

在集体林权方面，重点推进集体林地"三权分置"，落实集体林地的所有权、稳定农户承包权、放活经营权，有效保障农民的收益权。截至2024年底，全省已确权集体林地1.7亿亩，发放林权类不动产权属证书1500万本，确权颁证率达到90%；完善集体林权流转管理制度，搭建了全省统一的林权交易市场体系，省级林权流转交易平台网点已达到133个，有力促进了林地流转。同时，积极推动金融与林权改革相结合创新，已实现林权抵押贷款300亿元，提升了农民的经济收入。① 开展集体林地延包试点，鼓励依法自愿有偿转让林地经营权，推动集体林业的高质量发展；注重林业与农业、旅游等其他产业融合，推动油茶、羊肚菌等特色产业快速发展，实现林业资源的多元化利用。

在草原承包经营与生态保护方面，积极推进草原承包经营制度改革，完善草原承包经营管理，促进草原生态保护与合理利用；明确草原产权和规范流转程序，促进草原资源的可持续利用；在草原保护修复和草业高质量发展

---

① 《集体林改，绿富同兴四川密码》，https://www.forestry.gov.cn/c/www/gggddt/609139.jhtml，2025年2月12日。

方面，加大草原保护力度，明确划定基本草原，严格控制开发利用，改善草原生态系统；积极发展草种业、饲草产业及生态文化旅游产业，以草原资源推动地方经济发展；探索建立生态补偿机制，鼓励农牧民参与草原保护工作，提高收入。

在水权改革方面，系统性推进水权水价改革，创新水利工程水价定价机制，按照"准许成本+合理收益"核价方法，分类测算不同供水用途成本，科学制定水利工程供水价格；加快用水权的初始分配，并推动用水权的市场化交易；健全水权交易平台，加强交易监管，确保水权交易的规范化和透明化；明确灌溉用水户的水权，推动水资源分配机制的完善，有效促进了跨省、跨区域的水权交易，优化了水资源的配置。

（四）农村集体产权和新型农村集体经济治理机制不断完善

四川全面深化农村集体产权制度改革，构建"集体所有、成员占有、市场流转"的"三权分置"治理体系。截至 2021 年底，全省 4.3 万个村级集体经济组织完成改革，清查核实集体资产 2292.8 亿元并纳入省级监管平台，实现成员身份确认 6916 万次，量化资产 1189.9 亿元，发放股权证书 516 万本，97.5% 的村实行股权静态管理。① 2021 年出台《四川省农村集体经济组织条例》，并结合上位法细化权益保护与收益分配机制。在监管机制建设上，四川构建全链条制度体系，严格执行"村财镇代管""离任审计"制度，依托"三资"监管平台和"银农直联"系统实现财务预警、零现金支付和全过程留痕管理。截至 2024 年底，平昌县等 133 个县（市、区）建成数字化监管系统，覆盖 4.18 万个村级账户，确保集体资产透明运行。② 集体经济发展路径方面，四川探索多元模式，一是资产活化模式，整合闲置建设用地发展乡村旅游，如广元月坝村通过"政府引导+集体运营"模式，

---

① 《我省农村集体产权制度改革基本完成》，https：//www.sc.gov.cn/10462/10464/10797/2022/1/18/5dbeceb076c04897b6dc72af11a0bb86.shtml，2022 年 1 月 18 日。

② 《清廉洁四川｜守护农村集体家底》，https：//www.sctv.com/news/detail? id = 1872554866336919553，2024 年 12 月 27 日。

2021年集体经济收入达287万元。① 二是产业协同模式，与家庭农场、企业合作建设加工仓储设施，开发民宿研学场景。三是服务创收模式，提供农资供应、物业管理等社会化服务，拓展集体经济收入来源。在政策保障层面，四川构建"财政＋金融＋土地＋人才"四位一体支持体系，2017年以来投入财政资金83.9亿元，2023~2024年新增29.3亿元扶持2666个村；② 四川将集体经济组织纳入信贷担保体系，创新土地政策保障资源供给，并推动高校院所与集体经济组织共建实训基地，助力"集体经济组织＋新型经营主体＋小农户"融合发展。

（五）新型农业经营体系逐步形成

四川着力培育家庭农场、农民合作社、农业龙头企业等经营主体，形成"主体多元、服务高效、联结紧密"的现代农业经营格局。截至2024年底，全省家庭农场数量突破27万个，县级以上示范场达4万余家，省级家庭农场创业联盟带动各地"抱团发展"；③ 农民合作社超10.8万个，成员408.3万户，通过"订单收购＋分红"等模式带动小农户增收；农业产业化龙头企业数量居全国第四、西部第一，"龙头企业＋合作社＋家庭农场＋农户"模式推动小农户融入产业链，如遂宁安居区通过豆玉套作协议带动百余经营主体发展；④ 在社会化服务体系建设上，四川构建县乡村三级服务网络，遂宁安居区三级服务体系累计服务15万亩次；⑤ 乐山井研县"菜单式"服务

① 《44446全面推进乡村振兴的广元密码》，https：//www.cngy.gov.cn/govop/show/20220518 102025-42820-00-000.html，2022年5月18日。

② 《四川财政统筹支持村集体经济高质量发展》，https：//czt.sc.gov.cn/scczt/c102358/2025/ 2/6/81a7f8ab6a264b55ae9bae345769955f.shtml，2025年2月6日。

③ 《关于四川省2024年国民经济和社会发展计划执行情况及2025年计划草案的报告》，https：// www.sc.gov.cn/10462/10464/10699/10701/2025/2/8/b44fba6b95f842f59fec076b2225c6f5.shtml？versio n=zzzh，2025年2月8日。

④ 《农民合作社达10.8万个 家庭农场达25万家 合作社＋家庭农村：四川农业现代化的主力军》，https：//www.sc.gov.cn/10462/10464/10797/2024/6/5/16900b141b3d43deae8be3bf49 b16d64.shtml，2024年6月5日。

⑤ 《四川加快构建现代农业经营体系》，《四川农村日报》，2024年7月14日。

为农户提供全程托管或定制化服务，全省推广"村集体经济组织+服务组织+农户"等模式，形成联农带农机制。遂宁安居区农机合作社牵头组建服务中心，吸引20个集体经济组织"抱团发展"，实现资源共享。在农业产业化联合体模式创新上，通过"公司+合作社+家庭农场"等形式打造全产业链经营，以保底分红、股份合作等方式强化利益联结，农民合作社大部分可分配盈余返还成员，推动小农户与大市场有效对接，提升农业产业综合竞争力。

（六）积极探索新型职业农民制度

四川率先在全国开展新型职业农民制度试点，形成"培育—认定—保障—激励"全链条机制。自2017年广汉试点启动，至2022年已覆盖14个县（市、区），构建"初级—中级—高级"三级认定体系，将家庭农场主作为主要认定对象，明确资质评定、技能培训等六大核心环节，赋予职业农民合法身份与产业发展基础。在培育体系方面，四川建立精准化培育机制，以青年农民和大中专毕业生为重点，依托"川字号"特色产业定制课程，采用"分段实训+线上教学"模式提升培训实效；同步建立培育对象数据库，实现学员需求与培训资源精准匹配。在政策保障方面，财政给予社保最高60%补贴，设立家庭农场专项扶持资金（单户最高5万元），并配套最低生活保障，切实减轻职业农民发展负担。[①]在制度运行方面，创新考核激励机制，引入第三方评估开展交叉评比，将考核结果与干部晋升、政策资源分配挂钩，激发地方试点积极性。通过系统性制度创新，四川推动职业农民从"身份称谓"向"职业体系"转变，为现代农业发展提供人才支撑。

（七）乡村振兴多元化投入改革与保障机制不断健全

在财政保障方面，四川将农业农村作为公共预算优先领域，落实土地出

---

① 《2024年——农业职业经理人社保补贴》，https://cdagri.chengdu.gov.cn/nyxx/c152411/2024-07/11/content_1ca2c980c13845908699d9333e2d573a.shtml，2024年7月11日。

让收入的 10%、土地出让收益的 50%用于农业农村政策。① 省级财政支持乡村建设项目申报地方政府债券，通过统筹整合涉农资金提升使用效率，构建与乡村振兴相适应的财政保障体系。在金融服务领域，四川推动"送码入户、一键贷款"信贷直通活动，推广畜禽活体、农业设施抵押融资，健全大中型银行服务"三农"机制，深化农村信用社改革。发展数字普惠金融，建立涉农金融风险补偿机制，优化农业保险政策，在产粮大县实现三大主粮70%以上完全成本保险覆盖，增强农业抗风险能力。在社会投资引导方面，四川通过政策引导规范社会资本参与乡村振兴，推进"万企兴万村"行动，支持市场化设立乡村振兴基金，拓宽乡村建设资金渠道，形成财政、金融、社会资本多元投入格局。

（八）农村基础设施和公共服务机制改革深化推进

四川建立县域统筹机制，推进城乡基础设施一体化。实施农村公路提升行动，推进自然村通硬化路及隐患排查，推动"四好农村路"建设；以县域为单元统筹城乡供水，构建现代化农村供水体系；单列农村住宅用地计划，开展危房改造与宜居农房建设，引入社会资本参与基础设施管护，推行使用者付费制度。在公共服务方面，推动资源向农村延伸。优化城乡教育医疗配置，建设城乡学校共同体与县乡村三级医共体；完善县乡村三级养老网络，提高城乡居民养老保险基础养老金，将城镇常住人口纳入住房保障；推进农业转移人口市民化，健全公办养老机构运营机制。在农村人居环境治理方面，实施户厕改造、生活污水"千村示范"、生活垃圾减量利用等工程，开展村庄清洁行动；加强农村河湖保护，整治黑臭水体，支持秸秆综合利用，落实长江禁渔政策，打造宜居和美乡村。

---

① 《中共四川省委办公厅 四川省人民政府办公厅印发〈关于调整完善土地出让收入使用范围优先支持乡村振兴的实施方案〉的通知》，https：//czt.sc.gov.cn/scc2t/c102411/2022/10/28/86cf13b29c584d61b6f7bdfe829f71be.shtml，2022 年 10 月 28 日。

二　四川推进农村改革的主要特点和经验

四川作为全国农村改革的重要试验区和先行者，在推进农村改革过程中，形成了独具特色的改革路径和经验。

（一）在推进农村改革中注重城乡融合的理念

四川在推进农村改革过程中，跳出就农村论改革的局限，将城乡融合理念贯穿始终，以"1+20"城乡融合改革试验为抓手，全面取消成都主城区外落户限制，保障进城农民"三权"权益，[①] 同时将农业转移人口市民化公共服务项目由原来的 58 项扩充至 64 项，实现城乡基本公共服务均等化；建立健全"人、地、钱"要素双向流动体制机制，通过健全人才引育留用机制、发挥财政资金杠杆效应撬动社会资本、深化农村"三类地"改革落实"三权分置"，推动人才下乡、资金入乡、土地资源高效利用；以县域为切入点推动乡村公共服务均衡配置，累计调整中小学幼儿园 5500 余所、教学点 4900 余个，乡村执业医师占比提高 12 个百分点[②]，基本形成农村三级基本养老网络，推进城乡文化融合发展，并推动公共服务资源向县城和中心镇倾斜，打造群众便利生活圈，构建起以城带乡、城乡互促的改革新格局。

（二）在推进农村改革中注重系统集成，整体推进

四川在推进农村改革中注重系统集成与整体推进，将农村改革作为系统工程科学设计，统筹协调各项改革措施，强化政策协同性与整体性以释放最大效应。围绕"人、地、钱"核心要素统筹施策。在"人"的层面构建激励机制吸引人才下乡，激活乡村人力资本；在"地"的层面推进集约化利

---

① 《四川省进一步深化农村改革激发乡村全面振兴动力活力》，《农村工作通讯》2025 年第 1 期。

② 《凝心聚力 勇毅前行 为谱写中国式现代化四川新篇章贡献教育力量》，https：//www.sc. gov.cn/10462/10464/10465/10574/2024/11/18/917f5b49f5714ae5a22ed20d05b0d1f1.shtml，2024 年 11 月 18 日。

用与空间规划衔接，盘活土地资源；在"钱"的层面整合财政资金，创新金融工具，引导社会资本，强化资金保障。以土地"三权分置"为基础推进制度联动，深化承包地改革以完善农业社会化服务，推动土地流转，盘活农房发展乡村旅游增加农民收入，加快集体经营性建设用地入市以构建增值收益分配机制，建设城乡统一市场。在乡村振兴中，从经济、社会、文化、生态等多维度整体发力，实施"千村示范、万村整治"工程，推进乡村产业、人才、文化、生态、组织全面振兴，通过农产品品牌提升行动推动农业高质量发展，形成多领域协同推进的改革格局。

（三）在推进农村改革中注重与生产力发展要求相适应

四川立足地形地貌复杂、区域生产力差异显著的省情，在推进农村土地"三权分置"改革中，坚持分类指导原则，不盲目追求土地流转速度，而是根据地形地势的不同特点，将土地流转型与服务带动型适度规模经营相结合，通过高标准农田建设、宜机化改造等举措破解土地细碎化难题，推动土地资源集约化利用与农业生产效率提升，为农业现代化奠定基础。针对小农户占比高的实际，四川在培育家庭农场、农民合作社等新型经营主体时，注重构建与小农户的利益联结机制，通过推广"农业共营制""大园区+小业主+农户"等模式，将小农户嵌入现代农业发展链条，同时强化农业社会化服务体系建设，以全程托管、代耕代种等方式优化资源配置，既保障小农户权益，又提升农业整体生产力，实现新型经营主体与小农户协同发展。

（四）在推进农村改革中注重因地制宜，循序渐进

四川地域广袤且自然条件、经济水平与农民需求差异显著，在农村改革中始终坚持因地制宜原则，依据不同区域资源禀赋与发展基础制定差异化策略。成都平原依托地势平坦优势重点推进农业现代化与集体产权制度改革；丘陵地区立足地貌特征发展特色农业与乡村旅游；山区则聚焦生态保护推进生态农业建设，通过精准施策确保改革措施契合地方实际，有效解决区域性问题。鉴于农村改革涉及农民切身利益，四川秉持循序渐进原则，避免

"一刀切"式推进。如在集体经营性建设用地入市改革中，先选取 19 个县（市、区）开展试点，通过探索积累经验、完善政策体系后再全面推广；农村人居环境整治分阶段实施"三清两改一提升"行动，逐步改善基础设施与公共服务。这种稳步推进的改革路径，既保障了改革的平稳性，又有效降低了系统性风险。

（五）在推进农村改革中注重上下结合，尊重农民和基层创造精神

四川在推进农村改革中注重上下协同，坚持中央政策与地方实践有机结合。省级层面制定总体改革方案和政策框架，为改革提供方向性指导，同时赋予基层充分自主权，鼓励各地创新改革路径。如在农村集体产权制度改革中，出台《四川省农村集体经济组织条例》提供法律支撑，各地结合资源禀赋探索多元股权管理模式与集体经济发展路径，形成上下联动的改革格局。改革过程中始终以农民为主体，通过村民代表大会、民主协商等机制保障农民知情权与参与权。在土地流转、集体产权制度改革等关键领域，广泛征求农民意见，确保改革措施符合切身利益。例如，农村土地"三权分置"改革既稳定了农民承包权，又通过经营权流转拓宽财产性收入渠道，让农民成为改革直接受益者，有效激发了参与改革的内生动力。

三 四川深化农村改革面临的堵点与难点

在深化农村改革的过程中，四川虽然取得了一系列突破性进展和成效，但仍然面临诸多深层次矛盾。

（一）农村重点领域和关键环节改革的推进难

一是"第二轮土地承包到期后再延长 30 年"面临复杂的情况。四川在推进第二轮土地承包到期后再延长 30 年的试点工作中，面临着复杂的情况。首先是政策衔接与平稳过渡的挑战，由于不同地区的土地承包到期时间不一致，部分地区存在历史遗留问题，如何在保持稳定的同时妥善解决这些问题

是试点工作的难点。其次是土地细碎化问题,四川在试点中探索解决土地细碎化问题结合高标准农田建设和宜机化改造项目支持多种方式实现土地集中连片,[①] 但在实际操作中涉及农民意愿、土地流转机制和农业经营模式的调整。再次是村集体组织成员资格的司法认定的复杂性,在延包试点中,外嫁女、入赘婿等的成员资格认定较为复杂,如何在更大范围内推广土地承包并确保公平性,是需要解决的难点。从次是土地流转与规模经营的协调,四川强调"增人不增地、减人不减地"的政策原则,同时要求完善承包地经营流转管理服务,然而如何在保障小农户利益的同时推动农业适度规模经营是试点工作中需要平衡的重要问题。最后是政策理解和执行的差异,在试点过程中,部分地区对政策的理解和执行存在差异,可能导致工作效果存在问题。如何在"大稳定、小调整"的原则下,妥善处理农民土地权益与现代农业发展的关系需要进一步的明确和细化。

二是集体建设用地市场化改革推进难。集体经营性建设用地入市改革被寄予"唤醒沉睡资源"的厚望,但在实际推进中面临诸多挑战。土地资源分布不均。可供直接交易的集体经营性建设用地数量有限,大多数地区需要通过土地整理来增加可开发的建设用地指标。与此同时,土地整理涉及的成本较高,且受土地用途和金融抵押制度的限制,土地开发价值增值有限。当前集体土地入市过程中存在收益分配失衡问题。从区域层面看,经济发达地区和城市近郊的集体建设用地入市后往往能获得可观收益,而偏远地区和经济欠发达区域的入市收益则相对有限,部分区域甚至难以达到国家征收的补偿标准,造成不同区位土地所有者之间的收益差距。主要原因在于全省范围内尚未建立跨区域的土地发展权交易体系,各地改革缺乏有效的利益协调机制。部分项目在扣除各项成本后出现入不敷出的情况。此外,在集体经济组织内部,由于成员数量众多且利益诉求多元化,在土地入市决策和收益分配时往往难以形成统一意见。部分地区由村委会代为决策的机制,更容易出现少数人损害多数人权益的情况。

---

① 陈泳、赵珊:《细化最严格的耕地保护制度》,《成都日报》2023 年 3 月 2 日。

（二）农村改革的系统集成、整体推进难

农村改革涉及多个领域和部门，需要协同推进。目前四川在推进农村改革过程中，仍存在部门之间协调不畅、政策碎片化的问题。例如，农村土地制度改革、集体产权制度改革、农业经营体系改革等领域的协同性不足，难以形成整体推进的合力。农村改革的系统集成和整体推进机制尚未完全建立，影响了改革的综合效益。

一是农业转移人口市民化改革与农村权益保障、权益有偿退出的集成难。四川在推进农业转移人口市民化过程中，面临农村权益保障和有偿退出机制的集成难题。尽管通过深化户籍制度改革，全面放开除成都中心城区以外的落户限制，并依法维护进城落户农民的土地承包权、宅基地使用权和集体收益分配权，但在实际操作中，如何平衡农民在农村的既有权益与农村转移人口市民化后的权益保障，仍存在较大挑战；此外，探索建立自愿有偿退出机制面临难题，尤其是在确定合理的补偿标准和退出程序方面，尚未形成成熟的模式。

二是人口城乡流动与公共服务配套改革协调和有机集成难。一方面，在实际推动人口城乡流动的同时，面临公共服务配套改革的协调难题。城乡公共服务均等化虽取得一定进展，但在教育、医疗、养老等关键领域，城乡差距依然明显。例如，尽管四川通过调整中小学幼儿园布局，推动乡村执业医师占比提升，但农村地区公共服务水平仍难以与城市全面接轨。另一方面，城乡要素交换不平等的问题依然突出，农村基础设施和公共服务的短板尚未完全补齐。

三是农村土地与金融、人才等要素改革的综合协调与有机集成难。在推进农村土地改革过程中，面临金融、人才等要素改革的协调难题。农村土地制度改革取得一定成效，但在与金融改革的衔接方面仍存在"最后一公里"的问题。例如，成都通过"农贷通"平台，整合农村产权和金融服务资源，缓解了农民融资难问题，但该模式的推广和深化仍面临制度瓶颈。此外，农村人才短缺问题依然突出，尽管四川通过政策引导鼓励人才下乡，但如何将

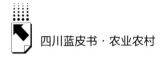

人才、技术、资本等要素有机集成，仍需进一步探索。

四是承包地与宅基地、集体建设用地改革的综合协调与有机集成难。宅基地"三权分置"改革和集体建设用地入市改革虽有探索，但在实际操作中，如何平衡各方利益、完善市场机制，仍是亟待解决的问题。部分县（市、区）作为宅基地制度改革试点县，虽取得了一定成效，但在全省推广时仍面临诸多制度和实践层面的挑战。

（三）强农惠农富农支持制度的改革创新难

一是财政投入与涉农资金整合的效率问题。四川在强农惠农富农政策实施过程中，虽然持续加大财政投入，但在涉农资金整合和使用效率方面仍面临挑战。涉农资金分散在多个部门，影响了政策的实施效果。此外，财政投入的精准性和效益性有待进一步提升，尤其是在农业基础设施建设、农村产业发展和生态保护等领域的资金使用效率仍需优化。

二是农业金融服务创新的瓶颈。四川在农村金融服务改革方面进行了积极探索，但农业金融服务的创新仍面临诸多瓶颈。农村金融产品和服务的多样性不足，难以满足不同类型农业经营主体的需求。例如，农村产权抵押贷款、农业保险等金融服务的覆盖面和保障水平仍需进一步提高。农村金融市场的风险分担机制尚不完善，金融机构对农村信贷的投放仍较为谨慎。

三是农村产权制度改革的深化难题。农村产权制度改革是强农惠农富农政策的重要内容，但目前农村产权价值评估和认定机制尚不完善，导致农村产权的金融属性未能有效激活。此外，农村集体资产的运营管理效率不高，存在收益分配不透明、风险控制不足等问题。对已有惠农政策的依赖性较强，有些补贴效率低下的政策，例如粮食简单地按照承包地面积直补、耕地地力补贴按承包地面积补贴等，难以推进改革。

（四）农村改革的动力机制形成难

一是农民参与度不足，内生动力有待激发。农民作为农村改革的主体，其参与度和积极性是改革成功的关键。然而，部分农民对改革的认知不足，缺乏主动参与改革的意识和能力。在一些农村地区，农民对土地流转、集体产权制度改革等政策的理解不够深入，导致改革推进过程中农民的内生动力不足。农民对改革的预期收益不明确，也影响了其参与改革的积极性。此外，随着城镇化的发展，农民大量向城镇务工转移，农村"空心化"问题突出，改革的主体缺失问题十分突出。

二是政策落实不到位，激励机制不完善。尽管国家和地方政府出台了一系列强农惠农富农政策，但在实际落实过程中，部分政策未能有效落地。一些地方在落实农业补贴、农村基础设施建设等政策时，存在资金分配不均、项目执行不到位等问题。农村改革的激励机制尚不完善，缺乏对农民和基层干部的有效激励措施，导致改革动力不足。

三是农村人才结构失衡，技术人才短缺。部分地区缺乏懂技术、善经营的新型职业农民，现有农民难以适应现代农业发展需求。农村基层干部的综合素质和推动改革的能力有待提升，难以有效落实改革任务。此外，农村地区经济待遇低、公共服务水平不足，对高素质人才的吸引力有限，导致人才流失严重，进一步加剧了人才短缺的困境。

四 四川进一步深化农村改革的突破重点和主要举措

四川进一步深化农村改革要继续树立城乡融合的理念，坚持因地制宜，注重上下结合，坚持改革的系统性、整体性和协调性，着力在重点领域和关键环节上取得新突破，为乡村振兴和推进农业农村现代化提供强大动力和制度保障。

（一）深化农村土地制度改革

坚持"大稳定、小调整"的延包原则，确保大多数农户原有承包地延续，不得通过下指标、定任务等方式推动土地流转；积极探索实施农村集体经营性建设用地入市制度。有序推进农村集体经营性建设用地入市改革，农村集体经济组织（如村集体、合作社）应是农村集体经营性建设用地入市

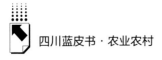

主体，入市土地须为依法登记的集体经营性建设用地（非农用地），符合国土空间规划和用途管制，主要用于发展工业、文旅、康养等产业，支持采用出让、出租、作价出资（入股）等方式入市，但交易需通过公共资源交易平台公开进行。完善盘活农村存量建设用地政策。以县域为单位开展农村闲置资产清理，整合闲置土地，在摸清家底基础上探索有效盘活方式。规范宅基地管理，依法依规盘活利用农村闲置农房，不允许城镇居民到农村购买农房、宅基地，不允许退休干部到农村占地建房。

（二）创新新型农村集体经济发展和治理机制

用好农村集体产权制度改革成果。鼓励集体经济组织通过产权流转、股份合作等方式，盘活集体资产，实现资源共享与利益分配。出台相关政策法规，加强集体经济组织产权的法律保护，防止集体资产流失，维护农民的权益，确保改革成果的可持续性。完善农村集体经济治理机制。建立和完善农村集体经济组织的治理结构，确保集体经济组织的决策机制、监督机制和执行机制健全、透明。推动乡村合作社成为集体经济组织的核心力量，增强其在农业生产、土地流转、资源整合等方面的服务功能，优化资源配置，促进集体经济与地方发展紧密融合。创新和丰富农村集体经济发展模式。探索资源联用、产业联兴、服务联供、治理联建等跨村合作模式，实现新型农村集体经济以强带弱，共同发展。鼓励通过"飞地模式"、产业扶持资金入股企业等方式，将资金变资产、资产变股份，获取稳定收益。创新"镇域统筹、跨村发展、股份经营、保底分红"机制，采用"土地+资金""强村+弱村""技术+资源"模式，联合发展。

（三）推进农业经营体系创新

实施家庭农场培育提升行动，重点支持长期稳定务农小农户发展为家庭农场，实施农民合作社规范提升行动，加大对农业产业化龙头企业支持力度。加快培育新型职业农民，开展新型农业经营主体带头人培育行动，大力发展农业职业经理人制度。探索"家庭农场+农民合作社+小农户""家庭农场+农民合作社+联合社"等多种经营方式，促进小农户和现代农业发展有机衔接。完善农业社会化服务体系，为小农户提供全程化、专业化、多元化的服务，解决小农户"干不了、干不好、干了不划算"的问题。支持新型农业经营主体培育和推广"川字号"特色农产品品牌，提升农产品附加值，通过电商平台、农产品展销会等渠道，拓展农产品销售渠道，增强市场竞争力。

（四）完善强农惠农富农支持制度

完善粮食生产支持体系，重点向主产区域、核心产区和规模化种植主体倾斜补贴资源，建立与粮食产量直接联动的激励约束制度。构建新型农业经营主体与小农户协同发展模式，引导粮食种植大户通过股权合作、保底收购等形式促进农户增产增收。[1] 加大财政投入力度，构建与乡村振兴相适应的财政保障机制。支持符合条件的乡村振兴项目申报发行地方政府专项债券。实施金融支持乡村全面振兴专项行动，推广涉农产业"金融链长"制，探索拓宽农村产权抵质押范围，优化乡村振兴金融生态，推动涉农贷款余额持续增长。统筹建立农村防止返贫致贫机制和低收入人口、欠发达地区分层分类帮扶制度，对有劳动能力的人口，落实产业就业等开发式帮扶措施，对缺乏劳动能力的人口，完善相关社会救助政策。[2]

（五）继续深化农村综合改革

推进农业水价改革是促进水资源节约与高效利用、优化水资源管理、促进农业可持续发展的重要举措。要加大灌区末级渠系节水改造和计量设施建设投入，建立健全灌排工程体系，新建和改扩建工程同步配套计量设施，尚未配备计量设施的已建工程加快改造。推行"计量供水、配水到户、收费到户、开票到户"的水费计收办法，健全水价、水量、水费"三公开"制

---

[1] 赵长保：《健全种粮农民收益保障机制保护农民种粮积极性》，《农村工作通讯》2024 年第 12 期。

[2] 《乡村全面振兴规划（2024—2027 年）》。

度，支持农民用水合作组织规范发展。深化集体林权制度改革，确保集体林地承包关系长期稳定，保障林木所有权，放活林地经营权，完善林权市场化交易，建立全省统一的林权交易平台，推动林地经营权、林木所有权等规范流转，开展林权抵押贷款和森林保险。支持林下经济（如中药材、食用菌种植）、森林康养、碳汇交易等新业态，推动产业融合，增加生态产品供给，提升森林生态效益、经济效益和社会效益。持续深化供销合作社改革，强化供销合作社有效治理，深入推进供销合作社、农村集体经济合作社、农民合作社"三社"合作融合发展，深化社有企业体制机制改革，培育壮大社有企业，加快构建供销合作社为农服务体系，完善县乡村三级农业社会化服务体系运行机制，逐步实现全程全链便捷服务。

（六）建立健全农业转移人口市民化有效机制

落实由常住地登记户口并提供基本公共服务制度，推动转移支付、新增建设用地指标、基础设施建设投资等与农业转移人口市民化挂钩。提高农业转移人口义务教育阶段随迁子女在流入地公办学校就读比例。① 全面取消在就业地参保的户籍限制。依法维护进城落户农民的土地承包权、宅基地使用权、集体收益分配权。建立健全与农业转移人口流动变化相匹配的基本公共服务供给机制，优化社会保障政策体系，确保社保平等覆盖；以公办学校为主，将随迁子女纳入流入地义务教育保障范围，增加公办学校学位供给，持续提高随迁子女在公办学校就读比例。规范开展农村不动产确权登记颁证工作，保障进城落户农民的土地承包权、宅基地使用权、集体收益分配权，不得以退出上述权益作为农民进城落户的条件；探索建立自愿有偿退出"三权"的办法，鼓励进城落户农民通过市场机制流转土地经营权、宅基地使用权等，增加农民财产净收入。

---

① 《中共中央　国务院关于进一步深化农村改革　扎实推进乡村全面振兴的意见》，《人民日报》2025 年 2 月 24 日。

（七）健全推进农村改革的激励和保障机制

建立职责分工明确、多部门联动的工作机制，既确保农村改革在重点领域和关键环节取得突破，又确保改革的系统性、整体性和协调性。在成都西部片区等20个县（市、区）继续深化城乡融合发展改革试点，赋予县级更多资源整合使用的自主权，着力提升县城综合承载能力和服务功能。鼓励基层首创精神，建立容错纠错机制，为改革探索提供政策保障。通过"积分制"管理等创新方式，激励农民参与乡村治理和项目建设，提升治理效能。通过科学设计农村改革试点的范围和领域，客观分析评估改革成效和经验，科学研判改革成果推广的时机和条件，形成"试点探索—评估优化—逐步推广"的闭环机制，推动农村改革从"点上开花"到"面上扩散"转变，及时发挥制度的最大效能。

参考文献

《中共四川省委 四川省人民政府关于学习运用"千村示范、万村整治"工程经验，在推进乡村振兴上全面发力的意见》，http://www.sc.gov.cn/104652/10464/10797/2024/2024/2/29/b3bf48d29eb34238a587，be51d1480295，2024年2月29日。

专题篇

B.3
四川深化承包地"三权分置"改革研究

付宗平　宋琴琴　黄仁雨*

摘　要：　深化承包地"三权分置"改革是完善农村土地制度、推动乡村振兴战略实施的关键环节。本报告以承包地所有权、承包权和经营权"三权分置"为核心，系统分析当前改革实践中存在的主要问题，包括权属界定与权责划分模糊、土地流转市场不健全、利益分配机制不平衡、政策与法律保障不足、区域制度差异与制度适配性问题等。通过对四川现实情况的调查研究，本报告提出优化改革路径的对策建议。一是明确"三权"边界，构建科学的权属划分与协调机制，确保所有权归集体、承包权归农户、经营权可流转的基本原则落到实处。二是完善土地流转市场服务体系，建立规范高效的土地流转平台，提高土地资源配置效率。三是健全利益分配保障制度，强化农民权益保护，合理分配土地收益。四是加强法律和政策支持，完善相关法律法规，增强改革的制度保障。五是注重区域差异化改革策略，因

---

* 付宗平，四川省社会科学院农村发展研究所研究员，主要研究方向为农村经济、农业经济理论与政策、应急管理；宋琴琴，四川省社会科学院农村发展研究所，主要研究方向为农村发展；黄仁雨，四川省社会科学院农村发展研究所，主要研究方向为农村发展。

地制宜设计改革方案，实现政策平衡。

关键词： 承包地 "三权分置" 乡村振兴

一 引言

四川省作为农业与人口大省，长期受家庭联产承包责任制下土地细碎化、利用效率低下及农民增收乏力等现实问题制约。在一系列的现实制约挑战下，四川深化承包地"三权分置"改革具有重要而深远的现实意义。所谓"三权分置"，就是在原来土地承包经营权的基础上分离出所有权、承包权和经营权，目的在于优化土地资源配置，释放土地经营权的活力，促进农业适度规模经营，提高农业现代化水平。通过深化"三权分置"改革，不仅能有效解决土地耕种细碎化、经营分散化等问题，还能促进土地资源适度规模集中经营、提高农业生产效率、推动农业现代化进程，进而促进农民经营性收入和土地财产性收入提高。近年来四川通过改革试点已积累有效经验，但仍面临六大挑战，即权责边界模糊、土地流转市场不健全、利益分配机制不平衡、政策与法律保障不足、社会风险控制与农民意愿不足、区域差异与制度适配性存在问题等。深入研究其改革路径、问题与对策，对推进四川农业农村现代化及为全国土地制度改革提供借鉴具有双重价值。

二 四川深化承包地"三权分置"改革的主要实践与进展

（一）确权登记工作全面推进

四川省将确权登记工作作为深化承包地"三权分置"改革的前提和基础，通过为农户颁发土地承包经营权证书明确农村土地的集体所有权归

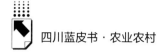
属、承包权责权范围和经营权流转的条件。截至2024年底，四川省累计完成确权登记面积超过1.8亿亩，涉及2400万农户，确权率为98%以上。① 其中，值得一提的是，遂宁市积极引入"土地数字化档案管理系统"，通过建立统一的土地信息数据库，将土地权属的动态精准管理纳入信息化管理流程。这一创新举措不仅提高了土地流转的透明度和信息化效率，还能减少土地流转过程中的交易成本和产权纠纷。2023年，遂宁市的土地流转率达到28%，② 略高于全省平均水平。2024年，广安市全面开展确权登记工作，为农户发放了超过230万本土地承包经营权证书，覆盖率达96%。③ 由于四川确权登记工作的有效开展，土地流转市场因此而显得异常活跃。

（二）土地流转市场服务体系逐步建立

为进一步推动土地经营权的规范化流转，四川省大力推行实施县、乡、村三级土地流转服务平台建设，为土地经营权流转提供数据信息发布、交易撮合、合同管理等系列的中介服务。截至2023年，全省累计流转4500万亩的土地面积，占确权登记面积的1/4左右。④ 其中，郫都区积极推动建设"智慧土地流转服务平台"，为农户和用地业主提供土地流转的面积数量信息、在线交易撮合和流转合同管理。截至2024年，"智慧土地流转服务平台"累计完成50万亩土地流转交易面积，农户通过经营权流转获得的财产性收入同比增长20%。⑤ 与此同时，为保证交易过程的透明性和公平性，第三方监督机制通过郫都区的流转服务平台成功引入，在农户和用地业主中获

① 《2025年省委一号文件新闻发布会》，https：//www.sc.gov.cn/10462/10705/10707/2025/3/1/7578c7c1d134407b9751fbd7336d42df.shtml，2025年3月1日。
② 《遂宁市唤醒沉睡土地 激活发展动能》，https：//dnr.sc.gov.cn/scdnr/scszdt/2024/9/5/ae380843ba5543bd960db1e50c7d0a20.shtml，2024年9月5日。
③ 《广安秋粮丰收有"密码"》，https：//www.guang-an.gov.cn/gasrmzfw/c112789/pc/content/content_1833769734565060608.html，2024年9月11日。
④ 《四川省进一步深化农村改革 激发乡村全面振兴动力活力》，https：//mp.weixin.qq.com/s/0ALAR0-4URMXvwmEOb6j5Q，2025年1月9日。
⑤ 郫都区人民政府：《政府工作报告》，2023。

得一致好评。雅安市为进一步促进土地适度规模化集中经营，通过积极整合区县资源，在名山区建立区域化土地流转市场。2023 年，该区域的流转市场共撮合交易 8 万亩土地，其中用于发展现代农业的土地面积占比高达 80%，土地收益同比增长 10%以上。[①]

（三）多元化农业经营模式探索取得新进步

为进一步推动土地适度规模集中经营并朝着专业化、产业化、现代化方向发展，四川省积极引导家庭农场、农民合作社和农业龙头企业等新型农业经营主体参与土地经营权流转。截至 2024 年，全省规模经营的土地面积达 2500 万亩，已有 30 万户新型农业经营主体参与土地流转。[②] 其中，德阳市中江县大力推广"全程土地托管"服务，由成立的农民专业合作社为农户提供从粮食耕种到销售的一条龙管理服务。2024 年，全县共有 12 万亩的土地参与托管服务，亩均粮食产量提高 15%，农民从每亩土地中获得的净收益同比增加 300 元。[③] 通过土地托管，农民在土地经营中既减少了劳动力成本投入，又获得了规模经营带来的经济效益。攀枝花市通过"公司+合作社+农户"模式，将土地经营权流转给农业龙头企业种植芒果和枇杷等热带特色农产品，在通过土地流转激活经营权的同时，农民也通过土地股份分红和务工收入获得经济报酬。2024 年，攀枝花市的特色农业产值同比增长 25%。[④]

（四）利益分配与农民权益得到有效保护

在持续深化"三权分置"改革过程中，四川省始终将农民利益和权益保护放在首位。为保障农民在土地经营权流转中的权益和利益分配的公平

---

① 《雅安市主动谋划推动农村宅基地管理高效务实》，https：//nyncj．yaan．gov．cn/xinwen/show/adffbd5220384b81e388be07c5153ceb．html，2024 年 6 月 27 日。

② 《四川省进一步深化农村改革 激发乡村全面振兴动力活力》，https：//mp．weixin．qq．com/s/0ALAR0-4URMXvwmEOb6j5Q，2025 年 1 月 9 日。

③ 中江县人民政府：《政府工作报告（2025 年）》，2025。

④ 攀枝花市人民政府：《政府工作报告》，2025。

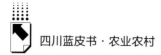

性，四川省进一步规范土地流转合同和建立健全收益分配机制。例如，自贡市在出台的《土地流转收益分配指导意见》中，明确农户、村集体和用地业主在土地流转收益中的分配比例，同时为进一步保障农民收益不受市场价格波动的影响，建立了土地收益风险保障基金。2023年，自贡市参与土地流转的农户年均收入同比增长大约25%。[①] 农民的土地财产性收入得到显著提高。宜宾市在土地流转过程中建立了社会保障兜底机制，为退出土地经营权的农民购买养老金并提供医疗保险补贴。2023年，宜宾市大概约有3万名农民退出土地经营权，[②] 农民从土地经营权退出中获得相应收益和补助。

三 四川深化承包地"三权分置"改革面临的问题

（一）权属界定与权责划分模糊

四川在深化承包地"三权分置"改革过程中面临权属界定与权责划分不清的问题，对农村土地资源的有效利用带来一些影响。全省97%以上的承包地已经得到确权登记，[③] 但是依然在一些地方存在权属界定和权责划分模糊的问题。首先，集体所有权存在虚化问题。虽然农村土地所有权属于村集体，但是在部分地方的土地管理中并没有赋予农村集体经济组织相应的权力和执行职能，导致在土地所有权的行使过程中找不到法律依据。一些地方还存在确权数据不完整的现象，另外有一些经济欠发达的地区依然存在所有权的权属争议问题。根据四川省农业农村厅的统计数据，在已确权的1.8亿亩土地中，有10%左右的土地因所有权确权数据不完整存在权属争议，给土地流转和经营带来困扰。其次，承包权与经营权的边界划分不清。在土地

---

① 自贡市人民政府：《政府工作报告》，2024。
② 宜宾市人民政府：《2024年宜宾市人民政府工作报告》，2024。
③ 《四川承包地确权登记颁证率总体达97.5%》，https://nynct. sc. gov. cn//nynct/c100630/2020/11/3/af72da917e8848f18ea01b6cff52ceb1. shtml，2020年11月3日。

流转过程中，承包权人尽管享有土地的使用权，但是对于流转出去的土地用途缺乏有效的监管手段。例如，根据四川丘陵地区乐至县某地的调查，大约有20%的土地在流转合同中未明确划分承包权人与经营权主体之间的责任，导致经营权主体违规改变土地用途，而又难以追究查证相应的责任。最后，在土地经营权流转过程中，权责划分不清导致存在一些土地纠纷。调查显示，2023年，全省与土地流转相关的土地纠纷案件中，约有20%的事件涉及权责界定不清导致出现土地用途改变、收益分配不合理和合同履约失败等方面的问题。[①]

（二）土地流转市场不健全

四川在深化承包地"三权分置"改革过程中，土地流转市场不健全成为制约改革发展成效的瓶颈。首先，土地流转市场体系建设不完善。一些地区尚未建立规范化的土地流转平台，在数据信息发布、交易撮合和在线合同管理等方面缺乏统一主管部门，导致土地流转市场的运作效率不高。当然，在土地流转市场发展过程中，由于土地流转价格机制不完善，农民对土地流转存在不确定的收益预期，农民参与土地流转的积极性普遍不高。其次，土地流转市场存在区域发展不平衡问题。在经济较为发达的平原地区，土地流转市场较为规范、活跃度高；而在一些经济欠发达的偏远山区，土地流转市场不规范、发育较为滞后，流转的规模和水平远低于全省平均水平。数据显示，四川省平原地区土地流转率超过30%，而部分偏远山区地区的土地流转率不足10%，土地资源配置效率低的现象较为突出。[②] 最后，土地流转后的用途监管机制尚未完全建立。调查显示，有一些流转土地因为缺乏用途监管被违规用于非农建设项目或高污染项目，不

---

① 《关于政协四川省第十三届委员会第一次会议第0987号提案办理答复的函》，https：//nynct. sc. gov. cn//nynct/c100657/2023/7/14/714f99a8dee24740b814af76d891b99b.　　shtml，2023年7月14日。

② 《高质量发展调研行｜三个数字看四川农业发展》，https：//nynct. sc. gov. cn//nynct/c100628/2023/10/16/3d0784d37c4546569e1857c702f9b611. shtml，2023年10月16日。

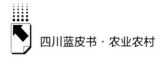

仅使得农民的利益受到损害，还严重影响了生态环境建设，对土地流转市场的规范发展造成不利影响。

（三）利益分配机制不平衡

四川在深化承包地"三权分置"改革过程中，存在利益分配机制不平衡的问题，对农民土地改革的获得感有严重影响。土地经营权流转的利益分配涉及农户、村集体、用地业主等多元主体利益，在实际的执行过程中，由于利益分配机制不完善，在这些利益主体之间经常出现分配不均的现象，部分地区的农民从土地流转中获得的租金仅占流转收益的40%，与全国平均水平60%相比还有一定差距。在阿坝州等较为偏远的地区，土地流转价格通常不是太高，每亩土地的流转租金不到500元/年，而同类型的土地流转租金在平原地区为1200元/年以上。[①] 这种土地流转不平衡的地域差异，不仅降低了农民流转土地的积极性和意愿，还不利于土地资源的优化配置。同时，村集体在收益分配中的协调作用发挥不足。调查显示，一些用地业主在对流转过来的土地进行高额投入后，因分配机制不完善而缺乏长期投资的信心。

（四）政策与法律保障不足

四川在深化承包地"三权分置"改革过程中，缺乏相应的政策和法律支撑，对承包地"三权分置"改革的制度红利释放产生一定制约。尽管中央和地方出台了相应的政策支持文件，但在具体执行过程中，由于缺乏配套的政策和法律支持体系，影响改革的深入推进。第一，法律在土地经营权的保障方面不完善。现行法律法规没有明确规定经营权的流转规则以及配套实施办法，导致农民、村集体和用地业主在土地流转的过程中产生权益纠纷。相关数据显示，2023年，在四川的土地流转诉讼案件中，约25%

---

① 《谁来种地？种什么地？怎么种地？这一农业大省给出新答案》，https://nynct. sc. gov. cn//nynct/c100630/2023/6/5/3ff7de19826645e3b4c85e592b63586a. shtml，2023年6月5日。

的案件涉及经营权流转过程中对相关主体的权利保护不够，土地经营权人中途毁约合同或者对土地用途违规使用的情况时有发生。① 第二，在政策执行过程中常出现政策执行不统一的问题。例如，有些地方对土地流转的政策宣传力度较大，有些地区的地方立法稍微滞后，农民对改革政策的知晓率不高。

（五）区域差异与制度适配性问题

四川在深化承包地"三权分置"改革过程中，面临区域制度差异和政策适配性问题。四川有不同的地形地貌，既有山区，也有平原和高原地区，各地区在土地资源禀赋、经济发展水平、社会风俗等方面有较大差异，在改革实施效果方面具有明显差异。第一，土地流转市场发展具有明显的区域差异。根据四川省农业农村厅数据，截至 2023 年底，成都等平原地区的土地流转率超过 30%，而在川南丘陵地区和川西高原等地区，土地市场的流转率还不到 15%，出现明显的地区差异。② 这种土地流转市场的不平衡导致不同地区在土地资源的利用方面存在明显的效率差异。第二，改革政策设计的地方针对性不强，与地方实际需求不匹配。例如，在一些地区，传统的家庭承包经营模式和现代化规模经营模式并存，但是改革政策和制度并没有根据地区差异配套，导致改革效果难以呈现。四川丘陵地区和山区由于土地经营较为分散，难以实现适度规模经营，而现行的土地流转政策并未提供相应的适配性方案，对土地流转效率的提升产生制约。

---

① 《"天府粮仓"司法保护示范基地揭牌一周年：司法保护"天府粮仓"交出亮眼答卷》，http：//scfy.scssfw.gov.cn/article/detail/2024/07/id/8014790.shtml，2024 年 6 月 6 日。
② 《关于省第十四届人民代表大会第二次会议第 14020936 号建议办理答复的函》，https：//nynct.sc.gov.cn//nynct/c100657/2024/5/20/84af8eef9822494ba02592c574d389ba.shtml，2024 年 5 月 20 日。

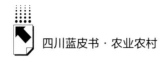

四 四川深化承包地"三权分置"改革的对策

（一）明确"三权"边界，构建科学的权属划分与协调机制，确保所有权归集体、承包权归农户、经营权可流转的基本原则落到实处

明确承包地"三权"的边界，科学界定承包地所有权、承包权与经营权的产权边界及权责关系，是深化"三权分置"改革的基础前提。首先，强化权属法律保障。巩固确权登记成果，建立数字化土地权属档案，依法明确村集体行使土地所有权及监督管理职能，农户享有长期稳定的承包权，经营主体拥有合法流转经营权。其次，构建权利协调机制。通过规范流转合同与配套法规，厘清集体、农户、经营主体三方权责，预防权利纠纷。最后，推行信息化动态监管。建设土地信息数据平台，实现"三权"全周期跟踪管理，保障改革实践有效运行。

（二）完善土地流转市场服务体系，建立规范高效的土地流转平台，提高土地资源配置效率

完善土地流转市场服务体系是深化承包地"三权分置"改革、促进土地资源优化配置的关键举措。首先，健全制度规范。制定完善土地流转管理办法，明晰市场主体权责与交易规则，强化法律政策保障；严格经营主体资格审查与土地用途监管，切实保障农民土地权益。其次，构建信息平台。建立土地流转信息化服务平台，推动信息公开透明，整合供需、价格、合同等信息，降低交易成本，提升流转效率。最后，强化服务功能。拓展服务平台职能，提供涵盖价格撮合、法律咨询、合同管理、交易监督等全流程服务，规范流转行为。

（三）健全利益分配保障制度，强化农民权益保护，合理分配土地收益

健全利益分配保障制度是深化承包地"三权分置"改革的核心任务，

旨在保护农民土地权益并促进收益分配公平。首先,科学制定分配规则。明确村集体、农户与经营主体在土地流转收益中的合理比例,优先保障农户承包权益;建立最低收益保障机制(含动态调整的租金与分红标准),确保分配与土地价值变动适配。其次,强化过程透明监督。强制公示流转价格、支付流程、合同条款及分配规则,接受集体成员监督;必要时引入第三方监管机制,规避信息不对称引发的权益损害。最后,完善权益保障体系。为退出承包权农户提供养老、医疗及就业培训等社会保障支持,同步建立土地收益争议调解机制,有效化解产权纠纷。

(四)加强法律和政策支持,完善相关法律法规,增强改革的制度保障

强化法律政策保障是深化承包地"三权分置"改革的关键支撑。首先,健全法规体系。修订《中华人民共和国土地管理法》《中华人民共和国农村土地承包法》等核心法律法规,明确集体所有权、农户承包权与经营主体经营权的权责边界及流转规则;同步规范流转价格、期限、合同文本及土地用途监管,制定配套细则消除政策盲区。其次,实施区域差异化政策。针对四川平原、丘陵、山区、高原等区域特征,分类施策,发达平原地区推行市场化流转模式,欠发达山区及高原则通过政府引导与政策扶持培育流转市场。最后,强化执行监督。建立第三方监管机制,对土地流转全过程实施动态监督,确保法律政策有效落地。

(五)注重区域差异化改革策略,因地制宜设计改革方案,实现政策平衡

实施区域差异化改革策略是深化承包地"三权分置"改革的关键路径,对于区域发展不均衡、地形地貌复杂的省份至关重要。首先,精准施策。依据不同区域的资源禀赋、自然条件、经济水平及民族文化特征,结合平原、山区、高原、丘陵等实际,制定适配性改革方案,经济发达平原地区可优先推进土地市场化流转,引导新型农业经营主体发展适度规模经营;欠发达的

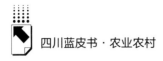

川西高原等地区则强化政府政策干预与基础设施建设，培育土地流转市场。其次，优化服务布局。经济发达地区着力完善市场化流转服务平台；偏远山区则加强政府主导的基层服务体系建设，在确权颁证、合同规范、收益分配等环节提供支持，提升农民流转意愿。最后，保障资源公平。通过设立专项财政扶持资金，重点支持欠发达地区规范土地流转，防止政策资源配置失衡影响改革整体效能。

参考文献

《中共中央　国务院关于保持农村土地承包关系稳定并长久不变的意见》。

《四川省进一步深化农村改革激发乡村全面振兴动力活力》，《农村工作通讯》2025年第1期。

邓朝春、辜秋琴：《我国农村土地承包经营制度的演进逻辑与改革取向》，《改革》2022年第5期。

房绍坤：《承包地"三权分置"中土地经营权再流转方式释论》，《求索》2024年第5期。

洪银兴、王荣：《农地"三权分置"背景下的土地流转研究》，《管理世界》2019年第10期。

贾国磊：《中国农村土地制度改革的历程和经验——兼议承包地"三权分置"改革的关键环节》，《农村经济》2018年第3期。

石锐、钱忠好：《农村土地"三权分置"制度的实现：环境分析、路径选择与协同行动》，《江海学刊》2024年第5期。

肖鹏：《农村土地"三权分置"下的土地承包权初探》，《中国农业大学学报》（社会科学版）2017年第1期。

杨璐璐：《"三权分置"与"长久不变"政策协同的保障机制：自稳定承包权观察》，《改革》2017年第10期。

张守夫、张少停：《"三权分置"下农村土地承包权制度改革的战略思考》，《农业经济问题》2017年第2期。

张毅、张红、毕宝德：《农地的"三权分置"及改革问题：政策轨迹、文本分析与产权重构》，《中国软科学》2016年第3期。

B.4
四川深化新型农村集体经济发展路径与运行机制改革研究

高 杰 吴灵楚*

摘 要： 农村集体产权制度改革以来，四川省积极引导新型农村集体经济组织的建立和发展壮大，全省农村集体经济发展取得了显著成效。但是，在发展新型农村集体经济的过程中，全省普遍存在着集体经济发展不平衡、专业化人才匮乏、组织运行不规范以及发展路径不明晰等问题。针对上述问题，本报告提出了以党建引领为核心、以法律法规为引导的新型农村集体经济发展方向，并提出打造专业化人才队伍、激发新型集体经济发展的内在动力等对策建议。

关键词： 新型农村集体经济 农村集体产权制度 四川省

新型农村集体经济的发展壮大是乡村全面振兴的关键路径，是新征程实现我国农业农村现代化目标的重要内容。长期以来，中央始终聚焦于农村集体经济改革与发展问题，2016 年，中共中央和国务院联合印发的《关于稳步推进农村集体产权制度改革的意见》首次确立了"推动新型集体经济可持续发展"的战略目标。随着产权制度改革取得阶段性成果，2021 年，中央一号文件进一步提出"新型农村集体经济发展提质增效"的新要求。2023 年，中央一号文件深刻阐释了新型农村集体经济的内涵，提出要构建

---

* 高杰，四川省社会科学院农村发展所研究所研究员，主要研究方向为城乡融合发展；吴灵楚，四川省社会科学院农村发展所研究所，主要研究方向为城乡融合发展。

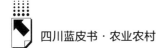

权责明晰、治理科学、经营稳定、分配公平的运行机制，探索如资源发包、资产租赁、居间服务等多样化的发展模式。2024 年，党的二十届三中全会通过《中共中央关于进一步全面深化改革、推进中国式现代化的决定》，强调"发展新型农村集体经济，构建产权明晰、分配合理的运行机制，赋予农民更加充分的财产权益"，明确了新型农村集体经济发展的基本要求。

作为我国重要的农业大省，四川省始终高度重视新型农村集体经济改革和发展问题。2019~2022 年，全省每年选取具备条件的 1292 个村进行重点扶持，明确对纳入扶持范围的行政村，按照"中省尽力补助、市县适当投入"原则，一次性补助每村 100 万元，其中中央财政 50 万元、省级财政 30 万元、市县财政 20 万元。共补助财政集体经济发展专项资金 51.68 亿元，地方财政支持力度位居全国前列。[①] 截至 2023 年，四川农村集体经济组织总收入达到 159.2 亿元，比上年的 143.5 亿元增加 10.9%；有经营性收入的村达到 27371 个，占 29569 个村的 92.6%。[②]

但受发展基础薄弱、区域发展差异较大等现实问题的影响，四川省农村集体经济发展仍面临较多问题，包括集体经济发展不平衡导致全省各新型农村集体经济之间的差距愈发明显，组织运行不规范使得新型农村集体经济组织的建设和发展效率低下，缺乏明确的发展道路更加阻碍着新型农村集体经济组织的发展壮大等。在新征程，四川必须通过改革的进一步深化引导新型农村集体经济明晰发展路径、优化运行机制，实现全省农村集体经济的发展壮大。

一 四川新型农村集体经济改革的实践举措

近年来，四川省在农村集体经济改革方面进行了积极探索，特别是在农

---

① 《财政助力集体经济发展成效凸显 3757 个扶持村集体经济总收益达 4 亿元》，https://czt. sc. gov. cn/scczt/c102358/2022/9/23/ada6c89e93034a 16ba0d5d3fa9588117. shtml，2022 年 9 月 23 日。

② 郭晓鸣、高杰、张耀文：《对四川加快发展新型农村集体经济的思考》，《四川日报》，2025 年 1 月 27 日，第 12 版。

村集体产权制度改革进程中，全省构建了完善的农村集体经济改革制度、形成了有效的新型农村集体经济发展的法律保障、探索了农村集体产权制度改革协同机制，充分落实新型农村集体经济发展工作。总体而言，在四川省新型农村集体经济的建设和发展过程中，农民财产性收入得到增加、乡村治理水平得到提升、农村发展活力得到增强。

（一）构建了完善的农村集体经济改革制度体系

2017 年初，四川省多部门联合印发《关于深化农村集体产权制度改革发展农村新型集体经济的试行意见》（以下简称《意见》），意味着四川省开启全面改革农村集体产权制度的新征程。《意见》旨在通过制度创新为农村生产要素注入全新发展活力，构建新型农村集体经济治理体系。《意见》确立了"三步走"战略，同时也为四川省设置了阶段性目标，即到 2020 年末基本完成全省农村集体产权制度改革，基本建立现代农村集体产权制度，基本明确集体经济组织的市场主体地位。

（二）形成了有效的新型农村集体经济法律保障

为进一步推动农村集体经济规范化发展，四川省率先颁布了《四川省农村集体经济组织条例》（下文称《条例》），在规范管理农村集体经济组织方面取得突破性进展。作为《中华人民共和国民法典》颁布后首部省级层面制定的专门性法规，《条例》不仅构建起地方集体经济组织的发展框架，也为全国在农村集体经济组织的规范上贡献了"四川经验"。以此为基础，四川省同步推进多元化发展路径探索工作。一方面，开展专项扶持，对全省共 3876 个村实施精准帮扶；另一方面，引导各地创新经营机制，探索形成了农旅融合发展、充分盘活现有资源、股份合作经营等创新模式，进一步激发农村集体经济发展活力。

（三）探索了农村集体产权制度改革协同机制

由省市县乡村五级书记牵头，全体部门积极配合，四川省实施了乡镇行政区划和村级建制调整两项改革，形成了上下协同联动的工作格局，这是近年来四川省规划实施的最具影响力和关注度的重大基础性改革之一。此次改革重塑了县域空间结构、政权体系和治理建构；减少了 1509 个乡镇（街道），减幅 32.7%；减少了 19078 个建制村，减幅 41.98%。[①] 2022 年，四川省选择了 1292 个村探索开展合并村集体经济融合发展试点，试点村集体经济总收入达 2.11 亿元，比合并前的 2019 年增长 225.7%，闲置资产盘活率达 87.6%。[②]

为保障农村集体经济稳健发展，四川省构建了激励约束体系，提高对市（州）领导班子及领导干部的考核要求，新增改革成果、发展成效等反映乡村振兴战略实施情况的考核内容。

2021 年 10 月底，四川省已完成农村集体资产家底清查工作，共梳理出 4.94 亿亩的集体建设用地和农用地。在资产构成方面，全省经营性资产累计 422.5 亿元，非经营性资产累计 1870.3 亿元；在成员认证方面，全省共完成了 6916 万农村集体经济组织成员身份认定工作，核发股份凭证 516 万份，涉及 1189.9 亿元量化资产。总体而言，全省 97.5% 的村已实施"量化到人、确权到户、户内共享、长久不变"的资产管理制度。[③] 截至 2023 年底，四川农村集体经济组织总收入达到 159.2 亿元；有经营性收入的村达到 27371 个，新型农村集体经济发展趋势良好。[④]

二 四川新型农村集体经济发展存在的问题与挑战

虽然四川省在发展新型农村集体经济方面取得了一系列成果，但由于存在发展基础薄弱、地区发展差距较大等客观条件，四川省农村集体经济发展

① 《重塑乡村经济和治理格局——四川乡镇行政区划和村级建制调整改革调查》，《经济日报》，2021 年 6 月 23 日，第 1 版。
② 《我省农村集体产权制度改革基本完成》，《四川日报》，2022 年 1 月 18 日，第 3 版。
③ 《我省农村集体产权制度改革基本完成》，《四川日报》，2022 年 1 月 18 日，第 3 版。
④ 郭晓鸣、高杰、张耀文：《对四川加快发展新型农村集体经济的思考》，《四川日报》，2025 年 1 月 27 日，第 12 版。

仍面临着发展不平衡、人力资本不足等问题，亟待通过改革进一步深化破解困境，实现新型农村集体经济高质量发展。

（一）农村集体经济发展不平衡

近年来，四川省通过深化农村改革、优化资源配置等积极措施推动了新型农村集体经济的进一步发展，但受自然条件、资源禀赋、政策落实等诸多因素的影响，省内农村集体经济发展仍存在着显著的不平衡现象。截至2023年底，四川省49074个集体经济组织中，收入低于5万元的集体经济组织占比33.52%，50万元以上的仅占0.75%。[①] 虽然近年来新型集体经济组织建设力度逐渐加大，集体经济组织数量增长快，但部分村无优势资源、无优势产业、集体经营性资产少，村集体的市场竞争力弱，依靠外部扶持在短期内能够获得一定的收益，但不具备可持续性，与富裕村之间的发展差距大，呈现严重的发展不平衡。成都、绵阳等地区由于地理位置优越、资源充足、政策支持力度大等优势，其新型集体经济的发展依赖于高新技术、现代服务业等高投资、高收益产业，而一些偏远地区，如甘孜州、阿坝州等，仍以传统农业和资源型产业为主，产业结构单一，附加值较低，难以实现进一步的发展。

（二）资源配置分散和跨村合作不足

四川省新型农村集体经济具有资源富集的独特优势，但普遍存在整合不足的问题。一是村内资源整合困难。由于耕地、林地等重要资源实施的是长期化分户经营，农村集体经济组织事实上仅能直接掌控数量极为有限的机动耕地、"四荒地"和闲置集体建设用地等。而大量农民外出导致部分耕地粗放经营或者直接撂荒，集体经济组织因缺乏补偿能力，难以有效整合农户低效利用的分散耕地、林地等资源，低效利用问题十分突出。二是跨村合作发

[①] 李恩付、徐进才：《发展新型农村集体经济积极探索共同富裕道路——以四川农村集体经济发展为例》，《财富时代》2024年第4期。

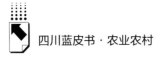

展不足。当前农村集体经济普遍采取的是以行政边界为限的单村发展模式，不仅难以突破土地资源、资金、人才不足等制约，而且容易造成不合理的过度竞争和同质化发展，加剧村域之间发展的不平衡。

（三）合法性认可不足和发展路径单一

新型农村集体经济组织"特别法人"资格的确立，为其参与市场经济运行提供了基础性法律保障，但在实践中效用受限。一方面，市场认可度低。普遍存在有法律地位而无法人资格的困境，农村集体经济组织由相关农业农村主管部门登记注册，在取得合法经营资格、发票开具资格等方面受限，对外经营合作也经常难以得到其他市场主体的承认或信任；另一方面，发展路径单一。由于市场化运行不足和风险承担能力有限，多数农村集体经济组织均选择简单化出租资源资产的发展方式，集体收益低位固化，以股份合作等多种方式参与现代乡村产业发展的较少，集体经济增收渠道不宽，发展速度总体缓慢。

（四）运行机制不健全和经营人才短缺

从四川省各乡村集体经济发展普遍情况来看，多数农村集体经济组织面临经营机制不规范和人才不足的双重挑战。首先，组织运行不规范。内部治理架构和收益分配制度不完善，有效率的监督机制和防风险机制亟待建立健全。其次，经营不善人才严重短缺。由于乡村人才大量外流，农村集体经济发展中可供选择的人才相对有限，加之缺乏吸引经营性人才的有效激励机制，普遍缺乏市场化条件下引领农村集体经济发展的基本能力。

（五）带头人激励有限和成员参与不足

难以实现带头人有效引领和普通成员认同参与，是四川各地新型农村集体经济发展的普遍障碍。一方面，集体经济实际发展水平与带头人高度相关，但集体经济带头人的薪酬收入未能与自身付出及取得的发展成果合理挂钩，激励机制有限导致集体经济发展带头人动力不足；另一方面，农村集体产权制度改革通过成员锁定、股份量化重构了村集体与农民间的股权关系，但现阶段绝大多数集体经济发展基础薄弱，盈余分配较少，集体经济发展与农民收入增长、生活改善依然呈弱关联状态，农民对集体经济认同和参与不足的问题尚未有效解决。

三 四川新型农村集体经济发展壮大的路径选择

新型农村集体经济具备独有的制度优势和加快发展的现实需求，基于四川的发展基础，当前亟待聚焦关键性挑战，扬长避短，突出重点，稳健发展。

（一）多元化资源利用发展路径

新型农村集体经济组织具有资源共有和利益共享的基本特征，通过整合分散资源，以租赁、入股、合作等多元化方式推进资源激活和价值实现，这是新型农村集体经济突破发展困境的基本之策。一是整合未承包到户的耕地、林地、草地等资源，通过统一流转、合作开发等方式，实现规模经营和收入增长。二是整合承包到户但低效利用的农地、果园、水塘等资源，采取重新发包经营、流转租赁、入股联营方式，实现资源的高效再利用。三是整合闲置的农村集体建设用地和农房资源，挖掘乡村独有的生态、历史、人文优势，通过股份合作、招租经营、共同开发等方式全面融入乡村产业发展，大幅度提升乡村资源价值。

（二）多主体产业合作发展路径

新型农村集体经济组织共有产权的制度安排，内在地决定了其既要实现资产保值增值，又不能因参与高风险市场竞争而破产。因此，必须通过与家庭农场、合作社、农业企业等市场主体深度合作，以有效率的资产管理和经营实现低风险稳健发展。一是结合农业产业链延伸，整合财政扶持资金和自有资金，通过入股合作等方式投资建设农产品加工、仓储物流、交易市场等产业设施，使农村集体经济组织与新型经营主体形成产业链配套关系和合作经营关系，稳定实现收入增长。二是结合新产业新业态发展，收储并改造提升闲置农房，引入市场主体开发民宿康养、研学体验、餐饮娱乐等新业态和新消费场景，形成农村集体经济的经营性收入、租金收入和股份分红收入，在推动多元主体参与乡村产业融合中实现农村集体经济的稳健发展。

（三）多层次服务供给发展路径

新型农村集体经济组织作为代表社区共同利益的组织形式，能够准确了解本区域和农民的服务需求，进而更有效率和更低成本地进行多层次服务供给，通过不断拓展和强化服务功能，实现更具比较优势和持续能力的服务性收入增长。一是参与农业生产性服务供给。一方面，在农业生产性服务中提供居间协调服务，提高农业社会化服务供给效率；另一方面，与市场服务主体合作参与农资供给、技术指导、劳务服务、产品营销等，成长为农业社会化服务体系的重要供给主体。二是参与管理性服务供给。重点为进入乡村从事农文旅产业发展的经营主体提供配套的物业管理、劳务派遣、矛盾协调等服务，发展成为乡村公共性管理服务的主要供给主体。三是参与公益性服务供给。对农村集体经济组织合理赋权，承接政府购买的乡村小微型基础设施建设和公用事业维护等公共服务，实现农村基础设施高效建管和集体收入稳定增长等多重目标。

（四）多类型村庄经营发展路径

构建现代乡村产业体系需突破单村发展的资源限制，因此推动新型农村集体经济发展需要更加重视整村经营和跨村合作，有效强化长效发展动能。一是探索整村经营模式。在统一规划基础上，以农村集体经济组织为主导，联动国有企业、民营企业等多元主体，系统开发乡村闲置资源资产，整体性发展高质高效农业和新型乡村产业，以强化集体行动方式带动农民实质参与村庄发展并实现共建共享。二是探索多村联营模式。以产权关系明确和利益分配规范为基础实现多种类型的跨村合作，探索资源联用、产业联兴、服务联供、治理联建等更深层次联动模式，在多村合作的更大区域空间内整合资源和优势互补，实现新型农村集体经济以强带弱，共同发展。

四 四川农村集体经济运行机制的完善方向

作为一种特殊的现代经济组织模式，新型农村集体经济承担着乡村经济发展、农民增收和福利保障等多重功能，其特殊的产权性质和发展目标也决定需要构建起符合新型农村集体经济自身特征的现代组织运行机制。

（一）全面加强新型农村集体经济发展中的党建引领

加强农村基层党组织建设，提升党建引领能力，是推动新型农村集体经济高质量发展的"定盘星"和"指南针"。党员干部要以身作则，带头参与新型农村集体经济建设项目，起好带头作用。通过开展"党员带村民"等活动，不断挖掘和发现一批既能带头投身建设，又能带动村民参与的党员，让更多农村居民投入到新型农村集体经济的建设上来。加强党组织建设是推动新型农村集体经济发展的重要保障，通过组织体系的系统性优化，能够显著增强其在集体经济组织中的引领示范作用，有效统筹政府、市场以及社会多方力量，为集体经济组织发展壮大奠定基础。

（二）构建符合新型农村集体经济特征的组织架构

明确农村集体经济组织与基层党组织、村民委员会的关系。构建以法律法规为引导的农村集体经济组织长效发展机制，一是依据法定程序界定经营性资产范围，并量化至组织成员，为其收益权提供支撑；二是完善资产运营管理体系，建立健全规范化的档案管理制度和财会制度；三是建立创新激励机制，引导集体经济组织根据资源禀赋，采取自主开发、股份合作等多样化发展模式培育新型经济业态，实现集体资产的保值升值。四川省各个地区应严格按照《条例》所规定的内容，在本地区因地制宜地发展新型农村集体经济，充分发挥本地的不同优势，在四川建立起有地区特色的新型农村集体

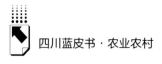

经济组织，不断解决群众最关心最现实的利益问题，让广大农村居民享有更加美好的幸福生活。

（三）强化新型农村集体经济发展中的专业化人才培育

建立政府—高校—乡村三位一体的人才培养体系，大力支持新型农村集体经济培育引进专业人才。新型农村集体经济组织的建设不仅需要有针对性的人才培养，更加鼓励各领域、各年龄段的外来人才参与，鼓励外出读书的学子返乡，为集体经济组织贡献力量。乡村要把握好人才引进的机会，提高自身对于外来人才的吸引力。一方面，要给予外来人才以优待。对于愿意从事乡村工作的人才，要持鼓励、保护态度，出台政策保障外来人才的权利，给予适当的政策补贴，加深人才留在乡村的意愿；另一方面，要以开放的姿态不断推动乡村进步。开放、包容也是新型农村集体经济组织所需要贯彻的理念，乡村不断发展，城乡差距不断缩小，乡村对于人才的吸引力也会上升。鼓励大学生深入乡村，返乡创业，带动乡村各产业发展，把"走出去"的优秀人才重新"引进来"。只有人回到乡村这片土地上，让人才不再是乡村的稀缺资源，乡村才能够实现真正意义上的振兴，新型农村集体经济组织才能称之为先进。

（四）激发新型农村集体经济发展的内在动力

注重创新，先立后破，破立并举。在建设新型农村集体经济组织的过程中，要在原有集体经济组织的基础上融入新的理念、新的制度、新的发展方式，让集体经济组织拥有全新的活力，更好保障组织成员应有的权益；注重质量，推进乡村高质量发展。将区块链、云计算、大数据等新型数字技术融入乡村现有产业，降低产品生产成本，提升产品质量，实现产业链和创新链融合发展，同时打造数字经济新优势，促进数字技术与实体经济深度融合，催生新产业、新业态、新模式。

参考文献

陈超儒、杨玉华、王楠等：《成都市新型农村集体经济的规范与发展研究》，《农村经济》2010 年第 12 期。

郭晓鸣、张耀文：《新型农村集体经济的发展逻辑、领域拓展及动能强化》，《经济纵横》2022 年第 4 期。

倪坤晓、何安华、高鸣等：《透视新型农村集体经济的"新"》，《农村经营管理》2022 年第 1 期。

肖雪岷：《共同富裕目标下财政支持新型农村集体经济发展的实践与思考》，《中国财政》2024 年第 16 期。

翟峰：《农村集体产权制度改革试点中的八个问题和建议——基于四川省改革试点实践的调研思考》，《西部论坛》2017 年第 6 期。

张克俊、付宗平：《新型农村集体经济发展的理论阐释、实践模式与思考建议》，《东岳论丛》2022 年第 10 期。

王成栋、阚莹莹：《改革赋能加快推动农业大省蝶变图强》，《四川日报》2024 年 10 月 14 日，第 5 版。

B.5
四川健全推进乡村全面振兴长效机制研究*

周小娟 庞经滔**

摘 要： 健全推进乡村全面振兴长效机制是四川学习运用"千万工程"经验、擦亮农业大省"金字招牌"的生动实践与光荣使命，也是四川在乡村振兴上全面发力、打造新时代更高水平"天府粮仓"的重要依托与必要条件。2024年，四川在健全推进乡村全面振兴长效机制方面成果显著，乡村特色产业培育发展长效机制持续优化，宜居宜业和美乡村建设长效机制落地见效，农业农村改革发展长效机制不断推进，城乡深度融合发展长效机制有序构建。在实践中，四川积累形成了以顶层设计为主抓手、重点聚焦为着力点、产业振兴为驱动力、县域融合为切入点、治理优化为稳定器等诸多创新经验，为四川在乡村振兴上全面发力，加快推进农业现代化发展，奋力建设农业强省奠定了坚实基础。

关键词： 乡村振兴 长效机制 四川省

一 引言

党的二十大报告提出，"全面推进乡村振兴，坚持农业农村优先发展，扎实推动乡村产业、人才、文化、生态、组织振兴"。全面推进乡村振兴是

* 本报告为四川省社会科学院第八届"学术新苗"课题项目"西部欠发达地区新型农村集体经济组织的发展路径研究"（202402042）阶段性成果。
** 周小娟，四川省社会科学院农村发展研究所副研究员，主要研究方向为农村改革与发展；庞经滔，四川省社会科学院农村发展研究所，主要研究方向为发展经济学、农业经济。

乡村振兴战略在新时代新征程上的重要实践与拓展，是全面建设社会主义现代化国家的重要支撑。扎实推进乡村全面振兴，有利于构建农业农村发展的稳定格局，有利于提升乡村的综合竞争力，有利于现代化农业强国建设。2024 年四川省委一号文件指出，四川要把推进乡村全面振兴作为新时代新征程"三农"工作的总抓手，坚持农业农村优先发展，学习运用"千万工程"经验，在推进乡村振兴上全面发力，加快构建农业强省。

扎实推进乡村全面振兴，建立长效化工作机制是关键。中共中央、国务院在《乡村全面振兴规划（2024—2027 年）》中明确提出，"健全推动乡村全面振兴长效机制"，为扎实推进乡村全面振兴工作长效化、持续化提供了根本遵循。健全推进乡村全面振兴长效机制是四川在推进乡村振兴上全面发力的又一必要条件与重要选择。通过健全推进乡村全面振兴长效机制，整合全省资源、协调各方力量，保障政策持续发力，达到"产业兴旺、生态宜居、乡风文明、治理有效、生活富裕"的乡村振兴总要求，推动四川实现农业农村现代化。

二 四川健全推进乡村全面振兴长效机制的时代意义

（一）健全推进乡村全面振兴长效机制是学习运用"千万工程"经验，擦亮农业大省"金字招牌"的生动实践与光荣使命

"千万工程"的关键是以解决农村环境问题为切入点，通过统筹谋划、系统推进，实现乡村协调发展与全面振兴，强调因地制宜、精准施策，注重持续投入、久久为功，进而实现乡村发展的根本性改变与全面振兴。对于四川而言，学习运用"千万工程"经验健全推进乡村全面振兴长效机制，加快建设宜居宜业和美乡村，是书写乡村振兴战略四川篇章的生动实践。

习近平总书记强调，"四川农业大省这块金字招牌不能丢"。[①] 四川作为农业大省，是西部唯一的粮食主产省。健全推进乡村全面振兴长效机制，可

[①] 《擦亮农业大省金字招牌——四川省贯彻落实习近平总书记全国两会重要讲话精神纪实》，http://www.qstheory.cn/2019-02/20/c_1124140698.htm，2019 年 2 月 20 日。

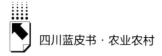
以有效整合"三农"领域各方资源要素，提高农业生产效率与农产品质量，对于巩固和提升四川农业生产优势、加快建成农业强省具有重要意义。

（二）健全推进乡村全面振兴长效机制是四川在乡村振兴上全面发力，打造新时代更高水平"天府粮仓"的重要依托与必要条件

纵观世界农业现代化发展道路，开展乡村建设、推进乡村振兴，是各农业强国普遍采取的手段。健全推进乡村全面振兴长效机制，就是要全方位建立起乡村产业、人才、文化、生态、组织等各方面发展的长效机制，并以县域为切入点推进城乡融合发展。健全推进乡村全面振兴长效机制，既符合世界上农业现代化发展进程的共同特征，又切合四川农业农村改革发展实际，是四川在乡村振兴上全面发力的重要依托。

2023 年 7 月，习近平总书记在四川考察时指出，要打造新时代更高水平的"天府粮仓"，① 其核心要求是着力提高粮食综合生产和供给能力，筑牢新时代中国式现代化的战略大后方的粮食根基。健全推进乡村全面振兴长效机制，就是要加大耕地保护力度，严控"非粮化"现象，创新研发粮食生产加工技术，开展丘陵山区农田宜机化改造，完善粮食产业体系。并协调各领域各部门建立协同工作机制，实现农田资源的高效利用和生态环境的良性循环，不断为打造新时代更高水平"天府粮仓"创造有利条件。

三 四川健全推进乡村全面振兴长效机制的进展成效

（一）"天府粮仓"建设长效机制巩固夯实，粮食安全保障能力显著提升

四川农业综合生产能力不断提升，粮食产能增长长效机制逐步完善。2024 年四川农林牧渔业总产值首次迈上万亿元台阶，达 10297.5 亿元；全

---

① 《更好扛起粮食生产的重任——"天府粮仓"新实践扫描》，https：//www.gov.cn/lianbo/difang/202406/content_6958150.htm，2024 年 6 月 19 日。

年粮食产量达 726.8 亿斤，再次突破历史新高；油料作物生产实现面积和产量双增长，油菜单产水平较全国平均高 20%，总产量位居全国第一；生猪出栏 6150 万头，继续保持全国第一大省地位；其他农副产品供应，如蔬菜、水果、水产品等，均居全国前列。①

新时代更高水平"天府粮仓"相关建设取得良好成效，耕地保护与质量提升机制成效斐然。2024 年四川耕地面积较 2019 年底净增加 60 万亩以上。② 在高标准农田建设方面，2024 年四川新建和改造高标准农田 425 万亩，在全省 115 个县分别建设了粮油千亩高产示范片 1000 个。"天府森林四库"建设持续推进，全年"林粮"供给超过 1450 万吨。③

农业综合机械化水平不断提升，科技赋能粮食生产长效机制日益健全。2024 年，通过"天府良机"行动，全省农机总动力突破 5000 万千瓦，主要农作物耕种收综合机械化率突破 73%。④ 四川种质资源保护工作随之深入实施。2024 年，四川省种质资源中心库全面运行启动，通过高新技术手段在植物、食用菌、畜禽、水产种质资源等开展综合性保护储存，该库容量超过 180 万份，保存期长达 50 年，为"天府粮仓"种质资源安全提供坚实的科技保障。⑤

（二）脱贫攻坚与乡村振兴有效衔接机制稳健运行，脱贫攻坚成果巩固有力拓展

全方位、多层次防止返贫动态监测体系构建，防止返贫动态监测长效机

---

① 《2025 年四川省人民政府工作报告》，https://www.sc.gov.cn/10462/c105962s/2025/2/6/d6df30eefd1d4a3a941ea4466ced19f5.shtml，2025 年 2 月 6 日。
② 《四川省第三次全国国土调查主要数据公报》，https://dnr.sc.gov.cn/scdnr/scsdcsj/2022/1/18/3e1bc5eb55db44628498b5db740eac5b.shtml，2022 年 1 月 18 日。
③ 《林下产粮 绿海生"金"——四川探索打造"森林粮库"》，https://www.forestry.gov.cn/c/www/gggddt/605104.jhtml，2025 年 1 月 13 日。
④ 《四川农机装备总动力今年将新增超 80 万千瓦》，https://www.sc.gov.cn/10462/10464/10465/10574/2024/3/13/89230d527da644a39c716b1b7ba9cb81.shtml，2024 年 3 月 13 日。
⑤ 《四川省种质资源中心库正式全面运行》，https://www.sc.gov.cn/10462/c106465/2024/10/21/054213b6daaf4abbbf03cb23b0c771c2.shtml，2024 年 10 月 21 日。

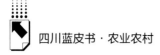

制精准高效。2024年，四川通过区域统筹、逐级落实等措施开展防止返贫致贫监测帮扶集中排查工作，充分发挥防止返贫监测帮扶机制预警响应作用，确保全省12.52万户监测对象稳定消除返贫致贫风险。

产业发展带动效应持续显现，产业帮扶长效机制持续深化。四川着力培育壮大脱贫地区特色产业，配套产业发展的长效支持政策，对帮扶产业进行分类推进提质增效。2024年，在国有企业托底性帮扶下，重点地区接续和新落地项目152个，总投资超1948亿元，投入资金是2023年的近两倍。①

脱贫劳动力就业渠道充分拓展，就业帮扶与技能提升长效机制扎实有效。四川通过提升区域劳务协作与输出的组织化程度、开发本地就业岗位、搭建多元就业平台、加强技能培训提升就业能力等方式，部分地区提出"用工岗位尽量向脱贫户倾斜"原则，进一步提升脱贫劳动力收入水平。2024年1~10月，全省通过以工代赈项目吸纳20.11万名群众就地就近务工，共发放相关劳务报酬达15.4亿元。② 全年实现脱贫地区农村居民人均可支配收入增长达到6.8%，全省脱贫人口务工规模达到247.9万人以上，确保"雨露计划"毕业生就业率超过90%。

（三）乡村特色产业培育发展长效机制持续优化，产业融合发展态势良好

产业园区建设不断加力，特色产业集群培育长效机制成果丰硕。截至2024年底，四川省共建成国家级现代农业产业园19个、省星级现代农业园区277个。③ 在特色产业集群培育上，目前四川国家级优势特色产业集群9

---

① 《帮扶项目超200个、总投资超2000亿元 四川国资国企托底性帮扶最新"成绩单"出炉》，https://www.sc.gov.cn/10462/10464/10797/2025/1/19/8d0b5154a2674047b2206733ea9ab256.shtml，2025年1月19日。
② 《去年前10月四川以工代赈项目助20.11万名群众就地就业》，https://www.sc.gov.cn/10462/10464/10797/2025/1/4/d548bb3ea56c4aa38690f0c3ec544008.shtml，2025年1月4日。
③ 《四川省星级现代农业园区名单出炉 2024年度95个园区"上星"》，https://www.sc.gov.cn/10462/10464/13298/13299/2025/2/12/d2e5a627cae14d9e8b48be7b33e613ae.shtml，2025年2月12日。

个，省级优势特色产业集群 21 个。[1]

农特产品精深加工有序推进，产业融合发展长效机制创新活跃。四川在"川字号"特色农产品生态供应、精深加工、品牌价值等方面推动产业链式化发展，并探索形成"川字号"特色农产品"三链同构"格局，并持续"补链强链"。目前，全省已建成产地初加工设施 5.8 万座，初加工率达到 69%；新一批认定的省级龙头企业中，农产品加工型占比达 74.3%。[2]

职业农民成长体系加速构建，新型经营主体培育长效机制持续发力。四川积极推动家庭农场和农民合作社带头人职业化试点工作，并取得良好成效，有效带动职业农民发展提质增效。2024 年，四川新培育认定农业产业化国家重点龙头企业 96 家，相关企业数量位居全国第四、西部第一。截至 2024 年 6 月，四川共有农民合作社达 10.7 万个、入社农户超 408 万户；家庭农场数量突破 27 万家，经营土地面积超 1500 万亩，实现年经营收入逾 710 亿元，场均收入超 26 万元。[3] 新型农业经营主体在农业规模化、专业化、现代化经营等方面不断取得创新发展，带动农民增产增收效应显著。

（四）宜居宜业和美乡村建设长效机制落地见效，乡村面貌持续优化改善

乡村基础设施一体化建设扎实推进。2024 年，全省新改建农村公路 1.1 万公里，农村公路沥青水泥路面比例提高到 94.5%。四川农村饮水安全问题基本解决，2024 年四川规模化供水工程覆盖农村人口比例提高到 71.4%，农村自来水普及率达到 89.5%。农村电信网络建设取得新突破，全省行政

① 《农业增效益、农民增收入、农村增活力 "川字号"特色产业图强》，https://www.sc.gov.cn/10462/10464/10797/2024/12/4/2cc2e6cb684749618e6702a5ea26234c.shtml，2024 年 12 月 4 日。
② 《四川省农产品产地初加工率达 69%》，http://www.moa.gov.cn/xw/qg/202412/t20241204_6467471.htm，2024 年 12 月 4 日。
③ 《农民合作社达 10.8 万个 家庭农场达 25 万家》，https://www.sc.gov.cn/10462/10464/10797/2024/6/5/16900b141b3d43deae8bf49b16d64.shtml，2024 年 6 月 5 日。

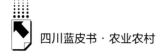

村实现"村村通5G"。2024年，全省已有2000个行政村对标规范开展基础设施补短板工作，基本建成宜居宜业和美乡村超5400个。[①]

乡村基本公共服务均等化水平大幅提高。截至2024年，全省农村卫生厕所普及率提高至93%，农村生活垃圾有效处理率达98%，生活污水有效处理率上升至73%。乡村公共卫生服务能力不断增强，全省已建成302个县域医疗卫生次中心，乡村两级医疗保障能力得到强化。[②]

乡风文明保护传承和乡村治理优化进展明显。2024年是四川"乡村文化建设年"，四川先后承办多个全国性乡村文化艺术活动，极大丰富乡村文化生活。目前，四川已成功创建国省两级"民间文化艺术之乡"超400个，成功推进乡风文明保护传承。[③] 此外，四川在开发"川善治"数字化乡村治理平台推进乡村振兴的基础上，探索"积分制""红黑榜""道德银行"等乡村治理新模式，培育创建国省级乡村治理示范乡镇145个、示范村1374个，持续推进乡村治理优化。[④]

（五）农业农村改革发展长效机制不断推进，深化改革红利持续释放

农村土地资源要素激活，农村土地制度改革长效机制不断完善。四川深化农村集体经营性建设用地入市试点工作开展两年来，共有19个县（市、区）试点地区完成入市交易94宗，涉及农地面积1040亩，成交金额达

① 《四川宜居宜业和美乡村建设情况如何？最新消息来了！》，https://www.sc.gov.cn/10462/c111832dudqptgcsuhtktheubsfkumterquutehtep/2024/9/5/72a09e0c0f154285a5e32e2db00702f2.shtml，2024年9月5日。
② 《多方面发力，始终将百姓需求"置顶"请查收2024年"健康四川"答卷》，https://www.sc.gov.cn/10462/10464/10797/2025/1/26/e8005b13ef1642cebc4a20d5d158273.shtml，2025年1月26日。
③ 《文旅为民，满足对美好生活的向往——写在2024四川省文化和旅游发展大会开幕之际（上）》，https://www.sc.gov.cn/10462/10464/10797/2024/9/25/26ca9e9a60d44f0480c6853fe2f11dc1.shtml，2024年9月25日。
④ 《"泡沫"：改善人居环境的同时，如何持续提升治理水平？》，https://www.sc.gov.cn/10462/c111831urddnburvutnrpvundskqfrftmkggtvhmc/2024/9/5/e1fc07b09afe445cbb1769ecb7b0b1f2.shtml，2024年9月5日。

6.27 亿元,有力推进城乡土地权利价值均等化。[①]

农业社会化服务供给增加,现代农业经营体系长效机制创新发展。2024年,四川出台县乡村三级农业社会化服务体系建设方案等政策,累计统筹中省资金 6.6 亿元,用以培育一批具有示范带动作用的规模化服务组织。[②] 目前,四川累计培育农业社会化服务组织超 3 万个,服务面积超 4100 万亩次,服务小农超 460 万户。[③]

农村产权制度改革持续深化,新型农村集体经济发展长效机制稳步推进。据统计,四川《农村土地承包经营权证》颁证率超过 97%。[④] 在确权颁证的基础上,村集体经济组织因地制宜推广资源发包、物业出租、居间服务、资产参股等集体经济发展模式,带动农户增产增收。

(六)城乡深度融合发展长效机制有序构建,县域经济发展活力增强

县域产业协同发展长效机制成效显著。2024 年,四川明确提出要促进城乡产业融合,支持现代工业、新型工业、现代服务业在县域范围内协同发展。[⑤] 截至 2024 年,四川省级财政对符合条件的 142 家农产品加工企业开展

① 《深化农村集体经营性建设用地入市改革试点收尾“农地入市”,四川试出什么?》,https://www.sc.gov.cn/10462/10464/10797/2024/12/18/fe9bb580d92e4f87a04e44cd4c0fff7d.shtml,2024年 12 月 18 日。

② 《财政厅加大资金统筹力度支持农业社会化服务扩面提质增效》,https://czt.sc.gov.cn/sccczt/c102358/2024/12/31/5d9486d8a01946acbcdf1fe04076eb74.shtml,2024 年 12 月 31 日。

③ 《四川 2800 万亩水稻、2200 万亩春玉米收割已至尾声 秋粮再满仓》,https://www.sc.gov.cn/10462/10464/10797/2024/10/16/0517637168e94598855d974ddf5aa6f5.shtml,2024 年 10 月 16 日。

④ 《〈四川省《中华人民共和国土地管理法》实施办法〉新闻发布会》,https://www.sc.gov.cn/10462/10705/10707/2023/3/2/ae822ab469eb400599268290a4fe17d4.shtml,2023 年 3 月 2 日。

⑤ 《中共四川省委四川省人民政府关于推动新时代县域经济高质量发展的意见》,https://www.sc.gov.cn/10462/10464/10797/2024/6/26/c2274c3fb585459c95797687ecfa4273.shtml,2024 年 6 月 26 日。

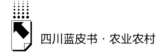

产能、技术、研发、品牌等方面提质升级工作，共下达 4.83 亿元进行支持。①

县域公共服务均衡化长效机制稳步推进。近年来，四川推进县域教育优质均衡发展已探索出"校共体""集团化办学"等多种方式，推进县域教育优质均衡发展。数据显示，2023 年四川省级财政安排资金 2.25 亿元，支持65 个县域医疗卫生次中心建设，预计到 2025 年四川将建成县域医疗卫生次中心超 400 个。②

县域城乡要素流动长效机制逐步健全。在涉农资金保障方面，2024 年前三季度全省普惠型涉农贷款较年初增长 8.7%、粮食重点领域贷款余额较年初增长 34%。③ 四川以开展乡村振兴关键技术攻关项目、选派国省级科技特派团（员）等形式，推动农业科技创新成果在农村的转化应用。④

四　四川健全推进乡村全面振兴长效机制的创新经验

（一）以顶层设计为主抓手健全推进乡村振兴政策规划长效机制

乡村振兴战略的核心在于实现农村社会、经济和生态的再发展，制度安排是推动乡村经济社会发展的关键因素，合理的制度安排能够促进资源的有效配置，提升农村经济的活力。四川省围绕乡村振兴战略，形成了以四川省委一号文件为总纲、专项政策为支撑的"1+N"政策体系，覆盖产业发展、生态保护、人才培育、用地保障等核心领域，展现出系统性规划与精准施策

① 《省级财政安排资金 4.83 亿元支持培育农产品加工业》，https：//czt.sc.gov.cn/scczt/c102358/2025/1/16/e6b23fa63a14496eaa2029054dd0486b.shtml，2025 年 1 月 16 日。

② 《安排资金 2.25 亿元 四川财政支持 65 个县域医疗卫生次中心建设》，https：//czt.sc.gov.cn/scczt/c102358/2023/10/27/03dca3f37b7b43698beceec7c06bc95b.shtml，2023 年 10 月 27 日。

③ 《前 10 月四川银行业保险业运行总体平稳》，https：//www.sc.gov.cn/10462/10464/10465/10574/2024/12/2/f5cbe6d7cb3a4e63930bcb55b4f3381c.shtml，2024 年 12 月 2 日。

④ 《2025 年国家科技特派团暨四川科技下乡万里行活动正式启动组建 160 个专家服务团点对点帮扶》，https：//www.sc.gov.cn/10462/10464/10465/10574/2025/3/25/dd49511b6abe4544ba3874502b61b2b6.shtml，2025 年 3 月 25 日。

的特点。四川以"五区共兴"为基本要求，结合本省不同区域实际明确各地发展目标、任务与重点项目，制定推进乡村振兴各项内容规划方案。在此基础上，四川以制度、政策、规划为牵引，推进农村改革举措落地见效，分析农村土地制度、农业经营体制、农村产权制度等改革在实际执行中的创新实践与难点突破，以改革成果转化为乡村发展新动能的实际成效体现改革价值。四川以顶层设计为主抓手健全推进乡村振兴政策规划长效机制，有助于从省级宏观层面为乡村振兴战略实施提供基本遵循，从而整体上有力有效推进乡村振兴。

（二）以区域聚焦为着力点健全推进乡村振兴衔接工作长效机制

欠发达地区受地理区位条件差、产业发展基础薄弱、公共基础设施和服务供给能力较差等制约，在扎实推进乡村振兴上需要重点关注帮扶。四川是全国最大彝族聚居区、第二大藏族聚居区和唯一的羌族聚居区，全省常住少数民族人口约占全省总人口的 6.8%，欠发达地区、民族地区、重点帮扶地区、高原山区等条件叠加于省内 50 个国省级乡村振兴重点帮扶县及 39 个欠发达托底性帮扶县域。① 四川以重点聚焦为着力点健全推进乡村振兴帮扶发展长效机制，针对重点区域发展不平衡、内生发展动力不足等问题，统筹整合各类要素资源，优化实施财政、金融、土地、人才、帮扶等支持政策措施，不断缩小收入差距、区域差距、发展差距。

（三）以产业振兴为驱动力健全推进乡村振兴产业发展长效机制

农业领域的经济增长更多着重于提升农业全要素生产率，特别是强调农业劳动生产率的进步。从农业生产方式来看，农业产业转型要求从传统的小农经济向规模化、集约化、标准化、智能化的现代农业生产方式转变。四川聚焦产业发展关键问题，推动乡村振兴产业发展实现从"输血"到"造血"

---

① 《巩固拓展脱贫攻坚成果同乡村振兴有效衔接 5 年过渡期最后一年》，https：//www.sc.gov.cn/10462/10464/10797/2025/1/16/ed2236b75b824627ab21930c54a4fcdb.shtml，2025 年 1 月 16 日。

的实质性转变，对于深入实施乡村振兴战略、持续擦亮四川农业金字招牌、推进四川由农业大省向农业强省跨越具有重要意义。"10+3"现代农业产业体系是四川作为乡村产业振兴的重点，也是推进四川农业现代化的主抓手。四川持续推动十大优势特色产业全产业链融合发展，夯实三大先导性产业支撑，不断筑牢农业产业发展基础。现代农业产业园区建设是农业产业发展的关键路径，四川已连续6年开展星级现代农业园区的命名工作。据初步测算，2024年全省现代农业园区综合总产值达到4700亿元，进一步构建起国家、省、市、县园区梯次推进、联动发展格局。①

（四）以县域融合为切入点健全推进城乡区域融合发展长效机制

四川根据城乡资源禀赋差异，推进县域内城乡产业协同布局、基础设施互联互通、公共服务共建共享；深入推进城乡人才、资金、技术等要素加速流动融合，推动城市技术扩散至乡村地区；推动城乡生态保护与建设协同发展，建立城乡统一的生态环境监测、治理与补偿机制，以生态环境质量提升和生态产品价值实现推动城乡生态融合。以县域为切入点推进城乡融合，具体表现在农业转移人口市民化、城乡基础设施与基本公共服务均等化上，四川逐步将在城市稳定定居的农业转移人口纳入住房保障范围，保障其在城市居住的各种福利权益；同时，在乡村地区持续补强基础设施短板，推动县域内医疗、教育、文化等公共服务向优质化均等化发展。四川以县域为基本单元和切入点，围绕"空间—要素—生态"三重融合机制，系统性破除城乡二元结构，健全城乡区域融合发展长效机制，有助于进一步提升县域发展能级、激活乡村振兴发展资源要素潜力。

（五）以治理优化为稳定器健全推进乡村振兴社会治理长效机制

乡村全面振兴要求乡村治理更加优化，而乡村治理的有效途径就是基于

---

① 《四川省星级现代农业园区名单出炉 2024年度95个园区"上星"》，https://www.sc.gov.cn/10462/10464/13298/13299/2025/2/12/d2e5a627cae14d9e8b48be7b33e613ae.shtml，2025年2月12日。

组织领导、村民自治、群众主体的多元共治方式。四川坚持以"法治为本、德治为先、自治为基"的"三治融合"原则推进乡村治理优化，抓好农村地区法治保障、德治教化与群众自治，通过加强乡村法治建设与德治引领，营造遵法守法、崇德向善的乡村治理氛围；充分挖掘和弘扬乡村优秀传统文化，制定和完善村规民约，发挥道德模范的示范带动作用；持续强化农村基层党组织治理能力建设，完善村民自治制度，拓宽村民参与乡村治理的渠道；重视乡村治理人才培养，提升乡村干部的治理能力和服务水平；加强数字化治理手段的应用，建设智慧乡村治理平台，持续推进乡村治理环境优化、治理体系完善、治理能力提升，从而以治理优化为稳定器健全推进乡村振兴乡风治理长效机制，进一步促进乡村治理现代化转型。

参考文献

李博、苏武峥：《欠发达地区巩固拓展脱贫攻坚成果同乡村振兴有效衔接的治理逻辑与政策优化》，《南京农业大学学报》（社会科学版）2021 年第 6 期。

朱慧劼、姚兆余：《乡村振兴背景下农村社会治理的新路径》，《中南民族大学学报》（人文社会科学版）2022 年第 10 期。

姜长云：《全球农业强国建设的历史经验和普遍规律研究》，《社会科学战线》2022 年第 11 期。

刘守英等：《中国乡村转型与现代化》，中国人民大学出版社，2023。

Nee V. , Sijin S. , "Institutional Change and Economic Growth in China：The View from the Villages," *The Journal of Asian Studies* , 1990.

Pinstrup Andersen P. , "Food and Agricultural Policy for a Globalizing World：Preparing for the Future," *American Journal of Agricultural Economics* , 2002.

B.6
四川农村防止返贫致贫机制的
实践探索和优化对策研究

高杰 杨诗瑀*

摘　要： 作为发展基础相对薄弱的西部农业大省和农村人口大省，四川省农村人口仍面临外部风险冲击与内部基础薄弱相互交织带来的返贫致贫压力。为全面消除返贫风险，四川省建立了农村人口防止返贫致贫机制并常态化运行，通过分类监测、精准帮扶和资金保障，实现了较高风险消除率，但仍存在社会保障体系不完善、产业发展可持续性差、社会力量参与不足及区域发展不平衡等问题。在过渡期结束后，应进一步强化社会保障、延伸产业链条、鼓励社会力量参与、优先发展重点地区，推动乡村全面振兴和全省农业农村现代化。

关键词： 防止返贫致贫机制　脱贫人口　乡村振兴　四川省

作为中国西部重要的农业大省，四川省已历史性消除了绝对贫困，但全省农村人口占比较高、地理条件复杂多样、发展基础相对薄弱等问题仍在一定程度上存在，省内部分农村群体面临的返贫致贫风险仍呈现复杂化、动态化特征。一方面，外部冲击因素仍客观存在。四川全省88.6%的县域为山地或丘陵地貌，自然灾害频发，同时，部分地区产业发展处于起步阶段，面临较高的市场风险；另一方面，大部分地区乡村发展基础薄

---

* 高杰，四川省社会科学院农村发展研究所研究员，主要研究方向为城乡融合发展；杨诗瑀，四川省社会科学院农村发展研究所，主要研究方向为城乡融合发展。

弱，产业结构单一、农民生计持续性不强，抵御风险冲击能力较弱，部分群体仍面临市场波动等导致的增收缓慢问题。在此背景下，构建防止返贫致贫的常态化机制，已成为巩固拓展脱贫攻坚成果的关键举措，这不仅对守护脱贫攻坚的成效具有重要意义，更对全省实现共同富裕的目标有着深远影响。

一 四川构建农村防止返贫致贫机制的实践做法

四川省通过构建"分类监测+精准帮扶+资金保障"三位一体的防止返贫致贫机制，有效巩固了脱贫攻坚时期取得的贫困治理成果。在返贫致贫风险识别工作中，四川省依托大数据平台和网格化管理，实现风险识别全覆盖，实现监测体系精准化、科学化。在帮扶政策施策过程中，四川省高度重视帮扶措施靶向化，产业与就业帮扶成为增收主引擎，社会保障兜底功能强化，形成了"造血"与"输血"并重的模式。

（一）不断完善防返贫监测体系

绝对贫困消除后，四川省农村人口收入稳定性增强，居民住房、教育、医疗得到有效保障，饮水安全实现全覆盖，乡村富民产业基础基本形成。但是，外部冲击和内部脆弱性问题客观存在，全省脱贫群体和部分农村人口出现了老龄化导致的健康风险、产业结构调整带来的收入风险、自然灾害冲击带来的生活保障风险等。多元化冲击和农户发展分化的背景下，监测对象呈现多样化的返贫致贫风险特征。在全面把握全省农村人口客观情况的基础上，四川省构建了监测对象分类机制，2021 年确定监测对象 8.7 万户 28.9 万人；2022 年，新增的监测对象共计 0.95万户，人口达到 3.18 万人，这些对象主要是脱贫不稳定户以及边缘易致贫户；2023 年，监测收入标准提升至 7500 元，脱贫不稳定户与边缘易致贫户在监测对象中的占比为 85%~90%，突发严重困难户的占比则呈现轻

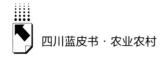

微的上升趋势。①

在监测对象确定上，四川省根据国家对返贫群体的监测，结合四川农村发展实践和脱贫群体现实情况，将农村防返贫监测对象划分为三类。第一类是脱贫不稳定户。脱贫不稳定户是指家庭年人均纯收入低于监测范围，四川将检测标准确定为2021年不变价6000元、因病因灾因突发意外等生产生活严重困难、"三保障"和安全饮水出现突出问题，依靠自身力量难以解决，存在返贫风险的脱贫户。② 第二类是边缘易致贫户。边缘易致贫户是指家庭年人均纯收入低于监测范围、因病因灾因突发意外等生产生活严重困难、"三保障"和安全饮水出现突出问题，依靠自身力量难以解决，存在致贫风险的一般农户。据不完全统计，四川省边缘易致贫户占比为40%~50%，不同区域存在较大差别，总体而言，重点帮扶县占比为30%~40%、非重点县及经济波动较大区域占比为50%~55%。第三类是突发严重困难户。突发严重困难户是指家庭年人均纯收入略高于监测范围，但因病因灾因意外事故等情况，刚性支出较大或收入大幅缩减，家庭经济严重困难，基本生产生活受到严重影响，依靠自身力量难以摆脱困境、存在返贫致贫风险的农户。从全省总体情况来看，突发严重困难户占比较低，在监测对象中占比为10%~15%，但呈现出突发性、延续性和波动性的特征，更加需要帮扶政策的及时介入。

在监测工作推进中，四川省构建了多维覆盖的动态监测机制。一是确定全域集中排查机制。为准确把握全省农村人口，特别是脱贫群体的实际情况，四川省要求每年至少进行一次覆盖全省的集中排查。2024年8月，又启动了集中排查"入户+线上+村组研判"模式，在涵盖全省21个市（州）、183个县（市、区）的格局下，着重将乡村振兴重点帮扶县以及易地搬迁安置区作为核心区域。二是搭建部门预警及数据共享机制。为及时全面把握监

① 《四川聚焦50个重点帮扶县28.9万监测对象 确保实现巩固拓展脱贫攻坚成果同乡村振兴有效衔接》，https://www.sc.gov.cn/10462/c108710/2021/9/2/b594f3b7e84747439b9bf01b4e73df25.shtml，2021年9月2日。
② 《四川省健全防止返贫动态监测和帮扶机制办法（试行）》，2021。

测对象的实际情况，四川省要求医保、教育、应急管理等部门实时推送风险线索，并通过防返贫监测预警和帮扶大数据服务平台整合数据，将接收到的预警信息及时转化为有效帮扶措施。三是形成网格化管理机制。面对四川省乡村空间分布广、监测群体流动性强等现实问题，四川省构建了网格化管理机制，建立村级网格员和驻村工作队日常摸排制度，并结合"一户一码"数字化工具，以三色码原则分别对应不同状态的低收入人群，实现风险动态追踪。

（二）持续健全精准化与差异化的帮扶措施

为坚持需求导向与风险适配原则，四川省根据监测对象的风险类型、发展阶段及实际诉求，制定差异化帮扶方案，对单一风险群体采取专项干预措施，避免福利依赖；对多重风险叠加的困难家庭，统筹整合资源实施组合式帮扶。

在产业帮扶方面，对于具有产业发展基础的监测对象，四川省采取一系列措施助力乡村特色产业成长。具体包括鼓励和支持林果种植、农副产品加工业、设施农业以及庭院经济的发展，同时积极引导电商、光伏、乡村旅游等新兴产业的培育，以此拓宽产业帮扶路径。此外，四川省致力于扶持和壮大龙头企业、致富带头人队伍，同时加强新型职业农民培训，支持家庭农场和农民专业合作社等新型经营主体发展，带动监测群众参与产业发展，使其融入产业利益链条，进一步完善利益联结机制，确保群众能够持续稳定受益。同时，延续脱贫户小额信贷贴息政策，打造"天府粮仓凉山片区"等示范项目，推动"果薯蔬草药"六大产业集群，建成农业园区1万余个，覆盖42万户脱贫户。

在就业帮扶方面，针对有就业意愿且有劳动能力的监测对象，四川省加大职业技能培训，搭建用工信息平台，延续支持扶贫车间的优惠政策，保障无法外出务工监测对象就地就近就业；加大劳务输出力度，做好返乡失业人员再就业工作，确保有劳动能力的监测家庭至少有1人就业，通过"春风行动"等推动农村劳动力就业，2024年全省转移规模达2656.93万人，其中脱贫人口242.3万人；发挥东西部协作、对口支援作用，精准开展劳务对接，扩大监测对象人口外出务工规模，健全优秀农民工返乡创业机制，推动创业带动就业。

在社会保障方面，针对无劳动能力家庭，四川省进一步强化低保、特困救助、基本医疗、养老保险等综合性保障措施，确保应保尽保；对因病、因残、因灾等意外变故返贫的家庭，及时落实健康、残疾、灾害、临时救助等政策，保障其基本生活不受影响。[①] 2024 年，全省低保标准低限提高至 600元/月，覆盖监测对象中的特困人员。与此同时，全省低保标准低限实现 9年连续增长，省级财政投入连续 3 年每年递增 4 亿元，2024 年达 21.8 亿元。

（三）全面构建防止返贫致贫的政策保障体系

为有效发挥财政投入对于防止返贫的积极作用，四川省持续加大投入，全力确保脱贫攻坚成果巩固，构建了高强度财政倾斜和精准化资源配置的政策保障体系，为防止返贫致贫机制提供坚实保障。

在资金分配上，2024 年四川省各级财政累计投入衔接资金规模显著高于往年，其中近半数资金重点流向产业升级与就业扩容领域，形成了"产业造血+就业稳收"的双轮驱动模式。例如，通过扶持电商产业园、乡村旅游示范村等特色项目，直接带动超百万农村人口实现增收。与此同时，教育、医疗等公共服务领域的投入占比大幅提升，有效缓解了脱贫地区基础设施薄弱问题，如民族地区中小学标准化建设覆盖率显著提高，基层卫生院远程诊疗系统实现全覆盖。针对区域发展不平衡的痛点，2025 年中央及省级财政进一步追加专项资金，重点向自然条件恶劣、经济基础薄弱的欠发达县域倾斜。

从政策成效看，四川省防止返贫致贫机制已实现从量变到质变的跨越。截至 2024 年底，全省返贫风险监测对象的稳定消除比例接近九成，其中凉

---

① 《国务院扶贫开发领导小组关于建立防止返贫监测和帮扶机制的指导意见》，https://www.gov.cn/zhengce/zhengceku/2020-03/27/content_5496246.htm，2020 年 3 月 20 日。

山州、阿坝州等重点区域通过"一县一策"精准干预，脱贫人口人均纯收入增速持续领跑全省，充分体现政策对"硬骨头"地区的攻坚能力。更值得关注的是，脱贫地区农村居民收入结构发生根本性优化。工资性收入占比历史性突破半数，反映就业帮扶政策对家庭增收的支撑作用显著增强。

二 四川省农村防止返贫致贫机制存在的问题

通过动态监测与分类帮扶相结合的工作机制，四川省农村防止返贫致贫机制发挥了重要作用，初步形成风险预警与政策干预的良性互动，风险识别能力显著增强、帮扶成效有效提升。然而，随着乡村振兴战略的纵深推进，返贫风险的动态性与复杂性对监测精度提出更高要求，从阶段性攻坚向常态化治理转型过程中出现了社会保障政策与产业发展间的政策衔接不畅、帮扶资源过度依赖行政主导等现实瓶颈。

（一）防止返贫帮扶政策与社会保障政策衔接不足

在四川省农村地区，防止返贫致贫工作是巩固拓展脱贫攻坚成果同乡村振兴有效衔接的重要任务。在这一过程中，防止返贫帮扶政策与社会保障政策的衔接显得尤为重要。然而，两者在实际运行中存在一些衔接不足的问题，不仅影响了政策的实施效果，也对农村低收入人口的生活保障和可持续发展产生了诸多不利影响。

一是信息分散，重复采集。在四川省农村防止返贫致贫工作中，防止返贫监测系统与低收入人口动态监测信息平台分离运行，导致了低收入人口信息的分散。这两个系统各自独立，分别采集和录入大量相同的信息，不仅造成了行政成本的显著增加，也给农户带来了沉重的负担。这种重复采集不仅浪费了大量的人力、物力和时间，还可能导致信息的不一致和更新不及时，严重影响了政策制定和实施的科学性和精准性。

二是分开研判，标准不一。由于分别监测，两个系统需要分开研判，按照不同的逻辑和标准对监测对象分类认定，并匹配帮扶措施。防止返贫监测系统侧重于潜在风险点和发展能力提升，低收入人口动态监测信息平台侧重于基本生活保障。这种分开研判的方式，可能对同一监测对象的帮扶措施不一致，影响帮扶效果。

三是政策分割、衔接不畅。防止返贫监测系统和低收入人口动态监测信息平台的独立运行，使得两者在政策设计和执行上缺乏有效的沟通与协调。防止返贫帮扶政策主要集中在潜在风险点和发展能力提升方面，而社会保障政策则侧重于基本生活保障。这种分割导致了政策覆盖范围的不连续性，使得一些处于边缘地带的低收入人口无法同时享受到两种政策的叠加支持。同时，部分监测对象无法获得全面、持续的帮扶支持，其家庭经济状况和发展能力的提升可能会受到限制，从而增加了返贫的风险。这种状况也导致了帮扶资源的浪费和效率的降低，影响了帮扶工作的精准性和有效性。

（二）乡村特色产业可持续发展能力较弱

在防止返贫致贫工作中，产业发展是脱贫人口稳定增收的关键。然而，部分地区的产业发展缺乏长远规划，产业链条短，附加值低，市场适应能力差，导致脱贫人口的收入来源不稳定，存在返贫风险。

一方面，产业链条短导致产业附加值低。部分地区的产业主要集中在初级产品的生产和加工，缺乏深加工和高附加值环节，导致产品竞争力不足，市场适应能力差。例如川茶产业，大部分地区都是为其他省份提供原材料，自有品牌少、品牌价值不高，难以提高脱贫人口收入水平。

另一方面，市场适应能力差导致风险较高。一些地区在推进产业脱贫时，未能充分评估市场容量、消费趋势和竞争态势，导致生产的农产品与市场需求不匹配。这不仅使产品滞销积压，还浪费了宝贵的资源，影响了农民的生产积极性。除此之外，许多脱贫农户长期依赖传统种植业和养殖业，缺乏现代化的农业技术和经营管理知识，对市场信息的获取和分析能力较弱，难以根据市场变化及时调整生产策略和产品结构，使得农民在市场中处于被动地位，难以应对市场风险。

（三）社会多元力量参与积极性有待激发

在防止返贫致贫的工作中，社会组织和企业的参与至关重要。然而，当前在部分地区，社会力量的参与度不高，缺乏有效的合作机制，导致资源整合不足，影响了防止返贫致贫工作的效果。

一是社会力量参与度偏低。尽管国家和地方政府积极倡导社会力量参与防止返贫致贫工作，但在实际操作中，社会组织和企业的参与度仍然有限。防止返贫动态监测和帮扶机制中，虽然明确提出要动员社会力量参与，但在具体实施过程中，社会组织和企业的参与仍显不足。

二是帮扶主体协作机制有待完善。当前，社会组织、企业与政府之间尚未建立起有效的合作机制，这极大地阻碍了资源整合的进程，进而对防止返贫致贫工作的实际成效产生了负面影响。四川省在防止返贫动态监测和帮扶机制中，虽然已经明确提出要充分发挥行业部门的作用，并广泛动员社会力量参与，但在具体的操作实施层面，却缺乏一套明确且完善的合作框架与机制。

三是资源整合能力仍需提升。在当前的防止返贫致贫工作中，资源整合不足这一问题愈发凸显。一方面，社会组织和企业在防止返贫致贫工作中能够提供诸如精准帮扶、产业扶持、就业援助等多样化的资源，涵盖了资金投入、技术支持、人文关怀等多个层面；另一方面，政府在政策制定、宏观调控以及大规模资源调配等方面发挥着关键作用，掌握着大量的财政资金、公共服务资源以及行政力量。然而，由于合作机制的缺失，这两者之间的资源对接存在诸多障碍，影响了防止返贫致贫工作的效果。

（四）重点区域发展相对滞后问题仍较为显著

四川省区域发展不平衡，凉山州、阿坝州等乡村振兴重点帮扶县尤为突出。受自然条件的制约，这些地区的产业发展基础十分薄弱，从而在经济发展以及社会进步的进程中遭遇了更为严峻的挑战，严重制约了当地的可持续发展，对四川省的防止返贫致贫机制的实践造成了阻碍。

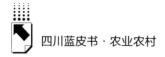

第一,重点地区压力大。以凉山州和阿坝州为例,这些地区地处四川省的边远山区,地理条件极为复杂,基础设施建设相对滞后。当地的农业生产方式仍然较为落后,机械化程度低,灌溉设施不足,农业生产效率低下,产量有限。同时,这些地区产业结构单一,主要依赖传统农业,缺乏多元化的经济支撑体系,工业发展基础薄弱,第三产业规模小,无法提供足够的就业岗位和经济收入来源。这就导致当地居民的收入水平长期处于较低层次,经济发展面临着巨大的压力,贫困发生率较高,且容易因灾、因病返贫。

第二,区域政策覆盖不均。在易地扶贫搬迁后续扶持工作中,尽管已经出台了相关指导意见,但在具体实施过程中,部分地区的政策衔接和资源整合仍存在诸多不足。一方面,不同地区在政策执行力度、资源分配等方面存在差异,一些地区未能有效整合各方资源,导致政策效力大打折扣;另一方面,由于缺乏统一的协调机制和明确的责任分工,各部门之间在易地扶贫搬迁后续扶持工作中难以形成合力,搬迁群众在新环境中面临诸多适应困难,严重影响了搬迁群众的稳定增收和社会融入,使得易地扶贫搬迁后续扶持工作未能达到预期效果,进一步加剧了区域发展的不平衡,不利于四川省整体的防止返贫致贫机制和乡村振兴战略的实施。

三 优化四川农村防止返贫致贫机制的对策研究

进入发展新征程,四川省要在长期保持脱贫成果的基础上,进一步优化防止返贫致贫机制,完善动态监测机制、完善社会保障体系、促进产业可持续发展、加强社会力量参与,全面巩固脱贫成果,实现全省脱贫地区高质量发展。

(一)构建帮扶政策与社会保障政策有序衔接机制

第一,推行"两库并轨"信息整合。将乡村振兴部门"防止返贫监测系统"与民政部门"低收入人口动态监测平台"合并为统一数据库,建立四川省低收入人口智慧监测平台,实现数据共享和比对,减少重复采集,实行一次入户核查、两套系统同步更新,提高信息的准确性和时效性。第二,统一分类认定与帮扶标准。制定统一的监测对象认定标准和流程，确保两个系统在分类认定上的一致性，避免因标准差异导致的帮扶措施不匹配。第三，加强部门间的协作。建立跨部门的工作协调机制，定期召开工作进度会议，共同研究解决政策衔接中的问题，确保各项帮扶措施和社会保障措施能够有效衔接和协同推进。

（二）构建乡村特色产业可持续发展的政策支持机制

第一，强化技能培训和市场对接。组织专业技术人员深入农村，开展种植、养殖、加工等专业技术培训，提高农民的产业技能和生产效率。第二，健全农产品销售平台搭建机制，设立脱贫专区，免除低收入家庭农产品入场费，通过电商平台、农产品展销会等方式定向销售，拓宽农产品的销售渠道，提高脱贫人口的稳定收入来源。第三，延长产业链条。鼓励和支持脱贫人口发展特色农产品加工业，延长产业链，增加产品附加值，提高产业链条的经济效益。第四，持续培育新型经营主体。扶持家庭农场、农民合作社、农业龙头企业等新型经营主体，发挥其在产业发展中的示范引领作用，带动脱贫人口增收致富。

（三）构建社会多元力量参与的支持激励机制

第一，鼓励企业参与。通过税收优惠、财政补贴等政策，鼓励企业投资乡村产业，参与防止返贫致贫工作，实现企业与乡村的互利共赢。第二，引导社会组织参与。在脱贫县设立服务站，通过政府购买服务方式委托专业机构开展扶贫救助、教育支持、技能培训等服务，为脱贫人口提供多元化的帮助。第三，鼓励志愿服务。建立志愿者服务平台，实施以积分换权益的机制，志愿者参与低收入家庭帮扶可累计积分，兑换宅基地优先审批等权益，激励志愿者主动参与防止返贫致贫工作，为乡村发展注入新的活力。

（四）构建重点地区优先发展的保障机制

第一，基础设施补短板。进一步提升农村水利基础设施建设水平，修建

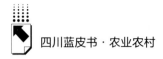

和改造灌溉渠道、水库等水利设施，提高农业灌溉效率，保障农业生产的用水需求。推动重点地区农村通信网络的全覆盖和升级，提升网络速度和稳定性，为农村电商、远程教育、远程医疗等信息化应用提供支撑，缩小城乡数字鸿沟。第二，培育区域增长极和示范区。在重点地区规划和建设产业聚集区，通过政策引导和资金支持，吸引相关企业入驻，形成产业集群，发挥规模效应和协同创新优势，带动区域经济发展。选择部分有条件的乡村作为乡村振兴示范区，集中资源和力量进行打造，探索乡村振兴模式和经验，发挥示范引领作用，带动周边乡村共同发展。第三，财政定向支持。省级财政设立重点地区优先发展专项扶持资金，用于支持重点地区的基础设施建设、产业发展、人才培养等项目，为当地经济社会发展提供稳定的资金保障。

参考文献

阿卢沙布：《四川彝区防止规模性返贫调研报告基于昭觉县的实践探索》，《当代县域经济》2024年第8期。

杜明义：《四川民族地区致贫返贫治理现状与对策研究——基于四川省甘孜州的调查与思考》，《大庆社会科学》2024年第5期。

杜明义：《乡村振兴背景下民族地区返贫风险韧性治理对策——以四川涉藏地区为例》，《四川农业科技》2024年第10期。

霍萱：《以"并库"为突破口：两项政策衔接并轨的路径选择与政策集成》，《社会保障评论》2024年第5期。

李倩、邹颖丽、向庭锋：《防范脱贫群体规模性返贫的长效治理机制研究——以C市为例》，《山西农经》2024年第21期。

杨文圣、秦玉丹：《完善农村常态化防止返贫致贫机制探讨——学习贯彻党的二十届三中全会精神》，《河北工程大学学报》（社会科学版）2024年第4期。

张婷楠：《四川省L区防返贫动态监测和帮扶机制研究》，硕士学位论文，西南财经大学，2023。

B.7
四川健全种粮农民收益保障机制研究

尹业兴　陈婷婷*

摘　要：　完善种粮农民收益保障机制，既是筑牢国家粮食安全根基、确保粮食稳定供给的"压舱石"，也是推进农业现代化、实现高质量发展的"助推器"。近年来，四川省通过完善保障体系，在稳定种粮收益方面取得显著成效，但面对农业生产资料价格高位运行、极端气象灾害多发频发、粮食市场价格波动加剧、农业基础设施相对滞后等多重挑战，仍需通过系统性施策、整体性推进，切实筑牢种粮农民收益保障网。

关键词：　种粮农民　粮食产业　四川省

　　四川省立足国家战略部署，以高标准农田建设为"根基"，以种业振兴行动为"引擎"，以农业社会化服务体系建设为"纽带"，多措并举、精准发力，扎实推进"三农"工作纵深发展。2024年，全省粮食产量达726.8亿斤，创历史新高，农民收入稳步提升，[①] 但健全种粮农民收益保障机制依然面临多重挑战，农民增收空间受到制约。

---

*　尹业兴，四川省社会科学院农村发展研究所副研究员，主要研究方向为农村发展与反贫困；陈婷婷，四川省社会科学院农村发展研究所，主要研究方向为农业农村发展。

① 《今年四川粮食总产量达726.8亿斤》，《四川农村日报》2024年12月18日，第1期。

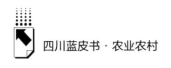
一　健全种粮农民收益保障机制的重大意义

（一）实现国家粮食安全与稳定供应的基础支撑

当前，全球粮食产业链和供应链不确定性风险日益加剧，外部环境复杂多变，我国粮食供求中长期呈紧平衡态势，种粮成本持续攀升且价格波动较大，导致农民收益不稳定。在此背景下，健全种粮农民收益保障机制显得尤为重要，即能够确保粮食种植面积不减，因地制宜将"土特产"发展为"强优势"，又能够增强粮食供应体系的韧性，为国家食物安全筑牢根基。

（二）推动农业现代化与高质量发展的内在动力

通过健全收益保障机制，让农民种粮更有利可图，可增强农民经营和投资信心，促进良种、农机、绿色技术的推广应用，有效提升农业的整体竞争力；能够吸引更多市场资源投入农业领域，推动农业向集约化、智能化、生态化转型，推动农业高质量发展。同时，劳动者、劳动资料与劳动对象的优化组合，不仅能提高作物单产和全要素生产率，还能催生新产业形态和生产模式。

（三）促进乡村全面振兴与共同富裕的战略路径

当种粮成为"有尊严、有回报"的职业，农村劳动力外流趋势将得到缓解，更多青壮年选择返乡创业，带动技术、资本和理念回流，形成"以粮稳产、以产聚人、以人兴村"的良性循环。同时，健全种粮农民收益保障机制，有利于农民分析土地增值和产业链增值收益，实现城乡之间、不同产业之间的公平发展，推动全体人民共同富裕取得更为明显的实质性进展。

二　四川健全种粮农民收益保障机制的实践与探索

确保种粮农民收益，既需要利用政策支持为农民提供坚实后盾，更需从深层次破解"农业三问"，即"谁来种地、怎么种地、如何种好地"这三个核心问题。

（一）完善政策扶持体系与种粮补贴机制

一是补贴政策的多样化和差异化。近年来，四川为保障农民的种粮收益，全面落实耕地地力保护补贴、稻谷补贴以及种粮大户补贴等政策。2024年，全省提前下达中央财政耕地地力保护补贴和稻谷补贴共计75.6亿元，[①]并且为鼓励规模化种植，在四川省级种粮大户补贴执行标准中，根据地理区域和种植规模进行差异化调整。全年四川将发放种粮大户补贴8亿元以上，同比增加近六成，以确保不同地区和不同规模的种粮主体都能获得相应的支持。[②] 同时，将实际种粮农民一次性补贴调整为农资价格动态调控补贴，尽量弥补农户因成本增加导致的收益损失。

二是金融支持与信贷服务的支持。推动金融机构创新推出"天府粮仓贷""种植e贷""新型职业农民贷"等专项信贷产品，探索"金融链长"支持模式，确保金融服务贯穿全产业链各环节，全面覆盖不同生产主体，保障主粮作物稳产增效和重要农产品供给。2024年8月，四川省财政厅和四川省农业农村厅印发了《关于深入实施财政金融互动政策支持建设更高水平"天府粮仓"实施方案》，并提出银行贷款贴息、农业信贷担保补助、规范乡村振兴农业产业发展贷款风险补偿金运行等政策措施，增强种粮主体的

---

① 《今后3年，四川聚力实现每年粮食产量增加5亿斤 不同作物协同增产 大面积提高单产水平》，https：//www.sc.gov.cn/10462/10464/10797/2024/6/15/17d14093d4fd4b9fb0df9b35c672b00.shtml，2024年6月15日。

② 《在新时代打造更高水平的"天府粮仓"》，https：//epaper.scdaily.cn/shtml/scrb/20240725/313746.shtml，2024年7月25日。

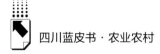

发展动力和抵御风险的能力。

三是政策落实与监督机制的完善。通过多渠道加强对种粮农户扶持政策的宣传和解读，保障涉农主体的知情权和选择权。一方面，公开涉农补贴申报信息，简化申报流程，提升政策透明度，让政策"看得见、摸得着"；另一方面，实施常态化监督检查，严把申报、审核、公示等关键环节，确保政策执行"不走样、不打折"。此外，还加大了省级抽查力度，创新运用"双随机、一公开"方式，通过实地抽查、视频督导和突击检查等手段，确保监督检查无死角、全覆盖。

（二）持续推进粮食产业"多链叠加增值"

一是做强粮食产业链，提升综合效益。近年来，四川省粮食产量呈波动上升趋势（见图1）。在《"天府粮仓·百县千片"建设行动方案（2024—2026年）》中，提出推动全省100个以上县（市、区）建设1000个高标准、高水平、高质量集中连片粮油千亩高产片，进一步提升全省粮油产量和品质，推动粮食生产向高效、可持续的方向发展。积极培育农业科技企业，加快培养一批高素质农民，根据《四川省农业经理人"百千万"培养计划实施方案》安排，到2027年，全省累计培育引领型农业经理人100名、示范型农业经理人1000名、带动型农业经理人10000名以上，为粮食产业链的优化提供有力人才支撑。

二是提升粮食价值链，增加产品附加值。四川从农业发展实际和本土优势出发，在建机制、育品牌、重营销上下功夫，积极形成川字号农业品牌矩阵，累计培育259个农业区域公用品牌、896个农业企业及产品品牌，认定6306个"三品一标"农产品，[①]"天府粮仓"省级公用品牌也应运而生，极大地提升了四川农产品在市场中的辨识度和竞争力，进而延展了农业的价值链。打造了一批具有地域特色和市场竞争力的粮食品牌，如"东坡大米"

---

① 《锚定建设目标 坚持"五个着力"扎实推进农业生产"三品一标"提升行动》，http://www.jhs.moa.gov.cn/gzdt/202411/t20241126_6466912.htm，2024年11月26日。

图 1 2016~2024 年四川省粮食产量及同比增长情况

资料来源：国家统计局

"蜀香稻""川韵油"等，有效反哺农民收入增长。

三是稳定粮食供应链，保障市场价格稳定。自"十四五"以来，支持 23 个库点建设高标准粮仓 130.25 万吨，低温仓容和高标准粮仓占完好仓容的 51%，[①]推动"安全储粮"向"绿色优储"跃升。通过加强粮食市场的价格监测和预警机制，严格执行国家粮食最低收购价政策，稳定市场预期，避免农民因价格暴跌遭受损失。在区域协作方面，四川与河南、湖北、黑龙江等粮食主产区建立跨省产销合作机制，签订战略合作协议，确保粮源稳定供应。在应急保障方面，建成覆盖储运、加工、配送、供应等全链条的粮油应急网络体系，布局应急网点 5000 余个，提升了粮食市场调控能力和突发事件应对水平。

（三）聚焦农业科技创新与装备支撑提升

一是智技赋能生产，效能显著增进。自 2012 年以来，四川农业科技进步贡献率从 55% 提升至 63.9%，提升了 8.9 个百分点。[②] 四川通过加强农业

---

① 《〈局长访谈录〉——四川省粮食和物资储备局张丽萍》，https://www.cnr.cn/sazg/rdzt/zglsjydh/gundong/20230828/t20230828_526399394.shtml，2023 年 8 月 28 日。

② 《奋力谱写四川农业现代化的璀璨篇章》，http://www.rmlt.com.cn/2024/1127/717956.shtml，2024 年 11 月 27 日。

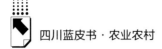

科技园区建设、提升农业科技创新能力、培育农业企业推进现代农业园区建设以及加快数字化转型等多方面举措，显著提升了农业现代化水平和技术创新能力。四川通过实施重点科研项目"揭榜挂帅""赛马"等制度，推动前沿引领技术、农业生产技术和农产品精深加工技术等关键共性技术攻关，以及农业科技成果的转化和应用。全省农机总动力逐年稳步上升，主要农作物耕种收综合机械化率提高到73%。①

二是优种精研提质，产业价值攀升。四川实施启动了"天府良种创制"行动，旨在创制与产量、品质、抗性、营养等优势互补的优质新品种，推动种业大省向种业强省跨越。2023年首次审定2个镉低积累水稻品种、2个间套作大豆品种、1个机收专用玉米品种等多个创新品种；香型优质超级稻"宜香优2115"连续4年位居长江上游地区推广面积前列，"川单99"等玉米新品种成为西南地区主导品种。② 2024年，进一步引入了一系列经过备案的主要农作物品种，丰富了省内的种业资源。

三是融合拓展新路，市场空间拓宽。2024年，四川省发展和改革委员会等16部门共同印发《四川省2024年"数据要素×"重点工作方案》，提出用数据要素助力打造新时代更高水平"天府粮仓"。运用物联网、卫星遥感、大数据、人工智能等技术手段，整合已有涉农数据资源，推动建设四川天府粮仓数字中心，支持建设省级智慧农（牧、渔）场10个，逐步实现农业生产精准化管控和智慧化发展。在这一背景下，2024年四川省全年网络零售额9548.8亿元；农村网络零售额2893.9亿元，同比增长13.3%；农产品网络零售额572.0亿元，同比增长13.7%。③

① 《2025年四川省政府工作报告》，https：//www.sc.gov.cn/10462/c105962s/2025/2/6/d6df30eefd1d4a3a941ea4466ced19f5.shtml，2025年2月6日。
② 《四川打造新时代更高水平的"天府粮仓"》，http：//finance.people.com.cn/n1/2024/0110/c1004-40155721.html，2024年1月10日。
③ 《2024年1-11月四川电商运行情况》，https：//dzswgf.mofcom.gov.cn/news/43/2024/12/1733987098019.html，2024年12月12日。

（四）大力发展集体经济，推进适度规模经营

一是创新发展新型农村集体经济。近年来，四川各地陆续开展了村集体经济清产核资工作，推进集体经营性资产股份合作制改革，截至 2023 年底，四川已登记赋码发证的农村集体经济组织共 51439 个，全年实现农村集体经济总收入 143.5 亿元。[①] 同时，通过强化财政保障，创新支持方式，增强乡村造血功能，助力农村集体经济高质量发展。2023~2024 年，通过实施新一轮扶持发展新型农村集体经济政策，中省财政投入 29.3 亿元，支持 2666 个村发展集体经济。

二是多措并举推进适度规模经营。在家庭承包经营的基础上，通过土地流转、托管、合作经营和订单农业等多种形式，推进农业适度规模经营，促进小农户与市场的有效对接，进一步激发农业和农村经济活力。四川各地在依法采取出租（转包）、入股等方式流转承包地的基础上，不断创新丰富土地流转模式，探索总结出崇州市"农业共营制"、眉山市"委托流转"等模式。同时，四川将农民专业合作社作为实现农业适度规模经营的重要主体，促进了传统农业向农业集约化、规模化的方向发展和转变。

三是健全农业社会化服务体系。聚焦现代农业"10+3"产业体系建设，大力发展以农业生产托管为重点的专业化社会化服务，不断完善农村基本经营制度、加速转变农业发展方式、大力推进农业现代化发展。截至 2024 年 11 月，四川已培育农业生产社会化服务省级重点服务组织 100 个，创建了省级农业生产社会化服务重点县 30 个。全省 176 个涉农县共建成县级农业社会化服务中心 176 个，乡级社会化服务站点 2667 个，落实了村级服务协办员 30105 个，推动各类服务资源连点成片、有效利用。[②]

---

① 《2024 年省委一号文件新闻发布会》，http：//nynct. sc. gov. cn/nynct/ldcyzwdt/2024/3/1/b98 7407c6486469a8c73936592dc975a. shtml，2024 年 3 月 1 日。

② 《四川加快构建现代农业经营体系，在锦绣田野书写蜀乡答卷》，https：//ny. scol. com. cn/ news/202411/82845792. html，2024 年 11 月 26 日。

（五）健全农业保险体系与风险保障

一是扩大保险覆盖范围，提升保障效能。四川作为产粮大省，自2021年起率先试点实施三大粮食作物完全成本保险，逐步覆盖了省内76个产粮大县，并在2024年实现全省范围内的全面覆盖。截至2024年7月，三大粮食作物完全成本保险的承保面积达到2899.31万亩，为754.61万户次农户提供了风险保障。[①]

二是提高保险保障水平，增强理赔能力。2024年，四川三大粮食作物完全成本保险的保障水平实现"质"的飞跃，累计提供风险保障252.41亿元，已为33.97万户次农户赔款1.3亿元。[②] 同时，四川省金融监管局联合省农业农村厅印发《关于加快推进三大粮食作物保险精准投保理赔工作的通知》，决定推动实现全流程可追溯，切实提升农业保险投保数据质量，改进承保理赔服务质效。

三是创新保险产品，满足多元化需求。2024年，四川从"保成本"到"保收入"，从"保生产"到"保质量"，一方面，聚焦种业、大豆、油料作物和地方优势特色农产品，大力发展相关保险产品，为农业特色产业保驾护航；另一方面，创新推出高标准农田建设工程质量保证保险，探索种植收入保险，为农业基础设施和农民收入提供双重保障。

三　四川种粮农民收益保障的现实困境与挑战

（一）生产成本持续上升，挤压种粮收益空间

四川农业生产成本延续高位运行态势，根据全年的《四川省农业生产

---

① 《四川："保"地稳粮 护航"三农"》，http://www.cbimc.cn/content/2024-08/23/content_527391.html，2024年8月23日。

② 《四川："保"地稳粮 护航"三农"》，http://www.cbimc.cn/content/2024-08/23/content_527391.html，2024年8月23日。

资料价格监测表》，化肥、农药、种子等核心农资价格变动显著。其中水稻、玉米种子价格同比上涨 4% 左右，尿素、磷肥价格上涨 6% 左右。成本端压力直接传导至粮食生产环节，例如，蓬溪县种植大户反映，每亩小麦成本中农资占比达 55%，加之雇工年龄普遍偏大，生产效率难以提升，进一步推高成本。

（二）极端气候灾害频发，粮食生产风险加剧

2024 年夏季四川持续高温干旱，盆地内大部分地区出现高温天气，导致旱作物（如玉米、水稻等）面临较高的干旱和热害风险，同时对夏大豆、夏玉米和晚熟柑橘等作物的生长也造成了威胁。[①] 全省在 8 月的平均降水量为 82.8 毫米，较常年同期偏少 53%；平均降水日数 8.7 天，较常年同期偏少 6.7 天。[②] 气候灾害的突发性与破坏性显著增强，2024 年 9 月，尤以盆东北、盆中和盆南旱情发展最为显著，直接经济损失 6 亿元。[③]

（三）粮食价格波动剧烈，农民利益分配失衡

尽管国内粮食总产量达到 14130 亿斤，创历史新高，但消费需求增长缓慢，尤其是大米和面粉的消费量低迷，导致价格承压下行。同时玉米价格意外"跳水"，2024 年 9 月起玉米价格下跌速度加快，9 月 26 日，玉米价格跌至阶段性低点 2154 元/吨。11 月 27 日，全国玉米均价约 2163 元/吨，相较 2023 年 8 月底下跌约 26.4%，[④] 市场价格的高度不稳定性导致农民收益预期模糊。

---

① 四川省农业气象中心：《四川省农业气象月报 2024 年第 24 期》，2024 年 9 月 1 日。
② 四川省气候中心：《四川省气候影响评价（2024 年 8 月）》，2024 年 9 月 2 日。
③ 《四川省自然灾害 9 月灾情》，https://yjt.sc.gov.cn/scyjt/juecegongkai/2024/10/9/9a971ff49a5a4ecf9258574c42dd9175.shtml，2024 年 10 月 9 日。
④ 《全国玉米均价较去年高点下跌约 26.4% 短期或继续承压》，https://m.caijing.com.cn/article/353315，2024 年 11 月 28 日。

（四）农业基础设施薄弱，抗风险能力不足

2024 年，四川新建和改造高标准农田 425 万亩，主要用于粮食种植。①
然而，全省永久基本农田面积约为 8000 万亩，覆盖率仅为 53.1%，仍有部
分耕地存在排灌设施不完善、土壤肥力不足等问题。尤其是在丘陵和山区，
高标准农田建设成本高、推进难度大，在未建成高标准农田的永久基本农田
中，坡耕地占比高达 75.9%，地块零碎、缺水缺路，亩均建设成本超过
5000 元，部分山区甚至超 1 万元。部分骨干水利工程渠系配套建设不到位，
相当数量小微水利工程年久失修。

四 四川种粮农民收益保障机制的优化路径与对策建议

（一）优化政策支持体系，强化精准动态调控

一是优化粮食生产补贴政策。全面优化粮食生产补贴政策，加大对水
稻、小麦等重要农产品、产粮大县和规模经营主体的扶持力度。制定差异化
补贴标准，按照种植面积和产量，针对不同种粮主体实施阶梯递增补贴。将
四川粮食生产薄弱环节，以及满足丘陵山区生产急需的机具的补贴比例相应
提高。二是健全粮食价格支持机制。建立市场与成本两者双向动态调整机
制，确保粮食最低收购价与生产成本、市场供需形成"同频共振"模式。
探索引入粮食价格指数保险，帮助农民规避价格波动带来的损失。三是健全
粮食主产区利益补偿机制。完善对种粮大县的利益补偿机制、财政转移支付
机制，有效破除"粮食大县和财政穷县"之间的矛盾。建立粮食主销区对
主产区的横向补偿机制，按照谁受益谁补偿和近邻原则，建立风险共担和优
势互补的长效合作机制，实现产销配对共赢。

---

① 《大国粮仓——2024 四川年终经济专稿②》，https：//www.sc.gov.cn/10462/10464/10797/
2024/12/17/36249ad4b43240d5a3c6a4f05a73fa74.shtml，2024 年 12 月 17 日。

（二）优化市场流通体系，提升农民议价能力

一是完善粮食市场体系。严厉打击价格垄断、欺诈等违法行为。鼓励粮食企业积极参与期货交易，利用期货市场保值功能，有效规避市场价格波动风险。充分发挥政策性收储的支撑作用，提高粮食稳价调控的前瞻性、针对性、有效性。二是大力发展农村电商。打造四川特色粮食电商平台，从电商物流到包装设计，从营销推广到品牌打造，全面提升四川粮食品牌的知名度和市场竞争力。加强冷链物流体系建设，拓宽销售渠道，做到从"田间地头"到"千家万户"的无缝衔接。三是创新农业增收模式。开发以粮食生产为主题的旅游线路和项目，推动发展现代化粮食文化"旅游+"。探索农业碳汇交易，鼓励农户通过保护性耕作、秸秆还田、有机肥替代化肥等方式减少碳排放。

（三）培育新型经营主体，完善联农带农机制

一是强化主体联农带农功能。健全新型农业经营主体扶持政策同带动农户增收挂钩机制，将联农带农作为政策倾斜的重要依据。引导企业、农民合作社、家庭农场，通过保底分红、入股参股、服务带动等方式，让农民更多分享产业增值收益。二是加强职业化农民培育。建立职业农民技能认证体系，探索将农民职称与种粮优惠政策挂钩，增强农民转向职业化的积极性。针对"持证农民"给予贷款贴息、项目倾斜等激励。建立职业农民培训基地，开展智慧农业、电商营销等专项培训。三是深化土地制度改革。推进土地经营权入股，推广"土地股份合作社+职业经理人"模式，农民通过保底分红、务工收入、利润分配三重收益增收。在用地保障上，建立差异化用地政策，对种粮主体，给予一定程度的指标倾斜。探索闲置宅基地盘活，如通过流转闲置宅基地建设烘干仓储设施，降低产后损失。

（四）强化科技赋能与基础支撑，提升综合产能

一是持续推动种业振兴行动。大力实施种质资源保护利用行动，重点加

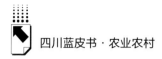

快种质资源收集鉴定。通过着力抓示范、建基地、育龙头，持续推进"川种振兴"；实施制种基地提升三年攻坚行动，建设水稻、玉米、油菜、大豆等种业集群。二是加快智慧农业技术应用。加快智能农机装备的研发和推广应用，重点发展植保无人机、无人驾驶拖拉机、遥控自走履带式旋耕机等设备，打造集插秧、耕作、植保、采收于一体的智慧农机装备应用样板基地。建设省级粮食生产大数据平台，实时监测成本收益，为政策调整提供依据。三是筑牢现代农业底部支撑。加快打造骨干水网、建设重点水源工程、构建农村灌溉网络和推进乡村水务建设行动，强化全省农业农村现代化的水利支撑。聚力推进农机装备研发应用，推进主要农作物机械化生产，推动全国农机研发制造推广应用"一体化"试点，推进农机社会化服务和宜机化改造。

参考文献

王可山、刘华：《农业新质生产力发展与大国粮食安全保障——兼论"靠什么种粮""怎样种粮""谁来种粮"》，《改革》2024 年第 6 期。

吕火明、许钰莎、刘宗敏：《建设新时代更高水平"天府粮仓"：历史逻辑·理论依据·现实需要·实现路径》，《农村经济》2023 年第 6 期。

《粮安天下农强国强》，《农民日报》2024 年 12 月 14 日。

《"粮头食尾"大文章四川咋书写?》，《四川日报》2024 年 10 月 17 日。

《良田种粮好"丰"景》，《人民日报》2023 年 10 月 18 日。

《全方位夯实粮食安全根基，确保中国人的饭碗牢牢端在自己手中》，《人民日报》2023 年 7 月 13 日。

B.8
四川高质量推进高标准农田建设机制研究

苏 艺 侯懿珈*

摘 要： 高标准农田建设是保障国家粮食安全的关键举措。四川作为农业大省和粮食主产省，高质量推进高标准农田建设，是夯实粮食安全根基，确保粮食安全重大政治责任的重要抓手。四川高标准农田建设经历了起步实施、加快发展、高质量发展三个阶段，取得了显著成效，形成了有益做法，但仍面临未建空间建设任务重、部分已建高标准农田改造提升难度大、资金供需不匹配、质量监管机制不完善、经济效益与社会效益矛盾突出等问题。未来，应通过加强高标准农田建设规划、健全全程把控的质量监管机制、建立多方参与的长效管护机制、优化高标准农田建设资金投入和规范使用机制、强化高标准农田的高效使用机制等措施，为四川高质量推进高标准农田建设提供有力支撑。

关键词： 高标准农田 粮食安全 高质量发展

　　高标准农田建设，是中共中央、国务院着眼于保障国家粮食安全作出的重大战略部署，是巩固和提高粮食综合生产能力的关键举措。2023年中央一号文件明确部署，逐步把永久基本农田全部建成高标准农田；2024年中央一号文件进一步强调强化高标准农田建设全过程监管，确保建一块、成一块。2025年中央一号文件明确提出，要高质量推进高标准农田建设。中央一号文件连续三年对高标准农田建设提出更高要求，充分反映了高质量推进

---

* 苏艺，四川省社会科学院农村发展研究所副研究员，主要研究方向为区域经济发展；侯懿珈，四川省社会科学院农村发展研究所，主要研究方向乡村可持续发展。

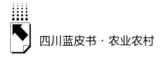

高标准农田建设的重要性和紧迫性。四川作为农业大省，已累计建成超5400万亩高标准农田，位居全国第五。但四川高标准农田建设任务依旧很重、难度较大，高质量推进高标准农田建设面临艰巨挑战。

一 四川高标准农田建设的历程、成效及主要做法

（一）高标准农田建设历程与主要成效

四川省委、省政府高度重视高标准农田建设，并取得了较为显著的成效。四川高标准农田建设大致分成了三个阶段。

第一个阶段（2011~2018年）：起步实施阶段。2011年起，四川全面启动高标准农田建设，依托农业综合开发、土地整治等项目推进耕地高标准化建设，8年间开展配套田网、路网、渠网"三网"工程，共计建成高标准农田3789万亩，占当时耕地总面积的37.59%，全省累计投入超700亿元高标准农田建设资金。[①]

第二个阶段（2019~2022年）：加快发展阶段。2018年机构改革后，中共中央、国务院明确高标准农田建设为提升粮食生产能力、保障国家粮食安全的重要举措，整合多部门职能交由农业农村部实施，改变此前"五牛下田"的分散管理局面。四川在2019~2022年新建高标准农田达1403万亩，[②]每年立项实施"藏粮于地、藏粮于技"高标准农田专项保护建设项目达55个，[③]建成了一批"集中连片、能排能灌、旱涝保收、宜机作业、稳产高

---

① 《解读〈四川省人民政府办公厅关于切实加强高标准农田建设巩固和提升粮食安全保障能力的实施意见〉新闻发布会》，http://www.sccn.gov.cn/jdhy/mtjd/202101/t20210111_1410371.html，2020年9月7日。

② 《四川高标准农田建设 | 2019至2022年 四川高标准农田累计建成5476万亩，位居全国第五》，http://www.scjjrb.com/2023/08/22/wap_99374450.html，2023年8月22日。

③ 《四川省财政厅关于转下达2022年藏粮于地藏粮于技专项（高标准农田和东北黑土地保护建设项目）中央基建投资预算的通知》，http://czt.sc.gov.cn/scczt/c102362/2022/5/26/1faaac1a4c4f4b4baca8dd5fbf059582.shtml，2022年5月26日。

产、生态友好"的高标准农田，四川省在这期间的突出表现受农业农村部连续 4 年表扬，并两度入选国务院督查激励名单。[1]

第三个阶段（2023 年至今）：高质量发展阶段。2023 年 1 月，四川省农业农村厅印发《四川省实施高标准农田改造提升工程十条措施》，推动四川高标准农田建设从过去的"重建设"转向"建管并重"。截至 2024 年底，四川累计建成高标准农田 5476 万亩，为建设天府良田、筑牢"天府粮仓"提供有力支撑，为粮食产量连续 3 年稳定在 700 亿斤以上作出了重要贡献。[2]

（二）主要做法

1. 坚持政策引领

2011 年 6 月，四川省政府印发《四川省高标准农田建设技术规范》与《四川省高标准农田建设项目竣工验收办法》，启动高标准农田建设工作。同年 12 月，《四川省"十二五"农业和农村经济发展规划》明确，2011～2015 年完成 1000 万亩高标准农田建设目标。2014 年，四川省政府印发《四川省高标准农田建设总体规划（2011—2020 年）》，提出"十三五"超额完成 2000 万亩建设任务。2022 年印发《四川省高标准农田建设规划（2021—2030 年）》，2023 年印发《四川省实施高标准农田改造提升工程十条措施》，建立"1+3+N"治理框架，引导市（州）制定特色方案。2023～2024 年出台项目管理和验收办法，形成标准化管理闭环。2025 年 1 月《四川省高标准农田建设管理条例》印发，作为四川首部农田建设专门性法规，明确了建管多元主体权责，引领四川高标准农田建设管理法治化、协同化发展。

2. 强化资金精准保障

四川将高标准农田建设列为财政优先保障领域，引导金融和社会资本投

---

[1] 《四川省高标准农田建设新闻发布会》，http://www.sc.gov.cn/10462/10705/10707/2023/8/23/fdc88b433b344ea194cf77602de14261.shtml，2023 年 8 月 23 日。

[2] 《2025 年四川省人民政府工作报告》，http://www.sc.gov.cn/10462/c105962s/2025/2/6/d6df30eefd1d4a3a941ea4466ced19f5.shtml，2025 年 1 月 20 日。

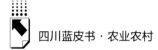

入。2019 年，四川在全国首推中省市县四级财政亩均补助 3000 元标准，为建设提供持续稳定资金支持。为优化资金配置、提升使用效率，四川探索实施"两个差异化"补助办法，按新建和改造提升任务分类补助，依地形地貌对省级财政资金实行差异化补助。实行差异化补助后，中省差异化补助累计最高可达每亩 2150 元，总体补助水平拉高 20%。① 此外，四川还构建高标准农田建设的激励机制。省级财政每年拨付专项资金 2400 万元以上，以一个市 600 万元的标准分发给上年度建设综合考核验收排名前三位的地区，② 有效激发了各地建设高标准农田的积极性和创造性，推动了高标准农田建设的快速发展。

3. 积极探索新路径

四川以打造"天府良田"建设示范样板为目标，因地制宜探索实施高标准农田建设整区域推进的新路径。自 2023 年起，四川率先启动以"整灌区、整市、整县、整片"为单位的整区域建设策略，此举有效促进了建设效率与质量的双重提升。2024 年整区域推进建设规模达 173.4 万亩，覆盖全省年度目标的 40.8%。在深化建设都江堰灌区与蓬安县国家级试点的基础上，分层推进 3 个地级市 17 个县（市、区）省级试点工作，累计培育 49 个整区域建设重点县。③ 截至 2024 年底，首批 10 个试点县（市、区）已全面完成永久基本农田整区域高标准化建设任务。

4. 更加注重"建管护并行"

四川高度重视高标准农田建管工作，将建设任务完成情况纳入耕地质量、粮食安全及乡村振兴综合考核，明确省市县三级党委政府建管责任，形成"省级统筹、市州督导、区县落实"的三级联动机制。在质量监管上创

① 《财政政策惠企利民见成效——对山东、湖北、四川三省财政政策落实情况的调研》，《人民日报》2023 年 6 月 5 日。
② 《构建多元化投入保障机制 四川财政全力支持高标准农田建设》，https：//czt. sc. gov. cn/scczt/c102358/2023/8/24/c6ae68e7a5774934b35a751dfbaf491e. shtml，2023 年 8 月 24 日。
③ 《2024 年，四川高质量推进高标准农田建设 整区域推进 让更多"粮田"变"良田"》，https：//www. sc. gov. cn/10462/10464/10797/2025/2/12/ee4375cfe87a4a298bec38576fd4d4e3. shtml，2025 年 2 月 12 日。

新实施"省级+第三方"抽验制度,通过省级统筹与专业机构协同对建设工程质量开展穿透式抽查,对有质量缺陷或虚报瞒报的建设单位予以通报批评、"黑名单"公示等,建立"整改不达标不销号"的闭环管理机制。针对建后管护构建"5+1"田长制责任网络,通过省市县乡村五级田长与网格员协同联动,实现耕地用途管控与动态监测全天候覆盖,以硬措施确保高标准农田全周期管理效能。

二 四川高标准农田建设面临的主要问题与制约

(一)未建空间建设任务重

依据国土三调数据,四川耕地中旱地面积占全省55.6%,其中坡耕地占永久基本农田的75.9%以上,15°以上的耕地累计超2000万亩,① 且多为零碎地块,存在缺水、缺路问题。按照"先易后难"建设时序原则,四川易建区已基本完成高标准建设,新建农田从平坝区转向丘陵、山区,其中2/3在丘陵、1/3在山区高原,普遍缺水断路,建设难度增大。此外,四川高标准农田推行整区域建设模式,但因土地细碎化,田埂、边角地与沟渠多,农户土地界限随小块耕地形成畸形田块。如何在建设中重新整合分配农田、打破原有界限开展大片区提档建设是关键挑战。

(二)部分已建高标准农田改造提升难度大

在2020年印发《四川省人民政府办公厅关于切实加强高标准农田建设巩固和提升粮食安全保障能力的实施意见》之前,四川高标准农田建设标准低、不规范,加之土地基础质量差、地理条件复杂等,导致耕地系统韧性和抗逆性下降,影响建设可持续性与长期效果。部分老旧高标准农田自然损毁严重,2000多万亩达不到旱涝保收、宜机作业要求,亟须改造提升。此外,

---

① 《全面查清全省国土利用状况》,《四川日报》2022年1月18日。

高标准农田提升改造因涉及原有项目重新规划施工、二次施工安排等问题增加改造难度，且已建成项目多流转给规模经营者，部分存在"非粮化"种植，改造会给经营者造成经济损失并降低生产积极性。

（三）高标准农田建设资金供需难以平衡

四川获得了四级财政翻倍投入及省财政下拨专项资金支持，但高标准农田面积大、建设难度高，当前资金仍无法满足高质量建设需求。一方面，现行投入难以支撑规范标准。据各地近两年实际成本测算，建成"适宜耕作、旱涝保收、高产稳产"的高标准农田每亩普遍需 5000 元，较陡坡耕地建设甚至需上万元。现行四级财政投入标准为每亩 3000 元以上，与规范建设标准所需投入还有较大差距。另一方面，高标准农田建设存在资金筹措渠道不畅、过度依赖中省财政等问题，尤其在建设任务重的经济欠发达农产品主产县，地方财政配套压力大，投入能力与建设任务严重"倒挂"。此外，因《四川省高标准农田建设管理条例》未涵盖管护费用条款，四川高标准农田建设专项资金无法定时定量安排后期管护费用，导致设施损坏后修复不及时。

（四）高标准农田建设质量全过程监管机制亟待形成

尽管各级政府已认识到高标准农田监管的重要性并采取举措，但全过程监管机制尚未形成，建设质量不高、管护不到位问题仍突出。部分地区因规划设计不合理、缺长远考虑，重基建轻耕地产能提升，导致耕地地力低、设施不配套，影响高标准农田效益发挥与农民积极性。工程建设管理验收不规范，隐性工程难在现行验收体系中准确评估，导致验收"把关不严"，后续若出现质量问题，整改责任划分难、流程复杂。由于职责不明确、资金不到位、权益分配不均、缺乏有效的建后管护绩效责任评估体系和考核机制，各方主体在管护方面既力不从心，又缺乏主体责任意识，农田基础设施逐渐老化、失修，土壤质量下降，影响产出效益。

（五）高标准农田建设的经济效益与社会效益兼顾的矛盾较为突出

高标准农田建设需推动农业转型升级与现代农业发展以提高社会效益，同时有效增加农民收入以提升经济效益。当前，高标准农田建设主要有两种模式。一种是以工程为导向的建设模式，受产权分散制约未打破田埂界限，仅在传统农田格局上完善基础设施。虽基础设施显著改善，但小块分散农田格局未根本改变，小农户种地难、收益低问题未解决，农户积极性仍难激发，部分高标准农田土地甚至被抛荒。另一种是将高标准农田建设与土地规模流转结合、整区域推进的大户经营导向模式。该模式下新型经营主体规模化经营虽能提升农业生产能力和自身经济收入，但一定程度上排斥小农户，而四川当前仍以小农户经营为主且此格局短期内难根本改变。如何在优化建设模式中保障小农户经营权、平衡社会效益与经济效益，成为四川高标准农田高质量建设亟待解决的难题。

三　四川高质量推进高标准农田建设的实现路径

（一）加强高标准农田建设规划

一是合理规划高标准农田布局。依据国土空间规划"三区三线"划定成果，科学确定建设区域，特别是确保永久基本农田划分科学、合理、精准。将未在永久基本农田范围内但毗邻的零散园地、耕地等农业用地，提前规划为后备资源纳入规划并实施建设。在项目布局上，新建项目严格控制在永久基本农田保护区实施，改造提升项目优先安排在新建项目相邻区域以实现集中连片，对建设难度大的未建区域开展专项适建性评价，根据可行性论证动态完善规划布局。

二是统筹高标准农田建设规划与国土空间、农业农村现代化、水利、道路建设等相关规划衔接，避免资源浪费和功能冲突，保障基础设施协调高效利用。同时，通过衔接全域土地综合整治工程，将复垦达标的优质耕地划为永久基本农田，纳入高标准农田建设项目储备库。

三是鼓励以县（市、区）为单元编制永久基本农田建成高标准农田实施方案和年度计划。细化实化高标准农田建设实施方案，鼓励县级政府因地制宜编制年度计划，明确具体项目清单、实施进度、资金安排和保障措施，确保高标准农田建设有序推进。

（二）健全全程把控的质量监管机制

一是优化项目立项方式。坚持整县推进高标准农田建设模式，探索竞争立项安排建设任务，优先选择政府重视、资金有保障、建设成效好的县（市、区）作为项目地，调动地方积极性。建立完善项目储备制度，明确设计深度、经费来源和审查等前期要求，扭转"钱等项目"现状。对整县推进进行阶段性综合评价，建立动态调整机制，防范项目申报与实施"两张皮"。

二是健全全过程把控的质量监管机制。建立省市县三级联动监管体系，县级每周核查项目进度，市级每月会商解决建设难题，省级每季度抽查"田、土、水、路、林、电、技、管、制"等设施建设质量。建立全链条质量管控制度，各环节设监理专项监督验收，验收合格方可进入下一环节，形成"验收—反馈—复验"质量追溯闭环。

三是强化农田建设管理队伍。加强农田建设管理机构及人员配置，支持建管部门引进专项技术人员。加强管理人员综合政策与专业技术培训，强化专业技术支撑。引导各地引入第三方机构监管高标准农田建设全过程，确保建设标准和要求严格落实。

（三）建立多方参与的长效管护机制

一是完善管护办法。加快制订高标准农田建设项目工程设施管护办法，建立分层责任清单，明确"省市定政策、县乡抓实施、村级出力量"的管理责任。规范建后移交流程，通过签订责任书，将项目设施所有权移交乡镇政府，使用权分配给村集体、农户和新型经营主体，确保权属责任明确。完善管护考核评估机制，定期督查考评，将考核结果、经营主体参与度与长效管护经费分配挂钩，纳入乡村振兴实绩考核，督促乡镇压实管护责任。

二是创新管护模式。围绕政府、农民、企业三方联动，构建"统管+自管+托管"多元共管机制。一方面强化政府统筹职能，完善五级"田长制"网格化管理体系，建立区域管护台账，确保管理可追溯；另一方面推动农民自主管护，开发"以工代赈"等公益性岗位吸纳农户参与巡查，促使其主动担责。同时引入市场化力量，针对农田设施老化招标专业公司或合作社物业式托管，形成责任落实、能力强化、长效保障的闭环。

三是提高管护数字化水平。建立"一田一码"数字档案，涵盖项目设施、管护人员等核心信息；融合地理信息系统、物联网传感设备及遥感技术，构建空天地一体化监测网络，实时追踪农田设施与资源动态。同步优化数字化平台功能，串联巡查上报、任务派发等环节为"发现—处置—验收—监督"完整回路，推动农田管护向系统化智慧运维升级。

（四）优化高标准农田建设资金投入和规范使用机制

一是持续加大财政投入。保持省级财政投入增长，优化差异化补助政策，提高中央和省级补助标准。压实市县政府投入责任，执行土地出让收入优先用于高标准农田建设要求，确保四级财政投入达到规定标准。鼓励市县财政整合涉农资金、土地出让收入、发行地方债券等筹措资金，支持高标准农田建设，提升建设标准和质量。

二是提高社会资本投资的广度和深度。积极发挥政策优势构建市场化融资机制，将高标准农田建设收益权市场化，通过先建后补、指标交易等引导金融、社会资本及新型农业主体投入，形成多元化投入方式。同时引导社会资本参与高标准农田全产业链发展，融入建设、运营管理、农产品加工销售等环节，降低其注重短期利益的不利影响。

三是健全资金使用管理机制。加强资金监管，建立常态化机制，设专用账户并全链条监控。加快制定《高标准农田建设资金使用管理规定》，明确资金使用范围、预算、分配、拨付、绩效管理等内容，提高使用效益。开展高标准农田资金投入使用绩效评价，引入第三方评估并强化结果运用，与后续资金安排挂钩形成激励约束机制，确保效益最大化。加强对新技术、新模式、新材料的资金扶持，以技术创新破解高标建设难题。

（五）强化高标准农田的高效使用机制

一是提升高标准农田的产出效益。加大土壤优化技术普及，改善耕地养分与轮作模式以降低化肥农药用量，维持地力可持续并降本增效。结合智能监测与数据分析构建精准农业管理体系，通过机械化与数字化提升耕作效率。配套完善全链条服务设施，重点建设区域农业服务站及产后加工储运中心。基于地域特色探索高标准农田多功能开发模式，融合农业生产与生态景观、文化体验等功能，形成复合型土地利用格局，提升耕地综合价值。

二是完善高标准农田保护政策。推进高标准农田保护立法，界定保护边界并建立禁止性行为监管目录。完善"占补平衡""进出平衡"细则，建立违规占用终身追责制，保障农田规模稳定与地力提升。探索永久基本农田与高标准农田动态置换路径，构建协同保护体系。

三是加快高标准农田建设过程中的土地制度创新。在高标准农田建设中，探索以村集体为主体的土地整合方案，针对农田细碎化，在保障农户承包权益前提下，通过村内民主协商整合分散地块为连片耕作单元。同步建立地块调整补偿协商机制，平衡村集体规划与个体诉求。优化政农沟通渠道，确保土地整合后建设方案与生产需求相匹配。

参考文献

于法稳、孙韩小雪、刘月清：《高标准农田建设：内涵特征、问题诊断及推进路径》，《经济纵横》2024 年第 1 期。

张毅、刘同山：《农地细碎化的影响及其治理——基于中国乡村振兴调查（CRRS）数据的分析》，《农村经济》2024 年第 5 期。

姚志、高鸣：《以新发展理念推进高标准农田建设的目标、问题与路径》，《中州学刊》2024 年第 9 期。

张克俊、张光顺：《永久基本农田全部建成高标准农田的实现路径研究》，《山东行政学院学报》2024 年第 4 期。

　　房昀玮：《耕地"非粮化"管控及其补偿的法治化》，《自然资源学报》2025 年第 3 期。

　　王海娟：《面向高标准农田建设的农地制度创新：小农户视角》，《南京农业大学学报》（社会科学版）2024 年第 4 期。

B.9
四川深化集体林地"三权分置"改革的实践与策略研究

庞　淼　陈玉琴*

摘　要： 四川深化集体林地"三权分置"改革，对林业资源管理、生态产品价值实现意义重大。本报告通过梳理国内及四川推进集体林地"三权分置"的相关政策，深入了解四川集体林地资源分布、林权结构和经营模式现状，阐释改革理论基础。通过分析试点地区实践，明确改革成效与面临的困境，涵盖政策执行、市场机制、社会认知等层面，进而从强化集体经济组织主导作用、健全生态产品价值实现机制、培育壮大新型经营主体、完善配套政策与服务四方面提出深化改革策略，旨在推动四川林业可持续发展，助力乡村振兴与生态文明建设。

关键词： 集体林地　"三权分置"　生态产品价值　四川省

一　引言

在生态保护与经济发展协同推进的时代背景下，林业资源的合理管理与高效利用成为关键议题。集体林地是集体土地资源的重要组成部分，其改革创新对集体土地资源资产化影响深远。四川集体林地面积广阔，地理分布差异显著，如何通过有效的改革措施实现林地资源的优化配置，在实现林业生

---

* 庞淼，四川省社会科学院农村发展研究所研究员，主要研究方向为农村政策和生态建设；陈玉琴，四川省社会科学院农村发展研究所，主要研究方向为农村发展。

态价值的同时，增加林业的经济价值，促进集体和农户个人的收入增长，成为集体林权改革亟待解决的问题。四川深化集体林地"三权分置"改革，对于挖掘林地生态价值、推动绿色发展意义重大，因此深入研究这一改革具有重要的现实意义。

二 集体林地"三权分置"的政策背景与现实基础

（一）政策背景

1. 基本内涵

集体林地"三权分置"是将集体林地的所有权、承包权和经营权进行分离，以明确权利主体的权责关系，优化资源配置，促进林业资源的有效利用和可持续发展。"三权分置"旨在通过明晰产权、促进流转、增加供给和推动市场化，为生态产品价值实现提供了制度保障，它使生态资源的经济价值得以体现，同时激励生态保护，实现生态与经济的双赢。集体林地"三权分置"改革核心在于通过权力的分置和流转，激发林业发展的活力，推动林业生产的现代化和规模化，同时兼顾生态保护和农民增收。其核心目标有以下几方面。一是对激发经营主体积极性的集体林地，明确所有权、承包权、经营权归属关系。二是通过流转林地经营权，提高林业生产效益，实现规模化经营。三是促进林业经济效益的提高，为乡村振兴助力。四是为确保林业资源永续利用，加大生态保护力度。这一举措能使林地资源向更高效经营者集中，提升林业生产整体效益，还为农户开辟更多收入来源，在保障集体与农户权益基础上，充分发挥林地经济价值，激发林业发展活力。

2. 政策背景

自 2008 年集体林权制度改革全面推开以来，在推动农户增收，激发经营积极性和保护森林生态功能等方面取得明显效果，但在改革过程中仍然存在集体林地经营规模效应受到制约、林权抵押和林业投融资政策不一、"分"和"合"带来的不适应等问题。林地产权制度滞后带来的林地细碎

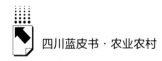

化、荒置现象严重，进一步推动了"三权分置"改革。① 随后的2016年，国务院办公厅印发《关于完善集体林权制度的意见》，明确提出逐步建立集体林地所有权、承包权、经营权的"三权分置"运行机制；同年，中共中央办公厅、国务院办公厅印发《关于完善农村土地所有权承包权经营权分置办法的意见》，明确提出将土地承包经营权分为承包权和经营权，实行所有权、承包权、经营权分置并行。2017年的中央一号文件进一步提出落实农村土地"三权分置"办法，农村土地流转和规模化经营方面取得显著进展，也为集体林地改革提供了模式借鉴和政策制定依据。2018年4月，国家林业和草原局提出探索在新一轮集体林业综合改革试验示范区中建立集体林地"三权分置"运行机制，在依法保护集体林地所有权和农户承包权的前提下，平等保护林地经营权，并建立相关制度，让林地经营权可依法向金融机构融资担保、入股从事林业产业化经营。2023年9月，中共中央办公厅、国务院办公厅印发《深化集体林权制度改革方案》，提出加快推进集体林地所有权、承包权、经营权的"三权分置"，为集体林地"三权分置"改革奠定了基础框架。

四川作为林业大省，在国家政策导向与地方现实需求的双重背景下，推行集体林地"三权分置"政策，以破解长期制约林业发展的产权不清、经营效率低及生态保护与经济发展矛盾等问题。四川集体林地的"三权分置"改革，不仅有助于解决林业发展中的历史遗留问题，还能促进生态保护与经济的协调发展，为林业现代化和乡村振兴提供有力支撑。

（二）现实基础

1.四川集体林地基本概况

四川现有林地3.81亿亩，居全国第一位，其中集体林地超过1.9亿亩，

---

① 韩文龙、朱杰：《农村林地"三权"分置的实现方式与改革深化——对三个典型案例的比较与启示》，《西部论坛》2021年第1期。

占全省林地近50%。① 四川森林覆盖率超过40%,② 集体林地面积广阔,其地理分布呈现出明显的区域差异。四川集体林地和规模林业产业在全省经济发展和生态建设中占据重要地位,截至2024年,林业加快发展,产值258.6亿元,比上年同期增长9.5%,其中第二季度增长10.8%,比第一季度加快3.8个百分点。③ 在过去2024年全年,完成了营造林522.5万亩,退化草原修复956.3万亩,全省林草产业总产值达到5800亿元,展现了四川在林草生态建设和产业发展中的显著成果,并且在2025年力争全年完成营造林350万亩,修复治理退化草原432万亩,实现林草产业总产值6600亿元。④

2. 现有集体林地的产权结构与经营模式

目前,四川集体林地的林权结构中,所有权归农村集体经济组织,承包权大部分由农户持有,但存在部分承包权流转不规范的情况;在经营权方面,流转市场逐渐活跃,但仍存在流转期限较短、流转价格不合理等问题;在经营模式上,常见的有四种模式。在农户自主经营模式下,由于农户经营规模小、技术水平有限,林地经营效益不高;家庭林场经营在一定程度上提高了经营规模和专业化水平,但面临资金、技术和市场等方面的制约;专业合作社经营通过整合农户资源,发挥了一定的规模效应,但存在组织管理不规范、利益分配机制不完善等问题;企业经营模式虽然具备资金、技术和市场优势,但在与农户利益联结方面还需进一步加强。这些经营模式在实际运行中,对生态产品价值的挖掘和实现程度各不相同,生态产品价值也尚未得到充分体现。

---

① 《"林改四问",四川如何作答》,《四川日报》2024年10月27日。
② 《绿化公报 | 四川全省森林覆盖率超40%》,《四川日报》2023年3月13日。
③ 《年中经济解读 | "饭碗"稳不稳? 农业经济怎么样? 省统计局农村处处长刘志东权威解读》https: //tjj. sc. gov. cn/scstjj/c112118/2024/7/18/282d997a26254a4daca03cf40300c25c. shtml, 2024年7月18日。
④ 《2025年全省林业和草原工作会议召开》,https: //lcj. sc. gov. cn/scslyt/ywcd/2025/2/20/ b1d6d7f1730e45d2981c5d4957acc4ff. shtml, 2025年2月20日。

3.政策支持和保障

四川坚持"三绿"协同推进、"四库"联动发展、"三效"有机统一，加快建设科学绿化试点示范省，完善以国家公园为主体的自然保护地体系，紧密结合自身林业资源丰富、生态地位重要的实际，以优化林业资源配置、激发林业发展活力、促进林业可持续发展和乡村振兴为目标，深入推进集体林地"三权分置"改革，出台了一系列创新政策和扶持措施。2024年10月由四川省委办公厅、省政府办公厅联合印发《四川省深化集体林权制度改革实施方案》（以下简称《实施方案》），为全省集体林权制度改革提供了核心指南和行动纲领，明确集体林地所有权、稳定农户承包权、放活经营权，方案明确了改革的目标、路径和重点任务。改革方案中提出要在鼓励林地经营权有序流转、支持企业、合作社等新型经营主体参与林业经营、促进规模化、集约化发展的同时，完善林地确权登记制度，保障农民承包权长期稳定。为保障改革取得实效，四川还配套出台了一系列扶持政策，包括财政补贴、金融支持、技术培训等帮助农民和经营主体解决资金、技术等问题，助力其投资、管理与经营。①"三权分置"改革为四川集体林业发展注入新动能，也为全国深化集体林权制度改革提供经验，逐步构建起权属分明、权责明确、流转顺畅的现代林业产权制度体系，为林业高质量发展和生态文明建设筑牢基础。

三 四川集体林地"三权分置"改革的主要做法与成效

四川在推动集体林地"三权分置"改革过程中，围绕着"山怎么分""树怎么砍""钱从哪里来""单家独户怎么办"等"林改四问"，不断推进林业规模经营和分户经营结合，实现林业经营与管理创新。

---

① 《在绿水青山间书写保护发展新答卷-2024年四川推动林草工作高质量发展》，《四川日报》2025年2月20日。

（一）以集体林地"三权分置"为基础实现精准"分山"

四川在集体林地管理方面多项举措，旨在确保林地所有权的稳定性和农民集体权益的有效保障。首先，坚持集体林地所有权不变，全面维护农民集体在林地发包、调整及监督等方面的权利，从而从集体层面把控林地管理的总体方向。其次，在农户承包权方面，注重承包关系的长期稳定，支持进城落户农户通过有偿转让或退还的方式处理其林地承包权。最后，在林地经营权方面，推动承包权与经营权分离，允许经营权依法流转和再流转。

（二）以林木采伐管理制度优化为目标实现树木砍伐

森林砍伐证办理的缓慢和烦琐的审批手续一直都制约着林农的林木经营积极性，因此四川在《实施方案》中明确有很多放活商品林采伐政策和落实林木采伐的便民措施，例如，首先优化林木采伐管理制度，实行林木采伐限额总额控制，取消人工商品林主伐年龄限制，这能较好解决林木年度采伐限额不足的问题，林农可以 5 年内自由选择采伐时机，采伐限额可以跨年度使用，增强林农对林木的灵活处置权。规范采伐信息公开，禁止随意限制合法采伐，确需限制的给予经济补偿。针对公益林抚育更新中的采伐，实施方案规定人工公益林达到其树种（组）成熟年龄的，允许采取小块皆伐、渐伐、择伐等方式采伐更新。科学优化采伐管理制度、保护森林资源和推动灵活采伐方式可以使林业经营者拥有更多自主决定权。

（三）以拓宽林业投融资渠道为方向满足资金需求

长期以来，林业生产周期长、投入大且收益时间长的特点，决定了其获取金融支持至关重要。在实施集体林地"三权分置"改革过程中，实施方案在创新林权融资机制上，拓宽投资融资渠道，为林业经营者提供经营管理所需的资金支持，包括解决林业设施建设的资金问题、抵押物权能范围、推

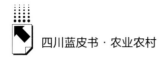

广公益林（天然林）补偿收益权质押贷款、创新林下空间经营权和林业生产经营服务设施所有权抵押贷款等金融产品。《实施方案》中首次通过优化监管部门和银行内部考核评级机制，鼓励金融机构开发信托产品和长期贷款，创新金融产品，建立风险准备金机制和出险林权快速处置机制；助推集体林资源变资产、资产变资金。

（四）以集中林地经营权为手段实现联合经营

为推进现代林业规模化与集约化发展，需突破传统分散经营模式，通过创新机制整合资源。当前林业经营主体普遍呈现小而散特征，亟须构建多元化合作体系。一方面建立林地流转交易平台，引导农户通过租赁、股权合作等方式盘活经营权；另一方面支持村集体统筹预流转林地资源，组建专业化合作社或引入现代化经营主体。在资本运作层面，可依托国有企业和林场组建市场化林权收储平台，运用资金与技术优势整合零散林权，构建联合经营体系。

四 四川集体林地"三权分置"改革中存在的问题

四川集体林地"三权分置"改革试点取得了一定成效，但也面临诸多困境。未来，需要加强政策宣传与执行监督，完善市场机制，提高社会认知水平，推动改革持续深入，实现林业资源的优化配置和生态产品价值的充分释放。

（一）林业经营周期长抑制林地经营权的有效流转

林业生产具有显著的长周期性，树木从幼苗成长为可采伐利用的成材，少则数年，多则数十年，这一特性使得林地经营回报周期漫长，投资回收缓慢。对于经营主体而言，漫长的经营周期意味着要持续投入大量资金用于林地维护、林木培育等，经济负担沉重；而且在这漫长过程中，面临着自然风险如病虫害、极端天气，以及市场价格波动等不确定因素，收益风险极高。

因此,许多潜在的经营主体,出于对经济投入与收益风险的考量,不愿参与林业长期投资,这极大地抑制了林地经营权的有效流转。林地经营权难以顺畅流转,无法实现资源向高效经营者集中,阻碍了林业规模化、集约化经营的发展进程。

(二)林地使用权抵押贷款难

在当前金融环境下,林地使用权抵押贷款面临诸多阻碍。一方面,缺乏科学、统一、权威的林地资产价值评估标准。林地价值受林木种类、树龄、土壤质量、地理位置等多种因素影响,评估复杂,导致金融机构难以精准衡量其价值,放贷风险增加;另一方面,林业经营易受自然灾害如洪水、旱灾影响,且市场上林产品价格波动频繁,使得还款来源不稳定。金融机构为控制风险,对林地使用权抵押贷款审批严格,贷款额度受限,甚至拒绝放贷。这使得林农和经营主体难以通过抵押林地获取足够资金用于扩大生产、引进技术,严重制约了林业产业的资金融通和发展壮大。

(三)新型经营主体的带动作用薄弱

新型经营主体培育不足导致集体林地规模经营受限制,经营效率不高,创新发展动力不足,其原因有三点。一是现有政策对新型经营主体的扶持力度有限,难以有效激发其积极性,资金、技术、人才等方面的支持不足,导致主体发展受限。二是政策落实不到位,执行中存在偏差,导致政策效果不佳,新型经营主体难以享受到应有的支持。三是政策缺乏针对性,部分现有政策未能充分考虑不同地区、类型和规模的新型经营主体的需求,缺乏精准性,难以满足其多样化需求。规模效应不足经营规模偏小,特别是新型经营主体普遍规模较小,难以形成规模效应,导致生产成本高、市场竞争力弱,难以实现可持续发展。同时新型经营主体多集中在种植和初加工环节,缺乏深加工和品牌建设,产业链短,附加值低,难以形成完整的产业体系。在新型经营主体之间也缺乏有效的合作机制,难以实现资源共享和优势互补,难以形成合力,限制了整体竞争力的提升。

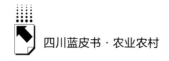

（四）林权改革交易平台建设不足

林权改革交易平台是实现林地经营权流转、优化资源配置的重要载体，但目前四川在此方面存在诸多不足。交易平台的信息化建设滞后，信息发布不及时、不全面，导致林地供需双方信息不对称，无法高效匹配。交易规则和流程不够规范，缺乏明确的法律依据和监管机制，容易引发交易纠纷，损害交易双方权益。此外，平台服务功能单一，在资产评估、法律咨询、融资服务等方面的配套服务不完善，无法满足日益增长的林权交易需求，阻碍了林地经营权的有序流转和"三权分置"改革的深入推进。

五　深化集体林地"三权分置"改革的策略

（一）强化集体经济组织主导作用

深化集体林地"三权分置"改革，首先要充分发挥集体经济组织的主导作用，集体经济组织是集体林地的管理主体，应在资源整合、利益分配和生态保护中扮演核心角色。一方面，需进一步明确集体经济组织的法律地位和职能，赋予其独立法人资格，确保其在林地管理中的主导权；另一方面，集体经济组织应创新经营模式，通过股份合作、委托经营等方式盘活林地资源，提升经营效率。同时鼓励集体经济组织发展林下经济、生态旅游等多元化产业，延伸产业链，增强自身实力。此外，还需加强集体经济组织的能力建设，培养专业人才，提升管理水平，确保其能够有效引领集体林地的可持续发展。

（二）健全生态产品价值实现机制

深化集体林地"三权分置"改革的另一个重点是推动生态产品价值转化，实现"绿水青山"向"金山银山"的转变。首先应建立健全生态产品价值实现机制，通过市场化手段将森林资源的生态价值转化为经济价值。例如探索碳汇交易、生态补偿等机制,让保护生态环境的主体获得经济回报。其次鼓励发展绿色产业,如林下种植、生态旅游、森林康养等,提升林业附加值。同时加强品牌建设,打造具有地域特色的生态产品品牌,提高市场竞争力。此外还需完善生态产品价值评估体系,科学量化生态价值,为市场化交易提供依据,推动生态资源的高效利用。

(三)培育壮大新型经营主体

新型经营主体是集体林地"三权分置"改革的重要推动力量。首先应加大政策扶持力度,为家庭林场、林业合作社、林业企业等新型经营主体提供资金、技术、人才等方面的支持,降低经营成本,激发发展活力。其次推动新型经营主体规模化经营,鼓励通过林地流转、入股等方式扩大经营规模,提升市场竞争力。同时支持新型经营主体向深加工、品牌建设等环节延伸,提升产品附加值,打造完整的林业产业链。此外还需加强新型经营主体之间的合作,建立资源共享和优势互补机制,形成发展合力,共同推动林业经济的可持续发展,通过以上措施,培育一批有实力、有活力的新型经营主体,为集体林地"三权分置"改革注入新动能。

(四)完善配套政策与服务

优化林木采伐管理制度,对林业经营者实行林木采伐限额总额控制政策,取消人工商品林主伐年龄限制,放活商品林采伐政策,支持公益林抚育更新,落实林木采伐便民措施。在加大财政金融支持力度上,通过生态效益补偿、财政补助、财政贴息、林业产业奖补政策等方式加大财政支持力度,推广集体公益林(天然林)补偿收益权质押贷款,创新金融产品。在健全林权流转服务体系方面加强集体林权流转制度建设,依托农村产权交易平台搭建林权流转交易系统,建立健全社会资本通过流转取得林地经营权的资格审查、项目审核和风险防范制度。

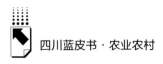

参考文献

《四川省深化集体林权制度改革实施方案》,《四川日报》2024 年 10 月 15 日。

《绿化公报 | 四川全省森林覆盖率超 40%》,《四川日报》2023 年 03 月 13 日。

B.10
四川加快健全农业转移人口市民化机制研究

胡俊波 孙瑜苓 李冰怡*

摘　要： 农业转移人口市民化是破解城乡二元结构、推进新型城镇化高质量发展的关键环节，其进程直接关系到社会公平正义的实现以及城乡融合发展的成效。四川省在国家政策框架下构建了多层次市民化政策体系，但仍面临城乡收入差距仍大、农村"三权"（土地承包权、宅基地使用权、集体收益分配权）退出机制不畅、政策实践匹配偏差及公共服务供给不均等挑战。这些问题既制约市民化质量，也阻碍城镇化进程。基于此，本报告提出通过缩小城乡收入差距、完善农村"三权"退出机制、优化政策协调及公共资源配置等措施，以加快四川农业转移人口市民化进程。

关键词： 农业转移人口　市民化　新型城镇化　四川省

为响应国家新型城镇化战略与乡村振兴战略，四川积极促进农业转移人口的市民化进程。四川作为我国西部地区的人口与农业大省，城镇化进程对于区域均衡发展具有重要意义。2025 年，中共中央、国务院印发的《乡村全面振兴规划（2024—2027 年）》明确提出，要实施新一轮农业转移人口市民化行动，推行以常住地登记户口为基础、提供基本公共服务的制度，并

---

* 胡俊波，四川省社会科学院农村发展研究所副研究员，主要研究方向为农村经济；孙瑜苓，四川省社会科学院农村发展研究所，主要研究方向为农村经济；李冰怡，四川省社会科学院农村发展研究所，主要研究方向为农村经济。

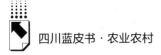

完善"人地钱挂钩"政策,旨在推动城镇基本公共服务全面覆盖所有常住人口。值得关注的是,2024年四川常住人口城镇化率达60.10%,首次突破60%临界值,标志着城乡融合发展即将迈入新阶段。在此基础上,《四川省深入实施以人为本的新型城镇化战略五年行动计划实施方案》进一步提出,到2028年城镇化率要超过65%,年均新增城镇常住人口百万量级的发展目标。这一系列目标不仅彰显了四川推进新型城镇化的坚定决心,也反映出城乡要素重组已经进入加速推进、全面深化的关键阶段。

一 四川农业转移人口市民化政策环境分析

(一)国家层面政策

城乡二元结构是中国式现代化进程中长期存在的结构性问题,对其进行制度性消除已成为新时代经济社会高质量发展的重要目标。在当前城镇化与乡村振兴战略协同发展的趋势下,加速推动农业转移人口市民化成为破解该问题的重要抓手。为加快构建城乡融合发展体系,2022年印发的《"十四五"新型城镇化实施方案》指出,坚持把推进农业转移人口市民化作为新型城镇化的首要任务。之后,党的二十届三中全会中通过的《中共中央关于进一步全面深化改革 推进中国式现代化的决定》再次强调,推动符合条件的农业转移人口社会保险、住房保障、随迁子女义务教育等享有同迁入地户籍人口同等权利,加快农业转移人口市民化。

2024年7月,国务院印发的《深入实施以人为本的新型城镇化战略五年行动计划》(以下简称《行动计划》)强调,进一步拓宽城镇落户渠道,努力缩小户籍人口城镇化率与常住人口城镇化率差距,指出应着力解决农业转移人口的户籍问题,致力于破除当前存在的"半市民化"问题。之后,国家为落实《行动计划》进一步印发《实施新一轮农业转移人口市民化行动等四项重大行动,进一步释放新型城镇化内需潜力》,并指出将农业转移人口分为有落户意愿与无意愿两类，并均可享受基本公共服务，大力贯彻以人为本的目标。2025 年国务院印发的《乡村全面振兴规划（2024—2027）》指出，率先在县域内破除城乡二元结构，通过大力发展县域实现农业转移人口市民化，从而实现新型城镇化。

（二）四川省级层面政策

近年来，四川围绕农业转移人口市民化的目标，构建起了多层次的政策体系，通过逐步破除户籍壁垒、资源整合与区域协作等多种途径推动市民化从规模扩张转向质量提升。2023 年《关于推进以县城为重要载体的城镇化建设的实施意见》明确提出完善农业转移人口市民化机制，文件指出将县城定义为市民化的重要载体，通过升级基础设施建设、增加公共服务建设、推动产业集聚等方式，增强县城对农业人口的吸附能力与承载能力。同年 11 月，四川召开的省委十二届四中全会中将"县域"作为城乡融合的关键切入点，指出按照"抓好两端、畅通中间"的思路，积极破解要素流动障碍。2025 年《川渝公共服务共建共享行动方案（2025 年—2027 年）》致力于实现省际公共服务的协同发展，通过教育资源共建、医疗共享结算互通、跨省社保互认等举措，减少农业转移人口在成渝双城经济圈的流动成本，为双城农村转移人口的市民化提供了极大的便利。

这些政策的推行在 2024 年取得了重大成效，四川通过持续推进县城新型城镇化建设试点工作，实现农村劳动力转移就业稳定在 2600 万人以上。对城中村改造进行试点，最终实现新增 30.2 万农村居民落户城镇，以及 6 个城中村改造试点城市开工建设安置住房 7.4 万套。① 由此可见，四川的市民化政策正在持续积极推进，并致力于实现市民化从"量增"向"质变"的跃升。

---

① 《关于四川省 2024 年国民经济和社会发展计划执行情况及 2025 年计划草案的报告》，《四川日报》2025 年 2 月 8 日，第 6 版。

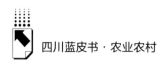

二 四川推进农业转移人口市民化的进程及做法

(一)近十年四川农业转移人口市民化进程

从图 1 中可以看出,近十年四川城镇化进程持续推进,常住人口城镇化率呈现上升趋势:2015 年常住人口城镇化率是 47.69%,2024 年达到 60.10%。十年间,四川不断扩大公共服务覆盖面,稳步推进城乡一体化发展,使得大量农业转移人口通过就业安居等途径逐步实现市民化,推动城镇化水平实现系统性提升。四川正以年均超 1% 的增速稳步推进着城镇化水平,这既体现出四川推进农业转移人口市民化以及新型城镇化的阶段性成就,也为进一步深化农业转移人口市民化改革提供了坚实的基础。

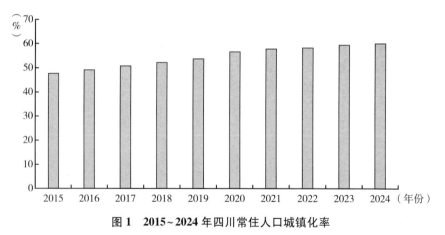

图 1 2015~2024 年四川常住人口城镇化率

资料来源:历年《四川省统计年鉴》和《关于四川省 2024 年国民经济和社会发展计划执行情况及 2025 年计划草案的报告》。

(二)四川推进农业人口市民化的典型做法

四川人口特征、地形特征、经济发展、资源禀赋等都具有显著的区域差异，因此，省内各市（州）纷纷结合自身的发展特色与发展需求，围绕户籍改革、住房保障、土地流转、镇域发展等领域出台差异化政策。本报告选取成都市、乐山市、广安市与绵阳市的特色做法进行分析探讨。

1. 成都市大力松绑户籍制度

成都市持续深化户籍制度改革，在 2024 年实施的《成都市居住证积分管理办法》中规定，[①] 下辖的简阳市、都江堰市、彭州市、邛崃市、崇州市、金堂县、大邑县、蒲江县 8 个县（市）及成都东部新区［简称 "8+1" 县（市）］将全面取消积分入户限制，明确 "合法稳定就业、合法稳定居住" 即可落户。这一政策大幅降低了农业转移人口市民化的门槛，对县域附近农业转移人口形成了绝对吸引力。同时，文件指出成都主城区优化了积分落户指标权重，通过逐步降低学历、职称等门槛，提高居住稳定性等实际贡献指标的评分占比使得更多长期稳定就业的农业转移人口获得落户资格。户籍制度的松绑极大降低了农业转移人口的落户成本，推动农民工从 "流动就业" 向 "稳定定居" 转变。

2. 乐山市加大住房保障力度

乐山市通过住房制度的创新为农业转移人口定居提供了重要支撑。乐山市 2023 年出台《乐山市主城区公共租赁住房管理实施办法》，在 2024 年印发配套细则《乐山市市中区公共租赁住房管理实施细则》。此次政策调整将外来务工人员申请条件中的 "稳定就业期限" 从 6 个月缩短至 3 个月，并允许持居住证或居住证明的外来家庭直接申请。政策的实施缓解了低收入群体的住房压力，提升了转移人口的居住稳定性。

3. 广安市加强土地流转服务

在县域层面，广安市针对农村土地的细碎化问题，[②] 探索出承包地治理的新路径。构建 "1+1+29" 土地流转服务体系，即在每个乡镇建立 1 个服务站和 1 个纠纷调解室并设置 29 个村级服务点，更好地保障农民流转权益，

---

① 《成都市人民政府办公厅关于印发成都市居住证积分管理办法的通知》，https://www.sc.gov.cn/，2024 年 1 月 15 日。

② 《沉睡资源 "变活" 闲置土地 "生金"》，《广安日报》2024 年 5 月 29 日，第 3 版。

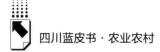
降低农民参与土地流转的交易成本，便于其从土地的"束缚"中"解放"，为农业转移人口市民化创造了前提。同时完善土地流转信息平台与土地流转台账信息平台内容，不断提升土地流转服务水平，通过信息化平台整合土地供需数据。① 此次土地资源的集约利用不仅能够提高农业的生产效率，还能够通过显化土地的资源价值来提升土地的利用率，在减少闲置土地的基础上为农业转移人口提供了一条新的增收路径，为其市民化提供了有力的经济支撑，同时加速了农村的"人地分离"，解决了农业转移人口市民化"进退两难"的困境，减少了农民工市民化的"后顾之忧"，在一定程度上推动了农业转移人口的市民化进程。

4. 绵阳市推动镇域发展

乡镇作为连接城市与农村的关键一环，激活其经济发展活力，增强其承载能力，能够为推动农业转移人口市民化提供重要支撑。绵阳市自2022年开始进行"乡镇抓产业促推高质量发展激励试点"，通过提升乡镇"承上启下"的节点作用，助力实现以人为本的新型城镇化。绵阳市通过立足乡镇自身特色，差异化定位镇域经济，例如三台县芦溪镇大力发展健康食品产业、梓潼县文昌镇积极打造文旅产业等，② 为众多难以或者不愿在大城市落户的农业转移人口提供了新的出路与选择，不仅能够提高乡镇居民及农业转移人口收入，还可以减少人口外流压力，为实现农业转移人口市民化提供稳定的经济基础。除此之外，绵阳市同步优化镇域的公共服务能力，通过教师轮岗、优化医疗流程、在农民工集中的产业园区发展保障性住房等措施，增强农业转移人口的定居意愿与归属感。③ 绵阳市的镇域经济发展政策不仅能够缓解大城市的人口压力，解决农业转移人口落户难等问题，还能够促进城乡要素双向流动，推动以人为本的新型城镇化发展，助力市民化实现从"量增"向"质变"的跃升。

---

① 《破题土地细碎化广安拿出这些招》，《四川日报》2024年6月7日，第8版。
② 《攒足"镇能量"助推城乡融合发展》，《四川日报》2024年6月11日，第7版。
③ 《绵阳："五聚力"系统推动县域经济高质量发展》，https://www.sc.chinanews.com.cn/szjj/2024-06-17/211311.html，2024年6月17日。

四川各市的差异化探索，从多层次、多维度持续推进农村转移人口市民化，既体现了对中央新型城镇化战略的贯彻，也彰显了地方创新的灵活性。四川的这些典型做法通过激活落户动能、优化居住供给结构、释放土地资源价值、提升就业稳定性，共同推动了农业转移人口市民化从"规模扩张"向"质量提升"转型。

三　四川农业转移人口市民化面临的问题

四川作为农业大省，农业转移人口数量庞大，其市民化进程对全省发展意义重大。近年来，尽管在这一领域已取得诸多成效，但当前四川农业转移人口市民化进程仍面临诸多挑战。

（一）城乡收入差距仍大，农业转移人口市民化面临经济约束

四川近十年来城乡居民人均可支配收入均呈增长趋势，但城乡收入差距持续存在。数据显示，2024 年四川城镇居民人均可支配收入 47336 元，农村居民人均可支配收入 21303 元；2014~2023 年，城乡收入差距从 15578 元扩大至 26033 元，[①] 体现了城乡经济发展仍不平衡的客观状态。从农业转移人口市民化角度观察，城市住房、食品、交通、教育、医疗等基本生活领域存在一定成本门槛。农业转移人口因收入水平相对较低，对城市生活成本的负担能力还存在较大不足。这种收入水平与城市生活成本间的客观落差，形成了农业转移人口市民化进程中的经济约束条件，对其在城市实现稳定扎根与融入产生着现实影响。

（二）农村"三权"退出不畅，难以分摊农业转移人口落户成本

在社会保障体系不完善、农村"三权"退出机制不畅的背景下，农民将土地视为"最后保障"，担心退出土地权益后失去生计依托。特别是在城

---

① 2014~2024 年《四川省国民经济和社会发展统计公报》。

市生活成本高昂的情况下，缺乏稳定收入使他们面临困境。以四川试点地区为例，"三权"退出补偿依赖有限财政资金，但这些补偿难以覆盖农民进城后的实际生活成本。同时，农村土地流转市场不成熟，收益低且不稳定，削弱了农民对"三权"市场化退出的信心，强化了他们对土地的依赖。宅基地和承包地的退出补偿标准偏低，与农民在城市的生活成本需求存在巨大差距，使他们更加谨慎地对待放弃土地权益。另外，不同地区农村集体经济发展水平差异较大，经济落后地区的集体经济组织缺乏足够资金提供合理补偿，阻碍了"三权"退出机制的推广，增加了农业转移人口在城市落户的难度。

（三）公共服务资源供给不均衡，制约农业转移人口市民化

农业转移人口大多从事灵活就业岗位，工作流动性强。在社会保障方面，灵活就业的农业转移人口因工作流动性强、收入不稳定，难以满足连续参保要求。尽管国家已全面取消就业地参保户籍限制，但社保转移接续的技术壁垒（如跨地区转移的基金统筹问题）仍导致部分参保记录中断，影响了农业转移人口参加社会保险的积极性，使得他们的社会保障水平较低。在随迁子女义务教育上，一些人口流入的大城市存在学位短缺、教师编制不足等问题。如成都市作为超大城市，尽管教育资源很丰富，但也面临同样的问题。成都市在随迁子女入学政策中明确要求，申请人需在申请当年4月1日前连续6个月缴纳城镇职工基本养老保险，且当月处于持续缴纳状态。[1] 然而，灵活就业的农业转移人口因工作流动性强、收入不稳定，难以满足连续参保要求，导致部分随迁子女难以享受到与流入地居民质量均等的义务教育。

（四）政策实践匹配偏差，区域间市民化进程差异显著

尽管四川整体城镇化水平呈现上升趋势，但不同区域间市民化进程仍存

在显著差异。以成都市为例，作为四川的经济中心，其常住人口城镇化率在 2023 年已达到 80.5%，[①] 明显高于全省同期 59.49% 的平均水平，[②] 显示了成都市在市民化进程中的领先态势。从落户政策的实施情况来看，尽管县城和小城市已经放开了落户限制，但在实际操作中并未能充分吸引农业转移人口在这些地方落户。一方面，部分区域可能缺乏足够的就业机会，使得农业转移人口难以在当地找到稳定的工作；另一方面，公共服务设施的不足也可能影响了农业转移人口在这些地方的居住意愿。因此，尽管政策上有所放宽，但农业转移人口在县城和小城市落户的比例仍然远低于大中城市。这种政策实践匹配偏差与区域间市民化进程差异显著的现象，反映了在推进城镇化过程中，不同区域间的发展不平衡以及政策执行与实际需求之间的脱节问题。

四　四川加快健全农业转移人口市民化机制的对策建议

（一）缩小城乡收入差距，促进农业转移人口市民化

缩小城乡收入差距是促进农业转移人口融入城市的关键。为此，需从促进城乡产业融合、优化县域资源配置方面系统推进。在城乡产业融合方面，应着力发展县域经济，优化以劳动密集型产业为主的县域产业布局，推动农村一二三产业融合发展，通过建设产业园区和延伸产业链，增加县域内的就业机会，提升农民收入水平，从而促进县域经济高质量发展。同时确保收益留在县域内，增强财政实力，改善公共服务和基础设施，以增强县域吸引力。在优化县域资源配置方面，应优先统筹县域内资源，将资源配置范围扩

---

① 《成都市统计局关于 2023 年成都市人口主要数据的公报》，https：//cdstats. chengdu. gov. cn/cdstjj/c154738/2024-03/18/content_3bbb231cb2bc4093a30306c9f880afbc. shtml，2024 年 3 月 18 日。

② 《四川省情地情》，https：//www. scsqw. cn/scdqs/scsq/content_12038，2025 年 1 月 23 日。

大至整个县域，实现要素高效配置，合理分配资源，促进均衡发展。① 这要求推动土地、资金、技术等生产要素在城乡之间的高效流动。为此，需加强城乡基础设施的互联互通，特别是要重点完善县域交通网络、物流系统和数字基础设施，以缩短城乡之间要素流动的时空距离，促进资源的高效配置和均衡发展。

（二）完善农村"三权"退出机制，减轻农业转移人口落户负担

在推进农业转移人口市民化过程中，需要保障农民土地权益与促进农民融入城市的关系，强化农村"三权"退出机制对市民化的支撑作用。为此，应系统性完善"三权"退出机制，分阶段引导农民逐步退出。② 首先，针对集体收益分配权，将集体收益分配权转化为股权，实现"权随人走"，减少农民对土地的依赖，提供灵活且有保障的收入来源。此举不仅有助于农村集体资产保值增值，还能为农民开辟多元化收入渠道，推动市民化进程。其次，针对土地承包经营权，建立基于土地价值、农民生计需求的补偿标准，确保补偿公正合理。设立由政府、集体经济组织和金融机构共同出资的专项资金池，通过财政补贴、土地出让收益和社会资本等多渠道筹集资金，保障补偿机制可持续运行。最后，针对宅基地使用权，建议探索多元化激励机制，以促进农业转移人口的市民化。这包括提供实物、社会保险和货币补偿等多种方式，鼓励农民自愿退出宅基地使用权，以更顺利地融入城市生活。这种多元化补偿方式不仅保障了农民的权益，也为他们提供了更多融入城市社会的机会。

（三）优化公共资源配置，促进农业转移人口市民化

在城镇化过程中，公共服务资源配置的不均衡性对农业转移人口的迁移决策具有显著影响。这种影响不仅会导致人口分布的失衡，也会对城市社会结构和经济发展造成深远的影响。为了有效应对这些挑战，需建立科学合理

---

① 《县域与县域经济：一个理解乡村振兴的新视角》，《农业经济》2025 年第 1 期。
② 仇焕广、陈丹青、陈传波：《农业转移人口市民化：政策演化、现实挑战与施策重点》，《中南财经政法大学学报》2024 年第 6 期。

的转移支付评估体系，优化财政资金分配机制，[①] 以实现公共服务的均等化和高效配置。首先，应建立基于公共服务需求和质量标准的转移支付评估体系。该体系需综合考虑各地区公共服务的实际需求、人口规模、经济发展水平等因素，制定差异化的财政资金分配方案，确保资金流向最需要的地区。其次，制定资金使用绩效评估标准，对财政资金的使用效果进行动态监测与评估，确保资金被有效利用并达到预期的公共服务目标。通过绩效评估，政府可以及时调整资金分配策略，提升财政资金的使用效率。此外，增强财政资金的精准分配能力，将资金优先投向公共服务资源匮乏的地区，特别是农业转移人口集中的区域，以实现资源的最优配置。通过建立科学的评估体系和绩效评估标准，政府能够更准确地识别各地区的公共服务需求，从而更有效地分配财政资金，推动公共服务均等化，促进区域协调发展。

（四）优化政策协调，促进区域协调发展

针对县城和小城市吸引力不足等问题，需优化政策协调，促进区域协调发展，推动农业转移人口市民化进程。在户籍政策上，一是增加外来人口占比较高的超大特大城市居住证发放量，为农业转移人口提供公共服务便利；二是探索居住证与户籍制度并轨，使持证人享受与户籍人口相近的权益；三是推动城市群内户籍准入年限累计互认，促进人口流动与城市群发展。[②] 此外，针对从事家政、物流、建筑等城市急需行业的农业转移人口，应开辟专项落户通道，降低其市民化的门槛，吸引他们融入城市。在区域协同方面，构建区域协调机制，推动大中城市与县城、小城市在产业和公共服务上协同合作，探索"飞地经济"模式，共建产业园区，带动县域经济，提高县城和小城市的吸引力。在财政支持上，加大对县城和小城市的财政转移支付力度，完善基础设施与公共服务。设立农业转移人口市民化专项基金，分担地方财政压力，助力农业转移人口市民化进程。

---

① 刘丰睿、辛冲冲：《公共服务对农业转移人口落户意愿的影响研究——基于户籍门槛的调节效应视角》，《湖北民族大学学报》（哲学社会科学版）2024 年第 6 期。
② 赵坤：《加快农业转移人口市民化的重大意义与行动路径》，《人民论坛》2024 年第 13 期。

B.11
四川保障进城落户农民"三权"退出机制研究

付宗平　周惠星*

摘　要： 进城落户农民"三权"退出机制作为深化农村产权制度改革的核心制度，是推动城乡融合发展和乡村振兴战略的重要制度创新。本报告通过分析得出"三权"退出具有切实保障农民权益、优化土地资源配置、规范土地流转市场、推进新型城镇化发展、维护集体产权制度公平性以及完善法律和政策保障等现实需求。但四川"三权"退出机制在补偿资金、城乡制度衔接、法律支撑、政策落实以及土地利用率低等方面仍存在问题，需要通过优化退出补偿机制、推进城乡制度融合发展、完善退出机制法律法规、加强区域执行标准、提高退出土地利用率，以完善进城落户农民"三权"退出机制。

关键词： "三权"退出　进城落户农民　有偿退出

一　引言

进城落户农民"三权"退出机制是指农村土地承包权、宅基地使用权和集体收益分配权的市场化退出机制。这一机制的制定与实施，旨在优化农村资源配置推动城乡融合发展促进乡村振兴。进入 21 世纪以来，我国

---

* 付宗平，四川省社会科学院农村发展研究所研究员，主要研究方向为农村经济、农业经济理论与政策、应急管理；周惠星，四川省社会科学院农村发展研究所，主要研究方向为农村经济。

的农村改革发展面临新形势、新任务。2014 年 8 月，国务院印发《国务院关于进一步推进户籍制度改革的意见》，提出切实保障农业转移人口及其他常住人口合法权益，完善农村产权制度，依法保障农民的土地承包经营权、宅基地使用权等，同时明确现阶段不得以退出土地承包经营权、宅基地使用权、集体收益分配权作为农民进城落户的条件。四川作为中国农村改革的重要试验区，在"三权"退出机制的探索中走在全国前列。2014 年 11 月，四川省人民政府印发《四川省进一步推进户籍制度改革实施方案》，率先在成都市、内江市市中区、巴中市巴州区、眉山市彭山区等地试点农民有偿退出"三权"。

进城落户农民"三权"退出机制，是指进城落户农民可以选择自愿有偿退出"三权"中的部分或全部权利，退出后的"三权"由集体经济组织统一分配或经营。退出后的补偿通过市场化评估标准进行，土地承包经营权和宅基地使用权的退出补偿根据土地面积和地理位置等因素综合评定，而集体收益分配权的退出则依据集体资产价值和股份比例进行补偿。"三权"退出过程中进城落户农民获得合理补偿并响应社会保障，集体经济组织则通过整合资源合理分配实现发展，收益用于集体经济保值增值和成员增收，政府则通过政策法规和财政资金等来保障以及监督"三权"退出机制的顺利运行。

二 进城落户农民"三权"退出的现实需求

（一）保障农民合法权益

进城落户农民"三权"退出机制是深化农村改革和保障农民财产权益的重要举措。土地承包权、宅基地使用权和集体收益分配权是农民的重要财产和生计保障，国家为了维护好进城落户农民合法权益，出台了一系列相关政策文件，旨在确保农民能够合法、自愿、有偿地退出。政策允许农民在自愿的基础上将"三权"部分或全部退出以获得相应经济补偿，在保障"三

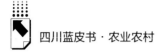

权"部分退出农民权利的同时还增加了农民的财产性收入,也为农村土地资源优化配置创造了条件。如宜宾市翠屏区将退出的宅基地通过复垦形成建设用地指标 160.5 亩,以 35 万元/亩的价格成功入市,带动村集体获得亩均收益超 10 万元,参改农户户均增收 5 万元以上。[①] 保障进城落户农民"三权"退出,不仅有效保障了农民的财产权益还为其进城落户提供了经济支持,促进了城乡融合发展,助力农民实现从"乡土依赖"到"城市融入"的平稳过渡。

(二)优化土地资源配置

随着城镇化进程的快速推进,越来越多的农村劳动力转移到城镇,大量农村耕地撂荒,宅基地闲置,导致土地资源浪费。进城落户农民"三权"退出的过程是将已有固定土地资源相对集中在较少的经营主体手中优化配置的过程。进城落户农民"三权"退出程度越高,越有利于优化土地资源配置,从而促进农业生产的稳定以及农村的发展。"三权"退出后,将公平与效率相结合,构建"三权"再分配机制,以逐步解决土地资源初始分配状态下遗留的细碎化空间问题,真正实现土地在空间上的整合,且为乡村新产业新业态的发展提供了可能。通过"三权"退出机制,将空间土地资源重新高效整合并投入生产,有利于实现土地的规模化经营和高效利用,为农业现代化发展和乡村振兴实施提供资源支持。雅安市通过有偿退出等方式开展农村闲置土地清理整治,盘活闲置低效土地资源 400 余亩以及闲置宅基地10 余亩。[②]

(三)规范农村土地流转市场

当前,农村土地流转市场发展不平衡,土地流转不规范,部分地区进城

---

① 《宜宾市翠屏区探索"三个体系"稳慎推进农村宅基地制度改革试点》,https://nynct. sc. gov. cn/nynct/c100632/2023/7/11/2d457ea7230a4a6c81eb7b672fd30953. shtml,2025 年 3 月 16 日。

② 《雅安市聚焦城乡融合发展试点取得显著成效》,http://nynct. sc. gov. cn/nynct/c100632/ 2024/7/9/5b3fc3740b454f3da0f2fd0cc5b6f34d. shtml,2025 年 3 月 16 日。

落户农民担心"三权"退出后失去权利及保障，倾向于私下转包或代耕等隐性流转。且存在流转合同不规范问题，或大多为口头协议，极易引发土地流转纠纷。通过"三权"退出机制，所有退出土地必须经集体备案，且应完善公开竞价、市场评估等操作办法，建立"三权"退出和流转的市场机制，以此规范土地流转合同签订，降低土地流转纠纷。内江市市中区开展土地承包经营权退出试点，探索并初步形成了"退地换现金、换股份、换社保"三换模式，并且明确了退出的基本程序、基本条件及补偿标准，在土地规模化退出方面探索出了一条捷径。[①] 当进城落户农民通过法定程序退出，让土地流转权属清晰、权益分配透明，流转市场才能真正形成价格合理、期限稳定、监管到位的现代化要素市场。

（四）推进新型城镇化发展

公安部 2024 年 5 月新闻发布会明确，2023 年底全国户籍人口城镇化率达 48.3%，而根据国家统计局数据，截至 2024 年底，我国常住人口城镇化率已达 67%，[②] 户籍城镇化率与常住人口城镇化率仍存在 18.7 个百分点的差距，大多数进城落户农民仍未退出"三权"，处于"半市民化"困境，既无法舍弃农村土地的保障功能又难以完全融入城市公共服务体系。这种生存模式导致城乡资源双向错配，即农村宅基地闲置率越来越高而城镇却面临建设用地紧张与"人地脱钩"的双重矛盾。"三权"退出机制的核心价值正在于打破这一僵局。2023 年中央一号文件明确将"依法自愿有偿退出"纳入新型城镇化配套政策，正是瞄准了城镇化的深层痛点保障进城落户农民"三权"退出，通过建立自愿、有偿的退出机制，为农民提供了合法途径使其能够将农村权益转化为财产性收入从而增强其在城市安家落户的经济能力。石棉县通过制定出台农村宅基地自愿有偿退出、进城购房等系列补助政策，实现永久性退出宅基地 1504 宗，引导群众转移至县城和场镇 2979 户

---

① 《四川内江：土地退出"三换"模式》，https：//www.sc.gov.cn/10462/10464/10465/10595/2016/12/7/10406779.shtml，2025 年 3 月 16 日。

② 《中华人民共和国 2024 年国民经济和社会发展统计公报》。

10150 人，全县城镇化率提升至 76.48%。[①] 进城落户农民"三权"退出是推进新型城镇化的关键环节，不仅有助于促进人口市民化还能为城镇提供建设用地从而缓解城乡用地矛盾。

（五）维护集体产权制度公平性

集体产权制度的核心在于成员权平等，但当大量农民进城落户后，人户分离导致的成员权虚化正侵蚀着这一公平根基。在许多地区进城家庭长期保留宅基地和承包地，而农村新增人口因无地可分无法正常使用土地资源，进城家庭年收入日益增加而留守农民却因土地细碎化增收困难，这种失衡正是"三权"退出机制亟待破解的公平命题。集体产权制度公平性，从来不是静态的"一成不变"，而是动态的"随机应变"。进城落户农民通过自愿、有偿退出"三权"实现财产变现，农村留守农民以及新增农民则通过权益补足获得更多的发展空间，集体经济组织通过资源盘活增加运作能力，三者的利益再平衡才是制度公平的应有之义。国家关于进城落户农民"三权"退出的许多政策文件，一直强调必须坚持农民自愿原则，确保退出不是剥夺，而是让农民在城乡之间可进可退、进退有据。这种基于自愿的市场化调整，通过制度创新，让公平性在流动中持续生长。

（六）完善法律和政策保障

"三权"退出机制的构建和实施必须以完善的法律法规为基础以确保农民权利不受损害。近年来，国家通过修订《中华人民共和国土地管理法》《中华人民共和国农村土地承包法》等法律法规，明确了农民"三权"的财产属性为农民自愿有偿退出提供了法律依据。同时四川也出台了一系列配套政策如《四川省"十四五"新型城镇化实施方案》，明确依法保障进城落户农民农村土地承包权、宅基地使用权、集体收益分配

---

① 《雅安市聚焦城乡融合发展试点取得显著成效》，https://nynct.sc.gov.cn/nynct/c100632/2024/7/9/5b3fc3740b454f3da0f2fd0cc5b6f34d.shtml，2025 年 3 月 16 日。

权,健全农户"三权"市场化退出机制和配套政策。此外,四川还通过完善社会保障体系如《四川省人民政府关于实施支持农业转移人口市民化若干财政政策的通知》,为进城落户退出"三权"的农民提供城乡统筹的医疗保险制度以及养老和工伤保险政策等,确保其顺利融入城市生活。目前虽然国家与地方政府出台了许多关于"三权"退出的法律法规及政策等,但是尚不完善,退出过程中存在补偿金额不足、城乡制度衔接存在差距等问题。因此需进一步完善相关法律法规为"三权"退出机制提供更加明确的法律依据。

三 进城落户农民"三权"退出机制的困境

(一)退出补偿资金不足

补偿资金不足造成了补偿金额普遍偏低,难以满足农民的实际诉求。一是补偿资金不足。目前四川"三权"退出补偿资金主要由集体经济组织承担,但现实情况是多数集体经济组织资金薄弱,补偿资金筹措较为困难,首先缺乏优质的发展项目使集体经济收入较低;其次在政策规定下退出后的土地多数用于农业生产和建设,土地增值空间有限。二是补偿范围狭窄。现行补偿标准主要实行行政定价,显著低于土地市场价值,如土地承包权的补偿往往按照土地面积和土地年产值等因素进行计算,忽略了土地潜在增值可能。三是补偿单一且非持续性,当前多数试点区域仅提供货币补偿,"补偿+就业""补偿+社保"等多元化选项缺乏,但补偿标准与城市生活的成本悬殊较大,补偿资金来源市场化渠道不足,过度依赖政府财政补贴,难以覆盖正常购房、医疗、教育等支出,导致政策的非持续性。

(二)城乡制度衔接错位

城乡制度衔接的显著差距导致进城落户农民"三权"退出难。一是公共服务领域。尽管国家与地方政府不断出台政策旨在保障进城落户农民的切实权益，但进城落户农民难以在教育、医疗、养老等公共服务方面享受与城镇居民同等待遇。以教育为例，城市教育资源通常按区域划分，而优质教育资源相对稀少，进城落户农民的子女多数因学区限制等因素难以进入优质学校就读，这在很大程度上限制了他们获得理想教育资源的机会，影响了他们更好地发展。二是社会保障领域。城乡社会保障体系在覆盖范围、待遇水平和转移接续等方面差距较大。进城落户农民所缴纳的农村医疗和养老保险等无法与城镇社保体系有效衔接导致其社保权利受损。就农民缴纳的农村养老保险而言，在进城落户后农村养老保险体系无法与城镇职工养老保险体系相融合，其之前在农村缴纳的年限可能无法累计计算，不仅养老金待遇水平受到影响，甚至其融入城市生活的基础保障也被削弱了。三是土地制度领域。尽管政策明确不得以退出"三权"作为农民进城落户的条件，但实际情况下进城落户农民因退出补偿未达到预期要求、担心失去土地后保障措施不到位以及对未来的不确定性等诸多问题，难以完全放心退出。

（三）法律法规支撑欠缺

"三权"退出实践中面临的另一大问题是法律法规支撑欠缺。一是法律条文中操作细则缺失。尽管《中华人民共和国土地管理法》等相关法律法规都明确保障进城落户农民的"三权"并允许其依法自愿有偿退出，但相关法律条文多为顶层制度设计，缺乏实际操作细则。例如，退出机制中的关键环节补偿标准、利益分配等缺乏统一规范而导致各地未能以一致的标准在实践中执行。二是集体经济组织成员资格认定不明确。"三权"退出的前提条件是确认进城落户农民是否仍然保有集体经济组织成员资格。然而现行法律对集体成员资格的判定标准较为模糊，尤其是对"与集体形成稳定的权利义务关系"和"基本生活保障"等关键概念界定不清，导致退出过程中认定结果有较大差异，农民权益难以得到有效保障。三是退出补偿机制缺乏法律保障。补偿机制是"三权"退出的核心，现行补偿标准多依赖行政规范性文件，缺乏法律层级的明确授权，且动态补偿机制尚未建立，已有的补偿范围主要为土地原始价值，未将土地增值空间等因素考虑在内，导致补偿金额偏低。

（四）区域执行差异显著

区域执行差异显著影响"三权"退出机制的整体效果。一是补偿标准梯度分化，各地经济发展水平以及土地本身地理位置不同造成补偿标准存在明显差异，一些地方补偿标准偏低，且未能将"三权"退出中的长期退出与永久退出补偿金额的区别充分考虑在内，特别是集体成员永久退出后身份丧失的补偿不够充分。二是退出程序参差不齐，部分地区已然建立了相对成熟的退出机制，例如四川率先进行试点的成都、内江等地，探索出"退出换现金""退出换股份""退出换保证"等多种退出模式，而其他地区退出机制的尝试相对落后，缺乏科学的规划，导致农民在退出过程中存在诸多困难和不确定性。三是政策执行力度不同，部分地区通过积极宣传政策、落实补偿资金等推进"三权"退出工作，鼓励农民退出。而一些地区缺乏积极有效的推进措施，政策宣传、补偿资金落实难以有效推进，"三权"退出工作进展缓慢。

（五）退出土地利用率低

部分地区退出土地利用率低，未能发挥应有的经济效益。一是土地的制度性约束，现行法律对于"三权"退出后的土地具有严格管控，例如宅基地退出后需复垦为耕地或转变为集体经营性建设用地，而集体经营性建设用地入市范围有限，且操作流程复杂、成本高昂，土地资源无法在有限范围内实现最优配置，未能发挥应有的经济效益。二是集体经济组织市场化运营能力较弱，"三权"退出后的土地，由集体经济组织统一分配或经营，然而集体经济组织在资金、人才以及管理能力等多方面都有不足之处，退出后的土地大多低价流转给集体成员或闲置，无法有效整合土地资源提升土地利用率，不仅影响其自身的长远发展，也无法推动农村经济发展、促进农民增收，影响"三权"退出机制运行的整体成效。

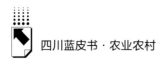

四　完善进城落户农民"三权"退出机制的对策

（一）优化退出补偿机制

一是建立多元化补偿资金来源渠道。一方面国家与地方政府应加大财政支持，设立用于"三权"退出的专项资金并确保资金充沛；另一方面建立中省市县分级的"三权"退出补偿资金筹措组织，积极引入社会资本和金融资本参与，探索发行专项债券或设立土地增值收益基金等途径从而拓宽补偿资金的来源。同时鼓励集体经济组织通过盘活集体资产和发展乡村特色产业等途径，增强自身经济实力，避免资金筹措困难，提高农民"三权"退出的积极性。二是扩大补偿范围。考虑农民在"三权"退出后的其他隐性损失如"三权"增值空间、住房、医疗等保障需求，因此补偿范围应涵盖农民在城市生活所面临的公共服务，确保补偿范围合理且全面。三是丰富补偿方式并增强补偿可持续性。探索多元化补偿方式，如多次补偿、股权分红、社会保障补贴等，使农民能够有多重选择并且持续收益，如允许农民将退出土地承包权转化为股权使其享受未来土地增值的收益。

（二）推进城乡制度融合发展

一是推进城乡公共服务均等化。一方面加大对进城落户农民住房、医疗、教育等公共服务的投入力度，确保其在城市的住房保障、医疗保障、随迁子女教育保障等，使其能够平等享有与城市居民相同的公共服务；另一方面完善公共服务领域的信息化建设，通过"互联网+公共服务"打破地域限制提高进城落户农民的社会福祉。另外，针对进城落户农民的就业需求，提供免费或低收费的职业技能培训以提高其就业竞争力，帮助其尽快融入城市生活。二是健全城乡社会保障衔接机制。加快统筹推进城乡社会保障体系建设,确保进城落户农民基本医疗保险和养老保险能够顺利转入城市社会保障体系,实现城乡保障体系的公平性。此外,探索建立城乡一体的社会救助福利体系,为符合条件生活困难的进城落户农民提供最低生活保障。三是完善农村土地制度改革。一方面加快农村土地确权登记颁证工作,明确农民土地权益为"三权"退出提供法律保障;另一方面健全农村土地退出机制,探索建立土地增值收益,允许农民通过退出土地实现土地权益的资本化,确保其获得长期收益。

(三)完善退出机制法律法规

一是完善相关法律法规的配套实施细则。一方面应基于现有法律出台"三权"退出实施指南,进一步明确和细化退出的具体操作包括退出条件、补偿标准、利益分配等,确保政策的规范性和可执行性;另一方面加强"三权"退出的法律宣传,使进城落户农民和基层干部充分了解相关法律法规和操作细则,增强农民的法律意识。二是建立集体经济组织成员资格动态认定标准。一方面应在相关法律中统一认定标准并建立动态调整机制,明确集体经济组织成员资格的取得、丧失及变更条件;另一方面加强对资格认定的监督,确保认定过程公开透明,同时设立资格争议仲裁机制,避免引起不必要纠纷。三是构建补偿机制法律保障框架。一方面在已有相关法律中确保补偿机制的公平性和可持续性,将土地区位增值、发展权损失等纳入补偿范围并规定补偿的最低标准;另一方面建立与土地市场价值连接的退出补偿动态调整机制,定期更新与市场同步的基准地价,同步调整补偿标准,确保补偿资金不贬值。

(四)加强区域执行标准

一是建立差异化补偿标准体系。一方面应在国家层面制定补偿标准,明确基本原则和最低标准,同时允许地方政府根据地区实际发展水平、农民实际需求、土地市场价值等因素制定差异化补偿标准。就经济欠发达区

域而言,其退出补偿缺口由省级财政通过专项补贴的方式弥补资金的不足,确保农民权益不受损害。二是规范退出程序。一方面应由国家制定统一"三权"退出程序,明确申请、审核、公示、补偿等环节的基本流程、操作要求、具体时限,以确保各地在实际执行时有章可循;另一方面建立全国统一的"三权"退出信息平台,加强退出程序信息化管理,对退出申请、审核情况、补偿进度等进行实时跟踪和管理,实现退出程序的公开透明,方便农民查询与监督。三是创新政策执行激励机制。一方面加强"三权"退出政策宣传,如通过宣传手册、村务公开栏等多种渠道向农民推广普及"三权"退出机制,提高农民的认识和理解能力;另一方面建立政策执行的监督和奖惩机制,加强对区域政策执行的监督检查,确保政策落实到位;对执行效果显著的区域给予支持和奖励,对执行不力或存在违规操作的区域进行追责。

(五)提高退出土地利用率

一是深化农村土地制度改革。一方面完善相关法律法规与政策框架,结合乡村振兴战略进一步明确土地退出后的用途规划,打破制约土地高效利用的制度障碍,例如将退出土地优先用于发展现代农业产业、乡村旅游等项目用地;另一方面加快建立城乡统一的建设用地市场,推动农村集体经营性建设用地入市,确保退出土地通过市场化手段提高利用效率。二是提高集体经济组织市场化运营能力。一方面政府应加大对集体经济组织能力建设的扶持力度,设立专项资金,培训和引进专业人才以支持和提升其市场运营和管理能力;另一方面鼓励集体经济组织与社会资本合作提高土地利用效率,例如建立农村土地储备机构收购和整理进城落户农民退出的土地,利用退出土地与中国农业发展银行等金融机构合作获得长期的金融支持。

参考文献

曲颂、郭君平、李荣耀：《进城落户农民"三权"财产权益的保障和实现：关键难点与机制构建》，《经济学家》2024 年第 8 期。

程郁、叶兴庆、揭梦吟：《农业转移人口市民化面临的突出问题与政策建议》，《经济纵横》2023 年第 6 期。

余晓洋：《农户土地承包权退出：目标、难点及其条件》，《经济学家》2022 年第 1 期。

B.12
四川推进公共服务均衡可及研究

曾旭晖　范振麒　李青青*

摘　要： 本报告在梳理推进公共服务均衡可及相关政策的基础上，分析了四川基本教育公共服务和基本医疗公共服务供给的现状特征和主要经验。在教育方面，学校布局进一步优化、财政投入持续增长、优质资源配置更加均衡可及；在医疗方面，三级基本医疗服务体系进一步完善、供给能力有效提升、流动巡诊成效突出。报告提炼总结了四川的主要经验，结合经济发达地区典型做法，提出相关对策建议。在教育公共服务方面，实施"人口—学校"动态匹配策略，推进优质教育资源均衡覆盖，完善与人口变化相协调的教育经费分配机制。在医疗公共服务方面，构建覆盖全人群、全生命周期的服务体系，加强基层医疗卫生服务能力建设，加强医疗质量管理与控制。

关键词： 公共服务　教育　医疗　四川省

实现公共服务均衡性和可及性发展是社会公平正义的重要体现，对于区域协调发展和人民福祉提升具有关键作用。党的二十大报告明确提出，"健全基本公共服务体系，提高公共服务水平，增强均衡性和可及性"，并将其作为2035年我国发展的总体目标之一。均衡性指通过优化资源配置，缩小区域、城乡和人群间的差距；可及性则强调公共服务在空间布局上便利且在

---

* 曾旭晖，四川省社会科学院农村发展研究所研究员，主要研究方向为农村社会学；范振麒，四川省社会科学院农村发展研究所，主要研究方向为农村发展；李青青，四川省社会科学院社会学研究所，主要研究方向为农村发展。

内容供给上可承受，确保公众能够便捷地获得高质量服务。本报告在梳理相关政策的基础上，聚焦城乡教育服务和城乡医疗卫生服务，分析四川基本公共服务供给的现状特征和主要经验，并提出相关对策建议。

一 推进公共服务均衡可及相关政策

推进公共服务均衡可及涉及多个领域，其中教育和医疗卫生方面的政策举措尤为关键。近年来，中央政府与四川在推进公共服务均衡可及方面持续发力，深耕教育一体化发展，优化医疗资源配置，精准施策，取得了显著成效。

（一）教育公共服务

在城乡教育公共服务供给方面，政策更加注重教育资源的公平与质量。2017 年，党的十九大明确提出"推进城乡义务教育一体化发展"；2019 年，《中国教育现代化 2035》提出重点支持偏远地区教育发展。2024 年 7 月，党的二十届三中全会明确提出，应建立与人口变化相协调的基本公共教育服务供给机制，进一步完善义务教育优质均衡推进机制，并积极探索逐步扩大免费教育范围的有效途径。

2020 年 12 月 28 日，四川印发《新时代深化改革推进基础教育高质量发展实施方案》，着重优化学校布局，着力解决"城挤乡弱村空"问题。2021 年底，在绵阳召开的两项改革教育"后半篇"文章工作培训会上，进一步明确要结合城镇化进程和人口流动趋势，积极稳妥推进基础教育学校布局调整，到 2025 年实现中小学、幼儿园布局全面优化。[①] 2022 年底，四川省教育厅编制的《四川省"十四五"教育发展规划》提出，到 2025 年全省义务教育优质均衡县（市、区）达到 20% 的目标，并明确了统筹城乡义务教育一体化发展的系列举措。

---

① 《全省乡村国土空间规划编制和两项改革教育"后半篇"文章现场推进会在绵阳召开》，https：//edu.sc.gov.cn/scedu/c100494/2021/12/17/747a677abdd64326baf7d619924c4961.shtml，2021 年 12 月 17 日。

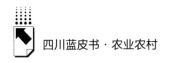
（二）医疗卫生公共服务

在城乡医疗卫生公共服务供给方面，政策更加聚焦医疗卫生服务的可及性。中央政府颁布了《"健康中国2030"规划纲要》，明确提出"完善基本医疗卫生制度"，推进分级诊疗和家庭医生签约服务；2023年3月，印发了《关于进一步完善医疗卫生服务体系的意见》，旨在建立与基本实现社会主义现代化相适应的整合型医疗卫生服务体系。随着该体系的建立健全，全社会医疗卫生服务的公平性、可及性以及优质服务供给能力大幅提升。

2024年1月，四川省印发《四川省人民政府办公厅关于进一步深化改革促进乡村医疗卫生体系健康发展的实施意见》，提出要根据乡村形态变化和人口迁徙流动情况，因地制宜合理配置乡村两级医疗卫生资源，提升乡村医疗卫生机构单体规模和服务辐射能力。在具体做法上，强调以县域为单位提供服务供给。首先，针对服务人口少、服务需求较小、不适宜配置固定乡村医生的行政村，以及未建设基层医疗卫生机构的移民搬迁安置点，可规划建设县域医疗卫生中心，或者科学合理布局村卫生室，提高服务效率。其次，由县级卫健部门统筹安排乡镇卫生院提供巡诊服务，由县级医疗卫生机构提供技术支持。最后，对医疗卫生人员不足、服务能力较弱的乡镇卫生院，由县级卫健部门指定县级医疗卫生机构选派医务人员开展派驻服务。2024年2月，四川编制的《四川省建设优质高效医疗卫生服务体系实施方案》提出，要完善签约服务筹资和激励机制，探索将签约居民的医保门诊统筹基金按人头支付给基层医疗卫生机构或家庭医生团队。

政策实施是四川城乡基本公共服务高质量发展的保障。然而，在实际推进过程中，仍面临诸多挑战，需要进一步分析现状，以针对性地解决现存问题。

二 四川推进公共服务均衡可及的现状特征

四川在推进公共服务均衡可及方面取得了显著进展，特别是在义务教育和医疗卫生服务两大领域。然而由于人口结构的变化，仍面临资源配置待优化的挑战。

（一）义务教育优质均衡发展扎实推进，但结构性矛盾仍然存在

四川通过做好两项改革教育后半篇文章、加大对滞后地区财政教育投入、优化优质教育资源配置，为教育事业提供了坚实保障，但是结构性矛盾仍然存在。

首先，做好两项改革教育后半篇文章，紧扣人口结构变化，科学谋划教育布局。以系统思维推进教育布局调整，通过科学规划与合理配置，构建更加完善的基础教育体系。按照"幼儿园就近就便、小学向乡（镇）集中、初中向中心城镇或片区集中、高中向县城集中、资源向寄宿制学校集中"的布局思路，指导各地将乡村国土空间规划与基础教育学校布局和建设专项规划相融合。2021年，全省已完成布局调整的学校共有2085所，其中撤销小学教学点2045个，同时妥善安置撤并学校教职工3万余人，合理分流学生44万余人。[①] 预计到2025年，全省计划调整的中小学和幼儿园数量将超过6200所，占现有总数（23900所）的26%。2900余所将被撤销，1200余所改变类别，400余所进行合并，同时新建数量达到1686所；另外，拟调整的教学点有5700余个，约占现有总数（6735个）的85%，其中撤销的有5400余个，改变类别的有300余个。[②]

其次，持续加大对滞后地区财政教育投入，促进数字教育基础设施建设。近年来，四川省一般公共预算教育经费逐年稳步增长，2022年达到1865亿元，人均2227.18元，[③] 为人民教育事业的全面发展提供了坚实的资金保障。2021年，四川通过新增预算和盘活存量等手段，多渠道筹集学校建设资金，确保资金无缺口。全年投入中央和省级财政专项资金72.72亿元。安排专项资金0.67亿元，支持广元、绵阳等地38所基础薄弱特殊教育

---

① 《四川省教育统计年鉴2022》。
② 《四川省教育统计年鉴2022》。
③ 《四川省统计年鉴2023》。

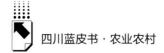

学校改善办学条件，增加学位 162 个，增加教学仪器设备 7695 台，直接受益特殊教育学生达 1901 人。① 2022 年全省累计投入 560 多亿元，改造校舍近 2700 万平方米，生均校舍面积增加约 3 平方米，截至 2023 年 3 月底，全省 564 所闲置中小学转为教育实践基地，2690 所转为综合利用。②

最后，推动优质教育资源均衡配置。四川通过深化学区制治理和集团化办学改革，有效调整优质教育资源的供给。在成都，针对主城区进一步强化学区制治理，针对非主城区则持续深化集团化办学和城乡结对帮扶，改善了寄宿制学校、薄弱学校的办学条件。眉山市洪雅县制定《洪雅县教师县内流动管理细则》，推动教师从"学校人"向"学区人"转变，完成学区内外教师调配 100 余名，有效打通教师城乡流动通道；统一调配使用智慧教室设备、学生课桌椅、教学仪器设备等资源，实现资产物尽其用。实施"学区制"改革三年来，洪雅县学校布局明显优化，办学条件提档升级，师资配置更加均衡，乡镇学校强势崛起，教育质量大幅提升。③

从全省范围来看，教育基本公共服务供给的结构性矛盾依然存在。主要体现在义务教育经费监管存在薄弱环节、教师队伍结构性短缺、部分学校标准化建设存在短板等问题。义务教育经费监管存在薄弱环节，在义务教育经费的分配与使用过程中监管机制未能完全发挥其作用。据调查，个别县区还存在教师培训经费偏低、部分学校标准化建设滞后、教育质量有待提升等问题。④ 部分学校在硬件设施配备方面存在问题，如生均体育场馆面积不足、拥有计算机数量不足、图书馆和藏书数量不足等，影响了学校正常教学活动的开展和学生综合素质的培养。

---

① 《四川省教育统计年鉴 2022》。
② 《四川省：推进义务教育优质均衡发展 建强基本公共教育服务体系》，http://www.moe.gov.cn/jyb_xwfb/moe_2082/2023/2023_zl07/202306/t20230616_1064668.html，2023 年 6 月 16 日。
③ 《教育厅公布 17 个典型案例！眉山洪雅上榜！》，https://www.ms.gov.cn/info/4815/1179543.htm，2025 年 2 月 5 日。
④ 《国家教育督导检查组对四川省义务教育基本均衡发展督导检查反馈意见》，http://www.moe.gov.cn/s78/A11/s8393/s7657/202107/t20210722_546239.html，2021 年 7 月 22 日。

（二）医疗卫生服务供给水平进一步提高，但优质资源可及性仍待增强

四川通过完善基层医疗服务体系服务供给能力、提高基本公共卫生服务供给能力、大力推进实施流动巡诊服务，为基本公共卫生服务均等化提供了坚实保障，但是优质资源可及性仍待增强。

首先，完善基层医疗服务体系服务供给能力，健全县乡村三级卫生服务体系，完善分级诊疗制度构建。县域强化县级医院等级创建，乡镇提升卫生院服务能力并拓展康复医疗等功能，村级加强卫生室建设。[1] 城市地区组建由市级医院牵头的城市医疗集团，农村地区组建由县级医院牵头的紧密型县域医共体，促进人才、技术、管理、服务下沉。[2] 建立以医疗联合体为基础的双向转诊服务体系，基层医疗卫生机构与上级医院之间建立稳定的技术帮扶和分工协作关系。超出基层医疗卫生机构功能定位和服务能力的疾病，由基层医疗卫生机构为患者提供转诊服务。[3]

其次，提高基本公共卫生服务供给能力，深化家庭医生签约服务，优化乡村医疗人才帮扶培养体系。组织省内城市三级医院支援帮扶 366 家县级医院，派驻帮扶 7385 人次，开展新技术、新项目 2741 项，累计服务 88.9 万人次。[4] 加强家庭医生团队建设，鼓励二、三级医院专科医生加入家庭医生队伍。健全签约服务筹资和激励机制，探索将签约居民的医保门诊统筹基金按人头支付给基层医疗卫生机构或家庭医生团队。落实签约居民在就医、转诊、医保等方面的激励政策，增强群众对签约服务的信任度。持续开展城乡

① 四川省人民政府办公厅：《关于进一步深化改革促进乡村医疗卫生体系健康发展的实施意见》，2024 年 1 月 23 日。
② 四川省人民政府办公厅：《四川省建设优质高效医疗卫生服务体系实施方案》，2024 年 2 月 2 日。
③ 《省卫生计生委：〈四川省人民政府办公厅关于巩固完善分级诊疗制度建设的实施意见〉解读》，https://www.sc.gov.cn/10462/10464/13298/13299/2016/7/18/10388550.shtml，2016 年 7 月 13 日。
④ 《健康四川·2024 年十大改革创新举措发布》，https://sichuan.scol.com.cn/ggxw/202501/82891217.html，2025 年 1 月 27 日。

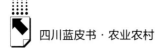

医疗卫生对口支援"传帮带"工程、"潮汐式"医疗援助、医疗人才"组团式"帮扶和 39 个欠发达县域托底性帮扶。[①]

最后,大力推进实施流动巡诊服务,解决偏远地区农村老人儿童看病难就医难问题。雅安市积极探索医疗服务新模式,实施"车载流动医疗服务",打通山区群众就医困难的"最后一公里"。自该项目实施以来,累计开展巡回医疗服务 2.7 万次,诊疗 7.75 万人次,基本公共卫生服务 57.81 万人次。[②] 在凉山州喜德县且拖乡三甘果村,省四院的医生每季度都会进村义诊,为老人测血压血糖、查耳病、咨询病情等,为行动不便的村民提供治疗服务、诊断病情、指导用药等。[③] 定期巡诊服务不仅让老人能够及时了解自己的健康状况,还能得到专业的医疗建议和治疗方案。

现阶段,全省医疗基本公共服务供给方面还存在优质资源可及性较差等问题。一方面,地区之间医疗资源分布不均。例如,从每千人口卫生技术人员指标来看,各市(州)的差距较为明显,成都、攀枝花、雅安这三个城市要明显高于其他市(州)(见表1)。

另一方面,地理环境与交通条件制约了优质医疗资源均衡性布局。优质医疗机构的建设需要卫生资源大规模的空间集聚,而民族地区普遍存在人口居住分散、地形切割破碎、交通通达性差等特征。这种特殊的地理格局不仅直接推高了医疗设备运输、药品配送及人员通勤成本,更形成了医疗服务供给与需求空间错配的困境。如图 1 所示,三甲医院在各市(州)的分布失衡特征明显。如攀枝花、雅安、宜宾、成都、广元等市(州)的常住人口每百万人三甲医院数量处于较高水平,而阿坝、凉山、甘孜等民族地区的数值显著偏低。

---

① 中共四川省委办公厅、四川省人民政府办公厅:《关于推动卫生健康高质量发展加快建设健康四川的意见》,2024 年 11 月 15 日。

② 《雅安市实施"车载流动医疗服务"改革打通山区群众就医"最后一公里"》,https://zwfwglj. yaan. gov. cn/xinwen/show/bd45296e-474a-40d0-8923-89f1d0c1806c. html,2024 年 2 月 27 日。

③ 《四川:推动优质医疗资源"下沉"到群众身边》,《四川日报》2023 年 4 月 10 日。

表 1 四川省各市（州）卫生人员分布表

单位：人

市（州）	每千人口卫生技术人员	市（州）	每千人口卫生技术人员
高值区		中值区	
成都	10.18	乐山	7.84
攀枝花	9.90	资阳	7.74
雅安	9.89	遂宁	7.54
中高值区		南充	7.39
广元	9.19	眉山	7.38
自贡	9.04	巴中	7.08
阿坝	8.96	中低值区	
泸州	8.20	甘孜	6.87
绵阳	8.19	达州	6.73
宜宾	8.09	凉山	6.67
内江	7.97	广安	6.06
德阳	7.90	—	—

资料来源：《四川卫生健康统计年鉴（2022）》。

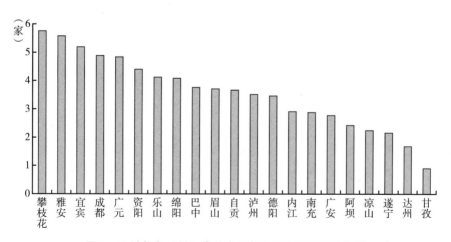

图 1 四川各市（州）常住人口每百万人三甲医院数量

资料来源：《四川卫生健康统计年鉴（2022）》。

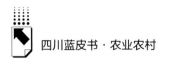

三　四川推进公共服务均衡可及的主要经验

四川在实现公共服务均衡性和可及性发展中，积极探索与人口变化相协调的路径，在教育和医疗领域积累经验并推广，提升了基本公共服务的供给质量与效率。本报告提炼总结为三个方面的主要经验。

（一）构建与人口变化相协调的政策体系

在基本公共服务供给实践中，四川积极践行"政策先行，强化统筹"理念，为各地提供明确策略导向和坚实资源保障，确保公共服务供给与人口变化相互适配、协同发展。在教育领域，着力保障城乡资源的均衡分配；在医疗领域，合理配置医疗设备与医护人员，确保居民能够公平地享有优质服务。同时建立政策保障与动态调整机制，依据人口增长、老龄化以及流动等变化情况，快速做出响应，实现公共服务供给与人口结构的动态适配，有效避免覆盖盲区以及资源过剩现象。

（二）根据人口结构特征优化公共服务供给

充分认识到不同地区人口结构和资源禀赋的差异性，积极探索"因地制宜，分类治理"的路径，通过精准施策，优化公共服务资源配置，以更好地适应各地人口变化对公共服务的实际需求。从地理环境因素来看，四川既有平原地区，也有山地、高原地区。平原地区人口密集且交通便利，基本公共服务供给模式注重集中化与规模化，辐射周边较大范围人口；而山地、高原地区人口分散、交通不便，公共服务供给侧重于小型化、分布式布局。不同地区人口年龄、性别、民族结构各异。对于老龄化程度高的地区，重点投入老年康养、慢性病防治等服务资源，建设老年活动中心等设施；而对于年轻人聚集的新兴产业园区附近，优先考虑职业教育公共服务，满足年轻群体技能提升和生活品质提升需求。

（三）通过技术创新增强公共服务供给效率

在基本公共服务实践中探索"技术驱动，提质增效"的创新路径，借助数字化、智能化技术手段，优化资源配置，提升服务效率和质量。在教育领域，借助互联网技术，打破地域和时空限制，利用在线教育平台，让偏远地区学生也能享受城市的优质教育资源。在医疗公共服务中，发挥信息化手段的重要作用。利用远程医疗技术，使专家无须长途跋涉，通过视频会诊为偏远山区患者诊治疾病。大数据分析技术赋能医疗机构，洞察疾病流行趋势和患者需求变化，提前调配医疗资源，实现精细化、个性化医疗服务。

四　经济发达地区推进公共服务均衡可及的主要措施

为促进基本公共服务供给与人口变化的协调发展，提升公共服务的质量和效率，广东、浙江等经济发达地区在基本公共服务供给方面的先进做法可以为四川提供可借鉴的经验。

广东在提升农村医疗基本公共服务方面采取了一系列有效措施，包括加强乡村卫生站和乡村医生队伍建设，实现乡村医院医保一站式报销，以及提升农村地区公共医疗服务水平。第一，政策支持与标准化建设。例如，惠州市下发《惠州市关于解决看病难问题的实施方案》，从稳定村卫生站卫生员队伍，增强村卫生站服务能力建设入手，解决农民看病难问题。第二，财政补贴与保险跟进。惠州市为乡村医生提供财政补贴，明确退出机制，并为签订合同的乡村医生办理参加社会保险，解决村医养老问题。同时，通过市级财政支持，对到行政村卫生站工作的医生和护士提供补助。第三，培训提升。惠州市卫生职业技术学院联合市卫生和计生局组织全市乡村医生参加中等学历网络教学教育，对取得医学相应学历的在岗乡村医生，各县、区财政对其学费予以适当补助。第四，"一体化""一站式"服务。惠州市出台了村卫生站建设规范和管理标准，实施国家基本药物制度，完善村卫生站补偿机制，建立镇村卫生服务一体化管理模式。同时，推动实现医保报销下沉至

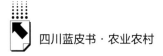

村卫生站，实现在村卫生站就医一站式结算。通过这些措施，广东有效提升了农村医疗基本公共服务水平，增强了农村居民的健康保障。

根据浙江省义务教育阶段全域教共体（集团化办学）试点工作，岱山县通过优化教育布局、创新结对帮扶机制等措施，破解海岛教育资源分散难题。例如，该县将 7 所偏远小学纳入城区教育集团，实施"同步课堂"和师资轮岗制度，生均公用经费补助提高至城镇学校的 1.5 倍。2023 年，岱山县成为全国首个通过"义务教育优质均衡县"评估的海岛县。

五 推进公共服务均衡可及的对策建议

基于四川在教育公共服务领域和医疗公共服务领域面临的挑战，应着力推动公共服务供给与人口变化协调发展，着力提升公共服务供给的质量和效率。为此，本报告提出以下具体的对策建议。

（一）在基本教育公共服务供给方面

第一，实施"人口—学校"动态匹配策略。在县域、市域范围内综合评估学区人口的变动趋势，在人口流入密集区新建、扩建学校，增加学位；在人口流失区有序撤并小规模学校，同步建立弹性学区制度，根据学龄人口变动灵活调整招生范围。

第二，推进优质教育资源均衡覆盖。实现教师编制省级统筹，市县动态调整。结合区域学龄人口变化趋势，跨区域调配师资力量，重点保障教育质量薄弱地区需求。探索教学联盟、教育组团等方式整合教育资源。加强乡村教师定向培养，通过"名校结对""名师工作室"等模式提升现有教师专业能力。

第三，完善与人口变化相协调的教育经费分配机制。根据学龄人口规模和分布，合理分配教育资源，确保教育经费的有效使用。建立与人口变化和教育需求相适应的教育经费增长机制，保障教育事业的可持续发展。

（二）在基本医疗公共服务供给方面

第一，构建覆盖全人群、全生命周期的基本医疗公共服务体系。强化顶层设计和制度保障，将基本医疗公共服务纳入地方经济社会发展规划。提高疾病预防和健康管理服务能力，满足从幼儿到老年人全人群、从预防到康复全流程的健康需求。推进智慧医疗、加强民族地区和弱势群体兜底保障等措施，构建普惠均衡的基本医疗公共服务体系。

第二，促进优质医疗资源下沉，不断加强基层医疗卫生服务能力建设。改善基层医疗卫生机构基础设施条件，推广智慧医疗辅助信息系统，提高基层服务的便捷性和可及性。完善分级诊疗、远程会诊机制，加强基层服务网络建设。健全省市县乡四级远程医疗服务网络，确保偏远地区和基层医疗机构能够通过远程医疗平台获得上级医院的专家支持。在基层医疗机构推广人工智能辅助诊疗系统，为全科医生和乡村医生提供常见病、多发病的诊疗决策支持。

第三，提升医疗服务质量，加强医疗质量管理与控制。深化以公益性为导向的公立医院改革，推进编制动态调整，建立以医疗服务为主导的收费机制。通过信息化手段优化家庭医生签约服务，实现健康档案动态更新和随访管理，提升服务的精准性和连贯性。优化针对各级医务人员的学习培训机制，完善医务人员的职业认证体系。

B.13
四川健全脱贫攻坚政府投入形成资产的模式创新与长效管理机制研究

唐 新 李梦凡*

摘 要： 本报告聚焦四川脱贫攻坚政府投入形成资产的长效管理机制，系统剖析股权量化分红型、产业融合带动型、存量资产盘活型及委托经营收益型四大创新模式，指出了当前扶贫资产管理在权属界定、专业人才、运营效益和监督管理等方面面临的挑战，并从健全分层分类的管理制度体系以明晰权责，创新多元协同的运行机制以提升效益，建立全流程闭环的监管体系以防控风险，以及通过专业化和数字化手段提升现代化管理水平等方面提出了一系列对策建议，从而确保扶贫资产在乡村振兴中持续发挥效能。

关键词： 扶贫资产 模式创新 长效管理机制

党的十八大以来，我国各级财政投入大量资金实施了大批扶贫项目，形成了超过 3 万亿元的扶贫项目资产，为如期打赢脱贫攻坚战发挥了重要作用。2020 年 12 月，习近平总书记在中央农村工作会议上强调，对脱贫攻坚形成的扶贫项目资产要摸清底数、加强监管，确保持续发挥作用。① 2025 年中央一号文件明确提出，要健全脱贫攻坚国家投入形成资产的长效管理机制，全面清查脱贫攻坚国家投入形成资产，建立统一的资产登记管理台账。

---

* 唐新，四川省社会科学院农村发展研究所副研究员，主要研究方向为农村经济；李梦凡，四川省社会科学院农村发展研究所，主要研究方向为农村发展。

① 《习近平出席中央农村工作会议并发表重要讲话》，https://www.gov.cn/xinwen/2020-12/29/content_5574955.html，2020 年 12 月 29 日。

四川省作为全国脱贫攻坚的主战场之一，拥有 7 个深度贫困县 11349 个贫困村 260.1 万建档立卡贫困人口，扶贫任务十分艰巨。近年来，全省各级财政大力投入，实施农村道路、饮水安全、产业基地、光伏发电、乡村旅游等多类扶贫项目，形成了种类多、分布广、规模大的扶贫资产。这些资产不仅是脱贫攻坚的重要支撑，也是推进乡村振兴的关键资源。但仍存在资产底数不清、权属不明、管护不力、收益不稳等问题。如何构建长效管理机制，提升资产效益，已成为巩固脱贫成果、推动乡村振兴的关键。本报告在梳理四川相关实践经验与现实困境的基础上，提出完善扶贫资产管理的对策建议，希望能对四川乃至全国脱贫地区资产管理水平提供一定的借鉴意义。

一　四川扶贫资产管理的主要创新模式

四川扶贫资产管理方面进行了大胆创新和积极探索，形成了一系列富有地方特色的管理模式，根据资产收益分配机制的不同，可以归纳为股权量化分红型、产业融合带动型、存量资产盘活型和委托经营收益型四大类。

（一）股权量化分红型资产管理模式

这种模式的核心理念是"资源变资产、资金变股金、农民变股民"，将扶贫资金投入形成的资产量化为股权，分配给贫困户或村集体，通过股权分红实现收益分配，建立了资产与农户的紧密联结机制，在建立长效稳定的增收机制的同时，有效解决了传统扶贫方式中存在的"大水漫灌"、管理责任不明确等问题，为扶贫资产的可持续管理提供了制度保障。

1.典型案例分析

平昌县为破解产业扶贫中资产管理与收益分配难题，自 2016 年起在当地探索实施股权量化改革，旨在构建新型经营主体与贫困户之间的利益联结机制，实现扶贫资产保值增值与贫困户稳定增收。该模式通过将财政专项扶贫资金和涉农整合资金作为股本金，由村"两委"牵头组建合作社，量化为"贫困户股份"或"贫困优先股"，实现村民广泛参与。在收益保障方

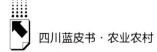

面，设立保底分红机制，前3年按贷款基准利率4.9%给予分红，并建立风险基金应对不确定性。通过村务公开、审计和民主监督，确保收益分配的透明和及时。①

2.模式的特点

该模式通过股权量化明确了扶贫资产的权属关系和收益分配方式，有效解决了传统扶贫资产"所有权虚置、经营权模糊、收益权不明"的问题；创新设立"贫困户优先股"制度，确保贫困户在收益分配中的优先地位，为其提供稳定收入来源，有效解决脱贫后的持续增收难题；通过保留部分股权给村集体，为村集体经济发展提供稳定收入来源，增强村级组织的服务能力和凝聚力，拓宽了收入渠道；同时实现了社会效益与经济效益的有机统一，既保障了贫困户的收益，又注重资产的市场化运营和效益提升，达到了扶贫济困和资产增值的双重目标。

（二）产业融合带动型资产管理模式

这种模式的核心理念是将扶贫资产与特色产业发展相结合，构建"龙头企业+村集体+农户"的利益联结机制，通过产业发展带动扶贫资产增值和贫困户增收。这一模式注重发挥市场机制和企业主体作用，通过产业链延伸和价值链提升，实现扶贫资产的可持续运营和效益最大化。

1.典型案例分析

为破解资金不足、技术短缺与管理能力弱等发展瓶颈，旺苍县创新探索"龙头企业+村集体经济组织+飞地产业扶贫"模式，推进高品质生态黄茶产业发展。②

该模式通过资产确权和合作协议，确立"村集体+建档立卡贫困户+非贫困户"3：3：4的股权分配结构，创新性地允许不在产业园所在地的村民

---

① 《【乡村振兴】我县强化帮扶资产管理，助力乡村振兴》，http://www.scpc.gov.cn/ywdt/pcyw/13838968.html，2023年3月28日。

② 余葵、种聪：《强化扶贫资产管护助村集体经济"开花结果"——来自四川南江县、旺苍县的调研》，《农村工作通讯》2022年第24期。

以股东身份参与，实现资源与人口分布的优化配置。"飞地股民"突破传统地缘限制，使不具备产业条件地区的村民也能分享产业红利。收益机制方面，实行保底分红，2020年起不低于项目资金的6%，并对贫困户实行差异化高比例分红。分红方案经村民代表大会审议，确保过程透明、公正，签订长期合作协议保障模式稳定运行。

2. 模式特点

该模式通过创新"飞地股民"机制，实现了资源与产业在更大范围内的优化配置，突破了传统扶贫中资源与产业错配的局限，使不具备产业条件的村民也能以股东身份参与并分享产业红利；通过龙头企业、村集体和农户的多元合作，建立了共担风险、共享收益的利益联结机制，形成多主体共赢格局；将扶贫资产管理与产业发展紧密结合，推动资产增值的同时规范产业运营，实现良性互动；此外，产业发展不仅带来股权分红收入，还创造了大量就业岗位，显著提升了村民收入和资产综合效益，实现了"一人就业、全家脱贫"的目标。

（三）存量资产盘活型管理模式

这种模式的核心理念是通过创新运营方式，盘活闲置或低效利用的扶贫资产，实现资产价值最大化。这一模式针对扶贫资产管理中普遍存在的资产闲置、利用效率低下等问题，通过"摸清资产底数、化解权属难题、推动腾笼换鸟"等措施，将闲置资产转化为生产性资产或公共服务资产，提高资产使用效率和综合效益。

1. 典型案例分析：三台县"腾笼换鸟"工程

为提升资产利用效益，三台县实施"腾笼换鸟"工程，通过整合资源、引入新业态，实现资产盘活与价值提升。[①] 盘活方式方面，采取"四步走"策略。一是全面清查建立台账；二是按资产条件分类为产业发展类、公共服

---

① 《绵阳市三台县：盘活闲置资源变"沉睡资产"为"增收活水"》，https://www.mof.gov.cn/zhengwuxinxi/xinwenlianbo/sichuancaizhengxinxilianbo/202104/t20210429_3694675.htm，2021年4月29日。

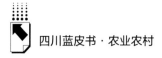

务类和综合利用类，制定差异化盘活方案；三是整合零散资源形成规模效应；四是通过入股、租赁、改造、拆除等多种方式提升利用效率，实现精准盘活。资产被有效转化为三类用途，即生产性资产、公共服务资产和集体经济资产，提升了经济效益与社会效益。

为保障可持续运营，三台县构建了完善的管理体系，包括成立县级与乡镇资产管理机构、引入企业参与运营、采用"基础租金+浮动收益"分配模式、实施动态评估调整等机制。

2. 模式特点

该模式通过系统化的资产清查、分类和资源整合，有效破解了扶贫资产闲置和管理难题，为资产盘活提供了可行路径；通过创新资产用途和多元化运营方式，极大提升了资产使用效率和价值，激活了闲置资产的潜力；资产盘活不仅改善了农村公共服务水平，同时促进了特色产业发展，实现了公共服务与产业发展的双提升；此外，通过资产的经营性利用，为村集体经济带来了稳定的收入来源，增强了村级组织的服务能力和发展活力。

（四）委托经营收益型管理模式

这种模式的核心理念是将扶贫资产委托给专业经营主体运营，贫困户获得保底收益。这一模式主要针对缺乏劳动能力、经营能力弱或参与产业发展意愿不强的贫困户，通过委托经营的方式，既保障了扶贫资产的专业化运营，又确保了贫困户的稳定收益。

1. 典型案例

苍溪县针对部分易地搬迁贫困群众因缺乏劳动技能和条件，难以直接参与产业发展的难题，创新探索"委托经营拿酬金"模式。该模式通过整合2.3亿元各类扶贫资金，投资农业园区、养殖基地、加工企业等项目，并将形成的资产量化为股权，分配给贫困户、项目区群众和村集体经济组织。在收益分配机制方面，苍溪县实行"固定收益+浮动分红"模式，保障基础收益的同时，根据经营效益给予额外红利；并采取差异化策略，对特困户倾斜分配，体现精准扶贫。另通过"务工挣薪金、入股获股金、委托拿酬金、集体分现金"等多元增收方式，实现贫困户稳定可持续增收。

2.模式特点

该模式针对缺乏劳动能力的贫困户，创新性地提供了无须劳动参与即可获得分红的增收途径，实现了"钱变股金、无须出力、坐享分红"，有效解决了老弱病残等特殊群体的持续增收难题；通过将扶贫资产委托给专业经营主体运营，既降低了贫困户直接参与经营的风险，又通过合同约定保障了其稳定收益，实现了风险与收益的合理平衡。同时，依托集中管理和专业化运营，提升了资产利用效率和经济效益，形成了规模经济效应，为贫困户持续、稳定增收提供了坚实保障。

二　四川扶贫资产管理的经验总结

四川扶贫资产管理的实践探索，积累了丰富经验，形成了一系列可复制可推广的成功做法。总结四川脱贫攻坚资产管理的实践经验，主要有以下几个方面。

（一）因地制宜选择适用模式是提高资产管理效能的基础

四川区域发展不平衡不充分，决定了扶贫资产管理需坚持分类施策、精准发力。应根据地区资源禀赋、产业基础和贫困群体特征，科学选择适宜的模式。在产业基础较好的地区，平昌县股权量化分红型模式成效突出；在资源优势明显的地区，旺苍县"飞地股民"产业融合带动型模式效果显著；在闲置资产集中的地区，三台县"腾笼换鸟"工程有效盘活资源；对老弱病残等特殊群体，苍溪县"委托经营拿酬金"模式更具适配性。实践表明，唯有因地制宜，方能提升扶贫资产管理效益。

（二）多元利益机制设计是实现经济社会效益双赢的关键

科学设计利益分配机制是扶贫资产管理的关键。产业融合与存量资产盘活模式侧重资产增值与产业带动，经济效益突出；股权量化和委托经营模式

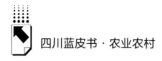
则保障稳定收益，适合弱势群体。各地在推进扶贫资产管理时，应立足当地实际，既要关注资产的经济效益最大化，也要兼顾社会公平和包容性发展，实现经济效益和社会效益的有机统一。

（三）健全风险防控体系是保障资产管理可持续性的保证

不同扶贫资产管理模式面临各异风险，需建立有针对性的防控机制。股权量化分红型应完善市场风险预案；产业融合带动型需防范对龙头企业的依赖，推动多元合作；存量资产盘活型应提升专业化运营能力；委托经营收益型则应强化对受托方的遴选与监管。实践表明，需从运营机制、经费保障和利益联结等方面进行系统设计，构建动态调整机制，以保障资产长期稳定发挥效益，实现与乡村振兴有效衔接。[①]

扶贫资产管理应立足长远，主动融入乡村振兴战略。各类模式分别通过产业链延伸、空间优化与公共服务改善，为产业发展与乡村建设提供支撑，并在推动乡村治理方面展现积极作用。未来应深化与产业、人才、文化、生态、组织等振兴路径的融合，促进短期帮扶与长期发展有机衔接，最大限度释放扶贫资产的持续效能。

三　四川扶贫资产管理面临的主要问题和挑战

尽管四川在扶贫资产管理方面进行了积极探索，但在实践中仍面临诸多挑战，亟须系统梳理并提出有效对策。

（一）资产底数不清与权属关系不明确

尽管四川开展了摸清底数、确权移交、精准登记工作，但扶贫资产底数不清的问题仍然存在。扶贫资金投入渠道多样，涉及财政专项扶贫资金、行

---

① 任金政、李书奎：《扶贫资产管理助力巩固拓展脱贫攻坚成果的长效机制研究》，《农业经济问题》2022 年第 4 期。

业扶贫资金、社会扶贫资金等多种来源，项目实施分散，导致全面清查难度大。同时，资产权属不明确问题突出，特别是跨区域、多部门共建的项目，产权归属难以厘清，所有权、经营权、收益权界定不清晰，易引发纠纷。此外，资产管理权责边界模糊，存在"九龙治水"和责任真空并存的现象。[①]

（二）资产管理能力不足与专业人才缺乏

随着扶贫项目资产权责下沉和"四到县"改革推进，县乡村三级承担了更多管理责任，但管理能力提升相对滞后，基层管理能力与资产管理需求之间存在明显差距。部分村级组织存在人员结构老化、知识结构单一、专业能力不足等问题，加之扶贫资产管理涉及财务、法律、经营、市场等多方面专业知识，需要复合型人才，但贫困地区专业人才短缺问题严重，引进的人才也面临留不住、用不好的困境。

（三）资产经营效益不高与运营风险加大

四川扶贫项目资产结构不合理，公益性资产占 63.75%，经营性资产仅占 8.48%，到户资产占 27.77%，公益性资产占比大虽改善了基础设施和公共服务，但缺乏直接经济收益；经营性资产占比小导致整体创收能力有限。同时，资产运营风险加大，尤其是与外部经营主体合作或跨村合作时，若利益共享、风险共担机制不完善，容易带来经营风险。在市场环境复杂、竞争加剧背景下，一些经营性资产面临市场风险、经营风险、管理风险等多重挑战，缺乏有效风险防控机制。

（四）资产管护投入不足与长效机制缺失

扶贫资产的持续运行离不开稳定的管护投入和长效机制保障，但这方面存在明显短板。特别是对于公益性资产，管护成本高、收益低，需要稳定的

---

① 叶兴庆、殷浩栋、程郁等：《提高经营性扶贫资产运转稳定性——巩固拓展脱贫成果系列调研之一》，《中国发展观察》2021 年第 21 期。

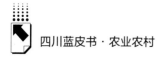

财政投入和集体经济支持，但管护经费来源不稳定、投入不足问题突出。农村集体经济薄弱，村级公共财力有限，难以承担持续管护责任，导致"重建轻管"甚至"一建了之"。管护责任落实不到位也是普遍问题，基层组织人员少、任务重，难以专人专岗负责资产管护，加之管护责任考核和奖惩机制不健全，缺乏有效激励约束。[①]

（五）监督管理不到位与资产风险加大

扶贫资产安全运行需要健全的监督管理体系，但目前监管机制不健全，对扶贫资产的约束监管不到位，特别是事后监管相对薄弱。随着管理权限下放，如无完整监管机制，县级自主权越大，权力失去制约风险越高。监管责任落实不到位问题突出，存在重复监管和监管盲区并存现象，尤其是对经营性资产，缺乏有效绩效评价和风险预警机制，基层监管力量薄弱，难以全面监管分散的扶贫资产。

（六）政策支持不足与衔接机制不畅

扶贫资产管理需要有力的政策支持和顺畅的衔接机制，但这方面仍存在一定差距。虽有一系列盘活闲置资产政策，但落实不到位或缺乏针对性，尤其是盘活资产所需前期投入难以获得充分财政支持，乡村振兴项目资金对资产盘活的专项支持也较少。脱贫攻坚与乡村振兴在工作重点、政策措施、资源配置等方面存在差异，扶贫资产管理与乡村振兴战略的衔接机制不畅，特别是在长期规划、资源整合、政策协调等方面，缺乏系统性衔接。

四　构建扶贫资产长效管理机制的对策建议

为进一步形成权责明确、运行高效、监管有力、保障有力的长效管理机

---

① 李芸、施海波、吕开宇：《新发展阶段扶贫项目资产管理典型模式及启示建议》，《湖南农业大学学报》（社会科学版）2024年第3期。

制，为全面推进乡村振兴提供有力支撑，实现脱贫地区从"输血式"帮扶向"造血式"发展的根本转变，本报告从以下几方面提出对策建议。

（一）构建分层分类的管理制度体系，实现扶贫资产管理规范化

在制度基础层面，需要制定统一的确权、登记、移交和处置规范，明确县乡村三级和各部门的权责边界，建立资产定期清查机制。针对不同类型资产实施分类管理。公益性资产需强化管护责任与经费保障，经营性资产应规范运营模式和收益分配，到户类资产应建立权益保障与风险防控机制。同时创新收益分配制度，设计差异化的"保底分红+浮动收益"机制，明确收益优先用于巩固脱贫成果和服务乡村振兴，构建制度化、可持续的收益分配体系。

（二）创新多元协同的资产运行机制，释放扶贫资产发展潜能

结合区域资源禀赋和产业基础，因地制宜推广"股权量化保底分红""龙头企业+合作社+农户"等创新模式。通过构建利益共享、风险共担的联结机制，优化贫困户与村集体、经营主体的合作关系。重点加强市场化运营能力建设，通过跨区域资源整合、社会资本引入、产业链延伸等方式激活资产价值，例如利用"互联网+"技术推动智慧农业发展，实现资产运营效率和综合效益的全面提升。

（三）建立全流程闭环的监管体系，筑牢资产安全运行防线

构建覆盖资产形成、确权、运营、处置的全生命周期监管框架，明确各环节责任主体和监管标准。建立动态绩效评价体系，将资产保值增值率、收益分配公平性等指标纳入考核，强化结果运用。完善风险防控网络，通过设立风险补偿基金、发展农业保险、建立风险预警模型等方式提升风险抵御能力。同步推进信息公开，将资产管理纳入村务公开范围，构建"政府监管+群众监督+社会参与"的立体化监督格局。

（四）打造专业化管理团队，破解基层人才短缺瓶颈

实施"基层干部能力提升计划"，通过专项培训、经验交流、案例教学

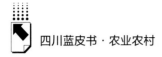

等方式,重点提升村"两委"成员的资产管理和市场运营能力。探索职业经理人制度,吸引返乡创业人员、大学生村官等新型人才参与资产管理。建立科学的绩效考核和激励机制,实行"基本薪酬+绩效奖励+成果分红"的薪酬结构,对盘活资产成效显著的团队给予土地、财税等政策倾斜,形成人才"引得来、留得住、用得好"的良性循环。

(五)推进数字化赋能行动,提升资产管理现代化水平

构建全省统一的扶贫资产管理数字平台,集成资产登记、运营监测、收益分配等功能模块,实现资产信息动态更新和全流程可追溯。应用区块链技术确保资产确权信息不可篡改,利用物联网设备对重点资产进行远程监控和智能预警。通过大数据分析挖掘资产增值潜力,例如通过消费数据分析指导农产品加工企业精准生产,通过流量监测优化乡村旅游设施布局,推动传统资产管理向智慧化、精准化转型。

(六)构建协同联动的政策支持网络,强化扶贫资产管理制度保障

聚焦扶贫资产持续效益,建立财政专项基金支持管护运营,对成效显著地区实施以奖代补措施,引导金融机构开发"扶贫资产贷""收益权质押"等特色产品。强化部门协同,建立多部门联席机制统筹解决确权、收益分配及用地保障问题。将扶贫资产深度嵌入乡村振兴规划,在县级产业布局中预留盘活空间,探索"资产+土地+产业"联动开发模式。完善政策动态调整机制,确保脱贫攻坚与乡村振兴政策无缝衔接,形成制度合力。

参考文献

殷浩栋:《经营性扶贫资产管理的现实挑战与解决路径》,《中国农业大学学报》(社会科学版)2024年第1期。

万秀军、樊义红、董纪民:《探索扶贫资产运营管理新模式》,《农村经营管理》2022年第4期。

B.14
四川推进家庭农场和农民合作社带头人职业化研究

虞洪　庞经滔　苏诗雅　肖志娜*

摘　要： 推进家庭农场和农民合作社带头人职业化是四川着力构建现代化农业经营体系、加快建设农业强省的关键一着。四川通过建立高位统筹推进机制、严格规范进出机制、健全教育培训机制、完善生产扶持政策、叠加保障兜底固本、示范引领紧密联结等探索实践，取得了显著成效，并积累了统筹谋划、产业壮大、组织协同、精准对接、多重保障等创新经验。然而，在相关工作推进过程中也面临人员管理、人才培养、资金政策、社会保障等方面的问题，需要进一步拓宽资格准入渠道、强化生产扶持政策、创新培训体系模式、健全社会保障体系、完善涉农保险体系、优化人员动态管理，推动四川家庭农场和农民合作社带头人职业化更高水平发展。

关键词： 家庭农场　农民合作社　职业农民　四川省

家庭农场和农民合作社带头人职业化是乡村振兴战略的重要抓手，也是破解农业生产向现代化转型难题的关键路径。聚焦家庭农场主和农民合作社带头人群体推动其向职业化、专业化方向培育转型培育，对于四川在乡村振兴上全面发力建设农业强省具有深远的战略意义。

---

* 虞洪，四川省社会科学院产业经济与对外开放研究所所长，研究员，主要研究方向为农业经济、农村经济；庞经滔，四川省社会科学院农村发展研究所，主要研究方向为发展经济学、农业经济；苏诗雅，四川省社会科学院农村发展研究所，主要研究方向为农村发展；肖志娜，四川省社会科学院农村发展研究所，主要研究方向为农村发展。

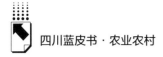

家庭农场和农民合作社带头人职业化工作,即农民职业化工作,其任务集中在解决资格审核、教育培训、生产支持、风险预防、社会保障及动态管理等核心问题上,与乡村产业振兴、人才振兴、组织振兴等紧密配合、相互促进。① 四川农民职业化工作成功实现了完善职业农民制度体系、扩大职业农民队伍等预定目标。同时,在构建职业农民全链条选拔培养机制和系统化政策扶持体系方面,农民职业化工作取得了重大进展,探索出了一系列具有可复制性和推广价值的成功经验。总体而言,四川家庭农场和农民合作社带头人职业化工作得到了广泛认可和支持,具有较高的可行性和满意度,取得了显著且可持续的综合成效。

然而,当前农民职业化工作仍受到政策体系不够完备、养老保险制度可持续性不足等深层次问题的制约,相关工作改革提质扩面的需求十分迫切。为此,需要增强现有政策供给的持续性和适应性,在政策选择方面给予更多灵活性,同时构建更加系统的改革框架。这将在推动家庭农场和农民合作社带头人职业化、解决"谁来种地"等问题中发挥关键作用,对于强化现代农业发展的主体支撑、推动农业高质量发展影响深远。

一 四川推进家庭农场和农民合作社 带头人职业化的做法成效

(一)建立高位统筹推进机制,完善职业改革制度

四川通过建立"小组领导+政策推进"的工作制度,高位统筹推动家庭农场和农民合作社带头人职业化工作。各地普遍成立由政府分管领导牵头的领导小组,并在此基础上各地不断完善制度体系。

四川在推进家庭农场和农民合作社带头人职业化中注重政策文件的制定

---

① 本报告课题组于2024年10月受邀参加四川省深化家庭农场和农民合作社带头人职业化试点评估验收工作。若无特殊说明,本报告所使用的数据均来源于此。

与落实，逐步构建多维度的政策支持体系。同时，全省以家庭农场主和农民合作社带头人两类群体为重点，完善职业教育培训制度和职业技能鉴定制度，推动职业标准的规范化。

各地建立了多部门联动协作体系，形成了高效的工作推进机制。同时，试点地区注重动态管理，通过资格认定和定期考核，确保试点对象符合职业化要求。

（二）严格规范进出机制，双向优化试点质效

四川在深化推进家庭农场和农民合作社带头人职业化中，通过规范遴选机制，确保职业农民的质量。各地建立了严格的审核机制，从年龄、学历、产业规模、技术水平等方面明确遴选条件，并实行"三级"审核机制。

四川注重优化职业农民的学历和年龄结构。在四川省深化家庭农场和农民合作社带头人职业化试点工作评估验收中发现，职业农民中高中或中专（及以上）学历占比提升至 76.36%，学历结构持续优化，高素质职业农民特征初显。同时，职业化试点工作适当放宽了年龄准入限制，50 岁以下职业农民占比达 80.69%。此外，职业农民来源更加多元，返乡农民、村干部、退伍军人和技术人员等群体占比合理调整，返乡农民比例进一步提升。

四川通过动态管理机制，确保试点工作的高质量推进。例如，绵阳市涪城区对职业农民实行电子化管理，并建立退出机制，对不再从事农业生产经营或存在违法行为的试点人员及时清退。各地措施推动职业农民动态管理，推动家庭农场和农民合作社带头人职业化水平不断提升。

（三）健全教育培训机制，激活主体发展动能

四川通过整合多方资源，构建了全方位的教育培养体系，显著提升了职业农民综合素质。教培资源的整合不仅优化了培训内容，还为职业农民提供了多元化的学习平台，使其在现代农业管理、绿色发展等方面的能力得到全面提升。各地通过创新培训方式，结合线上线下、实践与课堂的有机结合，增强了职业农民的职业信心。

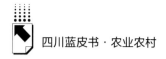

四川通过学历提升激励政策和养老保险保障措施，全面激活职业农民的发展动能。例如，广汉市、眉山市彭山区等地对职业农民的学历提升给予学费补贴，激励其提升文化水平。这些措施不仅提升职业农民的认同感，还为他们提供稳定的发展保障，推动家庭农场和农民合作社带头人职业化水平不断提高。

（四）完善生产扶持政策，提升优势产业效能

四川通过强化资金支持，有效推动了职业农民的生产规模扩大。例如，广汉市引入"积分制"管理，对积分靠前的职业农民给予项目优先权和最高50%的财政补助。生产扶持政策有力地促进了职业农民的生产规模扩大，丹棱县的评估数据显示职业农民户均种植面积从33亩增至150亩。各地通过政策项目倾斜，推动职业农民经营模式创新，进一步提高职业农民的经营效益，带动当地农业产业的规模化和现代化发展。

四川通过灵活的土地流转机制和技术创新应用，进一步提升了农业现代化水平。例如，泸州市江阳区对流转土地开展粮食种植的家庭农场给予补贴，已发放扶持资金100.73万元。在技术应用方面，绵阳市涪城区支持职业农民建设水肥一体化等现代农业设施，不仅提高了农业生产效率，还推动了农业经营模式的转型升级。

（五）叠加保障兜底固本，突破人才支撑瓶颈

四川通过完善养老保险补助办法，为家庭农场和农民合作社带头人提供了坚实的兜底保障。例如，邛崃市对符合条件的职业农民参加企业职工基本养老保险给予60%的保费补贴，最长可享受5年，部分粮油规模生产经营对象社保补贴延长至10年。各试点县也积极探索多元化社会保障方式。米易县通过财政补贴，为职业农民提供每人每年1800元的医保补贴。这些创新举措提升了职业农民的保障水平，有效解决职业农民的后顾之忧。

四川通过职业化试点，全面提升了农业人才的培育和引进能力。各试点县通过系统规划和扶持政策，吸引了更多人才进入农业生产领域。例如，眉

山市彭山区建立了梯度培育机制，形成了农业人才库、后备人才库和职业农民人才库，有效解决了"谁来种田"的问题。

（六）示范引领紧密联结，释放区域带动效应

四川通过荣誉激励措施，树立职业农民先进带头作用。蒲江县出台先进人才推荐政策，优先推荐职业农民参评各类农业职业经理人和致富带头人奖项，累计推荐 15 人。荣誉激励措施显著提升了职业农民的职业获得感和荣誉感。

各地通过多种方式增强职业农民的示范带动作用。丹棱县职业农民通过良种良法示范和标准化生产，带动当地农户共同发展，并提供仓储保鲜、协调销售等产后服务，有效释放职业农民的示范效应，推动农业的集约经营和集成服务。此外，各试点地区通过"家庭农场+合作社+龙头企业+农户"等模式，形成了紧密的利益联结机制。同时，各地积极探索土地流转、订单种植、入股投资等多种生产组织形式，推动农业适度规模经营。

二 四川推进家庭农场和农民合作社带头人职业化的创新经验

（一）统筹谋划是推动试点纵深发展的关键举措

强化党建引领是实现高站位统筹部署的重要手段。四川农民职业化工作推进自始便从战略高度进行规划，并充分发挥基层党组织在资源整合和协调各方的优势，为试点工作提供坚实的政治保障。

整合扶持项目可以促进家庭农场和农业合作社全面提升综合生产能力，拓展试点工作的深度和广度，全面推广积累经验。通过集成支持政策，增强资金整合效能，为试点工作提供有力保障，确保试点项目顺利推进。例如，米易县遴选辐射带动明显、产业基础较好的家庭农场主和农民合作社带头人进行统一培训，试点人员户均年增收 4.3 万元。

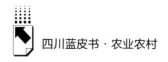

（二）产业壮大是激发内生发展动力的重要引擎

四川推动职业化改革地区特色产业高质量发展，通过精准定位特色产业，精心培育优势产业集群，推动乡村产业高质量发展，相关地区实现了农业规模化、现代化转型，有效激发了乡村内生发展动力，为乡村振兴提供了强大动力。例如，蒲江县则围绕特色农产品，打造标准化种植基地和农产品加工园区，形成集生产、加工、销售于一体的产业集群，推动农业规模化、现代化发展。

各地通过政策倾斜，为职业农民提供有力支持。例如，广汉市结合数字农业发展项目，推行精准化种植和智能化决策，通过科技赋能优化生产效能，进一步增强了职业农民的综合实力。同时，针对特色产业的自然风险和市场风险，完善风险预警机制和应对措施，加大对特色产业保险的支持力度，提升职业农民的可持续发展能力。

（三）组织协同是发挥引领示范效能的有力保障

组织协同是发挥引领示范效能的有力保障，通过协同组织，能有效发挥职业农民的示范与引领作用，推动当地产业高质量发展。四川通过组织化协同机制，加强职业农民之间的交流与合作，实现资源共享和优势互补，从而推动职业农民联农带农。

各地通过选拔职业农民标杆，推广其成功经验和做法，激励更多农民投身现代农业。例如，宜宾市翠屏区通过选拔科技示范户，推广农业科技应用和新品种。政府为示范户提供技术支持和资金扶持，帮助其扩大生产规模、提高经济效益，并组织其他农民参观学习，促进农业科技普及推广。

（四）精准对接是增强政策有效性的核心策略

聚焦职业农民的实际需求，为其创业项目提供财政补贴和系统培训，确保扶持政策的针对性和实效性，有效提升培育效率，凸显了精准对接在增强政策有效性中的关键作用。四川实施需求导向的项目申报机制，鼓励职业农民根据自身需求自主申报项目，提升扶持政策的精准性和实效性。

各试点地区针对职业农民面临的生产风险，推出定制化保险产品，如特色农业保险、价格指数保险等，精准防范生产和用工风险。例如，眉山市彭山区创新"农担贷"，三年来共兑现农业保险保费补贴和贷款贴息4354万元。

此外，根据职业农民的实际需求，灵活调整培训内容和方式，推动技能培训转型升级。例如，峨眉山市通过"走出去+请进来"的方式，结合高素质农民培育项目和"头雁"项目，为职业农民提供精准度更高的培训。

（五）多重措施是培育职业认同感的重要途径

四川深刻理解职业农民复杂多变的保障需求，部分地区构建了层次分明、类别清晰的社会保障体系，叠加多种保障措施，形成多层次防护网，显著提升了职业农民的抗风险能力和资源使用效能，从而有力增强了职业认同感。

完善职业化带头人的养老保险体系，有利于筑牢职业农民的职业保障根基，构建新型职业农民养老保险制度。四川从省级层面将城镇职工养老保险补贴年限从3年延长至5年，补贴额度提升至缴纳额度的50%。实施医疗保险补贴政策，有利于减轻职业农民的医疗负担。

部分地区探索推广住房公积金制度，有利于满足职业农民更好的生活需求。例如，德阳市罗江区积极探索将职业农民纳入住房公积金建制范围，对自愿参加住房公积金建制的试点人员，根据不同等级给予一次性公积金补贴。

三 四川推进家庭农场和农民合作社带头人职业化的现实困境

（一）资格准入机制受限

现行农民职业化工作对学历和年龄的硬性规定，将部分生产经营能力突出的农户排除在外，导致符合条件的发展对象逐步减少，主体储备量不足，制约试点推进。目前，带头人职业技能认定机制不畅，致使"田秀才""土

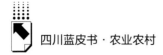

专家"等技术型人才难以获得职业资格。同时，职业农民资格认定存在地域性限制，跨区域生产经营时证书通用性不足，县域间认定标准和培训难度不一，制约了职业农民的流动与交流。

（二）扶持资金使用不力

财政资金是生产扶持资金体系的主导力量，但其拨付效率低、审批流程复杂，导致资金到位滞后，影响项目实施效果。随着职业农民数量增加，资金缺口日益凸显，且使用范围多限于生产环节，对加工和服务业支持不足，制约了农业多功能发展。此外，平均化补贴方式削弱了激励效果，政策延续性不明确，使职业农民对长期投资缺乏信心，特别是对高投入、长周期的生产性设施建设持观望态度。

（三）教育培训缺乏创新

培训时段设置与从业需求存在错位，培训多集中在 10~11 月农忙时节，且要求连续一周以上的集中培训，与农业生产产生冲突，导致参训率不高。培训内容滞后于行业发展的新态势，仍以传统农业技术和经营管理为主，与智慧农业、电商销售等现代农业发展需求脱节，且缺乏分级分类的精准化设计，出现"果农听水稻课"等低效现象。跨境跨域实训需求呈现持续增长态势，主要依赖本地资源和省内短期交流，难以满足职业农民多样化学习需求。

（四）社会保障有待加强

首先，参保补贴政策存在执行断档风险，尽管 84.9% 的职业农民已参保且 75.7% 享受补贴，但仅 35.2% 的参保者享受 5 年及以上补贴，加之最低缴费年限提高至 20 年，加重了参保者的疑虑。其次，缴费激励机制设计不够科学合理，现行 60% 的补贴比例未能充分激发职业农民提升自身能力的积极性。最后，多元筹资渠道尚未形成完整闭环，主要依赖试点资金，市县级财政配套有限，缺乏整合涉农资金的顶层设计，在地方财政压力下，政策可持续性面临考验。

（五）涉农保险开发不足

首先，在实际参保过程中，保险类目不足，特色农业保险开发滞后，参保率虽提升至 45.27%，但价格指数保险、收入保险等特色险种占比仅 5.8%，难以满足职业农民的风险防控需求。其次，现有产品存在低保额高门槛缺陷，如粮食作物完全成本保险赔付额难以覆盖生产成本，且理赔程序复杂，与实际损失认定存在差距，降低了农户投保意愿。最后，险种结构与现代农业适配度不足，如务农人员意外保险将赔付对象限制在 60 岁以下，与农村老龄化现状不符；育肥猪保险期限仅 4 个月，与生猪出栏周期不匹配。

（六）人员管理方式欠佳

首先，在职业农民动态管理中发现管理退出机制不完善，现行清退标准多针对经营异常或违规行为，缺乏对带动效应的动态考核，联农带农目标考核机制尚未有效建立。其次，职称评定难度大，46.2%的职业农民未评定职称，且已评职称者中中高级占比不足 10%，职业技能鉴定覆盖面有限。此外，激励推广机制不健全，农民职业化工作分散、封闭性强，缺乏科学的绩效考评体系，省级专项考核和资金激励机制缺失，且试点经验总结推广不足，未能形成有效的示范带动效应。

四 四川深入推进家庭农场和农民合作社带头人职业化的建议

（一）拓宽资格准入渠道

一是放宽学历限制，将"田秀才""土专家"等实操能力强、带动效果好的农业生产经营骨干纳入试点范围，建立以实际能力为导向的资格认定标准。同时，鼓励地方政府制定灵活的认定细则，保障更多有意愿农户参与试点。二是简化审批流程，优化职业农民资格认定程序，建立省域内资格互认机制。并探索建立职业农民后备人才库，逐步壮大职业农民队伍，为农业现代化提供可持续的人才支撑。

（二）强化生产扶持政策

一是摸清职业农民发展需求，确保扶持政策与产业发展实际相匹配。分类施策，制定差异化资金扶持方案，重点支持农业新兴领域发展。二是建立资金使用跟踪评估机制，动态监测扶持项目实施效果，及时调整资金投放方向，确保资金使用效率最大化。

（三）创新培训体系模式

一是更新培训内容，将智慧农业、电商销售等新兴领域知识纳入课程，并开展分层分类培训，增强培训针对性，提升职业农民综合素质。二是强化实践教学，增加田间实操、案例教学等环节，帮助学员将理论知识转化为实际技能。三是推动"互联网+培训"模式，利用在线平台提供灵活学习机会，满足职业农民多样化需求。

（四）健全社会保障体系

一是探索延长基本养老保险补贴年限，明确政策的延续性，消除职业农民后顾之忧。二是简化社保补贴发放流程，确保资金及时到位，同时加强政策宣传，提高职业农民对社保政策的认知度和参与度。三是探索建立与职业农民等级挂钩的差异化补贴机制，激励职业农民不断提升自身能力。

（五）完善涉农保险体系

一是加快开发针对特色农业、智慧农业的保险产品，扩大保障范围。提高保额，优化理赔标准，简化理赔流程，确保赔付金额能够覆盖实际损失。二是加强对保险市场的监管，打击虚假理赔行为，提升农户对保险的信任度。

（六）优化人员动态管理

一是建立职业农民发展档案，动态监测其生产经营情况，及时调整扶持政策。将联农带农、生产效益等指标纳入考核体系，对表现突出的给予奖励，对不符合条件的及时清退，确保队伍质量。二是搭建试点地区交流平台，推广成功经验，促进职业农民互动合作，形成良性竞争氛围，推动职业农民整体水平提升。

参考文献

李爱琴、王逸豪：《新型职业农民培育的动力结构、实践困境与优化路径》，《农业经济与管理》2021 年第 3 期。

田万慧、庞庆明：《西部地区乡村振兴与新型职业农民培育的时空耦合研究》，《管理学刊》2023 年第 4 期。

孙华平、金丽馥、田刚：《农业现代化进程中的农民职业化研究》，《世界农业》2015 年第 10 期。

朱启臻：《新型职业农民与家庭农场》，《中国农业大学学报》（社会科学版）2013 年第 2 期。

李后建、郭安达：《聘用职业经理人有助于农民合作社创新吗?》，《科研管理》2022 年第 11 期。

张亮、樊梦瑶；《新型农业经营主体与新型职业农民"两新融合"机制构建》，《河北学刊》2022 年第 4 期。

童洁、李宏伟、屈锡华：《我国新型职业农民培育的方向与支持体系构建》，《财经问题研究》2015 年第 4 期。

B.15
四川农商文旅体康融合发展机制：现状分析、问题诊断及优化路径

刘 莉 刘佳鑫*

摘 要： 四川作为中国西南地区的农业强省和旅游资源富集区，在"十四五"规划背景下，依托农业、文化、旅游、康养等多元资源禀赋，积极探索农商文旅体康融合发展路径。然而，实践中仍面临制度碎片化、要素流动壁垒、产业协同不足、技术应用滞后、人才流失等系统性问题，导致产业增值能力弱、农民增收渠道单一、生态价值转化率低。本报告从制度创新、产业融合、技术赋能、人才培育、利益联结、生态保护、品牌建设、保障机制八个维度出发，提出"八维联动"机制优化路径，构建可复制的"四川方案"，为乡村振兴与产业融合提供理论支撑和实践范例。

关键词： 农商文旅体康 乡村振兴 产业融合

四川依托农业、文化、旅游、康养等资源优势，推进农商文旅体康融合发展，但仍面临产业协同不足、资源闲置、流量转化低效等瓶颈，根源在于体制机制梗阻、资源整合低效、技术应用滞后及人才短缺。为此，本报告提出"八维联动"机制，通过制度创新破除要素流动壁垒、产业协同延伸价值链、技术赋能构建智慧服务体系、利益共享激活农民参与等，旨在打造国家级示范村、数字化产业体系，推动生态价值转化与农民增收，为西部产业融合与乡村振兴提供实践范式。

---

* 刘莉，四川省社会科学院农村发展研究所副研究员，主要研究方向为农村经济、健康事业与产业；刘佳鑫，四川省社会科学院农村发展研究所，主要研究方向为农村经济、健康事业与产业。

一　农商文旅体康融合发展的内涵与特征

（一）科学内涵

农商文旅体康融合发展是以农业为基础提供产品与田园资源，以商业为纽带推动流通与品牌升级，以文化为内核挖掘地方特色，以旅游为载体整合多元业态，以体育赛事增活力吸引消费，以康养提品质开发健康服务，形成资源共享、业态互促的产业生态。其核心是打破传统产业界限，通过融合创新提升价值链，驱动区域经济与乡村振兴。例如，农业延伸加工链、文旅打造康养 IP、数字技术赋能产销闭环等实践，均体现多产业协同的乘数效应。

（二）主要特征

农商文旅体康融合发展以产业边界模糊化打破传统行业壁垒，形成农业、商业、文化、旅游、体育与康养相互渗透的新业态；依托资源共享性实现自然生态、文化遗产与市场渠道的跨产业复用（如田园风光嫁接民俗活动）；通过功能复合性同步承载经济增值、生态保护与文化传承等多重使命；催生"田园康养""体旅赛事"等产品创新性形态；借助市场联动性促进文旅消费与农产品销售、体育流量的互促循环；以生态农业与低碳旅游保障发展可持续性；依托成渝经济圈等区域协作平台强化区域协同性，最终在乡村振兴等政策引导下实现经济、社会、生态效益的多维统一。

二　四川农商文旅体康融合发展的动力机制

四川农商文旅体康融合发展的动力机制指促进农业、商业、文化、旅游、体育、康养业融合发展的内在因素和外在力量，主要构成有以下几方面。

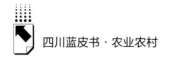

（一）内生动力机制

内生动力指产业内生驱动力量，包括禀赋资源，如四川的农业、文化、旅游、康养等多重优势构成融合基础；消费升级，推动休闲农业、文化体验等新需求，促进业态创新；产业转型，通过延伸产业链（如农旅文创化）提升附加值；科技赋能，以智慧农业、数字文旅等技术精准匹配需求，驱动融合创新。

（二）外生动力机制

外生动力指外部驱动力量，包括政策驱动，如国家乡村振兴、文旅融合等战略及地方专项规划提供保障；资本驱动，如 PPP 模式在农业园区、文旅综合体等领域的应用，吸引社会与金融资本投入；区域协同，如成渝地区双城经济圈推动资源互享、品牌共建。

三 四川农商文旅体康融合发展机制现况及存在的问题

当前四川融合发展机制建设取得积极成效，但在设计、运行中存在制度碎片化、产业协同不足、技术应用滞后、人才流失、生态失衡、品牌弱化、保障不足等系统性问题，这些问题相互交织，导致产业发展协同效应弱、农民增收途径窄、生态价值转化效率低、亟须通过机制重塑、技术升级、品牌重塑等路径突破。

（一）融合发展机制的现况分析

四川通过九大机制协同推进农商文旅体康融合。在政策协调上，省级规划（如《四川省"十四五"文化和旅游发展规划》）与市域领导小组统筹项目推进，强化顶层设计；在资源整合中，以川西生态康养与川东田园综合体为典型，盘活土地与闲置资源，实现跨产业要素联动；在市场化运营中，依托短视频平台推广休闲农业、体旅产品，构建多层次消费体系；在人才培育中，通过高校课程设置及人才住房、子女教育等政策双向发力，引育高端专业人才；在生态保护中，强化九寨沟环境监测与低碳旅游实践，筑牢绿色发展底线；在基建共建中，完善乡村旅游公路及公交网络，破解偏远地区交通瓶颈；在资金保障中，创新"政府专项+PPP模式"，吸引社会资本投入融合项目；在区域协同中，推进跨区资源开发（如川西旅游+川东农业），打造巴蜀文化旅游走廊等协作平台；在智慧赋能中，借力大数据、人工智能等构建智慧旅游平台，优化流量监测与资源调度。

（二）融合发展机制存在的问题诊断

1. 制度创新机制不足：要素流动壁垒突出

一是产业协同性差。文旅、农业、康养等政策缺乏统筹，导致"九龙治水"，如农业用地与文旅开发政策在土地性质、审批程序上矛盾。二是要素市场化配置不足。集体建设用地入市流程不畅，闲置宅基地缺乏盘活机制，人才引育缺乏制度保障。三是利益联结机制松散。"三变"改革存在形式主义，农民股权占比低、分红不明晰，企业合作中农民获益空间小且缺乏保障。

2. 产业融合深度不够：协同效应未显现

一是产业链条短。农文旅体康融合多停留在初级加工与观光层面，如以川菜原料输出为主，缺乏"中央厨房+农文旅体验"等全链模式。二是业态单一。康养产品同质化，如以温泉、森林康养为主，中医药、运动疗养等创新业态不足，数字技术仅用于预约、直播等浅层场景，未形成"农业大数据+康养AI"等深度融合。三是区域失衡。川西、川南农旅资源开发基础薄弱，川东、川中缺乏特色IP，跨区域合作机制缺失导致项目雷同，出现客源争夺情况。

3. 技术赋能机制滞后：数字化转型不足

一是应用场景少。物联网技术、区块链技术等应用仅在一些示范性园区进行试验，覆盖率不高。比如农产品可追溯覆盖率低，公众对"四川农耕"品牌缺乏信任。智能农具、无人机喷洒农药等覆盖率低，农机农艺农旅农商融合度不够。二是数字文旅平台体验差。"蜀游云"等旅游平台不具备个性化推荐、在线自动客服等智能平台功能,旅游者体验停留在"查询信息"上,尚未达到"精准引流—深度消费"的闭环式体验。缺乏对文旅康养需求的大数据分析和客流的预警能力,节假日拥堵,服务能力资源浪费。三是绿色金融产品少。交易或银行模式刚进行试点就失去优势,"竹林碳汇贷款"条件苛刻、对象人群少。"碳普惠机制"和文旅消费场景结合不紧密,很难通过积分、碳币奖励等方式对游客进行绿色消费引导。

4. 人才发展机制不健全:人才培育与引进缺位

一是缺乏专业人才。高校、院校没有开展农商文旅体康融合相关专业,复合型人才短缺。比如,既懂农业又熟悉康养运营的跨界人才严重缺位,乡村工匠培训内容支离破碎,非遗技艺与现代文旅产业融合不到位,无法有效孵化"新农人"网红带货主播、乡村文旅策划设计等新兴职业人才。二是人才不易留、不好用。城市人才下乡无政策扶持,薪酬待遇、社会保障、教育等无法保障。比如"周末专家"工作站点"挂名挂而不实","专家不精主业"。本土人才晋升通道不畅,职业经理人制度未覆盖县区经济,致使"乡村 CEO"等吸引力不足。

5. 产业发展机制失衡:生态保护与经济发展矛盾突出

一是开发与保护不协调。一些旅游景区开发过度导致破坏生态环境等,如九寨沟、稻城亚丁等热门旅游地因超载旅游导致生态环境问题凸显。循环农业不完善,畜禽粪污、秸秆等农业废弃物未得到很好的利用,农业污染问题尚未得到根本改变。二是绿色消费不完善。"低碳旅游护照""生态积分"等手段推行不力,游客对于绿色文旅产品知晓度、支付意愿不高。三是绿色农业认证不完善,"有机食品""碳中和民宿"等标示缺乏可信度,市场认识度不高。

6. 品牌建设机制不成熟:缺乏战略性与文化 IP 整合能力

一是"天府农耕"文化 IP 不成熟。文化资源挖掘粗放,缺乏文化 IP。如三星堆、川菜非遗等文化 IP 未与文旅康养项目深度融合,难以产生国际知名度。品牌营销手段落后，重传统媒体轻短视频直播平台，"四川乡村游"在年轻群体中辐射效果不佳。二是区域品牌联动性不够。"一县一品"联动未形成全省范围统筹协作，如多个县（市、区）同时申请"花椒之乡"，出现"撞车"现象。出口通路不够，农产品跨境电商未开展、国际文化旅游合作未形成机制，难以进入"一带一路"市场。

7.保障机制不完善：长效发展缺乏支撑

一是政策传导"最后一百米"。有的政策没有操作手册和资金配套，政策"写在纸上、挂在墙上"。如乡村振兴专项基金投入回报率低，落地率低。容错免责制度不完善，干部因怕担责而"求稳不求进"，无革新动力。二是金融扶持不足。政府贴息低额信贷服务范围小，中小企业、合作社贷款融资难。"乡村振兴文旅康养贷"审批手续冗长，放款周期过长。社会资金参与意愿不高，缺乏"政府—企业—村集体"三方"共同收益"的PPP模式，项目推进缓慢。三是监测考评机制缺失。缺乏定量的融合发展评估体系，不能实现对产业融合的动态监测。如没有建立农商文旅体康融合发展指数，指导政策变更，政策调整难以做到精准化。缺乏红黄蓝预警系统，对发展落后的区域缺少针对性督导，资源扶持不到位。

四 四川农商文旅体康融合发展的机制优化路径

在发展现况和问题的基础上，本部分以制度创新、产业融合、技术赋能、人才培育为核心抓手，结合四川地域特色，系统设计"制度—产业—技术—人才—利益—生态—品牌—保障"八维联动机制，旨在构建可持续的农商文旅体康融合发展模式，为乡村振兴战略提供可复制推广的"四川方案"。

（一）制度创新：破解要素流动障碍机制

一是创新"混用地"新政。推行"农业＋文旅康养"产业融合发展用地图案，允许集体经营性建设用地"弹性年期出让"入市，建立城乡

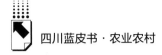

统一的土地市场，完善入市"同权同价、流转顺畅、收益共享"制度等。二是设立"乡村CEO"职业经理人制度。制定"乡村文旅康养职业经理人认证标准"等，建立专业化培育模式，实施"乡村经理人"分梯次培训计划，重点吸引文旅规划、康养管理专业人才返乡。三是深化"三变"改革。推广"资源变资产+资金变股金+农民变股东"模式，创新利益联结机制，探索"保底收益+超额分红"分配方案，建立农户权益保障机制。例如，攀枝花芒果产业园通过土地入股让农户深度参与，共享产业链增值。

（二）产业融合：构建"五链共生"生态机制

通过五大产业链条的深度融合，构建"资源共享、价值共生、优势互补"的产业生态系统。如农业产业链通过"川菜博物馆+中央厨房"延伸预制菜、调味品等高附加值加工链；体育消费链借"南充花椒马拉松"等赛事IP激活消费新场景；节庆融合链依托"农业嘉年华""丰收节"链接农事体验与文旅消费；文旅康养链融合九寨沟藏羌医药开发温泉理疗、康养年卡及森林木屋业态；数字农业链通过"数字农创空间"孵化AR农事体验与区块链溯源技术，构建"天府田园"App产销闭环，以县域大数据中心推动全流程数字化，形成五链融合、资源共享的可持续发展生态体系。

（三）技术赋能：提升产业韧性机制

一是培育智慧农业。在成都平原推广应用物联网传感设备，搭建"天地空"数字化智慧管理平台，开发无人驾驶农机调度系统，节约调配农机路径，减省燃油消耗等。二是搭建数字文化旅游平台。"蜀游云"文旅数据平台打造将门票在线预约、引导交通、智能咨询服务相结合的智慧文化旅游服务，运用人工智能进行精准营销、实现个性化推荐。建立"一部手机游四川"服务系统，提高游客参与率和停留时长。三是打造"碳汇+"绿色信贷。"竹林碳汇收益权质押贷款"等绿色信贷产品不断推出，通过建立生态价值转换途径在攀枝花试推芒果碳汇交易，在生产农产品时记录碳足迹。

（四）人才培育：激活内生动力机制

一是在乡村工匠中开展培训。设置乡村非遗技艺、乡村民宿管理和乡村短视频营销人才等项目，建立一批"大师工作室+合作社"，培育"新农人"网红带货主播，开展短视频营销技能公益大讲堂，组织举办乡村振兴创新创业大赛，择优推荐优质项目，给予政策倾斜。二是校地"联姻"。共建"乡村振兴产业学院"，开设乡村文旅规划、康养管理等订单定制人才专业，成立实训基地，落实"订单化"人才培养，举办乡村振兴"乡村CEO"研修班，组织职业经理人前往先进地区对标学习。三是实施柔性引才方式。建立"周末专家"工作站点，搭建跨学科专家顾问团提供智力支持，完善人才住房保障及子女教育配套政策；推行"飞地孵化"，把城市企业引入乡村创办研发中心。

（五）利益联结：构建利益共享机制

一是健全"第三次分配"。试点门票分成用于乡村基础设施建设的分配方案，即景区门票收入全部"留村"用于乡村公共基础设施建设，不再像以前一样分成用于乡镇等发展。农产品加工利润分配双方通过协议就利润分成达成共识。推行农户加入农民专业合作社和农民加入农产品加工企业的"农民专业合作社+企业+农户"契约制经营模式。二是探索风险转移方式。研发和推行"天气指数保险"等新型农业保险。与期货公司联合开发农产品价格剧烈波动的预警系统，设立产业风险补偿金，对自然灾害等意外因素造成的损失进行适当补偿。三是实行数字共享计划。创建和实行"四川乡村云"大数据管理信息平台，使农资市场、专业技术的信息形成合力，通过溯源系统建立起"种养产销"一站式透明全记录模式创建"社员管理信息""村户经济共同体"管理模式。

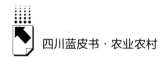

（六）生态保护：实现可持续发展机制

一是开展"生态银行"试点。开展森林、湿地等生态资源价值评估体系的研究探索，开展碳汇交易与生态补偿相结合的绿色发展试点，推行"生态积分"，使环保行为价值化，以积分为信用资产予以交易变现。二是发展循环型农业。在眉山试点开展"种养加一体化"循环经济，构建畜禽粪污资源化链条推广秸秆综合利用技术，开展"秸秆—沼气—有机肥"循环经济试点。开发节水、光伏发电等绿色生产技术，削减资源消耗强度。三是推出绿色旅游名片。制定《四川省生态旅游示范区管理规程》，构建环保设施"一票否决"制度，推出"低碳旅游护照"计划，对使用新能源交通工具的游客推出消费奖励制度。打造国家森林步道、生态廊道等特色生态旅游名片。

（七）品牌建设：提升市场竞争力机制

一是打造"天府农耕"文化 IP。推出熊猫田园、川菜非遗等文创产品，建立授权机制打造"中国·四川农耕文化节"，开创一年一度的世界交流平台，建设农耕文化公园，展示四川特色农耕文化和非遗传统。二是打造"百县千品"，挖掘地理标志产品打造"一县一品"特色农产品集群，建设农村电商服务站，培育本土直播电商人才，依托"区块链+溯源"技术打造高品质农产品供应链体系。

（八）保障措施：确保长效发展机制

第一，构建监测分析指标体系。研发"农商文旅体康融合发展指数"评价系统，选取产业融合度、劳动吸纳效率等核心指标作为评价指标，实施季度监测，建立红黄蓝警示名单，实施"点对点"督办。第二，加大财政金融保障。设立省市两级专项发展引导资金，加大对基础设施配套建设、数字化应用的支持力度。推进"乡村振兴文旅康养贷"实施，探索运用"政府补贴利息+风险分担"的融资模式，通过成立产业发展基金，吸引社会资本用于重点项目建设。第三，推行容错免责机制。推出容错责任清单，明确政策探索可免责情形，建立"改革试点失当损失补偿基金"，对试错项目进行损失补偿。落实干部考核容错机制，在乡村振兴实绩考核中凸显创新成效。

五　研究结论与展望

本报告认为，四川农商文旅体康融合发展需要以制度创新为抓手，以"混合用地"政策创新、职业经理人制度与"三变"改革激活土地、人才等要素流转；以科技赋能与品牌塑造为重要抓手，推进智慧农业、数智文旅与生态价值转化；以利益共享与生态保护为可持续发展基本要求，构建"保底收益+超额分红"利益联结共享机制与绿色金融工具；以区域联动与保障制度为长效发展动力，健全部门间协作联动与动态监测机制。未来应主要针对机制设计动态调整、数字化与绿色化协同转型路径探讨、国际市场与国内市场联动、人才培养与农村基层治理模式创新、政策实践及其效果评估等进行动态升级，不断迭代与升级"四川模式"，为全国乡村振兴与产业融合的普适性理论和实践提供借鉴意义。

参考文献

黄益军、吕振奎：《文旅教体融合：内在机理、运行机制与实现路径》，《图书与情报》2019年第4期。

眭海霞、韩森、尹宏：《农商文体旅融合发展模式及动力机制研究》，《经济问题探索》2023年第7期。

叶国伟、杨坤、李玲玲等：《成都市农商文旅体融合发展助推乡村振兴研究》，《农村经济与科技》2019年第22期。

罗先菊：《以农文旅康深度融合推动民族地区乡村振兴：作用机理与推进策略》，《价格理论与实践》2022年第2期。

梁峰、郭炳南：《文、旅、商融合发展的内在机制与路径研究》，《技术经济与管理研究》2016 年第 8 期。

杨红英、杨舒然：《融合与跨界：康养旅游产业赋能模式研究》，《思想战线》2020
年第 6 期。

钟漪萍、唐林仁、胡平波：《农旅融合促进农村产业结构优化升级的机理与实证分
析——以全国休闲农业与乡村旅游示范县为例》，《中国农村经济》2020 年第 7 期。

叶小瑜：《"体旅文商农"产业融合发展的时代价值与推进策略》，《体育文化导刊》
2020 年第 4 期。

周春波：《文化与旅游产业融合动力机制与协同效应》，《社会科学家》2018 年第
2 期。

B.16
四川有序推进农村集体经营性
建设用地入市改革研究

庞　淼　江星睿*

摘　要：　党的十八届三中全会以来，四川积极探索农村集体经营性建设用地入市改革，在试点工作、制度创新和相关产业发展过程中取得了一系列显著成效。在激活农村土地资源、增加农民收入、积累土改创新经验等方面稳步推进以"三位一体制度框架"为核心内容的农村集体经营性建设用地入市改革，形成了一批实践成果和制度成果。然而，四川农村集体经营性建设用地入市改革面临诸多困难，如顶层制度制约试点工作、土地资源市场化配置效率低、多方主体参与度不高、产业发展模式创新不足等。未来，四川还需以制度创新为核心，建立多主体参与的土地利益联结机制，明确集体经营性建设用地入市实施主体持续建设公平透明的入市交易平台，鼓励集体经济组织与社会资本合作实现乡村振兴，为全国农村土地制度改革提供制度创新样本，以推动城乡融合发展迈向更高水平。

关键词：　集体经营性建设用地　入市改革　四川省

农村集体经营性建设用地入市改革是我国建立统一的城乡土地市场、丰富农村集体资产与提升村集体收入的重要途径。四川作为全国农村集体经营性建设用地入市改革的首批试点省份，立足省域实际，以"同权同价"为

---

* 庞淼，四川省社会科学院农村发展研究所研究员，主要研究方向为农村发展和生态建设；江星睿，四川省社会科学院农村发展研究所，主要研究方向为农村发展。

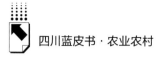

核心目标，通过试点先行、分类施策，探索激活农村土地资源要素、提高资源配置效率的制度创新。当前，四川集体经营性建设用地入市改革已从局部试点迈向有序推进阶段，其制度创新与经验积累对全国农村土地要素市场化配置具有重要示范意义。

一 四川农村集体经营性建设用地入市改革基本现状

（一）提出背景

按照党的十八届三中全会关于集体经营性建设用地入市的要求，2015年全国划定33个试点县（市、区）作为农村集体经营性建设用地入市试点地区，其中四川的郫县和泸县被纳入第一批试点。2020年修订的《中华人民共和国土地管理法》明确确立集体经营性建设用地与国有建设用地同权同价机制，打破了城乡土地二元体制，终结了农村土地必须征为国有方可入市的历史。2022年，党的二十大报告进一步明确"深化农村土地制度改革，赋予农民更加充分的财产权益"，将集体经营性建设用地入市作为重要抓手。2023年3月，自然资源部办公厅印发《深化农村集体经营性建设用地入市试点工作方案》中，四川的19个县（市、区）被列入试点，集体经营性建设用地入市试点进一步有序推开。2025年中央一号文件再一次提出"有序推进农村集体经营性建设用地入市改革，健全收益分配和权益保护机制"。

（二）基本现状

四川省农村集体经营性建设用地入市改革一直走在全国的前列，郫县（现郫都区）和泸县是全国第一批农村集体经营性建设用地入市改革试点县。截至2024年12月，四川已完成农村集体经营性建设用地入市94宗、面积1040亩，成交金额6.27亿元，① 带动乡村旅游、农产品加工等产业投

---

① 《四川农村集体经营性建设用地入市成交6.27亿元》，https：//country. scol. com. cn/shtml/ scncrb/20241212/103416. shtml，2024年12月12日。

资超 30 亿元。基于农村集体经营性建设用地入市能有效缓解城镇化发展中用地紧张问题,[①] 四川采取土地作价入股等模式,提出要解决土地不符合国家空间规划、产业准入、生态环境保护等要求的问题,以及不能进入市场的矛盾。以集体土地资源变资产,激活乡村产业新业态,吸引外来资本和经营主体下乡发展乡村产业,从而促进集体和农户个人财产性收入的增加,为深化城乡融合发展提供重要的土地资源。试点县在推进改革的过程中积累了大量经验,例如成都市郫都区以"土地激活—产业振兴—农民增收"的方式将闲置集体建设用地用于发展乡村旅游和现代农业,[②] 泸州市古蔺县入选 2023 年农村集体经营性建设用地入市典型示范案例,泸州市泸县以"集体经营性建设用地使用权+集体林地经营权"的交易模式,入选 2024 年农村集体经营性建设用地入市典型示范案例,这为西部地区集体经营性建设用地入市改革探索作出了四川贡献。

二 四川农村集体经营性建设用地入市改革的主要做法及成效

(一)确权赋能,完善政策体系

2024 年 3 月,四川出台了《四川省农村集体经营性建设用地入市交易办法》,强调建立"规划约束—确权登记—入市交易"的制度框架。在符合《中华人民共和国土地管理法》《四川省〈中华人民共和国土地管理法〉实施办法》等法律法规规范的前提下,集体经营性建设用地入市前,应依法完成集体土地所有权确权登记,集体土地所有权未登记或存在权属争议的,集体经营性建设用地不得入市交易。由县级人民政府颁发《集体土地所有

---

① 张琦英、徐玲:《改革开放以来农村集体经营性建设用地流转政策演进研究》,《现代商贸工业》2023 年第 5 期。

② 邱铁鑫:《基于四川省郫县农村集体经营性建设用地入市的调查与思考》,《陕西农业科学》2017 年第 1 期。

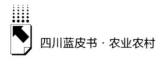

证》或《集体建设用地使用证》，确认土地的合法权属。四川在制定和修订"农村集体经济组织资金资产资源管理制度""农村集体资金资产资源管理制度""农村集体股份经济合作社财务制度"等的基础上，在国家政策框架下，结合地方实际，出台了一系列配套政策文件，明确了农村集体经营性建设用地入市的范围、程序、收益分配机制等关键内容，为破解四川农村集体资产"经营难"、金融资本"下乡难"等现实困境提供了政策支持。进一步有效盘活农村闲置土地资源，提高土地利用效率。

（二）试点县先行，有序推进入市交易

四川以19个县（市、区）为试点，探索不同区域、不同经济发展水平下的入市模式。试点地区依据《农村集体经营性建设用地入市交易办法》，探索建立"规划约束—确权登记—入市交易"标准化程序，制定入市交易规则、建立交易平台、规范交易流程等方式。如泸州市农村产权交易中心完成全国首宗"集体经营性建设用地+集体林地经营权"组合交易；郫都区推出弹性供地模式，采用租赁、先租后让、弹性年期出让等方式灵活调整供地形式及年限，在降低企业前期成本的同时优化土地资源配置；资阳市雁江区通过盘活14.2亩闲置商业用地，打造乡村文旅综合体，实现"存量变增量"；什邡市蓥华镇将19.91亩土地用于山泉水生产项目，严格限定产业准入与生态红线，形成"放活不放任"的典型范例；①巴中市通过国有平台代理入市完成垫资及土地估值，明确收益分配经民主表决，解决集体经济组织能力不足的问题。

（三）构建多方共享的利益分配机制，促进农民增收

四川构建"政府调节基金+集体留成+农民分红"三级分配制度，明确土地增值收益调节基金、入市收益、集体收益的分配及使用标准。政府的调

---

① 《我市敲响农村集体经营性建设用地入市"第一锤"》，https：//wap. deyang. gov. cn/xwdt/dydt/1801827. htm，2024年1月8日。

节基金占土地增值收益的 20%～50%，① 用于城乡公共服务均等化。例如，为保障政府、集体经济组织、市场主体、个人等多方共享，成都市郫都区采取"分级调节+二八分成+成本双降"模式；为充分保障农民主体地位和增加财产性收入，立足土地资源要素的市场化配置，通过创新作价入股模式激活乡村振兴动能。在村集体内部，目前试点地区通过"入股分红+保底收益+务工就业"分配体系，集体年均经营性收入增长 42%。② 2021 年成都市郫都区、泸州市纳溪区等地农民人均增收突破 2000 元，形成"土地改革—收益共享—消费升级"的良性循环。2024 年四川累计向农民分配土地增值收益 9704 万元，试点区域农民财产性收入占比提高至 18.6%，③ 保障了农民稳步增收的持续性。

（四）探索机制创新，形成具有推广价值的入市模式

四川全省 19 个试点县（市、区）纳入国家级改革试验，探索形成"基准地价评估系统""城乡统一交易平台"等创新机制。推行"跨县域指标调剂""片区综合开发"等省级统筹模式，如成都平原经济区通过"郫县经验"辐射带动周边 6 县联动入市；泸州市建立川南片区土地指标交易中心，实现跨市域资源配置效率提升 23%；其中郫都区围绕"委托—代理"机制进行探索，确定成立农村集体资产管理公司作为集体经营性建设用地入市的实施主体，有效分离入市实施主体和入市主体。④ 2025 年 3 月，资阳临空经济区通过资阳农交所平台，以作价入股方式成功盘活两宗共计 41.07 亩集体经营性建设用地，总价 1437.45 万元，以每亩 35 万元作价入股，村集体持有合

① 吴昭军：《集体经营性建设用地土地增值收益分配——试点总结与制度设计》，《法学杂志》2019 年第 4 期。
② 张琦英、徐玲：《改革开放以来农村集体经营性建设用地流转政策演进研究》，《现代商贸工业》2023 年第 5 期。
③ 杨庆媛、杨人豪、曾黎等：《农村集体经营性建设用地入市促进农民土地财产性收入增长研究——以成都市郫都区为例》，《经济地理》2017 年第 8 期。
④ 邱铁鑫：《基于四川省郫县农村集体经营性建设用地入市的调查与思考》，《陕西农业科学》2017 年第 1 期。

作企业3%以上股权，形成"土地入股—资本联营—产业共建"的闭环机制，再通过"保底收益+股权分红"实现村集体年收益稳定增长。村集体与合作方共同成立新公司开发文旅项目，企业承诺投资不低于1.2亿元，[①] 优先聘用本地村民，是全省除成都市外首例地级市集体建设用地作价入股案例。该模式通过股权分红替代传统租金，实现农民"资源变资产、农民变股东"。[②]

（五）保障交易平台的公平与透明性

四川农村集体经营性建设用地入市改革是在符合规划和用途管制前提下，允许农村集体经营性建设用地出让、出租，实现与国有土地同等入市、同权同价，建立城乡统一建设用地市场。通过市场化配置，推动与国有土地在交易规则、服务监管等方面率先统一，依托农村产权交易平台，实现入市交易全流程数字化（含在线挂牌、竞价、合同签订及资金结算），有效提升市场化效率。如为实现入市交易的流畅透明，攀枝花市盐边县采取线上一站式办理，实现全流程封闭管理，泸州市古蔺县建立"十步"入市程序，简化入市手续的同时也确保交易的合法性和公平性。

三 四川农村集体经营性建设用地入市改革的主要问题

四川在农村集体经营性建设用地入市试点工作过程中，面临顶层制度设计与平衡各主体之间权益的矛盾；在积极提升土地资源利用效率的工作过程中，面临入市土地地理位置制约和产权关系复杂的困难；在积极探索利益分配机制的工作过程中，面临收益分配欠公平的问题；在推动农村集体经营性建设用地入市改革与产业振兴的融合过程中，面临资金不足与产业同质化严重等问题。

---

① 《资阳首例农村集体建设用地"作价入股挂牌"顺利成交》，https://www.spprec.com/sczwweb/zhxw/001003/001003003/20250305/f6971a57-0716-4f03-8153-96f7729d56b6.html，2025年3月5日。
② 《关于推进农村资源变资产资金变股金农民变股东改革工作的指导意见》，https://nync.ah.gov.cn/public/7021/11243071.html，2018年6月7日。

（一）顶层设计制约试点县的深度探索

我国一直高度关注耕地红线不突破、农民权益受保护、集体资产不流失等土地改革中面临的重要问题，但在推进集体经营性建设用地入市过程中，出现了部分试点拓展入市土地建设商品房的情形。同时新增集体经营性建设用地拓宽用地范围也面临失地风险，出现入市后土地再流转及规范发展农村相关产业的监管难问题。因此在 2022 年，中央全面深化改革委员会召开会议，审议出台了《关于深化农村集体经营性建设用地入市试点工作的指导意见》。该文件指出，推动农村集体经营性建设用地入市是一项涉及各方利益的重大调整，必须慎重稳妥推进。其中明确三项负面清单：不得将农用地转为新增建设用地入市；不得纳入农民宅基地入市范围；不得用于商业地产开发。同步建立两个机制，国家、集体、农民三方参与的土地增值收益调控机制；保障农民权益和市场主体规范用地的权益保护机制。2025 年中央一号文件严禁城镇居民购买农房及宅基地，禁止退休干部农村占地建房，有序推进集体经营性建设用地入市改革，重点强调健全收益分配及权益保护机制，对社会资本进入乡村土地市场作出限制性规定。

（二）入市土地资源市场化配置效率低

四川农村集体经营性建设用地分布空间零散，缺乏集中连片的土地资源，这增加了土地入市的难度和成本。根据四川省自然资源厅的数据，2022年全省农村集体经营性建设用地中，村庄产业用地仅占 4.53%，制约了土地规模化利用的前景发展。同时，村民和集体作为农村集体土地产权主体和代表机构在集体经营性建设用地入市交易过程中缺乏明确性和精准性，阻碍了市场机制的运行。[①] 例如，大部分地区的增值收益调节基金制度依赖于征

---

① 赵昶：《加快破除困境制约推动农村集体经营性建设用地入市改革取得新成效》，《中国经贸导刊》2024 年第 11 期。

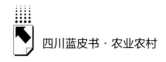

收标准高、浮动幅度大、规范化程度低。这可能导致部分主体在市场化过程中为规避税费而推进集体经营性建设用地入市，引发隐形交易行为。① 因此，这就产生了入市土地资源市场化配置效率低的问题。

（三）多方主体参与度不高

四川省试点县存在地方政府、集体和农户参与度不高等问题，既源于信息不对称及入市交易程序不完善，也源于主体对预期土地收益分配存疑。地方政府视土地为财政支柱，集体建设用地直接入市既增加征收难度又削减其土地增值收益预期，导致未来产业发展、公益设施占地推进受限，乡村公共服务提档升级面临土地资源制约。集体建设用地直接入市增加地方政府对土地规划变动、耕地转用途等领域的管制监管难度，提升土地管理要求；集体经济组织作为集体经营性建设用地所有者，缺乏吸引城市要素及统筹农村发展规划的能力，难以适配经营主体；农民对农村集体经营性建设用地入市改革成效高度期盼。农民群体希冀通过将集体所有的经营性建设用地入市交易，带来更多收益。但是，农民在利益机制上表现出脆弱性，这种脆弱性在短时间内难以扭转。② 集体建设用地监管框架不完善，闲置及非法用地处理流程与供后监管尚未建立，与主体积极性不足间接关联；农村集体经济组织作为入市实施主体，市场经验少、管理水平有限，导致市场主体与其合作存在较大不确定性，因此城乡监管体制尚未统一的问题，需要从城乡统一的角度在市场配置过程中进行风险评估。③

（四）集体经营性建设用地的产业发展创新不足

农村集体经营性建设用地入市需要大量的资金支持，包括土地整理、

---

① 赵昶：《加快破除困境制约推动农村集体经营性建设用地入市改革取得新成效》，《中国经贸导刊》2024年第11期。
② 陈寒冰：《农村集体经营性建设用地入市：进展、困境与破解路径》，《现代经济探讨》2019年第7期。
③ 赵昶：《加快破除困境制约推动农村集体经营性建设用地入市改革取得新成效》，《中国经贸导刊》2024年第11期。

基础设施建设等。然而，目前资金主要依赖政府财政投入，社会资本参与度较低；部分地区在土地入市后，受限于资金投入的不足，产业发展模式单一，且主要集中在乡村旅游、农产品加工等领域，同质化严重，缺乏足够创新和特色。例如，成都市郫都区的入市土地多用于康养中心和民宿项目，导致同质化竞争激烈，难以形成差异化优势；① 郫都区农村产业仍以传统种植业与乡村旅游业为主导，存在显著路径依赖特征。区域内项目业态同质化倾向明显，25宗入市用地集中于产权式酒店及商务服务类，空间布局离散化显著，未形成城市功能分区互补格局。该结构性矛盾制约农村一二三产业深度融合，阻碍城乡要素协同发展的现代化产业体系构建。

四 四川农村集体经营性建设用地入市的建议

（一）建立多主体参与的土地利益联结机制

结合实际情况，明确政府、村集体和村民在土地入市收益中的分配比例，制定科学合理的收益分配方案，保障各方利益。借鉴外地经验，增强村民对改革的认同感和参与度，在制定收益分配方案过程中，通过民主决策程序，增强村民对改革的认同感和参与度。② 基于政府提取土地增值收益的合法性与合理性，科学测算政府、集体、农民三方收益分配比例。四川通过构建"政府调节金+集体留存+农民分红"的三级分配体系，明确调节金征收标准及使用方式、入市收益分配规则、集体土地收益使用情况三大核心内容，推动收益分配机制规范化建设。

---

① 《四川省成都郫都区唐昌街道战旗村："土地入市"激活产业发展》，http://www.ce.cn/macro/more/201810/23/t20181023_30601945.shtml，2018年10月23日。

② 陈寒冰：《农村集体经营性建设用地入市：进展、困境与破解路径》，《现代经济探讨》2019年第7期。

（二）明确集体经营性建设用地入市实施主体

针对试点中出现的入市实施主体不明带来的权属不清的情况，可借鉴浙江省德清县经验，以集体经济组织为中心，确定三类入市主体。第一类为乡镇集体经济组织，入市实施主体为乡镇资产经营公司等乡镇全资下属公司或其代理人。第二类为村集体经济组织，入市实施主体为村股份经济合作社。第三类为其他集体经济组织，该组织需先依法获取市场主体资格，即可成为入市实施主体，无法获取市场主体资格由村股份经济合作社代理人委托担任入市实施主体。① 允许村集体在农民自愿前提下，依法把有偿收回的闲置宅基地、废弃的集体公益性建设用地转变为集体经营性建设用地入市；同时，允许村农民集体在符合法律规定的前提下，自愿收回闲置宅基地和废弃集体公益性建设用地用于集体经营性建设。

（三）持续建设公平透明的入市交易平台

首先，完善农村产权交易平台，需要农村土地征收、宅基地制度改革、农村产权制度改革、租赁住房制度改革的高度耦合。一是探索与住房制度改革的协同路径，采用"国有平台+集体经济组织"合作模式。二是共有产权房的探索，形成"政府+集体+个人"的混合所有制结构。三是借鉴成都郫都区经验，通过"增减挂钩+入市"组合政策，盘活农村建设用地。

其次，需要建立城乡统一的建设用地交易平台，保障供需主体公平获取市场信息及平等竞价谈判权利；加快完善农村产权交易平台，落实集体经营性建设用地入市规则，明确禁止宅基地入市，规范入市行为并强化监管；同时应完善法律约束下的集体收益使用监管机制，整合农村产权交易信息，实现集中发布与统一管理，提升交易透明度和公平性，降低交易成本，吸引市

① 陈寒冰：《农村集体经营性建设用地入市：进展、困境与破解路径》，《现代经济探讨》2019年第7期。

场主体参与。四川部分地区已开展农村产权交易平台建设，后续需持续优化平台功能和服务能力。

（四）鼓励集体经济组织与社会资本合作实现乡村振兴

鼓励集体经济组织与社会资本合作，引入职业经理人作为中介对接信息并保障入市交易流程推进。如推进土地价值评估信息对接，适时保障集体经济组织的权益；推进入市交易从方案设计到落地过程中的风险管控和项目质量进度；推进合同拟定、政府审批等流程符合《中华人民共和国土地管理法》《四川省农村集体经营性建设用地入市交易办法》等法规，保障集体经济组织和农民的话语权。通过合作不仅可以解决集体经济组织资金和能力不足等问题，还可以推动农村产业的发展，促进农民增收。在与社会资本合作过程中，首先可以通过异地调整入市范围、创新区域土地发展权转让制度，强调市场机制在其中的作用，并平衡政府对土地的直接行政管制。其次政府在推动集体经营性建设用地入市改革过程中，应明确城乡统一建设用地市场化和提升土地高效率配置的总体目标；积极利用城乡土地的协同互补性和竞争倒逼机制，实现对集体土地的确权赋能以及发展模式的创新，进一步释放农村集体土地价值。

案 例 篇

B.17
四川筠连县创新开展扶贫
和帮扶资产管理的实践和经验启示

虞　洪　苏诗雅*

摘　要： 　筠连县在扶贫和帮扶资产管理方面进行了创新实践，通过系统推进清产核资、创新管护运营模式、构建风险防控体系和强化利益联结机制等模式，实现了资源整合效能提升、基层治理能力增强、产业发展韧性强化、制度创新引领发展以及社会综合效益多维显现，为乡村振兴和农民增收提供了有力支撑，并为类似地区提供了宝贵的经验借鉴。筠连县的经验表明，系统化整合资源、市场化运营、长效化管护和全流程风险防控是实现扶贫和帮扶资产可持续管理的关键。

关键词： 　扶贫和帮扶资产　资产管理　筠连县

---

* 虞洪，四川省社会科学院产业经济与对外开放研究所所长、研究员，主要研究方向为农业经济、农村经济；苏诗雅，四川省社会科学院农村发展研究所，主要研究方向为农村发展。

一 筠连县创新开展扶贫和帮扶资产管理实践

筠连县地处川南滇东北接合部，是省级革命老区县、乌蒙山区连片扶贫开发重点县，也是典型的偏远山区农业县。为巩固拓展脱贫攻坚成果，有效衔接乡村振兴，筠连县按照《创新开展扶贫和帮扶资产管理试点工作方案》的要求，将杉新村和五凤村作为试点村，并围绕"底数清、产权明、管得好、盘得活、效益佳、分配优"的总体目标，积极探索扶贫和帮扶资产精细化管理和高效化利用。通过系统化整合资源，引入市场化运营方式，以长效化管护为保障，构建全面的风险防控体系，为实现巩固拓展脱贫攻坚成果同乡村振兴有效衔接提供了坚实支撑，也为其他地区加强扶贫和帮扶资产管理提供了有益参考。

（一）系统推进清产核资，夯实资产管理基础

一是双向摸底机制。筠连县创新性地采用"自下而上以产找资"与"自上而下以资找产"相结合的双向摸底机制。一方面，通过农村"三资"管理平台、县级部门台账、村级档案资料以及群众参与等多维度核查，全面梳理现有资产。试点村杉新村和五凤村通过党员大会、村组大会、院坝会等形式，补充完善资料缺失的资产信息，确保"全覆盖、零遗漏"。另一方面，利用县级扶贫系统、乡镇财政所资金管理系统，对比分析扶贫资金的投入与资产形成情况，进一步完善资产台账。通过双向核查，杉新村新增资产898.2万元，核减不准确资产308.7万元。[①] 二是精准核资方法。筠连县实施"1+N"核算法，对每项资产进行精细化核算。具体而言，通过财务账目比对、项目资料查阅和实地调查相结合的方式，确保资产核算的准确性。固定资产原则上按照原值进行统计，不计算折旧和维修费用；生物资产和权益类资产则在参考原值的基础上，按照现值进行核算。同时，还注重精准登记

---

① 内部资料：《用好五个结合双向找，把好摸清家底第一关——筠连县清产核资典型案例》。

资产的资金来源和建设年份，确保资产信息的完整性和准确性。通过这一方法，试点村累计确权资产 112 项，资产原值超过 6600 万元。[①] 三是灵活性确权策略。筠连县针对历史项目资料缺失的问题，采取灵活多样的确权策略。对于资料齐全的资产，直接颁发权属证书；对于资料缺失的资产，通过村级"四议两公开"程序审核后，出具《确权移交登记表》，确保产权明晰。其中，杉新村的特色农产品展销平台，通过土地作价折股量化的方式，解决了建筑物与土地权属不一致的问题，明确了利益分配规则，有效规避了潜在的产权纠纷。通过清产核资工作，全面摸清了扶贫和帮扶资产底数，为后续管理奠定了坚实基础。

（二）创新管护运营模式，激发资产长效活力

一是"村级自主+部门补助"管护模式。筠连县探索了"村级自主+部门补助"的管护模式，确保扶贫和帮扶资产"有人管、有钱管"。公益性资产通过积分制调动村民参与管护的积极性。其中，杉新村通过积分制治理，累计积分 1100 分，村民通过参与资产维护获得积分，在村务公示栏、"川善治"平台、微信群等进行公示，并根据积分数量兑换生产生活物资。经营性资产则从收益中列支管护经费，供水系统等易损耗资产通过收取受益者费用补充管护资金。其中，五凤村通过提灌站收入，平均每月可获得 1000 元的管护资金补充，有效解决了管护经费不足的问题。二是产资互联推动农村一二三产业融合。筠连县通过盘活闲置资产，推动农村一二三产业融合发展，提升资产附加值。其中，杉新村引进浙江茶企租赁闲置茶厂，年租金收入达 5 万元，显著提升了资产利用效益；五凤村则将废弃的老村委会改造为"农家乐"和"农土特产品体验展示区"，不仅盘活了闲置资产，还推动了当地特色产业的发展。三是职业经理人引入与联合经营。筠连县引入市场化主体，破解村集体经营短板。其中五凤村引入筠连丰乐投资管理有限公司的职业经理人，协助村集体申请 2024 年财政衔接补助资金 155 万元，用于闲

---

① 内部资料：《创新开展扶贫和帮扶资产管理试点的筠连实践》。

置资产的升级改造；通过职业经理人的引入和联合经营，有效提升了资产运营效率，实现了资产的长效增值。[①]

（三）构建风险防控体系，保障资产安全增值

一是资产流失风险追索机制。筠连县针对资产流失风险，建立了分级处理机制。五凤村对逾期未还的贫困村产业发展周转金，采取村集体催收、镇政府加强督导的形式，成功催收 1 户、完善 11 户续借手续，核销因自然灾害损毁的资产 3 项。二是产权纠纷事前协商机制。筠连县通过事前建立协商机制，有效化解了产权纠纷风险。杉新村的特色农产品展销平台，通过土地作价折股量化的方式，明确了建筑物与土地的权属关系，规避了潜在的产权纠纷；五凤村通过"确房不确地"的灵活确权方式，解决了建筑物与土地权属不一致的问题。三是市场风险应对与机遇转化。筠连县通过引入技术升级和租赁盘活的方式，增强了资产的抗风险能力，同时积极应对市场风险并转化为发展机遇。其中，五凤村投入 50 万元对肉牛养殖场进行改造升级，年节约管理成本 6 万元；杉新村将闲置茶厂出租给浙江茶企，年租金收入 5万元。通过这些措施，筠连县不仅提升了资产的利用效率，还有效抵御了市场风险，确保了资产的稳定增值。[②]

（四）强化利益联结机制，激发资产管理活力

一是"村企合作"模式。筠连县通过村企合作，建立紧密的利益联结机制，实现村集体与企业的互利共赢。其中，五凤村作为试点对象，与筠连丰乐投资管理有限公司合作，引入职业经理人，不仅提升了资产运营效率，还让农民能够从企业的发展中获得更多的收益，如分红、就业机会等，从而更好地激发农民参与资产管理的积极性。二是"农户参与"机制。筠连县鼓励农户积极参与资产管理，通过多种方式实现利益共享。筠连县建立农民

---

① 《四川筠连县："三联三探"提升扶贫和帮扶项目资产效益》，《中国乡村振兴》2025 年 1月 14 日。

② 内部资料：《筠连县创新开展扶贫和帮扶资产管理试点工作的总结报告》。

参与决策机制，让农民在资产管理中有更多的话语权，从而增强他们的责任感和归属感。三是"增收带动"机制。筠连县建立多种增收带动机制，在提高资产利用效率的同时带动村民增收。其中，杉新村联合筠连县益宏农业开发有限责任公司共同开发后沟水库，将彝寨群众闲置房屋改造为民宿，并发展周末休闲游、垂钓项目，村集体组建劳务服务队，组织清洁工人开展水库周边环境卫生清理工作，每年可获得务工收入 28600 元。[①] 通过强化利益联结机制，可以确保资产管理和运营惠及农民，有效激发资产管理的内生动力。

二　筠连县创新开展扶贫和帮扶资产管理实践成效

筠连县通过系统性创新实践，在扶贫和帮扶资产管理领域取得显著成效，形成了资源高效利用、治理能力提升、产业韧性增强、制度突破引领、社会效益协同的综合性成果，为乡村振兴提供了可复制的经验范本。

（一）资源整合效能显著提升

筠连县打破村域资源壁垒，以跨村联营、市场盘活、生态转化三大路径激活资产潜力。一是跨域协同增效。杉新村与毗邻的华新村联建佛手烘干厂房，整合资金 257 万元，带动两村集体经济年增收 96 万元，带动农户亩均增收 3800 元，形成"飞地经济"示范效应。[②] 二是生态资源转化。筠连县依托生态优势开发绿色经济。其中，杉新村依托后沟水库开发休闲垂钓项目，年均创收 2.86 万元，新增就业 50 人，推动生态资源向经济价值转化，构建"绿水青山"与"金山银山"共生格局。[③] 三是闲置资源激活。筠连县通过市场化手段将低效资产转化为经济增长点。其中，五凤村将废弃老村

---

① 内部资料：《创新开展扶贫和帮扶资产管理试点的筠连实践》。

② 《四川筠连县："三联三探"提升扶贫和帮扶项目资产效益》，《中国乡村振兴》2025 年 1 月 14 日。

③ 内部资料：《筠连县创新开展扶贫和帮扶资产管理试点工作的总结报告》。

委会改造为农旅综合体，年增收 3 万元，带动周边农户增收超 10 万元，实现"闲置变活、存量增值"。①

（二）基层治理能力全面增强

资产管理实践倒逼治理模式创新，形成"共建共治共享"的乡村治理新生态。一是村民自治深化。积分制管护机制激发村民内生动力，杉新村300 余户通过参与公益资产维护，促进公共事务从"干部干、群众看"转向"干群共管"。二是决策透明度提升。村级"四议两公开"程序规范资产确权，五凤村通过民主协商化解建筑物与土地权属纠纷，历史遗留问题化解率达 100%，增强群众对集体决策的信任度。三是能人带动效应。筠连县引入职业经理人、乡贤等外部力量，其中，五凤村通过专业团队升级肉牛产业链，带动户均增收 6000 元，形成"能人引领、集体受益"的良性循环。②

（三）产业发展韧性持续强化

通过农村一二三产业融合与风险对冲机制，构建抗市场波动的产业体系。一是农村一二三产业融合深化。筠连县推动农业向加工、服务延伸。其中，杉新村茶厂租赁年加工鲜叶 200 万斤，产业链附加值提升 30%；五凤村开发牛肉餐饮体验，年吸引游客超 6 万人次，实现"生产—加工—消费"闭环。二是风险分散机制。如浙江茶企租赁茶园支付固定租金，村集体同步享受加工分成，形成"保底+浮动"收益模式，抵御市场波动能力显著增强。三是技术赋能升级。筠连县通过设施改造提升资产效能。其中，五凤村投入 50 万元升级牛场粪污处理系统，年节约成本 6 万元，并且减少了环境污染，实现经济与生态效益双赢。③

---

① 《四川筠连县："三联三探"提升扶贫和帮扶项目资产效益》，《中国乡村振兴》2025 年 1月 14 日。
② 《四川筠连县："三联三探"提升扶贫和帮扶项目资产效益》，《中国乡村振兴》2025 年 1月 14 日。
③ 《四川筠连县："三联三探"提升扶贫和帮扶项目资产效益》，《中国乡村振兴》2025 年 1月 14 日。

（四）制度创新引领长效发展

筠连县在试点中突破政策瓶颈，形成可复制的制度性成果。一是灵活产权制度。筠连县针对历史遗留问题创新确权路径，"确房不确地"解决建筑物权属争议，"土地折股量化"明晰复杂资产分配规则，为全省类似地区提供产权管理样板。二是动态监管体系。筠连县建立资产全生命周期台账，对低效资产实时预警并分类处置，其中，杉新村腾退45亩低效茶园转型药材种植，土地利用效率提升40%。三是政策兼容性突破。筠连县率先试点财政衔接资金用于资产升级，其中，五凤村申请155万元将老村委会改造为文旅项目，探索出"资金—资产—资本"的可持续转化路径。[①]

（五）社会综合效益多维显现

筠连县资产管理实践辐射带动社会、文化、生态协同发展。一是就业结构优化。筠连县民宿、垂钓等项目创造稳定岗位50个，灵活就业100余人，缓解山区劳动力外流问题。二是文化品牌增加。筠连县通过挖掘乡土文化赋能资产，五凤村举办"牛文化节"推广特色产品，杉新村改造彝寨民宿吸引文化体验游客，年均创收超30万元，实现"文化软实力"向"经济硬支撑"转化。[②] 三是生态保护提质。筠连县通过绿色项目规范资源利用，山坪塘垂钓配套环保设施减少水体污染，佛手种植"粮药套种"兼顾生态保护与土地增效，形成生态与经济共生模式。

三 筠连县创新开展扶贫和帮扶资产管理经验启示

（一）系统化整合资源是高效管理的前提

筠连县通过系统化整合资源，实现了扶贫和帮扶资产的高效管理和精准

---

① 内部资料：《创新开展扶贫和帮扶资产管理试点的筠连实践》。
② 《四川筠连县："三联三探"提升扶贫和帮扶项目资产效益》，《中国乡村振兴》2025年1月14日。

盘活。一是多维清产核资。筠连县采用"双向摸底"模式，确保资产底数清晰，通过"自下而上以产找资"和"自上而下以资找产"，全面梳理核实现有资产，追溯资产形成过程，确保资产清查全覆盖。二是分类施策确权。筠连县针对历史遗留问题，采取灵活的确权方式，确保产权合法合规。对于资料齐全的资产，直接颁发证书；对于资料不全的资产，通过村级民主程序审核，确保产权明晰。这种分类施策的确权方式，有效解决了历史遗留问题，确保了资产的合法性和合规性，为资产的后续管理和利用提供了法律保障。三是协同推进机制。筠连县通过专班督导和部门联动，形成了工作合力，确保试点工作高效推进。通过系统化的资源整合，筠连县不仅摸清了资产家底，还解决了历史遗留问题，为后续管理奠定了坚实基础。这种协同推进机制，有效整合了各方资源，形成了强大的工作合力，确保了扶贫和帮扶资产的高效管理和精准盘活。

（二）市场化运营是盘活资产的核心

筠连县通过市场化运营，实现了扶贫和帮扶资产的高效盘活和增值。一是引入专业主体。筠连县引入职业经理人和企业租赁，有效破解了村集体在经营方面的短板。委托专业公司管理闲置资产，显著提升了运营效率。通过企业租赁盘活茶园、厂房等资源，延伸了产业链条，形成了"租金+分红"的多元收益模式，显著提升了资产利用效益。这种模式不仅为村集体带来了稳定的收入，还为当地经济发展注入了新的活力。二是延伸产业链条。筠连县通过农村一二三产业融合的方式，进一步提升了资产的附加值。将闲置茶厂改造为加工基地，结合休闲旅游开发垂钓、民宿等项目，增加了综合收益。这种产业链条的延伸，不仅丰富了当地的产业结构，还为农民提供了更多的就业机会，促进了农村经济的多元化发展。三是跨区域联动。筠连县打破村域界限，通过跨村联建、村企合作整合资源。联建农产品加工厂，共享技术、资金和市场渠道，形成规模化经营，降低了运营成本，增强了市场竞争力。这种跨区域联动的模式，有效整合了各方资源，形成了强大的发展合力，为扶贫和帮扶资产的高效管理和利用提供了有力保障。

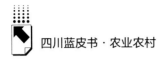

（三）长效化管护是可持续发展的保障

筠连县通过长效化管护机制，确保扶贫和帮扶资产的可持续利用。一是"人钱"双抓模式。筠连县创新实施"人钱"双抓模式，有效激发了村民参与管护的积极性。一方面，通过"积分制"将公益性管护转化为内生动力。村民参与资产管护可以获得积分，积分可以兑换生活物资，如米面粮油等。这种激励机制不仅提高了村民的参与度，还增强了他们的责任感和归属感。另一方面，从经营性资产收益中提取管护资金，形成了"以资养资"的良性循环。将茶叶加工厂的部分收益用于茶园的日常维护和设备更新，确保了资产的持续增值。二是差异化管护机制。筠连县根据资产性质，建立差异化管护机制，确保各类资产都能得到有效管理。公益性资产（如道路、水利设施）与乡村治理结合，通过公益性岗位和积分制落实责任；经营性资产（如厂房、民宿）与市场接轨，通过合同明确经营主体的管护义务，确保资产保值增值。三是动态监管体系。筠连县建立资产全生命周期管理台账，定期清查、动态更新，对低效资产及时预警并制定优化方案。对闲置茶园进行"非粮化"治理转型，提升土地利用效率；对管护问题实行销号管理，确保问题及时整改。

（四）风险防控是资产安全的底线

筠连县通过全流程风险防控，确保扶贫和帮扶资产的安全与保值。一是事前风险预判。筠连县通过产权明晰、合同规范等措施，规避潜在纠纷。对复杂资产采取灵活确权方式，明确利益分配规则，从源头化解矛盾。通过产权明晰，确保了资产的归属清晰，避免了产权不明导致的纠纷。同时，规范合同签订，明确各方的权利和义务，确保资产的合法合规使用。二是事中动态干预。筠连县建立低效资产动态监测机制，及时对低效资产进行升级或转型。对于老旧设施，进行技术改造，优化运营模式，提升资产的使用效率。对于市场风险较高的项目，引入保险机制，分散风险，降低市场波动对资产的影响。三是事后追责止损。筠连县完善了资产流失追索机制，对逾期债务进行分级催收，确保资产的安全。对于自然灾害等不可抗力造成的资产损失，依法进行核销，减少资产流失。通过合同约束和信用管理，强化经营主体责任，降低资产流失的风险。

参考文献

任金政、李睿：《持续巩固拓展脱贫攻坚成果：健全帮扶项目资产长效管理机制》，《中国农业大学学报》（社会科学版）2025 年第 2 期。

任金政、李书奎：《扶贫资产管理助力巩固拓展脱贫攻坚成果的长效机制研究》，《农业经济问题》2022 年第 4 期。

徐志明：《资产收益扶贫的机制创新与现实困境》，《现代经济探讨》2019 年第 11 期。

艾玉霞：《浅析农村集体资产清产核资的基本做法与成效》，《中国集体经济》2016 年第 19 期。

万秀军、樊义红、董纪民：《探索扶贫资产运营管理新模式》，《农村经营管理》2022 年第 4 期。

B.18
四川泸县农村宅基地"三权分置"改革案例研究

付宗平 吴云超*

摘　要： 本报告以四川泸县农村宅基地"三权分置"改革为研究对象，系统剖析其在优化土地资源配置、促进农民增收、推动乡村振兴方面的实践路径与综合成效。泸县立足"三权分置"框架，创新建立动态资格权认定、完善流转政策、搭建要素流动平台并推行数字化管理，形成"确权、流转、治理"一体化模式，不仅提升了宅基地利用率、实现了农民财产性收入增长，还建成了民宿集群、特色产业园等乡村振兴项目。这些创新性实践为全国农村宅基地改革提供了涵盖制度设计、政策执行、技术应用的完整解决方案，为其他地区的农村宅基地改革提供了可借鉴的实践模式和理论依据。

关键词： 农村宅基地　"三权分置"　泸县

在乡村振兴战略全面推进与城乡融合发展的时代背景下，农村土地制度改革成为激活乡村资源、释放发展动能的关键突破口。泸县作为成渝地区双城经济圈的重要节点，辖区面积1525平方公里。截至2024年末，全县户籍人口103.8万人。其中，非农业人口26.7万人，农村人口77.1万人；全县常住人口76.4万人，其中城镇人口33.9万人，乡村人口42.5万人。① 泸县以宅基地"三权分置"改革为突破口，探索立足县域实际创新土地管理模

* 付宗平，四川省社会科学院农村发展研究所研究员，主要研究方向为农村经济；吴云超，四川省社会科学院农村发展研究所，主要研究方向为农村发展。
① 泸县统计局：《泸县第七次全国人口普查公报》。

式，盘活资源、惠及农民、激活乡村，形成了可复制推广的改革样本。深入学习泸县土地改革经验，既是把握政策导向、破解发展难题的现实需求，也是探索乡村振兴新范式、推动农业农村现代化的必然选择。

一 明晰权属关系，构建"三权分置"法律和制度框架

（一）确权登记明晰所有权

泸县在推进农村宅基地"三权分置"改革中，以确权登记为核心基础，全面推进宅基地所有权的明晰化管理，为改革的顺利实施提供了坚实的制度保障。通过确权登记工作，泸县对全县范围内的宅基地进行了全面的权属调查，系统梳理了每宗宅基地的历史权属、现状及使用情况，将所有权统一归属农村集体经济组织。这一举措不仅解决了长期以来因权属不清导致的土地纠纷问题，也为宅基地资源的管理和流转提供了法律依据。截至2024年，泸县已完成了约30万宗宅基地的确权登记，颁发了统一的宅基地权属证书。这些证书明确了宅基地的所有权归属，同时规范了资格权和使用权的范围及条件，为村民合法使用宅基地提供了可靠保障。这一确权成果还被录入了全县的宅基地信息化管理系统，实现了权属信息的动态管理和实时更新，为政府后续的规划管理提供了重要数据支持。通过开展确权登记，泸县不仅为"三权分置"改革奠定了基础，还有效增强了村民对土地权属的认同感和安全感，提高了他们参与宅基地退出、流转及再利用的积极性。

（二）赋权保障资格权

泸县在推进宅基地"三权分置"改革中，通过政策创新进一步明确了村民的宅基地资格权，为保护农民的基本居住权益和规范宅基地使用奠定了坚实基础。具体而言，泸县将宅基地的使用资格严格限定在本村集体经济组织成员范围内，从政策层面确保了宅基地资格权的特定性和唯一性。这样既强化了集体土地的所有权，又有效防止了非本村人员通过不正当手段获得宅

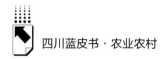
基地，保护了本村成员的利益。为进一步提升资格权管理的规范性和动态性，泸县建立了全面的资格权审核和动态管理机制。通过对村集体成员身份的认定、资格权申请流程的规范以及退出机制的明确，泸县实现了宅基地资格权的透明化和可追溯性。例如，对于进城落户的农民，若退出宅基地资格权，则需要严格按照规定程序进行审核，退出后宅基地资源将归集体经济组织统一管理并重新分配。这样的管理模式，既维护了宅基地的公平分配，也避免了宅基地权属不清和滥用问题。泸县的做法从法律和政策层面强化了对农民居住权益的保障，有效避免了宅基地私自买卖、非法占用等现象。同时，通过动态管理机制，确保宅基地资格权能够随着家庭成员身份变化及时调整，为农村宅基地的有序管理提供重要保障。

（三）放活流转使用权

泸县在农村宅基地"三权分置"改革中，通过政策创新和制度完善，允许符合条件的宅基地使用权依法进行流转，包括租赁、抵押和入股等多种形式。这一改革举措在确保宅基地用途不改变、集体经济组织权益不受损以及农民合法权益得到保障的前提下，为盘活农村闲置宅基地资源提供了新路径，注入了农村经济发展的新动能。具体而言，泸县对宅基地使用权的流转设置了严格的规范，要求所有流转行为均应经过村集体经济组织的审核和备案，以确保流转过程合法合规。例如，对于宅基地的租赁，泸县明确了租赁合同的标准化要求，并对租赁用途进行限定，优先用于发展农业生产、乡村旅游或文化产业。在宅基地抵押方面，泸县引入金融机构参与，为新型农业经营主体和乡村企业提供融资支持，有效激发了农村产业发展活力。此外，泸县还探索了"宅基地入股+分红"模式，鼓励农民以宅基地使用权入股合作社或企业，通过分红形式获得长期收益。试点以来，全县共退出宅基地28625户18488亩，[①] 这些流转宅基地被广泛用于建设乡村民宿、特色农业园区和农村合作社，亩均经济效益提高30%以上。例如，龙桥镇闲置宅基

---

① 《泸州市泸县：做活宅基地改革文章 推进乡村振兴》，《四川日报》2019年8月28日。

地通过入股模式开发为生态农庄，不仅带动了当地乡村旅游的发展，还为参与的农户每年带来 2000~5000 元的分红收入。

二　构建多元化宅基地退出与利用机制

（一）探索宅基地有偿退出机制

泸县在推进农村宅基地"三权分置"改革中，率先试点宅基地有偿退出制度，为进城落户的农民提供了公平合理的经济补偿。这一制度的实施不仅为进城农民解决了宅基地闲置问题，也为农村土地资源的再分配和高效利用提供了创新模式。在制度设计上，泸县通过出台具体的补偿标准和操作细则，确保退出程序透明化、规范化，极大提升了农民参与退出的积极性和满意度。泸县的有偿退出制度明确规定，农民在退出宅基地资格权的同时，按照土地实际市场价值和区域经济水平获得相应的经济补偿。退出的宅基地资源被优先用于农村基础设施建设、农业规模化经营或乡村产业发展。这种模式证明了土地的有偿退出制度不仅保障了农民的权益，也为农村产业发展和资源优化配置提供了重要支撑。

（二）创新宅基地利用方式

泸县在推进宅基地"三权分置"改革中，通过合理规划和科学管理，将退出的宅基地资源有效整合，推动其多元化利用。为充分发挥退出宅基地的经济效益和社会效益，泸县重点围绕建设农村合作社、发展乡村旅游项目和现代农业设施等方式，探索宅基地资源再利用的创新路径。通过一系列举措，泸县成功将闲置资源转化为发展动力，为农村经济注入了新的活力。在具体实践中，泸县注重根据不同区域特色制定宅基地再利用方案。例如，在地理位置优越、自然资源丰富的龙桥镇，泸县将退出的宅基地集中规划用于建设一个大型生态农业园区。通过科学管理和技术支持，园区的亩均产值比传统种植模式翻了一番，成为全县宅基地再利用的典范。此外，泸县还大力

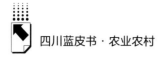

发展乡村旅游，将部分退出的宅基地改建为特色民宿、乡村餐饮和文化展示中心，不仅为农民创造了就业机会，还提升了村集体经济的收入。

（三）建立宅基地收益共享机制

泸县在宅基地利用改革中将宅基地的收益按照一定比例分配给退出农民、集体经济组织以及新的使用主体。这一创新性的收益分配机制在尊重农民权益的基础上，合理兼顾了各方利益，形成了利益共享的良性循环。对于退出宅基地的农民，不仅可以获得一次性补偿金，用于改善生活条件或作为创业资金，还能够通过分红的形式持续享有宅基地带来的收益。这种长期收益的设计，使得农民能够在退出宅基地后仍然享有土地增值的好处，增强了农民的安全感和经济保障。与此同时，这种收益分配机制也为集体经济组织带来了发展动力。集体经济组织通过获得部分宅基地收益，增加了资金积累，助力当地公共服务、基础设施建设以及农村经济的进一步发展。企业或农业合作社等新的使用主体，则通过获得宅基地使用权，开展现代农业、乡村旅游或农村电商等多元化产业，提升了土地利用效率，助推了乡村振兴。这一模式的创新有效调动了农民参与宅基地退出和流转的积极性，破解了传统宅基地利用改革中农民意愿不足的问题。农民不仅能获得长远保障，还能通过这种利益共享模式，看到宅基地利用效率提升为自身和社区带来的切实好处。

三　引入市场机制，促进宅基地资源高效配置

（一）建立宅基地流转市场

泸县在推进宅基地流转改革中，创新性地构建了全县统一的宅基地流转平台，为宅基地流转提供了一套系统化、标准化的服务。通过信息化手段，平台打破了传统线下交易中信息不对称、交易效率低、合同管理不完善等瓶颈，为各方主体提供了公平、透明的交易环境。截至 2024 年，通过该平台

完成的宅基地流转交易累计达到 8000 宗，流转面积约 5000 亩，显著促进了土地资源的高效利用。平台在交易环节中，为流出方和流入方提供精准匹配服务，确保农户和企业能够在市场化的环境中实现利益最大化。在合同管理方面，平台引入了电子合同签署和备案机制，确保流转合同合法合规，同时降低了纠纷发生的风险。通过信息发布模块，农民可以及时了解宅基地的市场需求和价格信息，增强了参与流转的主动性和信心。这一平台不仅促进了宅基地流转的规模化和规范化，也为农村土地资源的合理配置奠定了基础。通过流转，许多闲置的宅基地被重新利用，发展成为现代农业、农村电商、乡村民宿等新兴产业，有效推动了农村经济发展。

（二）实施市场化定价机制

泸县在宅基地流转改革中注重市场化机制的运用，特别是引入第三方评估机构对宅基地的市场价值进行评估，为合理定价和高效流转奠定了科学基础。第三方评估机构结合区域经济水平、土地利用潜力以及市场供需情况综合考量，在多方面发挥了重要作用。首先，它有效保障了退出农民的经济利益。通过科学评估，农民在退出宅基地时能够获得与土地实际价值相符的补偿，从而提升了参与流转的积极性。其次，该机制为宅基地的流入方提供了清晰的价格参考，降低了交易过程中的不确定性，提高了流转效率。最后，合理的流转价格还能吸引更多的企业和新型农业经营主体参与宅基地利用，为乡村经济注入新的活力。通过市场化定价，泸县进一步规范了宅基地流转市场，避免了价格过低损害农民权益或价格过高导致流转停滞等问题。

四　信息化管理提升宅基地利用效率

（一）提供在线流转服务

泸县在宅基地流转改革中积极引入信息化平台，通过技术手段为土地流转提供了便捷、高效且安全的服务，改变了传统线下交易中耗时耗力的模

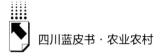

式，显著提升了土地流转的规范性和透明度。借助这一平台，交易双方可以随时随地完成信息获取和合同签订，极大地简化了流转流程，降低了参与成本。平台的在线信息发布功能为流转双方提供了实时透明的市场信息。流出方可以清晰了解当前宅基地的市场需求和价格走势，合理制定流转条件；而流入方则能够快速筛选符合自身需求的土地资源，显著提高交易效率。同时，平台还引入了在线合同签订功能，所有合同模板均经过法律审核，确保条款的合法性和规范性。通过数字签名技术和数据加密手段，平台进一步提升了交易的安全性，避免了合同篡改、信息泄露等风险。截至2024年，通过信息化平台在线完成的流转交易占比已达到60%，反映这一创新模式受到了广泛认可。农民和企业通过平台不仅节省了时间和精力，还能获得更加安全和可靠的交易体验。对于政府而言，平台不仅是一种流转服务工具，更是宅基地流转监管和数据分析的重要支撑。通过对交易数据的实时掌握，政府可以更精准地进行政策调整和市场引导。

（二）拓宽宅基地多元价值的实现

泸县在实践中建立了宅基地"法定无偿、节约有奖、跨区配置、有偿使用、共建共享、房地置换"制度，分类制定不同形式取得宅基地的渠道路径，即本村本组无偿、异地镇村有偿，允许农民以合法宅基地使用权与村股份经济合作社等第三方共建共享，农民获得住房，第三方获得集体建设用地住房或经营性用房，同时允许困难群体以宅基地使用权置换房屋居住权。探索了宅基地及农房抵押融资机制，以入股、联营等方式与新型农业经营主体合作，投资兴办实体企业，实现农民借资、新型经营主体借地创业，为"僵化"的宅基地注入新的活力，有效解决了农民建房资金不足难题，实现了农民有房住、第三方有房经营的共赢局面。另外，村集体在保障自身发展所需的前提下，以县内调剂平衡、政府保底收储、产业发展、城镇建设等形式统筹利用，满足多方需求。乡村旅游、农村康养、电子商务等新产业、新业态得到发展契机，提升生产、生活、生态"三生"空间，产村一体的田坝新村、村庄聚居的山河社区、三产融合的谭坝田园综合体、就地城镇化的龙桥社区等示范点的建设，成功打造了以龙桥文化生态园为代表的美丽乡村典范，引领农村形成文明乡风。

五　强化权益保障，提升改革的社会认可度

（一）保护退出农民的合法权益

泸县在宅基地退出工作中，以规范性和公平性为核心，通过一系列制度设计和保障措施，切实维护退出农民的合法权益。为确保补偿过程的公平透明，泸县统一制定了规范化的合同模板，明确退出协议的条款和细节，涵盖补偿标准、支付方式、后续权益等内容。这些合同经过法律审核和公证，确保农民的权益在退出过程中不受侵害。同时，泸县引入了第三方监督机构，对补偿流程进行全程监督，包括资金支付、合同履行等环节，防止出现任何形式的违规操作或权力滥用。这种公开透明的机制，不仅提升了农民对退出工作的信任，也为宅基地改革树立了良好的示范。在经济保障方面，泸县注重解决农民退出宅基地后的长远生计问题。一次性补偿金、养老保险、医疗保险在内的多种社会保障措施的完善，确保了农民在退出宅基地后仍能维持基本生活。同时，政府还鼓励农民参与职业培训或从事新的就业机会，帮助他们顺利适应退出后的生活。

（二）维护集体经济组织利益

泸县在推进宅基地流转和再利用的过程中，高度重视集体经济组织的管理作用和利益分配，确保土地资源的增值能够惠及集体经济和广大农村居民。通过明确集体经济组织在宅基地流转中的管理权限和收益分成比例，泸县为集体经济参与土地利用改革提供了制度保障，使其能够在流转和开发中充分发挥组织、协调和监督的作用。在管理权限方面，泸县赋予集体经济组织对宅基地流转和再利用的审核、监督和收益管理职能，确保土地利用的规范性和合法性。这些组织通过搭建流转服务平台、制定土地流转规则和推动

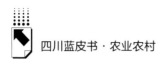

项目开发，成为连接农民、企业和政府的关键桥梁。同时，集体经济组织还负责对流转收益的分配进行监督，确保农民、集体和开发主体的权益得到公平体现。

（三）规范流转后的用途监管

泸县在宅基地改革中高度重视资源利用的可持续性，通过建立严格的宅基地用途监管机制，为土地流转和开发划定了明确的"红线"。这一机制要求所有流转宅基地的用途必须严格符合土地利用总体规划，严禁将土地用于非农业建设或对生态环境可能造成破坏的项目，从制度层面确保了土地资源的科学利用和生态保护。在具体实施中，泸县建立了多层次的审批和监督体系。宅基地在流转之前，需经过村级集体经济组织、乡镇政府以及县级自然资源部门的逐级审核，确保用途规划符合相关政策要求。此外，泸县还引入了信息化监管手段，通过土地信息管理平台实时监控流转宅基地的开发和利用情况，及时发现并纠正违规行为。这种动态监管模式极大地提高了管理效率，防止了土地流转过程中的盲目开发和不规范使用。泸县的用途监管机制不仅关注土地的经济效益，更强调生态环境保护。对于可能影响生态环境的开发项目，泸县设立了严格的环评程序，确保开发过程中不会对土地质量、水源保护、植被覆盖等产生负面影响。同时，政府还鼓励引入绿色农业、乡村旅游等生态友好型产业，最大化宅基地的综合效益。

参考文献

中华人民共和国农业农村部：《农业农村部关于积极稳妥开展农村闲置宅基地和闲置住宅盘活利用工作的通知》，2020。

国家统计局：《2023年中国农村经济统计年鉴》，中国统计出版社，2024。

刘宇晗、刘明：《宅基地"三权分置"改革中资格权和使用权分置的法律构造》，《河南社会科学》2019年第8期。

刘润秋、张列、唐宇娣：《共同富裕视角下传统农区宅基地"三权分置"改革实践评估——以四川省泸县为例》,《农村经济》2023 年第 7 期。

郜亮亮:《中国农地产权制度的改革实践、变迁逻辑及未来演进方向》,《政治经济学评论》2023 年第 1 期。

陆雅:《宅基地"三权"分置改革的理论逻辑与深化路径》,《农业经济》2024 年第 8 期。

刘润秋、黄志兵:《宅基地制度改革与中国乡村现代化转型——基于义乌、余江、泸县 3 个典型试点地区的观察》,《农村经济》2021 年第 10 期。

林津、吴群、刘向南:《宅基地"三权分置"制度改革的潜在风险及其管控》,《华中农业大学学报》(社会科学版)2022 年第 1 期。

陈金涛、刘文君:《农村土地"三权分置"的制度设计与实现路径探析》,《求实》2016 年第 1 期。

B.19
健全农业转移人口市民化机制的大英实践

胡俊波 崔荣荣 周俊杰*

摘 要： 推进农业转移人口市民化是新型城镇化的重要任务。大英县作为四川开展新型城镇化建设的国家示范县之一，近年来通过推动户籍制度改革、积极推进住房保障、优化就业创业服务等措施，在促进农业转移人口市民化方面取得了一系列积极成效。然而，在推动农业转移人口市民化过程中，大英县仍然存在土地制度改革相对滞后、落户政策与农业转移人口落户意愿不匹配、迁入地财政和用地压力较大、产业及要素支撑不足等挑战。为此，需要从完善城乡要素自由流动机制、完善农业转移人口市民化的财政和土地激励政策、统筹推进城乡基础设施一体化等方面持续推动农业转移人口市民化，以实现高质量的城镇化。

关键词： 农业转移人口市民化 城乡融合发展 新型城镇化 大英县

一 引言

党的二十大报告强调要推进以人为核心的新型城镇化，加快农业转移人口市民化。农业转移人口市民化是新时代中国推进以人为核心的新型城镇化的关键路径，也是破解城乡二元结构、实现共同富裕的重要抓手。大英县作

---

* 胡俊波，四川省社会科学院农村发展研究所副研究员，主要研究方向为农村经济；崔荣荣，四川省社会科学院农村发展研究所，主要研究方向为农村经济；周俊杰，四川省社会科学院农村发展研究所，主要研究方向为农村经济。

为国家《新型城镇化规划》的实践样本，于 2020 年入选"县城新型城镇化建设"示范名单，2023 年列入"全省县城新型城镇化建设（专业功能县城）"试点名单。自入选国家新型城镇化建设示范县以来，大英县以制度创新为突破口，围绕户籍改革、公共服务均等化、优化就业服务等领域展开探索，形成了具有地方特色的市民化推进模式。然而，在政策落地过程中，县域层面仍面临土地权益固化、财政承载力不足、产业支撑薄弱等深层次矛盾，导致农业转移人口"半市民化""被动市民化"现象凸显。为此，继续探索农业转移人口市民化的发展路径，是大英县进一步推进新型城镇化的关键。

二 大英县农业转移人口市民化的主要做法

（一）户籍制度改革奠定农业转移人口市民化基础

在大英县推进农业转移人口市民化的实践中，通过系统性的户籍制度改革创新为加快城镇化进程奠定了重要基础。① 第一，全面放开放宽户籍迁移政策，打破城乡户籍壁垒。通过取消农业转移人口进城落户的学历、就业等不合理限制，显著降低了市民化的制度性门槛。第二，全面推行电子居住证，以数字化手段重构公共服务供给模式，通过"一网通办"实现居住登记、社保医疗等市民权益的线上集成，有效提升了人口管理的精准性和服务便利性。第三，因地制宜优化落户办法，结合县域产业发展和空间规划，在中心城区实行"合法稳定住所+就业"的梯度落户机制。三项改革举措协同发力，既破解了传统户籍制度的身份束缚，又通过技术赋能和制度弹性构建了"权责对等、阶梯赋权"的市民化通道，为农业转移人口平等享有城市发展成果提供了制度保障。

---

① 徐立成：《完善城乡融合发展体制机制：基于农业转移人口市民化视角》，《经济研究参考》2024 年第 9 期。

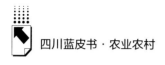
（二）推进住房保障制度促进农业转移人口市民化

大英县在构建住房保障体系促进农业转移人口市民化的进程中，通过多层次供给与精准化施策有效地破解了农业转移人口居住融入难题。第一，做好公租房保障，聚焦"住有所居"，将稳定就业的农业转移人口纳入公租房申请范围，优先保障环卫、家政等公共服务行业群体。第二，发放住房租赁补贴，注重"住有优补"，建立与收入水平挂钩的分级补贴机制，对进城务工家庭、新就业大学生等人员差异化发放补贴，缓解阶段性住房支出压力。第三，增加保障性租赁住房供给，突出"供需适配"，在产业园区、交通枢纽周边筹建小户型、低租金保障性租赁住房，同步配套社区服务设施，形成"职住平衡"的安居网络。三项政策形成"实物配租+货币补贴+定向供给"的组合拳，既降低农业转移人口城市居住成本，又通过空间规划引导人口合理分布，为市民化进程提供可持续的居住支撑。

（三）推进以人为核心的新型城镇化建设，促进城镇发展新提升

在大英县以人为核心的新型城镇化建设中，立足县域资源禀赋，通过"产城融合+特色集群"双轮驱动，构建"产业吸附人口、服务支撑生活"的发展闭环。一方面，聚焦化工、文旅等主导产业延链补链，以省级化工园区为载体培育精细化工产业集群，增强城镇就业承载力；另一方面，创新"园区+社区"产城融合模式，在产业集聚区周边规划建设教育、医疗、商业等公共服务设施完备的现代化社区，推动"以产聚人、以城留人"。同时，通过订单式职业技能培训强化农业转移人口与产业岗位适配性，引导返乡创业群体发展农产品深加工、乡村电商等新业态，形成"家门口就业"的城镇化内生动力。

（四）优化就业创业服务扩大城镇就业规模

大英县在优化就业创业服务、扩大城镇就业规模的实践中，多维施策推动劳动力供需精准匹配。第一，强化公共就业创业服务，突出"全周期覆

盖",整合县镇村三级就业服务网络,设立"新市民就业驿站",提供政策咨询、岗位推荐、创业指导"一站式"服务,并依托大数据动态监测就业失业状态。第二,搭建好平台"服务牌",重点构建"线上+线下"双轨平台,定期举办产业专场招聘会。第三,开展技能培训,紧扣县域化工等主导产业需求,通过"培训积分制"引导农业转移人口持证上岗。三项举措形成"服务赋能—平台链接—技能增值"的就业促进链,既拓宽城镇就业蓄水池,又通过能力提升增强劳动者城市发展参与度,为新型城镇化注入高质量人力资源。①

(五)强化兜底服务保障加速农业转移人口市民化

大英县在强化兜底服务保障、加速农业转移人口市民化的进程中,围绕教育、住房保障体系、医疗资源共享三大核心领域构建全链条公共服务网,着力破解市民化"后顾之忧"。第一,在教育方面,优先保障随迁子女学位供给,通过新建扩建城镇学校、优化学区划片实现"就近入学全覆盖",并依托"城乡教育共同体"推动优质师资下沉,缩小城乡教育差距。第二,在住房保障体系方面,注重"梯度化覆盖",将农业转移人口纳入公租房、保障性租赁住房申享范围,创新"居住证积分+社保年限"的住房保障准入机制,同步推进"安居社区"建设,配建便民超市、文化活动中心等设施,促进由"住有所居"向"住有宜居"升级;② 第三,医疗资源共享方面,深化县域医联体建设,推动县级医院与社区卫生院资源互通,在农业转移人口集中社区设立"健康服务站",提供家庭医生签约、异地医保即时结算等服务,并通过"智慧医疗平台"实现电子健康档案跨区域调取。

---

① 齐秀琳、汪心如:《基于机器学习方法的农业转移人口市民化水平影响因素研究》,《中国农村经济》2024年第5期。

② 仇焕广、陈丹青、陈传波:《农业转移人口市民化:政策演化、现实挑战与施策重点》,《中南财经政法大学学报》2024年第6期。

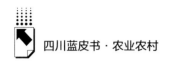

三 大英县农业转移人口市民化的现实困境

（一）土地入市制度有待完善

大英县对农业转移人口退出宅基地的补偿是通过房票形式来实现的。房票可用于购买政府指定的房源池内商品房，房票面值不足时需补差额，结余部分可兑付现金，同时房票在使用时也有时间和金额的限制。这种方式将补偿与市场房源价格间接挂钩，房票的适用范围仅限于政府指定的房源池内楼盘，若房源价格高于市场价，可能导致补偿所产生的实际购买力不足。此外，房票要求购房金额至少达到面值的90%，否则取消优惠，可能对部分被征收人产生影响。[①] 大英县在补偿价格计算时多根据指导标准进行计算，对市场因素考虑不足，如地理位置、周边基础设施、经济发展水平等，可能出现农户收到的补偿款低于市场价格，进而导致宅基地退出补偿标准与市场价值存在一定程度的偏差。另外，随着土地价值攀升，农民从土地中获得的收益增加，土地的经济价值对农民保障作用愈发突出，在这种预期下，部分农民更倾向于保留农村户籍和土地权益，而非选择落户城镇。

（二）落户政策与落户意愿存在差异

目前，大英县农业转移人口在落户过程中仍面临一定的门槛。这类门槛主要体现在落户条件的设置上，如居住年限、就业稳定性、学历要求等，这些因素在一定程度上限制了农业转移人口顺利落户，并会影响他们享受与城市户籍居民同等的公共服务。以2023年为例，截至2023年底，大英县全县户籍人口51.28万人，常住人口城镇化率47.13%,[②] 相比而言，射洪市的

---

① 《大英县重点工程建设服务中心关于〈大英县房票安置办法（征求意见稿）〉征求意见的通知》，https://snsdyx.sczwfw.gov.cn/art/2023/11/13/art_36188_238550.html? areaCode = 510923000000，2023 年 11 月 13 日。

② 《2023 年大英县国民经济和社会发展统计公报》。

城镇化率为 62.01%，^① 可见大英县在农业转移人口落户方面仍然存在着一定的短板，不能有效吸引农民落户城市。另外，大英县落户政策与落户意愿的差异还体现在农村社保与城镇社保待遇标准、衔接手续方面，与城镇居民相比，农业转移人口的社保待遇相对较低，报销比例可能存在一定差距。此外参保人员在转移时需要提供相关证明材料，较为复杂的衔接手续可能会使部分农业转移人口认为落户后可能无法顺利衔接社保，或者要承担更高的社保成本而享受不到明显更优的待遇，进而影响落户意愿。

（三）城乡公共资源配置间存在差异

大英县在推进农业转移人口市民化过程中，面临着公共资源供给压力。农业转移人口的市民化意味着他们将享受与城市居民同等的公共服务，如教育、医疗等，这需要大英县政府投入大量资金。然而，大英县政府作为县级政府，其财政收入相对有限，难以满足农业转移人口市民化所带来的公共服务支出。在公共财政方面，大英县面临教育资源扩容、医疗财政支出增加的困难，相关资金缺口较大，阻碍了公共服务资源的均衡配置，降低了城镇化的进度。另外，在基础设施建设规划上还存在着重城轻乡的问题，基础设施的建设进度尚需加速，如大英县本应按照《遂宁市城镇生活污水和城乡生活垃圾处理设施建设三年推进实施方案（2021—2023 年）》的要求完成城市再生水项目的建设，但该项目未能按时完工，直到 2024 年 10 月底才正式投入使用。这表明在建设项目的管理和执行效率上未能如期发挥效益。

（四）产业及要素支撑力度有待提升

大英县以油气化工、纺织、机电、食品等传统产业为主导，尽管近年来通过招商引资和产业园区建设取得了一定成效，但仍面临产业延伸不足、产业链建设不足、整体规模偏小、产值偏低等问题，导致就业岗位有限，难以

---

① 《魅力射洪》，https：//www.shehong.gov.cn/about/5898b556712b2cae6f585e5af085f5 70.html。

满足农业转移人口的多样化就业需求。[①] 此外，部分转移人口因就业机会不足，选择在县城和农村之间"候鸟式"流动，难以真正融入城镇生活。同时全县地形以丘陵、低山为主，可开发利用土地有限，建设用地指标可能存在短缺。大英县以丘陵和低山为主，可开发土地有限。2024 年国有建设用地供应计划中，居住用地仅占 23.02%（653 亩），而工业用地占比高达 46%（1304 亩），表明建设用地指标更多向产业倾斜，导致保障性住房和公共服务设施用地供给紧张。[②]

四 推进大英县农业转移人口市民化的对策建议

（一）完善土地入市制度

第一，建立覆盖全县的农村产权数据库，探索将林权、小型水利设施使用权等纳入统一登记范围。查漏补缺，确保宅基地及房屋权属清晰，通过多部门数据共享机制，打破信息孤岛，确保数据实时更新。制定地方性登记规范，保障农民合法权益。第二，推广"数字农房"管理模式，通过三维地籍测绘实现宅基地空间权属可视化，解决历史遗留权属纠纷。针对权属纠纷、一户多宅等问题，通过法律咨询、村民协商等方式妥善化解。结合大数据预警分析系统，实时监控土地流转、权属变更等数据，防范重复发证或权属争议。[③] 第三，完善农村土地流转服务体系，建立健全土地流转交易平台，为农业转移人口提供土地流转信息发布、政策咨询、合同签订、纠纷调解等一站式服务。

---

① 《深入学习贯彻落实县委六届十四次全会精神 立足大英现代化建设全局推进城乡融合发展》，https://www.suining.gov.cn/xinwen/show/f89f92cb36139044317be5877235defe.html，2024 年 1 月 10 日。
② 《大英县 2024 年度国有建设用地供应计划》。
③ 张永奇、庄天慧：《农业转移人口市民化与财产性收入——基于新型城镇化与共同富裕交汇处的微观映射》，《农村经济》2023 年第 10 期。

（二）深化户籍制度改革，完善城乡要素自由流动机制

第一，进一步深化居住证制度改革，运用信息化手段实现数据共享，减少群众反复提交材料的负担。创新设立电子居住证制度，逐步实现居住证与身份证功能的有机融合，让居住证持有人在享受公共服务和社会福利时更加顺畅、便捷。第二，进一步降低农业转移人口落户门槛。探索建立以居住年限、社保缴纳等为依据的积分落户制度，使落户更加公平合理。加快户籍管理智能化、信息化建设步伐，整合公安、人社、民政等各部门之间的信息资源，实现数据实时共享，清除劳动力在城乡间流动的障碍。[①] 第三，依托大英县"车能人"劳务品牌和汽车零配件产业，通过与各大企业建立长期合作关系，开展定向招聘、订单式培训等活动，吸引农业转移人口在家门口实现就业，增加非农收入，提升生活幸福感，减少对农村土地的依赖，增加农业转移人口获得稳定工作的机会。

（三）完善财政支持和推进基础设施一体化

第一，完善财政转移支付与市民化进度挂钩政策。探索梯度补贴机制，优先保障稳定就业、长期居住的转移人口公共服务权益，逐步扩大覆盖范围。将奖励资金重点用于义务教育、医疗保障等刚性支出，并探索跨区域财税协调。同时，大英县政府应大力发展特色产业，开发新的税收来源，优化财政收入结构，提高对转移人口的保障能力。[②] 第二，建立健全城乡基础设施一体化发展统筹规划机制，加强政府部门协调与合作，明确各部门职责和分工。以县域为单位推动城市管网向城郊乡村和中大型镇延伸，坚持"以城带乡"原则，推动公共服务基础设施均衡配置，实现城乡公共服务基础

---

① 杨沫：《推进新一轮农业转移人口市民化的基本思路与政策建议》，《经济学家》2024 年第9 期。
② 杜志章、李想：《农业转移人口县域市民化的逻辑嬗变、主要类型及推进路径》，《华中科技大学学报》（社会科学版）2024 年第 4 期。

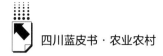
设施公平配置。① 第三，加速老旧小区改造进度，提升智慧管网和地下管线改造水平。加大政府投入，引导社会资本参与老旧小区改造，形成多元化投资机制。通过制定优惠政策，吸引房地产开发企业、物业管理企业等社会力量参与，让农业转移人口在城市中有更舒适的居住之所，减少生存焦虑。

（四）完善土地均衡配置政策，促进产业多元发展

第一，建立健全新增城镇建设用地指标配置与常住人口增加相协调的机制。充分考虑进城落户人口数量与城镇新增建设用地需求的关系，合理调控年度建设用地总量。将农业转移人口数量与建设用地指标分配挂钩，优先确保保障性住房、教育医疗设施用地需求。第二，可以继续加强创新创业智造产业孵化中心等创新平台的建设，推动与成渝地区相关孵化器的资源共享和优势互补。同时，利用省级工程技术研究中心、重点实验室等平台，攻克关键技术难题，提升科技供给能力，促进产业多元发展，提供多样化岗位满足农业转移人口的就业需求。第三，设立产业发展专项资金，对引进先进技术和设备、开展科技创新、创建品牌等有利于产业多元化发展的行为给予财政补贴。

参考文献

杨沫：《推进新一轮农业转移人口市民化的基本思路与政策建议》，《经济学家》2024年第9期。

杜志章、李想：《农业转移人口县域市民化的逻辑嬗变、主要类型及推进路径》，《华中科技大学学报》（社会科学版）2024年第4期。

---

① 张可云、王洋志：《农业转移人口市民化方式及其对收入分化的影响——基于 CGSS 数据的观察》，《中国农村经济》2021年第8期。

B.20
四川高标准农田建设验收管护的案例研究
——以眉山市东坡区为例

付宗平　朱晓迪*

摘　要： 四川省眉山市东坡区作为首个平原区国家农业综合开发高标准农田建设示范区，以规划为引领，通过模式创新、机制强化与体系完善，首创"规划—建设—验收—管护"的全周期管理体系，为四川省建设"天府粮仓"提供了核心样板。本报告从东坡区高标准农田建设实践出发，系统总结东坡区高标准农田在建设环节、验收环节和管护环节的创新性做法。同时提炼可复制推广的高标准农田建设经验，如科学谋划因地施策、规范资金投入标准、推动配套科技管理和建立多元监督体系，为其他地区高标准农田建设高质量发展提供参考借鉴。

关键词： 高标准农田　验收管护　东坡区

一　引言

2022年四川印发《四川省高标准农田建设规划（2021—2030年）》，明确提出"整区域推进、提档升级"战略目标，打造新时代更高水平的"天府粮仓"。四川将2024年确立为高标准农田建设质量攻坚年，省内出台各项条例举措，通过创新建设模式、强化制度保障，现已新建和改造提升高

---

* 付宗平，四川省社会科学院农村发展研究所研究员，主要研究方向为农村经济、农业经济理论与政策、应急管理；朱晓迪，四川省社会科学院农村发展研究所，主要研究方向为农村经济。

标准农田面积达 480 万亩，数量居全国前列，对于提升耕地质量、保障粮食安全及促进农业的可持续发展具有重要意义。

东坡区，隶属四川省眉山市，是眉山市政治、经济和文化中心，位于四川盆地成都平原西南边缘，岷江中游，总面积 1330.81 平方公里。眉山市东坡区凭借其平原区地理优势和政策创新，成为四川首个平原区国家农业综合开发高标准农田建设示范项目，是四川"天府粮仓"建设中的核心样板区。针对传统高标准农田建设普遍存在"重建轻管、验收形式化、资金碎片化"等问题，东坡区通过"规划—建设—验收—管护"全周期管理（见图 1），新建高标准农田亩均产能提高 100 公斤以上，新建高标准农田亩均节水率10%以上，道路通达率 95%，建成高标准农田上图入库覆盖率 100%，实现了田地平整肥沃、水利设施配套、田间道路通畅、林网建设适宜、科技先进适用、优质高产高效的项目建设目标，成为全国首个实现"建管一体化"的平原示范区。①

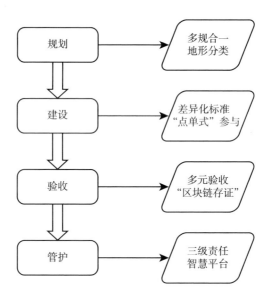

图 1　东坡区高标准农田全周期管理框架

①　《眉山市东坡区国家高标准农田建设标准化示范区项目成功通过考核验收》，http：// guoqing. china. com. cn/2025-03/25/content_117785424. htm，2025 年 3 月 25 日。

二　眉山市东坡区高标准农田建设验收管护的
创新性做法

（一）建设环节

1. 采用多规合一模式，深度融合总体布局

东坡区作为国家高标准农田建设标准化示范区，其三大模式（沃野方阵、生态走廊、绿海明珠）成为地形适配性建设的全国标杆。东坡区在高标准农田建设中结合地貌特征制定差异化建设标准，针对平坝、丘陵、山区三类地形，创新推出"沃野方阵""生态走廊""绿海明珠"三大建设模式。平原区"沃野方阵"重点推进田网、路网、水网"三网融合"模式；丘陵区"生态走廊"主要在 15°~25°坡度区域推广等"高种植+生态沟渠"模式，相关技术也已纳入《四川省丘陵区高标准农田建设技术规范》；山区"绿海明珠"实施梯田生态化改造，配套生物护坡工程，成功将东坡区耕地质量等级稳定在 3.4 以下。[①]

2. 引入公众参与机制，动态调整适应发展

东坡区建立了包括主管部门、业主、监理、施工、基层组织及农民代表在内的"六方共管"机制。首先，通过村民代表大会公告、听证和公示等方式，在项目规划、施工和验收阶段充分征求群众意见，根据反馈动态调整建设方案。其次，乡镇村干部和试点种粮大户全程参与高标准农田建设，定制化建设田间水渠和道路网络，形成以需求为导向的动态施工调整机制。最后，为确保项目透明度，东坡区强化群众监督机制，在项目实施过程中对工程内容、质量要求、施工进度和完成时限等进行挂牌公示，并聘请乡村组干部和村民代表参与全程监督，确保项目与农业生产需求精准对接，提高群众

[①] 《四川眉山：打造更高水平"天府粮仓"示范区》，https://www.163.com/dy/article/IEH9TOFN0514AUG0.html，2023 年 9 月 13 日

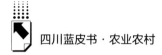
满意度。2024 年东坡区太和镇永丰村通过"六方共管"机制，种粮大户"点单式"参与，动态调整田渠布局，累计安装计量设施 536 套，基本实现主要斗口、国管和群管工程分界点计量设施全覆盖，其中骨干工程计量率高达 95.6%。[①]

3. 加强科技赋能，智慧设施提效增产

首先，东坡区创新应用"天府星座"遥感卫星系统，建立田长制智慧管理平台，每月全域扫描生成耕地质量三维模型，有效识别土壤退化风险，实现"空天地网"立体化监管。其次，推广无人机植保、无人驾驶农机和工厂化育苗等先进技术，通过耕地质量监测站，实时监测地情、肥情和墒情等，并部署智能传感器，实时精准调控灌溉。最后，创建国家级科技小院——永丰水稻科技小院，并联合四川农业大学携手开展"校地合作、科技助农"项目，推广"一优两高"水稻模式，同时小院专家团队针对丘陵区土壤板结问题，研发"生物炭+有机肥"改良技术，提升土壤有机质含量。2024 年，东坡区通过推广智慧农业设施，"五化"（信息化、规模化、标准化、机械化、集约化）基地面积实现 50%以上，良种普及率达 99%，在川南丘陵区位居前列。[②]

（二）验收环节

1. 验收主体多元化，保障验收科学性

东坡区创新推行"政府主导+第三方参与+群众监督"的多元验收模式，确保高标准农田建设科学验收。首先，引入第三方专业机构。东坡区通过竞争性磋商等方式，引入多家省级资质机构，如 2024 年四川省农田建设评估中心对东坡区 12 个项目进行验收，且对田块平整度、沟渠连通性等 28 项指

---

① 《四川眉山市东坡区 打造新时代更高水平"天府粮仓"示范区》，https://www.chinawater.com.cn/newscenter/df/sic/202308/t20230830_800978.html，2023 年 8 月 30 日。

② 刘波：《眉山市全方位夯实粮食安全根基打造新时代更高水平"天府粮仓"示范区》，《基层农技推广》2024 年第 4 期。

标进行独立验收，并提出相关整改建议，① 且验收报告需东坡区农业农村局、项目所在镇代表、村民代表三方签字确认，确保验收结果客观公正。其次，构建群众监督机制。每个项目村组建由村民代表组成的监督小组，全程参与验收过程并提出反馈意见，反映建设项目问题。最后，政府统筹协调。东坡区农业农村局设立验收专班，统筹协调各方资源，定期召开联席会议解决验收争议问题，确保高标准农田建设质量与验收结果的公正性。

2. 验收技术精准化，提高验收准确性

东坡区以"空天地网"技术体系为依托，显著提高验收准确性。首先，通过"天府星座"卫星进行全域扫描，对高标准农田的关键指标进行评估，确保项目建设的误差率控制在3%以内。其次，项目验收过程中配备先进的植保无人机，搭载多光谱传感器进行动态监测，检查灌溉盲区，及时补建支渠。最后，在沟渠、道路等关键节点部署物联网传感器监测关键节点，预警设施损毁，缩短响应时间。东坡区凭借完备的技术体系，最终高标准农田项目工程合格率达到100%。②

3. 验收资料全程化，提升验收透明度

东坡区构建"一码通"电子化档案系统，实现全流程数据可追溯。首先，区块链技术存证。东坡区高标准农田各项目实施规划、施工日志、资金拨付等关键数据实现上链存证，确保项目数据不可篡改。其次，建立公众查询平台。通过建立"天府粮仓"微信公众号和开放村级公示栏等方式，向村民实时公开高标准农田的项目进度、验收结果及资金流向等信息，保证验收过程透明化。最后，建立动态反馈机制。东坡区设立24小时热线电话和线上投诉通道，村民可通过电话或线上平台实时反馈项目建设问题或提出改进建议，相关部门迅速响应并处理，在有效监督高标准农田建设全过程的同时确保验收环节的公开、公正与高效。

---

① 《管护长效化 增产又增收》，《人民日报》2023年2月24日。
② 《眉山市东坡区国家高标准农田建设标准化示范区项目成功通过考核验收》，http://guoqing.china.com.cn/2025-03/25/content_117785424.htm，2025年3月25日。

（三）管护环节

1. 管护"有主体"，着力解决"谁来管"

首先，落实三级管护责任。东坡区严格落实县乡村三级管护主体职责。其次，规范办理移交。东坡区严格执行高标准农田工程资产移交程序，明确财政投资形成的高标准农田的设施产权归属，同步制定管护责任清单，分项建立管护台账，确保从移交到后期监管的全流程可追溯。最后，构建管护专业队伍。各乡镇配备1~2名专职管护员和引入第三方公司巡查农田，负责协调村级工作，同时村集体与新型经营主体签订管护协议，明确后续管护责任分工。

2. 管护"有机制"，着力解决"怎么管"

首先，分级管护制度。东坡区根据农田流转情况实施差异化管护，针对未流转高标准农田，由村集体统一管理，针对损毁情况进行统一修复；针对已流转高标准农田，业主需缴纳管护保证金，并提交年度管护计划，接受村委会监督，实行"双向管护"模式。其次，智慧监管平台。东坡区创新"田长制"管护模式，对已建成高标准农田实行网格化管理，同时结合物联网设备，实行全区"一张图"管理，实时监控高标准农田利用情况。最后，应急响应机制。东坡区政府设立应急响应机制，针对因突发自然灾害受损的高标准农田迅速做出反应，确保高标准农田灾后能够快速投入使用。

3. 管护"有资金"，着力解决"谁出钱"

东坡区创新资金筹措新模式，确保管护可持续性。首先，财政主导。东坡区每年发放高标准农田建后管护专项资金和每亩90元的种粮大户补贴，[①]维护村集体田间基础设施的同时调动受益主体参与管护积极性。其次，社会资本参与。东坡区引入农发行、国开行等金融机构，因地制宜推出"高标准农田+"信贷服务模式，支持高标准农田智慧农业设施提档升级。再次，受益者付费。东坡区创新有偿使用筹资模式，对于已流转的高标准农田，由

---

① 东坡区财政局：《2024年高标准农田管护专项资金使用方案》。

业主缴纳管护费、农户投劳折资等方式，筹措管护资金；对于未流转的高标准农田，由政府通过统一采购，购买第三方工程管护服务。最后，保险兜底。东坡区与相关保险公司合作，推出"高标准农田综合险"等保险服务，针对自然灾害（如洪涝、干旱）、设施损毁（如沟渠坍塌）及地力下降等风险提供兜底保障，确保高标准农田工程"有人管，有人修"，建后管护可持续。

三 眉山市东坡区高标准农田建设验收管护的经验启示

高标准农田建设验收管护是一项长期任务、系统工程，眉山市东坡区以系统性思维统筹规划、资金、科技与监督四大要素，首创"规划—建设—验收—管护"全周期管理体系，被农业农村部列为全国推广案例。基于此，在系统总结眉山市东坡区创新性做法的基础上，提炼出可复制推广的高标准农田建设经验，为其他地区高标准农田的高质量发展提供参考路径。

（一）科学谋划因地施策，推进高标建设提质增效

"全域统筹、分类施策"的科学规划理念是眉山市东坡区高标准农田建设的核心经验。针对四川多地形特点，传统高标准农田建设中"统一标准、统一投资"的规划模式，导致平坝区机械化潜力未充分释放、丘陵区水土流失加剧、山区耕地碎片化问题难解。为破解传统规划"一刀切"建设难题，可借鉴东坡区三大模式（沃野方阵、生态走廊、绿海明珠），制定差异化建设标准。各地需以地形测绘为基础，明确平坝、丘陵、山区等不同地貌类型的投资标准（平原≥3000元/亩、丘陵≥4000元/亩、山区≥5000元/亩），坚持"一地一策"的建设理念，并建立"市—县—村"三级动态评估机制，定期调整建设优先级，避免统一标准导致资源浪费或生态破坏。例如，丘陵地区可推广等高种植、生态沟渠等水土保持措施，山区可实施梯田改造与生物护坡工程，平原区重点推进田网、路网融合，确保高标准农田建设提质增效。

（二）规范资金投入标准，保障高标建设资金投入

对于高标准农田管护中长期面临财政投入依赖度高、社会资本参与不足、资金使用监管薄弱等问题，东坡区创新实施了"财政+金融+受益者+保险"多元融资模式，确保高标准农田建设资金的顺畅统筹。其中有三方面经验可供参考借鉴。首先，落实政策资金保障。各地市可创新构建高标准农田建后管护资金长效保障体系，由财政部门结合项目区建设实际需求，统筹划拨专项管护资金，并将资金使用效能纳入年度高标准农田绩效评价指标，通过建立资金使用效能评估机制，动态调整财政预算分配，并将考核结果与下一年度资金拨付挂钩，确保资金精准投放与高效利用。其次，创新绿色金融工具。探索高标准农田建设综合平衡融资模式，如专项债券、生态项目融资等，平原区可重点引导社会资本参与智慧设施建设，丘陵区开展"以奖代补"激励生态工程。最后，拓宽保险覆盖范围。东坡区与中国人保合作推出"高标准农田综合险"，赔付资金覆盖80%修复费用，各地市可创新推出管护保险条例，覆盖洪涝、地力下降等风险，提高高标准农田保险覆盖面，确保高标准农田受灾后快速修复投入使用。

（三）推动配套科技管理，加大高标农田科技支撑

针对高标准农田建设"重论文轻转化""重设备轻培训"导致智慧设备闲置、农户技术应用能力不足等问题，东坡区构建"技术研发—成果转化—农民培训"全链条，各地市可从三方面进行经验借鉴。首先，落实绿色技术措施，发挥生态效益。在高标准农田项目设计中可推广生态沟渠、生态护坡等绿色工程技术，保障基础设施发挥作用的同时，减少农业面源污染，实现绿色健康生产。其次，应用科技管理系统，嵌入智慧内核。扩大AI技术应用，开发病虫害预警模型，同时整合卫星遥感、物联网等技术，构建耕地质量动态监测与智能调控系统。最后，科技人才支撑，产学研协同创新。各地需建立"产学研用"平台，按需定制技术包（如平原区推广无人农机、丘陵区开发生态沟渠设计软件等），并重点开展农业技术示范推广

和农民职业技术培训，提升农户技术应用能力，从而达到产量与质量双提升。

（四）建立多元监督体系，促进管护能力提档升级

针对高标准农田传统监管依赖行政检查、群众监督渠道不畅导致的非粮化、资金挪用等问题，地方可借鉴东坡区立法约束、联合管理、群众参与和数据监管等举措，构建高标准农田管护全方位管理体系，促进管护能力提档升级。首先，立法监督。推动地方立法明确管护责任与处罚标准，强化法律约束力。其次，联合监督体系。构建政府部门、施工方、监理和群众代表的多方协同监督机制，同时完善工程质量监督检验体系，开展常态化质量抽检，建立参建单位"黑名单"制度。最后，群众全程参与。建立"主管部门+业主+监理+施工+基层组织+农民代表"多方协作机制，每个高标准农田项目建设都要进行资金公示，并由项目村组建农民监察小组，全程监督资金使用、施工进度和施工效果，确保规划、施工、验收全过程透明化。

参考文献

刘波：《眉山市全方位夯实粮食安全根基打造新时代更高水平"天府粮仓"示范区》，《基层农技推广》2024年第4期。

鹿光耀、廖镇宇、翁贞林：《我国高标准农田建设的政策演进及其启示》，《农业经济》2024年第1期。

罗曼、曾伊婷：《眉山市加快建设新时代更高水平"天府粮仓"示范区的案例分析》，《粮食问题研究》2024年第6期。

眉山市农业农村局：《高标准农田建设的"眉山管护模式"》，《中国农业综合开发》2021年第7期。

B.21

农业社会化服务体系建设的
"西充实践":成效、困境与路径

张泽梅　吴　蝶*

摘　要:　随着乡村振兴战略和城乡融合进程的深入推进,农业社会化服务体系的建设成为推动农业现代化的重要途径。西充县在建设农业社会化服务体系方面进行积极探索,形成了具有地方特色的服务模式。本报告以西充县为例,分析其农业社会化服务体系的建设经验、成效及其存在的问题,提出了加强农业劳动力的培养与土地资源的优化,推动服务主体的多元化发展,精准对接农业服务需求与推进服务供给侧结构性改革等完善农业社会化服务体系的路径。

关键词:　农业社会化服务体系　农业现代化　西充县

农业社会化服务体系是实现小农户与现代农业有机衔接的基本途径,是推动中国特色农业现代化的关键力量。① 党的二十届三中全会明确提出要健全便捷高效的农业社会化服务体系,这一战略举措精准锚定了农业转型突破的方向,为农业产业深度变革勾勒出清晰路径。西充县作为四川省的重要农业县,近年来积极探索农业社会化服务体系的建设路径,在推动农业现代化、促进农民增收方面取得了初步成果。西充县的实践表明,

---

* 张泽梅,四川省社会科学院农村发展研究所副研究员,主要研究方向为生态农业;吴蝶,四川省社会科学院农村发展研究所,主要研究方向为农村发展。
① 姜长云、芦千文:《中国农业的服务化转型和农业新质生产力的成长》,《华中农业大学学报》(社会科学版)2024年第6期。

通过政府引导、多主体参与和市场化运作相结合，可以有效提升农业社会化服务的质量和覆盖面，推动农业生产向更高效、更可持续的方向发展。然而，尽管取得了一定的成效，西充县在农业社会化服务体系建设中仍然面临着"谁来种地"问题，服务主体发展不足以及服务需求与供给错配等问题。

一　西充县农业社会化服务体系建设的现状及其成效

（一）西充县农业社会化服务体系建设的基本情况

1. 西充县农业社会化服务主体的发展情况

农业社会化服务主体是指在农业生产、经营、管理等领域提供专业化服务的各类组织和机构，是农业社会化服务体系中的核心组成部分。[①] 西充县作为四川省重点农业县，近年来在农业社会化服务主体发展方面取得了显著成效，形成了多元化、多层次的服务体系，有效推动农业现代化和乡村振兴。西充县主要的服务主体有以下几类。一是农业龙头企业。企业通过与农户签订合同，提供种子、化肥、农药等生产资料，制定生产标准和技术方案，为农户提供全方位的服务。同时这些企业还通过回购农产品、提供农产品加工和销售服务，实现农业生产前中后一体化服务。西充县内引进了森肽集团、天盛竹业等农产品加工型龙头企业 14 家，培育了龙兴、百科、航粒香、茂源、广绿等有机农业生产型企业 83 家，农业龙头企业 37 家。[②] 二是农民专业合作社。在农业生产过程中提供农资供应、育苗育秧、统防统治、机播机收、代烘代贮等"一条龙"社会化服务。截至 2024 年，西充县已培

---

① 文华成、杨新元：《新型农业经营体系构建：框架、机制与路径》，《农村经济》2013 年第 10 期。

② 《西充：积极探索丘陵地区农业社会化服务新路径》，https://www.sc.chinanews.com.cn/szjj/2024-07-23/213172.html，2024 年 7 月 23 日。

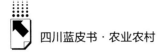
育出农民专业合作社 1172 家，同比增加 4.18%。① 三是农业社会化服务站。西充县在川东北有机农产品精深加工园设立了县级农业社会化服务中心，并在 23 个乡镇设立了农业社会化服务站。县内还以 279 个村（社区）为单位，遴选并培养了一批农业社会化服务协办员，形成了覆盖县乡村三级的农业服务网络，有效提升了农业服务的普及率和实效性。除此之外，西充县还积极引导各类农业经营主体参与社会化服务。截至 2024 年，全县已培育专业合作社、家庭农场、村集体经济组织等各类农业社会化服务组织 1772 个。② 其中，西充县勇飞"全程机械化+综合农事"服务中心获评省级服务中心。

2. 西充县农业社会化服务内容发展情况

西充县在农业社会化服务内容建设上取得了显著进展，形成了多层次、多元化的服务体系，有效推动了农业产业化发展。

一是建设智慧农业服务中心。西充县智慧农业服务中心是当地推动农业现代化和智能化的重要平台，通过整合现代化信息技术和农业机械资源，实现了农业生产全过程的智能化管理和服务。首先是智慧农机服务平台的建设，将全县农机纳入智能化管理。目前，全县共有 42 家农机专合社，农机数量超过 1 万台，旋耕机、插秧机、收割机等大型农机均安装了北斗导航智能终端。③ 通过该平台，机手、专业合作社和经营业主可以更加方便快捷地对接，实现"找农机、找农活、找机手"的网络化、一站式无缝对接。其次是智能化管理与服务，管理平台能够实时监控农机的工作轨迹和状态，通过大屏幕显示农机的作业情况。例如，通过手机 App，农户可以发布农机作业需求，专业合作社或机手接单后进行作业，作业完成后点击完成订单。这种智能化管理方式不仅提高了农机的使用效率，还降低了人工成本，提升了农业生产效率。再次是科技育秧和有机农业支持，西充县建设了现代化科技

---

① 《经济发展情况》，https：//www. xichong. gov. cn/yjxc/xcgk/jjfz/t_1763305. html，2024 年 10 月 12 日。

② 《西充：积极探索丘陵地区农业社会化服务新路径》，https：//www. sc. chinanews. com. cn/szjj/2024-07-23/213172. html，2024 年 7 月 23 日。

③ 《数字赋能西充智慧农业提质增效》，http：//www. ciia. org. cn/news/22496. cshtml，2023 年 9 月 6 日。

育秧项目，支持有机产业发展。该项目由农发行西充县支行支持，授信5900万元，用于新建现代化水稻育秧基地和创新科技服务中心。① 项目完成后，将修建多条水稻育秧流水线和蔬菜育苗流水线，满足西充有机水稻、油菜育秧的需求。最后是智慧农业的应用场景，智慧农业服务中心不仅限于农机管理，还广泛应用于农业生产各个环节。例如，在南充国家农业科技园区智慧农业示范区，通过物联网技术，实现了温室的智能通风、灌溉等远程操作。此外，园区内的在线监测设施能够实时监测温度、空气质量、湿度等数据，确保农作物生长环境的优化。此外，西充县智慧农业服务中心还拓展了农业托管、农资配送和农机维修等综合农事服务。通过"西充农服"区域性农事服务信息平台，实现了农业生产全过程的智能化管理。

二是建成县级农业社会化服务中心。西充县还建成了县级农业社会化服务中心，并引进了20家农产品精深加工企业。西充县还配套建设了18个冷链物流中心，全面构建了"1+5+N"农产品产地仓储保鲜冷链体系，年产值超过30亿元，② 为农业产业增值提供了强有力的支撑。

三是推进高标准农田建设。西充县还大力推进高标准农田建设，提升农业生产条件，为农业社会化服务提供了适宜的土地资源和规模化种植条件。截至2024年底，西充县已建成高标准农田59.13万亩，农田排灌能力达到80%，农机作业能力达到70%。③ 改造区域内小田变大田，坡地变平地，农田生产环境得到显著改善，为农业现代化提供了坚实基础。

（二）西充县农业社会化服务取得的成效

通过加强农业社会化服务体系建设，西充县在农业社会化服务方面取得了显著成效，具体表现在多个方面。

---

① 《农发行四川分行支持西充现代化科技育秧项目》，https：//www. sohu. com/a/810351553_362042，2024年9月20日。

② 《四川省南充市西充县：新"三品一标"助推西充特色农业发展》，https：//www3. cfsn. cn/2024/03/18/99398503. html，2024年3月18日。

③ 《南充农业社会化服务体系实现全域覆盖》，https：//news. qq. com/rain/a/20241209A02PV700，2024年12月9日。

一是三级服务体系的构建。在川东北设立有机农产品精深加工园，提供农资供应、耕种防收、加工销售、金融服务等综合服务；在23个乡镇设立服务站，负责区域内农业社会化服务的组织与协调；以279个村（社区）为单元，遴选并培养了一批协办员，形成覆盖县乡村三级的服务网络。① 二是农业生产效益的提升。全县农机装备率年均提升2%，土地托管面积年均增长3%，有效提升了农业生产的规模效益；粮食播种面积年均增速超过1%，经济林果产量年均增长1.5%，整体农业生产经营效益显著提升；农业社会化服务面积已达42万亩，农户通过使用农机，亩均节约成本约200元，带动了5.4万户小农户增收。② 三是村集体经济收入的增长和高标准农田的推进。村集体经济收入超过50万元的村已达到10个，③ 农业社会化服务为村集体经济增添了新的收入来源。高标准农田建设已覆盖全县97.4%的耕地，总面积达到54.13万亩，同时粮食生产总面积达85.85万亩，总产量为32.64万吨，农业总产值达到87亿元，农业生产效益显著提升。④ 四是农业社会化服务组织的全面覆盖。西充县的农业社会化服务组织已覆盖农业生产的各个环节，年服务面积达到42万亩。⑤ 通过电商平台，累计孵化了"充吉多""老疯杨""有田有家"等45家骨干电商企业，培养了8000余名微商，年销售农产品金额达15亿元，有力推动了本地农产品的市场化和品牌化。⑥ 五是智慧农业服务体系的建设。智慧农业中心配备了356台（套）各类农机具，包括耕种、防收、烘干等设备，拥有47名机手和20支劳务服务

① 《四川南充西充：粮食稳产增收底气足》，http：//photo.china.com.cn/2024-11/11/content_117539380.shtml，2024年11月11日。
② 《下足功夫，当好"保姆"》，https：//www.farmer.com.cn/2024/07/13/99959581.html?utm_source=chatgpt.com，2024年7月13日。
③ 《西充：党建引领村集体经济发展路越走越宽》，https：//www.sc.chinanews.com.cn/lyxw/2024-09-19/216166.html，2024年9月19日。
④ 《有机西充"钱袋子"更充盈》，https：//www.nanchong.gov.cn/zwgk/zdlygk/xczx/202303/t20230321_1797801.html，2023年3月21日。
⑤ 《西充：积极探索丘陵地区农业社会化服务新路径》，https：//www.sc.chinanews.com.cn/szjj/2024-07-23/213172.html，2024年7月23日。
⑥ 《西充县：持之以恒抓项目创新引领强产业》，https：//www.nanchong.gov.cn/jxj/xwdt/qxdt/202310/t20231023_1885508.html，2023年10月23日。

队。常年储备化肥、农药、种子等农业生产物资 800 余件，形成了产前、产中、产后全方位的服务体系。服务模式辐射带动了青狮镇、仁和镇、义兴镇等 5 个乡镇的 30 个村，年服务面积约 13 万亩，服务农户 2.6 万户。[①] 通过农机智慧服务手机 App，实现了"找农机、找农活、找机手"的一站式无缝对接，大大提升了服务效率和便捷性。智能农业服务平台的稻谷生产线年加工稻谷 8 万吨，服务面积达 20 万亩，有效解决了稻谷加工难题。冷链交易中心通过建立 200 家小微型冻库，确保农产品的仓储保险能力覆盖率达到100%。三级农业社会化服务体系保障了粮食日烘干能力达到 100 吨，大米日加工能力达到 30 吨。

这些显著成效表明，西充县通过农业社会化服务体系的建设，不仅促进了农业现代化和农业生产效益的提升，还有效推动了农民收入的增加和农村经济的发展，为乡村振兴奠定了坚实基础。

二 西充县农业社会化服务体系建设存在的问题

（一）"谁来种地"问题依然突出

"谁来种地"的问题直接影响了农业社会化服务的效果与发展。[②] 一是劳动力短缺与老龄化问题。由于缺乏足够且年轻力壮的劳动力，许多先进的农业生产技术和设备难以得到有效利用。西充县是劳动输出大县，县内劳动力严重缺乏，直接影响农业生产生活。根据第七次全国人口普查，西充县常住人口约为 42 万人，相较于第六次全国人口普查减少 18.24%，年平均下降 1.99%。其中，65 岁及以上老年人口占常住人口的 24.17%，[③] 大

---

① 《西充县勇飞"全程机械化+综合农事"服务中心开展"一站式"智慧服务，提升综合服务效能》，https://www.nanchong.gov.cn/nyncj/ztzl/nyncgg/202407/t20240718_1994615.html，2024 年 7 月 18 日。
② 李国祥：《实现乡村产业兴旺必须正确认识和处理的若干重大关系》，《中州学刊》2018 年第 1 期。
③ 《西充县第七次全国人口普查公报》，https://www.xichong.gov.cn/zwgk/fdzdgknr/tjsj/202111/t20211116_1208798.html.，2021 年 11 月 16 日。

部分老年人因体力限制无法从事重体力劳动和农业生产工作。二是农民的收入问题。农民因收入差距大而大量外流，这导致了农业经营主体的缺失，使得农业社会化服务机构难以找到稳定且积极配合的服务对象。2023年，西充县农村居民人均可支配收入约为1.9万元，而全县输出农村劳动力18.88万人实现劳动收入55.91亿元，输出的农村劳动力人均可支配收入达到2.9万元。[①] 收入差距促使农业劳动力进一步减少。三是农地流转问题。土地流转的缓慢和不规范阻碍了农业规模化经营的推进，而规模化经营是实现农业社会化服务高效运作的重要基础，无法实现规模效益则会增加服务成本且降低服务机构的积极性，进一步限制了社会化服务的有效实施。

（二）服务主体发展不足

一是服务主体的数量和规模有限。西充县登记注册的各类农业社会化服务组织达到1772家，但其中由企业主导的社会化服务组织仅27家，且服务能力超过5000亩的仅有10家。[②] 大多数服务主体规模较小，尤其是大型、综合性的服务组织占比偏低。大部分服务组织的服务范围较为单一，主要集中于农资供应或简单的农机作业服务，未能有效满足农户在生产、销售、技术等方面的多元化需求，制约了农业现代化的推进。二是服务主体实力不足。许多农业社会化服务主体由于资金有限，未能及时更新和采购先进的农业机械设备和技术。尽管西充县已有约10万台各类农机，但在一些复杂的农业生产环节中，如高标准农田的精准灌溉、土壤检测与改良等，服务主体仍缺乏专业的设备和技术支持，导致服务的专业化和精细化程度不足，影响了农业生产效益的提升。三是服务主体间协同性较差。在面对一些大规模的农业项目时，不同的服务主体往往各自承担一部分工作，但由于缺乏统一的

---

① 《2023年西充县国民经济和社会发展统计公报》，https：//www.xichong.gov.cn/zwgk/fdzdgknr/tjsj/202407/t20240703_1990654.html，2024年7月3日。

② 《下足功夫，当好"保姆"》，https：//www.farmer.com.cn/2024/07/13/99959581.html? utm_source=chatgpt.com，2024年7月13日。

规划和有效的协调，服务过程中常出现衔接不畅和重复作业等问题，影响整体服务效果。缺乏协调机制的农业社会化服务体系，难以形成合力，限制了服务质量和效率的提升。

（三）服务需求与供给错配

一是服务内容与需求不匹配。一方面是高端服务需求未满足。西充县农业发展逐渐向有机、高效方向转型，对高端农业服务如有机农产品的土壤检测与改良、品牌建设与市场推广等需求增加，但目前服务主体多集中在基础的耕种收环节，难以提供高端服务，导致部分农户需求无法得到满足。另一方面是多样化的服务需求难以覆盖。不同农户对农业服务的需求存在差异。小农户可能需要零散的、临时性的服务，而种植大户则需要全程、系统化的服务。但西充县的服务供给多为标准化、规模化服务为主，难以精准满足不同规模农户的多样化需求。二是服务区域分布不均衡。一方面中心区域服务较为集中，西充县的农业社会化服务资源主要集中在川东北有机农产品精深加工园、义兴镇等中心区域，这些地方的服务站点多、设备齐全、服务组织集中，能够较好地满足周边用户的需求。然而偏远乡镇和村庄的服务站点较少，服务半径过大，导致这些地区的农户难以及时获得高效便捷的服务。另一方面园区内外服务差异大，在义青观优质（有机）粮油园区等现代农业园区内，通过高标准农田建设、智慧农机管理平台等，实现了较高的农业机械化和信息化水平，服务供给较为充足。但在园区外的普通农田，由于基础设施条件较差，服务主体的进入成本高，服务供给相对不足，影响了农业社会化服务的普及和推广。三是信息不对称导致供需脱节。尽管西充县已开发了"西充农服"社会化服务平台，便于农户获取相关服务信息，但部分农户，尤其是老年农户，对平台的使用不够熟练，难以及时获取服务信息。同时，一些偏远地区的农户由于网络信号不稳定，可能无法有效使用平台，影响他们对服务内容、价格和质量等关键信息的及时了解，从而阻碍服务的有效对接。

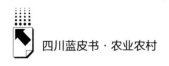

三 西充县农业社会化服务体系建设的对策建议

（一）加强农业劳动力的培养与土地资源的优化

一是实施返乡创业激励政策。为吸引返乡青壮年参与农业生产，政府应提供创业培训、场地支持和税收优惠等措施。同时，依托农业技术推广机构，定期举办农业技能培训班，针对不同年龄层设计课程，特别是培养年轻一代的农业技术人才，以提升整体劳动力素质。加强农村基础设施建设，改善农村的生活条件，提升其吸引力。例如，加大对农村医疗卫生、教育、文化娱乐等公共设施的投入，缩小城乡差距，激励更多劳动力留在农村发展。二是提高农民收入。引导农民调整农业产业结构，发展高附加值的特色农业，如西充县的有机蔬菜、水果等产业。通过与科研机构合作，引进优良品种，推广先进种植技术，提高农产品品质和产量。鼓励发展农产品深加工产业，延长产业链，增加农产品附加值，提升农业整体收益。搭建农产品销售平台，拓宽销售渠道。加大力度发展电商平台，开展直播带货等活动，减少中间环节，提高农民的销售利润。三是加大土地流转政策宣传力度。通过多渠道宣传，如农村广播、宣传栏和村干部讲解等，向农民普及土地流转的政策、流程和优势，消除他们的疑虑。同时，建立土地流转示范基地，直观展示土地流转带来的经济效益，增强农民参与的积极性。规范土地流转流程，建设健全的土地流转服务中心，提供信息发布、合同签订、价格评估、纠纷调解等一站式服务，确保流转过程的高效和透明。此外，加强对土地流转合同的审核，确保条款清晰、权利义务明确，切实保护农民合法权益，并严格监管土地流转后的用途，防止土地闲置或改变用途。

（二）推动服务主体的多元化发展

一是扩大服务主体的数量与规模。出台一系列优惠政策，鼓励社会资本进入农业社会化服务领域。对于新成立的农业社会化服务企业，政府可提供税收减免、财政补贴等政策支持，吸引更多企业参与。同时，鼓励现有小型服务组织通过联合、兼并等方式扩大规模，提升整体服务能力。引导服务组织拓展服务领域，从单一的农资供应或农机作业，向生产、销售、技术等全产业链服务转型。例如，支持服务组织开展农产品质量检测、品牌建设、市场推广等服务，满足农户多元化的需求。二是提升服务实力。设立专项扶持资金，支持农业社会化服务组织购买先进农业机械设备和技术。鼓励金融机构为服务主体提供低息贷款，帮助其更新设备，提升服务质量。同时，加强与高校和科研机构合作，建立产学研合作基地，为服务组织提供技术支持和人才培训。定期组织技术培训和交流活动，邀请专家对服务人员进行技术指导，提高其专业能力和服务水平。此外，鼓励服务组织开展技术创新，探索适合西充县农业生产的新技术、新模式，不断提升服务的专业化、精细化水平。三是增强服务主体间的协同性。建立农业社会化服务协调机制，由政府相关部门牵头，定期组织服务主体召开协调会议，商讨解决大规模农业项目中的服务衔接问题。制定统一的服务标准和规范，明确各服务主体的职责与分工，避免重复作业和服务冲突。搭建农业社会化服务信息共享平台，确保各服务主体能够及时获取彼此的服务内容、进度和资源配置情况，从而实现信息共享与协同作业。通过该平台，服务主体能够相互协作，为农户提供全方位、高效的农业社会化服务。

（三）精准对接农业服务需求与推动服务供给侧结构性改革

一是根据需求提供多样化服务。在确保基础性服务的基础上，积极引导农业社会化服务主体开展高端服务，如有机农产品的土壤检测、精准施肥与改良、品牌建设等高附加值服务。根据不同农户的需求，提供个性化、定制化的农业服务。二是促进服务区域均衡发展。政府应加大对偏远乡镇和村庄的服务支持，鼓励农业社会化服务主体向这些地区拓展服务网络，提升服务的可达性和便利性。通过建设更多的农村服务站点和加强基础设施建设，解决服务半径过大的问题。三是提升信息化建设，促进信息流通。完善"西充农服"平台的功能，提升平台的易用性和覆盖面，确保农户特别是老年农户能够方便、快捷地获取服务信息。同时，改善偏远地区的网络基础设施，确保农户能够顺利使用在线平台，及时获取农业服务内容、价格和质量信息。

参考文献

孔祥智：《农业供给侧结构性改革的基本内涵与政策建议》，《改革》2016 年第2 期。

孔祥智、徐珍源、史冰清：《当前我国农业社会化服务体系的现状、问题和对策研究》，《江汉论坛》2009 年第 5 期。

B.22
都市现代农业经营体系创新的
"温江实践"及经验启示

张克俊　张丽红*

摘　要： 　都市现代农业是现代农业的重要组成部分，对于确保大都市"菜篮子"、满足城市居民休闲观光、促进城乡融合、维护生态涵养等起着重要作用。成都市温江区作为四川都市现代农业发展的典型代表区域，经过多年的创新探索，逐步形成了符合都市现代农业发展要求的新型农业经营体系，对其他区域具有重要借鉴价值。然而，温江的都市现代农业经营体系创新实践仍面临一些突出问题和制约瓶颈，需要增强小农户融入都市现代农业发展能力、进一步提升家庭农场等新型农业经营主体发展质量、着力破解都市现代农业发展中的土地要素瓶颈问题、高度重视都市现代农业绿色低碳发展。

关键词： 　都市现代农业　农业经营体系　温江区

　　随着城市化的发展和城乡居民消费水平的不断提高，依托城市资源、科技和市场优势，将农业生产、生态功能、休闲服务与城市发展深度融合的都市现代农业在大城市周围迅速兴起并不断发展，这种新型农业形态对于满足大都市需求、促进城乡要素双向流动和产业融合、加快农业发展方式转型起到了重要作用。温江区隶属四川省成都市，地势平坦，位于成都平原腹地，是"天府粮仓"成都片区的核心承载区，是典型的大都市现代农业发展区。

---

* 张克俊，四川省社会科学院农村发展研究所研究员，主要研究方向为统筹城乡、农村经济；张丽红，四川省社会科学院农村发展研究所，主要研究方向为农村经济。

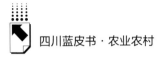

近年来，成都市温江区围绕都市现代农业发展积极探索经营体系创新，初步形成了具有都市现代农业特色的"温江实践"。

一 温江农业发展的历史演变与都市现代农业发展现状

都市现代农业是指位于城市内部或郊区，依托城市自然资源和社会资源，服务于城市多样化需求，形成的具有优质、高效、多功能、可持续等特征的农业形态。① 它不仅是传统农业的延伸，更是现代农业在城市化背景下的高级形态。温江区地处成都平原腹心，拥有江安河、金马河等水系和川西林盘资源，农业生态基底优良，自古以来就是重要的农业产区，温江区的农业发展经历了从传统农业、现代农业到都市现代农业的逐步转型过程。

（一）温江农业发展的历史演变

2000 年以前，温江基本上处于传统农业转型期，以传统粮食种植、蔬菜栽培和养殖业为主，农业结构单一，生产效率较低。随着城市化进程加快尤其是成都大城市的发展，温江区开始探索农业与城市发展相结合的有效途径，逐步调整农业布局，引入为大城市服务的高效经济作物种植。2000～2012 年，温江处于都市现代农业起步阶段，温江区被纳入成都市中心城区规划，农业功能向"服务城市、生态涵养"转型，大力发展花卉苗木产业，形成了"温江花木"品牌，同时推广设施农业，建设标准化种植基地。2012 年后，温江全面转向都市现代农业发展。2012 年，温江成立了全国第一家花木交易所——成都花木交易所，同年，温江被认定为"全国休闲农业与乡村旅游示范县（区）"，大力发展休闲农业和乡村旅游。2017 年，温江被确定为成都创建国家农业高新技术产业示范区（国家农高区）的核心区，之后推动农业科技创新和产业融合，建设"都市农业+"产业生态圈，促进农业与旅游、康养等产业的深度融合。2023 年 7 月，现代都市农业被

---

① 蔡海龙：《都市现代农业的源起、现状与发展方向》，《人民论坛》2024 年第 4 期。

温江区定为三大地标产业之一，推动其向高端化、智能化、生态化方向发展。[①]

（二）温江都市现代农业发展状况

目前，温江区已全面向都市现代农业转型，逐步探索出"科技引领、三产融合、城乡共生"的都市现代农业发展模式。一是农业高科技化、数字化。温江依托四川农业大学、成都市农林科学院等高校和科研机构，构建了"园区+科研院校+经营主体"的协同创新机制，推动生物农业、现代种业等领域突破发展；加快建设多个智慧农业示范基地，快速推进农田环境监测、智能灌溉、病虫害预警等全流程数字化管理。二是功能多样化。温江不仅将农业和乡村作为生产产品功能，还日益承担生态修复、教育科普、休闲旅游、文创等功能。近年来，温江区十分重视农业功能的拓展，将粮田景观转化为旅游打卡地，持续举办"开秧门"农耕文化节、"鱼凫杯"优质稻米品鉴会等活动，形成"农业+旅游"新模式；依托国家农业科技园区，发展生物农业、康养旅游产业等，打造西部生态康养旅游目的地。三是服务市民化。温江直接对接大都市需求，大力发展高效经济作物和菜篮子产品，通过稻蒜轮作模式，既实现了"千斤粮、万元钱"的目标，稻蒜轮作面积达1.5万亩，亩均综合收入最高可达1.5万元，[②] 又满足了城市居民对食物安全的需要，同时农文旅融合发展还充分满足了城市居民对生态服务和田园体验的需求。四是产业高端化。目前，温江区都市现代农业涵盖现代种业、绿色种植、农产品精深加工、农文旅融合等领域，优势特色产业花木产业已经向精品化、标准化、国际化方向发展；"温江大蒜""温江酱油"等地理标志产品市场影响力扩大。

总之，经过多年的发展，温江区已从传统城郊农业区跃升为科技驱动的都市现代农业创新极、三产融合的价值转化示范地和生态优先的可持续发展标杆。

[①] 戚原：《"姓温有据"谋特色》，《中国县域经济报》2023年8月10日，第5版。

[②] 《成都温江：打造新时代更高水平"天府粮仓"高质高效示范区》，https://www.scjjrb.com/2023/04/06/99359651.html，2023年4月6日。

二 温江都市现代农业经营体系创新的实践探索及成效

作为都市现代农业发展区、全国农村改革试验区和国家级现代农业示范区，温江区依托国家乡村振兴战略与自身优势，针对都市现代农业高质量发展对经营体系创新的要求，以构建"多元协同，分层联动"的都市现代农业经营主体为核心，以广泛运用数字化、科技化、智能化赋能都市现代农业新业态发展为着力点，以积极推行多种形式的产业融合经营和价值增值新模式为主攻方向，走都市现代农业主导产业高端化、集约化、国际化经营路线，激活主体、激活市场、激活资源要素，大胆推进都市现代农业经营机制创新、模式创新、业态创新，探索出一条具有区域特色的都市现代农业经营体系创新之路。

（一）构建"多元协同，分层联动"的都市现代农业经营主体

温江在都市现代农业经营体系创新中，通过大力引进和培育新型农业经营主体，构建起了"多元协同，分层联动"的新型农业经营主体，推动都市现代农业高质量发展。一是发挥龙头企业引领作用。引进和培育中农现代、成都都市农业科技公司等，主要从事农业技术研发、标准制定和市场开拓；引入先正达、隆平高科等种业巨头，推动生物育种产业化；引进依田桃源等企业整合农业与文旅资源，打造高端消费场景。二是激活农村集体经济组织功能。农村集体经济组织以资源资金资产入股，采取"公司+集体经济组织+合作社"的模式，促进集体资源开发和乡村农文旅发展。为增强农村集体经济组织经营管理能力，温江区开展了"人才嵌入式"集体经济改革，将懂经营管理的专业类人才选入村"两委"班子或聘任到村集体经济组织，并通过项目联营、公开选聘的方式吸引经营管理人才，目前全区已招引培育集体经济人才220余人，其中岷江村12名乡创客、企业家成为"新村民"。①

---

① 《区农业农村局锚定四类群体全力做好现代都市农业产业发展人才支撑》，https://www.wenjiang.gov.cn/wjzzw/bmdt/2023-10/16/content_1323240f36484c1aae395657aecd7073.shtml，2023年10月16日。

三是培育家庭农场和专业合作社。温江大力实施家庭农场培育计划、农民合作社规范提升行动，重点培育"小而精"特色农场，如有机蔬菜家庭农场、林下食用菌种植户。同时，温江重点开展对家庭农场、农民合作社两类主体带头人及骨干人员的培育力度，推动经营主体从规模扩张转型为质量提升。四是培育农业职业经理人。温江区建立完善农业职业经理人制度，以"理论+实践""集中+分赛"双结合的培训方式培训农业职业经理人，目前全区共有农业职业经理人 615 人，遴选 5 名市乡村产业振兴带头人"头雁"项目培育对象。

（二）广泛运用数字化、科技化、智能化赋能都市现代农业新业态发展

温江区利用区位优势，深化与中国农业科学院、四川农业大学、四川农业科学院、成都都市现代农业产业技术研究院等高校和科研机构合作，共建实验室和示范基地，形成了"科研—中试—推广"链条。川农大在温江区设立"智慧农业技术服务中心"，为农户提供 AI 病虫害诊断服务；建成成都农高芯谷、"川农牛"科创农庄等创新平台，推动农业科技创新主体集聚，逐步形成了以"校院地企"协同创新为核心的全产业链集成组织体系。同时，温江通过项目合作、柔性引进等方式，聚集现代都市农业领域高端研发团队 41 个、专家教授 125 人。[①] 温江区还大力推进数字化进程，通过生产端建立 AI 病虫害监测系统、流通端建立区块链溯源系统、销售端建立即时配送网络，促进供应链整合。目前，温江区智慧农场建立了 AI 病虫害监测系和区块链溯源系统，消费者扫码可查看"温江造"农产品从播种到配送的全流程数据，提升了品牌信任度；与美团优选、盒马鲜生合作建立了即时配送网络，实现"基地—冷链—社区"12 小时直达。

[①] 《区农业农村局锚定四类群体全力做好现代都市农业产业发展人才支撑》，https://www.wenjiang.gov.cn/wjzzw/bmdt/2023-10/16/content_1323240f36484c1aae395657aecd7073.shtml，2023 年 10 月 16 日。

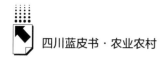

（三）积极推行多种形式的产业融合经营和价值增值新模式

温江区抓住背靠大都市和城市居民消费需求变化的机遇，积极探索多种形式的产业融合经营和价值增值新模式。一是"农业+文旅"融合经营与价值增值模式，通过"田园综合体+门票经济"促进农旅融合增值，如幸福田园将稻田、林盘转化为文化 IP，通过稻田艺术展、农耕非遗体验、林盘民宿吸引游客，年吸引游客超 50 万人次。[①] 二是"农业+康养"融合经营和价值增值模式，如药食同源基地与温江医学城合作，开发药膳食材基地（铁皮石斛种植园），打造"医养农旅"综合体。三是社区支持农业（CSA）经营增值模式，城区居民预付费用认购农田，农户按需生产并配送上门，如"温江社区菜园"项目覆盖众多家庭。四是粮经复合经营与价值增值模式，单纯地在耕地上种植粮食比较效益很低，温江区通过推广"稻蒜轮作""粮经复合种植"等模式，实现了"千斤粮、万元钱"的目标。温江区万春镇和林村采用稻蒜轮作模式，实现谷子亩产量 600 公斤、蒜薹亩产量 400 公斤和大蒜亩产量 800 公斤，亩产综合收入达 1.5 万元，村民人均收入超过 3.8 万元。[②]

（四）走都市现代农业主导产业高端化、集约化、国际化经营路线

温江区经过多年的转型升级，逐步形成了以农业生物技术、农业科技服务、农商文旅体融合、花卉园艺为主导的产业体系。为促进主导产业扩大市场影响力、提升竞争力，温江区大力推进主导产业高端化、集约化、国际化发展，形成了"研发在温江、生产在西南"的协同格局。在花卉园艺产业方面，温江区持续优化产品结构，积极推动花卉园艺产业转型，加快盆栽花卉、盆景编艺、精品花木提质增效，大力发展创意花卉、家庭园

---

① 《+1！温江幸福村被命名为成都市文化创意主题社区》，https：//www.thepaper.cn/newsDetail_forward_25889862，2024 年 1 月 3 日。
② 《擦亮"金"字招牌，成都温江现代都市农业的"出仓"之路》，https：//www.jiemian.com/article/10485976.html，2023 年 12 月 3 日。

艺、小微盆景等高端定制产品，推广预约购买、按需生产的营销模式，采用"研发育种+家庭园艺+全球贸易"模式，打造西部花木供给中枢，与共建"一带一路"47个国家和地区建立了贸易关系，积极融入共建"一带一路"大格局。在农文旅融合产业方面，温江以2024年成都世界园艺博览会经验为基础，推动"农业+旅游"深度融合，形成田园餐厅、林荫休闲等多元业态，积极探索农业创新引领型、粮食安全保障导向型、资源利用方式改革型的农旅融合方式。

（五）围绕激活资源要素和市场主体大胆探索都市现代农业经营机制创新

资源要素和市场主体是都市现代农业发展的关键支撑。温江区围绕激活资源、激活要素、激活市场主体，大力推进"五大"机制创新。一是利益分配机制。采取"保底收益+二次分红"模式，即农户通过土地入股、订单农业参与产业链，获得多次收益。如万春镇天乡路社区成立土地股份合作社，采取"股份合作社+农户"模式，农民以土地入股，统一规划后引入企业运营，农民获得"租金+分红+工资"三重收益。二是资源"三变"机制。通过资源变资产、资金变股金、农民变股东，有效激活资源。如万春镇红旗村通过集体资产量化入股乡村旅游项目，村民人均分红年增20%。三是要素市场化机制。采取"三权分置+股份合作"模式，通过土地经营权入股合作社，整合碎片化土地，农民变股东，形成"保底租金+经营分红+务工收入"多元收益。同时，将闲置农房、集体经营性建设用地纳入市场化流转，发展农旅融合项目。四是"国有平台+社会资本"双轮驱动机制。政府平台公司（如九联集团）投资基础设施，社会资本（如通威）运营市场化项目，降低农业投资风险。

总之，温江通过大力实施都市现代农业经营体系创新，大大促进了都市现代农业向数字化、集约化、多功能化、融合化、开放化方向发展，促进了乡村全面建设和城乡深度融合，推进了农民农村向共同富裕步伐迈进。

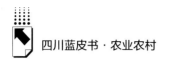

三 经验启示与对策建议

（一）经验启示

根据温江区都市现代农业经营体系创新的实践做法，温江区都市现代农业经营体系创新破解了"四大难题"。小农低效难题，通过"链主+合作社"提升组织化竞争力；资源要素盘活难题，通过数字确权、资源"三变"等激活资源要素；城乡割裂难题，通过要素双向流动、场景融合重构"城市—乡村"关系；多方利益协调难题，通过多次分配实现多方共赢。温江区都市现代农业经营体系创新的本质是"技术革命解放生产力、制度革命重构生产关系"，核心价值在于对传统农业的颠覆，即从"靠天吃饭"到"数据种田"；对城乡关系的重塑从"二元对立"到"共生共荣"；对共同富裕的探索从"零和博弈"到"价值共享"。这一实践为超大城市的乡村振兴提供了一种解决方案，其经验正在通过"温江做法"向其他区域输出。

都市现代农业经营体系创新的"温江实践"启示有以下几个方面。土地制度、产权制度创新和资源要素市场化配置是都市现代农业转型的突破口，是破解城郊农业土地约束的关键；构建"多元协同、分层联动"的新型农业经营主体是都市现代农业发展的关键和主要支撑；都市现代农业科技创新和转化应更加重视建立"需求导向"的产学研用机制，避免科研与产业"两张皮"；农业功能多样化、产业融合化、城乡一体化是都市现代农业最重要的特征，其成功依赖于构建合理的产业组织形式和联农带农机制，防止"富企不富民"；品牌化、高端化、集约化、低碳化、复合化、国际化是都市现代农业增值的"必由之路"，必须加大力度推进都市现代农业转型升级。

（二）对策建议

温江区都市现代农业发展已经取得了很大成效，创造了"温江经验"，但还存在都市现代化农业发展不完善、新型农业经营主体质量总体不高、联农带农不强、城乡要素流动不畅、资源环境约束大等多方面问题。为此，木报告提出如下对策建议。

1. 增强小农户融入都市现代农业发展能力

在都市现代农业发展过程中，随着外来资本、企业和经营者不断进入乡村，小农户被排挤的现象日益突出，必须增强小农户融入都市现代农业发展能力。要加强都市现代农业社会化服务体系建设，鼓励社会化服务组织为小农户提供全过程服务；鼓励采取"龙头企业+合作社+农户""土地股份合作社+职业经理人"等多种模式，将小农户纳入都市现代农业产业链，引导龙头企业、合作社与小农户建立紧密的利益联结机制，通过订单农业、保底分红等方式，使小农户能够得到产业链的增值收益。

2. 进一步提升家庭农场等新型农业经营主体发展质量

为推动都市现代农业高质量发展，应进一步提升家庭农场等新型农业经营主体发展质量。要支持家庭农场等新型农业经营主体采用新技术、新品种、新工具，鼓励家庭农场学习新知识、新技能、新方法，加强培训，提高家庭农场等新型农业经营主体的技能和管理经验。

3. 着力破解都市现代农业发展中的土地要素瓶颈问题

温江区在推进都市现代农业发展中，土地要素瓶颈制约日益突出。尽管温江区通过高标准农田建设和农业综合开发等措施提升了土地利用效率，但由于本身的土地面积有限，耕地资源稀缺，人均耕地面积少且分布零散，流转成本高，大大限制了都市现代农业发展。应进一步加强土地资源利用与规划，突破土地要素对推进都市现代农业发展的制约。要进一步通过土地平整、灌溉排水、田间道路等基础设施建设，提高土地利用率和产出率；通过"整村推进""整组推进"土地整理和高标准农田建设，加强土地成规模的流转，提高土地集约化利用水平。

4. 高度重视都市现代农业绿色低碳发展

由于都市现代农业毗邻大都市，要更多地为大都市的生态涵养和环境保护作出贡献，这就需要更加注重绿色低碳发展。要更大力度地鼓励农民和新型农业经营主体减少化肥、农药的使用量，采用绿色生产方式推广生态农业、循环农业模式，构建"种植—养殖—加工"一体化的生态循环农业体系；要通过提高政府补贴、扩大企业参与等方式，建立完善的废旧农膜、农药包装、废弃物回收处理体系，提高现代农业废弃物的回收率和处理率，建设无废城市和生态乡村。

B.23
集体经营性建设用地入市的实践探索

—— 以泸县为例

赵利梅　施　婧*

摘　要： 集体经营性建设用地入市是深化农村土地制度改革的核心内容。泸县作为全国首批土地改革试验田，用十年时间摸索出一套让"沉睡资产"焕发生机的组合拳。通过宅基地腾退、集体土地入市等创新举措，泸县"土地+森林"自然资源组合供应案例入选全国典型示范案例，标志着其改革经验已具备全国推广价值。本报告结合政策文件、实践案例与数据，探讨泸县改革的制度设计、实施效果与未来优化方向。泸县未来应在国家和省级政策框架下强化政策协同、丰富土地供应模式和农民权益保障，同时借助数字化手段优化流程，推动集体经营性建设用地入市成为乡村振兴和城乡融合发展的关键引擎。

关键词： 集体经营性建设用地　宅基地　农村土地制度改革　泸县

四川泸县作为全国农村土地制度改革试点地区之一，在集体经营性建设用地入市方面得到了中央和地方的大力支持。党的十八届三中全会明确赋予农民在土地上的更多财产权利，2014年底中央深改领导小组通过《关于农村土地征收、集体经营性建设用地入市、宅基地制度改革试点工作的意见》，掀起新一轮农村土地制度改革热潮。后续四川出台了一系列文件

---

* 赵利梅，四川省社会科学院农业发展研究所研究员，研究方向为农村公共管理；施婧，四川省社会科学院农业发展研究所，主要研究方向为农业管理。

明确了入市范围、主体、程序等内容，为泸县具体操作提供政策框架。2015 年，四川泸县被纳入宅基地制度改革试点，2016 年新增农村土地征收、集体经营性建设用地入市试点，成为集本轮农村土地改革三大试验于一身的地区。2023 年，泸县作为四川 19 个深化农村集体经营性建设用地入市试点地区之一，继续承担改革任务。2025 年，中央一号文件提出有序推进农村集体经营性建设用地入市改革，健全收益分配和权益保护机制。未来可以通过政府、市场和集体三个层面的多个举措助推泸县城乡土地要素的流动与产业的发展。

一　泸县集体经营性建设用地入市的实践成效

泸县在集体经营性建设用地入市改革中成效显著，为乡村振兴注入活力。一是夯实权属基础，借助"四级干部调查组"机制与先进技术，完成大量土地登记，建立数据库，还发布文件确立多元化宅基地使用制度，保障农民权益、扫清产权障碍。二是构建入市框架，制定系列管理办法与配套文件，明确关键要素，创新入市主体模式，规范入市决策与交易流程。三是探索入市路径，构建服务体系，形成联动机制，探索"就地入市"等多种途径，创新土地供应模式。四是激活资产价值，通过三级分配机制平衡土地增值收益，兼顾公共利益与村民权益。

（一）夯实权属基础，实现全域确权

泸县通过建立"四级干部调查组"机制，整合城乡地籍信息，完成土地使用权证和不动产证登记，确保土地权属清晰。泸县建立覆盖全县的"四级干部调查组"机制，整合城乡地籍信息，完成 25.4 万宗土地使用权证和 21 万本不动产证登记，确保每宗土地权属清晰，为入市扫清产权障碍。① 利用卫星影像、无人机测绘等技术建立集体建设用地数据库，动态管

---

① 《泸县：做活宅改文章促振兴》，《农村经营管理》2020 年第 1 期。

理闲置和低效用地资源。通过城乡地籍信息整合技术，实现对每块土地权属的清晰界定，保障农民土地权益，为后续改革打下基础。泸县发布文件，确立多元化的宅基地使用制度，包括无偿分配、跨区域配置以及预设有偿使用等，为城乡要素双向流动搭建桥梁，注入乡村振兴新活力。

（二）构建入市框架，完善政策体系

制定《泸县农村集体经营性建设用地入市管理办法》及其修订稿和配套文件，明确入市关键要素，为集体经营性建设用地的入市交易提供制度支持。农村集体经营性建设用地的入市主体为农村集体经济组织，可委托合作社或集体资产经营公司执行入市操作。村集体资产公司作为入市主体的操作模式已形成标准化流程。土地所有权人制定入市方案，内容涵盖土地用途、交易方式、收益分配等关键信息，并提交村民代表会议表决。方案经批准后，需报县级政府审查，并由自然资源部门核对规划条件以及产业和环保要求。交易参照国有建设用地交易模式，采用出让、租赁等方式，实现"同权同价"，试点中多数案例通过出让方式完成交易。

（三）探索入市路径，规范入市交易

泸县以成都农交所泸州分公司为依托，构建四级服务体系，形成"市县分级交易、乡镇初核初验"的联动机制。县级平台负责统筹交易组织并出具鉴证书，镇村服务平台承担初审和信息收集职能，确保交易流程标准化。泸县探索"就地入市""调整入市""城中村整治入市"三种主要入市途径。就地入市指土地在原有位置直接入市，适用于现状符合规划的集体经营性建设用地。调整入市指通过土地置换，将分散或不符合规划的集体经营性建设用地整合后调整至其他区域入市。例如，泸县天兴镇田坝村幼儿园建设的交易案例就属于调整入市，该案例通过土地置换解决了田坝村及周边幼儿的入园需求，优化了空间布局。建立了"宅基地退出—复垦—指标分层分配（保障/收储/入市）"的闭环管理体系，为同类地区提供了参考。城中村调整入市指通过拆除重建或综合整治将城中村、城边村土地转为经营性

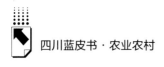

建设用地后入市。泸县近年创新土地供应模式，实现从"有什么供什么"到"要什么供什么"转变，显化资源协同价值。

（四）激活资产价值，多元分配收益

泸县通过"政府调节—集体统筹—村民共享"三级分配机制，实现土地增值收益的公平与效率平衡。一是以税费和调节金平衡公共利益，政府对入市地块按用途、区位实施差别化调节金征收。政府对入市地块按用途、区位实施差别化调节金征收。商服类用地调节金比例高于工矿仓储类，如乡镇规划区内商服用地按增值收益 50% 缴纳，工矿用地按 40% 缴纳，并根据入市方式（就地/调整入市）及开发强度动态调整比例。二是集体经济组织内部分配要兼顾公平与可持续发展。三是通过股份合作制改革，将集体经营性资产股权量化到户，农民按股分红，实现"资产变股权、农民变股东"。如田坝村用地收益需经村民议事会讨论，将收益用于幼儿园建设及村民分红。按村规民约调整收益的分配比例，并通过村集体资产公司统一管理资金以确保用途透明合规。科学的分配收益机制在较大程度上维护了村民利益，体现了村民主体地位。

二 泸县集体经营性建设用地入市经验

泸县在集体经营性建设用地入市方面取得显著成效，构建了"1+N"全流程制度框架，整合专项规划，建立指标动态调配机制，实现规划与市场联动。在市场运作方面，落实"同权同价同责"，村集体资产公司代理入市，强化产权金融属性，打通土地与金融衔接通道。在风险防控方面，构建全面体系，保障交易合法、公开、透明。首创"土地+森林"组合入市，促进产业融合，实现生态与产业协同发展。

（一）完善政策体系，激活土地价值

泸县构建全流程政策体系，明确入市流程、产权登记等规范，形成覆盖

全环节的政策体系。以《泸县国土空间总体规划》为核心，整合土地利用、城乡建设、生态保护等专项规划，确保入市地块用途与产业布局、乡村振兴等战略精准匹配。建立"年度指标库+动态调整"机制，实现农村土地资源的灵活配置与高效利用。宅基地有偿退出政策，鼓励农户自愿腾退闲置或低效宅基地，经复垦后转化为集体经营性建设用地指标，再进行动态调配与优先级分配。用地指标优先满足新村建设需求，剩余指标纳入年度指标库，根据市场需求动态调整用途。

（二）提高市场运作，释放土地潜力

泸县落实集体土地与国有土地"同权同价同责"，指农村集体经营性建设用地与国有建设用地在权能、价格形成机制及责任义务上实现平等。集体土地可同等参与市场交易，享有与国有土地相同的占有、使用、收益和处分权。村集体资产公司代理地块入市，解决集体经济组织缺乏专业能力的问题。村集体通过签订委托协议，将地块统一规划、招商和交易，降低分散入市成本。通过委托代理，实现土地入市的统一管理和规范操作，确保交易的透明性和公平性。泸县建立城乡统一的地价评估体系，推动集体土地抵押贷款，激活土地资产流动性。例如，泸县农商行推出"农地贷"产品，以农村集体经营性建设用地使用权为抵押物，以土地拍卖时的市场成交价为基准，综合考虑地理区位、土地用途及变现难易程度等因素动态调整授信额度。并且泸县农商行推行"预期收益抵押"，允许企业以土地未来收益作为抵押物，有效激活了土地金融属性。在泸县宅基地改革中，腾退土地发展粮油加工、冷链企业，村民通过土地入股获得持续分红，为"收益权抵押"提供了实践基础。

（三）深入风险防控，保障持续入市

泸县构建全面的风险防控体系，确保交易的合法性与市场价值，保护各方权益。遵循国家推行的集体经营性建设用地入市、集体林权制度改革以及低效用地再开发的试点政策，确保所有交易活动均符合国家法律法规。制定

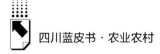
并完善地方性配套政策和实施细则，保证政策执行的连贯性和一致性。泸州市农村产权交易中心采纳统一的评估机制，对集体经营性建设用地和林地经营权进行科学合理的价值评估，建立联合竞价机制，确保交易过程的公开透明。确保农户自愿参与土地流转，并通过集体经济组织进行统筹打包，实现资源向资产的合法转化。设立严格的审批流程，确保每一宗交易都经过合法合规的程序。建立风险预警机制，建设智能监管平台，整合卫星遥感、物联网技术，设置预警阈值，实时监控违规行为。

（四）组合供应模式，创新入市渠道

2024 年，泸县创新实施"土地+森林"自然资源组合入市，成为全国首个低效用地再开发案例。石桥镇农丰村将 12 亩集体建设用地与 715 亩林地捆绑拍卖，成交价 321.54 万元，使用期限 30 年。[①] 此模式打破了传统用地限制，为低效用地再开发提供新思路。中标企业计划在林地种植绿竹，在建设用地建竹笋加工厂，形成产业链，促进产业融合。项目利用国家政策，通过农户流转、集体统筹，实现资源资产化。泸州市农村产权交易中心采用一体化交易规则，确保交易合法性和市场价值。项目激活了闲置土地，为村集体增收超百万元，收益分配可持续。林地规模化经营预计产生生态效益，竹产业提供 200 余就业岗位，村民年均增收超万元。此模式探索了生态保护与产业开发的双向机制，为区域林业经济协同发展提供范例。未来，泸县计划扩大"土地+其他资源"组合模式，推动资源供应升级。泸县"土地+森林"组合供应通过政策、资源整合和产业联动，实现了生态价值与乡村产业振兴的融合，为全国改革提供了"泸县经验"。

三 泸县集体经营性建设用地入市现实困境

泸县集体经营性建设用地入市面临诸多困境。在政府层面，存在统筹缺位

---

① 《泸州泸县"农地入市"入选全国典型示范案例》，https：//sichuan. scol. com. cn/ggxw/201412/82853194. html，2024 年 12 月 3 日。

与制度衔接问题,政策协同不足、规划衔接欠佳,制度短板凸显。在市场方面,活力不足与交易机制受阻,土地供应模式单一、产权流转受限且价值评估缺位。在村民权益方面,收益分配机制模糊,缺乏细化标准与有效监管,同时村民参与决策不足,在项目各环节参与度低。这些问题制约着入市工作的推进。

(一)政府政策协同不足与规划衔接不足

政策协同不足。泸县虽有自然资源组合供应方案,但缺乏上位法依据,入市地块规划条件复杂,审批流程烦琐。以泸县石桥镇农丰村项目为例,尽管创新了"土地+林地"组合入市模式,但由于城乡规划融合不足,项目需耗时数月协调规划条件与用途管制,暴露出一定的制度短板。

规划衔接不足。集体经营性建设用地入市试验阶段,供后监管和建设手续办理等配套制度需完善。《中华人民共和国土地管理法》等法律法规虽有要求,但具体标准不明确,税务、财政等部门也缺少相应的配套政策。在已经出台的相关制度中,对于竞得后的履约监管、房屋验收等问题并未明确。试点中田坝村和农丰村存在用地监管机制不健全和规划冲突问题,表明政府需完善规划衔接。

(二)市场活力不足与交易机制之困

土地供应模式单一。泸县主要通过出让方式供应集体经营性建设用地,尽管政策允许租赁和作价出资,但在实际操作中,2023年土地供应计划显示集体经营性建设用地仍以协议、拍卖出让为主,未见租赁或作价出资的公开案例。现行政策虽允许使用权转让,但缺乏具体操作细则(如税费标准、交易平台规则),导致农村集体经济组织更倾向选择一次性出让方式。尽管使用权转让被允许,但缺乏具体操作细则,导致农村集体经济组织更倾向于一次性出让方式,二级市场交易尚未建立。

产权流转受限。泸县虽建立三级农村产权交易体系,但土地承包经营权等流转受《中华人民共和国土地管理法》限制,宅基地使用权流转程序烦琐。金融机构对产权流动性的信心不足,抵押融资依赖附加担保。土地评估

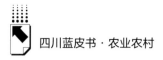

方法受多种因素影响，缺乏标准化估值，评估结果准确性受影响，无法满足市场需求。

（三）村民权益与收益分配之困

村民参与决策不足。泸县部分村镇以"村两委主导"模式推进入市，普通村民仅通过代表大会形式表决，在项目实施、地块选择以及土地市场化过程中，农民参与程度较低。在政府主导的项目引进阶段，主要由县级政府职能部门负责审核项目是否符合国家政策和环保标准。项目选址阶段同样以政府为主导，涉及镇政府及村委会干部与投资者的协商以确定地块。在制定土地市场化方案阶段，尽管村委会居于主导地位，但在与农民协商赔付事宜及形成市场化决议时，农民参与不充分，甚至对项目详情及未来收益分配缺乏了解。

收益分配机制不明确。目前，政策仅规定土地出让金"扣除调节金后划转集体经济组织"，但未对村民个体分配比例和使用范围给出明确标准。例如，泸县规定村民小组现金分配不低于30%，但未明确剩余资金的使用监管流程，导致非生产性开支如招待费、干部报酬等占集体收益的风险。尽管政策要求收益使用需经"一事一议"审议并报镇政府审核，但实际执行中缺乏动态跟踪和审计公开机制，导致监管缺失，影响政策执行效果，难以确保资金使用的透明性和合理性。

四　泸县集体经营性建设用地入市对策建议

在深化试点进程中，泸县集体经营性建设用地入市实践呈现系统性特征。该体系以制度创新、市场激活与民生保障为三大支柱，通过多维度的机制重构推动城乡要素高效流动。政府端着力消除制度障碍，建立高效审批监管体系，促进城乡规划与政策衔接；市场端创新土地供应和产权交易，通过金融和评估体系提升土地价值；村民端建立全链条参与和阳光化分配体系，利用数字化确保决策透明和利益共享。这三个方面相互支持，加强了改革的法治基础，激活了市场，形成示范性的城乡融合发展模式。

（一）政府端：强化制度供给与统筹效能

一是强化政策协同。泸县应向上级部门反映集体经营性建设用地入市的法律问题，推动法规修订。结合本地情况，细化现有政策，增强其操作性和权威性。建议建立多部门联合审批机制，简化审批流程，提高效率。同时，建立常态化的部门协调沟通机制，定期召开联席会议解决入市项目问题。二是加强规划衔接。完善供后监管和建设手续办理等配套制度，明确相关部门的配套政策和操作标准。制定履约监管办法和房屋验收标准，确保项目建设质量。根据法律法规要求，细化具体标准，结合泸县实际，制定入市标准和规范。加强城乡规划融合，建立统一规划管理体系，合理布局产业，避免重复建设。

（二）市场端：激活要素流通与金融赋能

一是丰富土地供应模式。通过成功案例展示租赁方式的长期稳定收益，提高农村集体经济组织对多种入市方式的认知。制定具体操作细则，包括税费标准、交易平台规则等，参考其他地区经验，制定租赁交易流程和税费减免政策，降低交易风险和成本，鼓励尝试多元化土地供应方式。搭建统一的交易平台，提供一站式服务，规范二级市场交易行为，促进土地资源合理流动和优化配置。政府可出台扶持政策，激活市场活力。二是突破产权流转限制与完善价值评估体系。与上级部门沟通协调，简化审批程序，推行"一站式"审批服务，减少审批时间和手续，提高交易效率。建立线上审批平台，实现审批流程的公开透明和便捷高效。加强与金融机构合作，建立农村产权抵押融资风险分担机制，提高产权流动性和变现能力。针对土地价值评估体系，制定统一的评估标准和方法，引入专业土地估价机构和估价师，建立科学评估模型，规范评估行为，确保评估结果的公平、公正、透明。

（三）村民端：构建共治机制与共享发展

一是实现收益分配的透明化和公开化。泸县可参考广东南海区经验，将

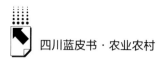

集体资产股权量化到户,确保个人分配比例不低于40%,同时保留20%的集体公积金用于公共事务和基础设施建设。剩余资金投入乡村振兴基金,严禁非生产性支出。借鉴成都郫都区做法,设置"三公经费"上限,确保资金合理使用。建立专用账户和双重核验机制,实行"季度审计+年度公开"制度,引入第三方评估机构进行绩效评估,并将评估结果与村干部考核挂钩。二是建立立体化的村民决策参与机制。在项目引进阶段,通过村民听证会收集意见,要求参与率不低于60%。在选址阶段实行"户代表票决制",保障决策权。实施阶段,组建村民监理小组监督项目质量。利用数字化平台提高参与率,确保信息公开透明。对重大事项采用"双语解读",并通过微信小程序推送账户变动明细,实行全流程透明化,增强村民对决策过程的信任。

参考文献

郭锦涛、薛忠华、林嘉诚等:《我国农村集体经营性建设用地入市进展探索》,《中国市场》2022年第2期。

董藩、雷童:《集体经营性建设用地入市的政策变迁考察与分析——动力机制视角下倡导联盟框架的应用》,《农村经济》2021年第8期。

于佳秋:《农村集体经营性建设用地入市改革:回顾与展望》,《新疆农垦经济》2021年第10期。

刁其怀:《集体经营性建设用地入市问题与对策研究——以全国统筹城乡综合配套改革试验区成都为例》,《农村经济》2020年第3期。

B.24
四川提升粮食储备安全水平的
"简阳实践"

毛雨 张琼丹 杨思梦*

摘　要： 　粮食储备安全关系国计民生，是国家安全的重要基础。四川省作为全国 13 个粮食主产省之一，肩负着保障西南地区粮食供给、维护国家粮食安全的重要职责。本报告通过分析四川省简阳市粮食储备的战略地位与现实挑战，梳理其改革探索的动因与目标，深入剖析了简阳市政企权责分离制度、协同保障机制、粮食仓储技术升级的改革举措，总结了改革取得的主要成效与不足之处。研究发现，政企权责分离制度是减少腐败滋生、降低违规风险的有效路径；健全协同保障机制是加强粮食应急保障能力的重要基础；升级粮食仓储技术是确保粮食储备品质与效率的有力支撑。

关键词： 　粮食储备　权责分离　智慧粮仓　简阳市

　　党的二十大报告明确提出"全方位夯实粮食安全根基"的战略部署，要求构建更高层次、更高质量、更有效率、更可持续的粮食安全保障体系。在此背景下，四川省简阳市立足成渝地区双城经济圈腹地优势，以粮食储备机制改革为突破口，探索出一条"政企双轮驱动、平战结合保障、数智化转型赋能"的创新路径，为破解粮食储备"效率—安全"双重困境提供了实践样本。

---

* 毛雨，四川省社会科学院助理研究员，农业经济学博士，主要研究方向为粮食安全，农村土地流转；张琼丹，四川省社会科学院，主要研究方向为农业管理；杨思梦，四川省社会科学院，主要研究方向为农业管理。

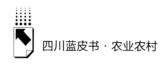

一 改革背景

（一）战略地位与现实挑战

简阳市地处成都平原核心区，2024年粮食播种面积达117.5万亩，总产量39.97万吨，承担着川西地区15%的政策性粮食储备任务。[①] 作为四川省唯一拥有国家级军粮综合保障基地（年供应能力2万吨）的县级市，其储备体系安全系数直接影响成渝地区双城经济圈粮食供应链稳定性。然而，传统管理体制存在三大结构性矛盾，阻碍了简阳市粮食储备能力的提升。

第一，政企职能交叉，滋生系统性风险。国有粮企同时承担政策执行与市场经营双重角色，导致监管缺位、责任模糊。政策性与经营性业务交叉产生的制度漏洞，诱发"转圈粮"（虚假轮换套取补贴）、"以陈顶新"（新旧粮混充）、"以次充好"等系统性风险，威胁简阳市粮食储备安全。

第二，监管体系滞后，放大管控失效。粮库关键节点数字化监控覆盖率不足，大多仓容依赖人工巡查，形成监管盲区。粮食轮换等业务仍依赖传统人工纸质台账管理，易引发虚假轮换、"空气粮"等隐蔽违规行为，难以追溯。粮情监测、物流追踪与财务系统等未完全整合，呈现数据孤岛化现象，难以识别"升溢粮"（隐瞒收购量套利）等腐败形态。

第三，技术装备短板，加快品质劣变。在高温高湿的气候条件下，粮食品质极易劣变，仓储设备和技术显得尤为重要。原有的简易平房仓或老旧仓库的气密性差、缺乏温控系统。高温期间极易出现局部粮堆温度异常情况，从而导致虫霉滋生，提高粮食损耗率。传统仓储设备依赖人工巡检，对深层粮堆发热点等异常情况的识别率较低，延误处理时机。

---

① 《新春走基层 | 简阳：农业生产稳中有升 绘就乡村全面振兴新画卷》，http://www.scjy.gov.cn/jianyang/c136305/2025-02/04/content_b005cc6563eb4cafa7f8c18698f0f8d0.shtml，2025年2月4日。

（二）改革动因

简阳市粮食储备体系改革立足于国家粮食安全的战略纵深、成渝地区双城经济圈的建设需求、数字化变革的时代趋势。2019年，中央深改委《关于改革完善体制机制加强粮食储备安全管理的若干意见》明确要求2025年前完成政企分开改革。成渝地区粮食缺口的现实需求促使简阳市强化川西粮食物流枢纽功能。

2022年，《关于推进四川省地方政府粮食储备企业政策性职能和经营性职能分开的指导意见》出台后，简阳市作为试点对象，积极落实中央与省委政策要求，颁布一系列提高粮食储备安全水平的相关文件，构建了"筑基—提质—引领"三阶段发展路径，打造川西粮食安全治理现代化样本。"十四五"时期简阳市粮食储备体制改革的政策脉络如表1所示。

表1　"十四五"时期简阳市粮食储备体制改革的政策脉络

出台时间	文件名称	核心目标
2021年8月	《四川省省级储备粮管理暂行办法》	明确"布局合理、适度集中、应对及时、运行高效"管理目标
2022年3月	《四川省地方粮食储备管理问责办法（试行）》	解决粮食储备管理中的"不作为、慢作为、乱作为"问题，构建权责统一、惩戒与教育结合的管理体系
2023年1月	《四川省省级储备粮轮换管理办法》	强调轮换的规范性和制度化，确保储备粮在应急调控中的有效性
2023年1月	《四川省省级储备粮油入库验收管理办法（试行）》	构建责任清晰、流程标准、监管严格的储备管理体系，确保储备粮油数量真实、质量达标、储存安全
2023年5月	《简阳市粮食应急预案（试行）》	在突发公共事件或粮食市场异常波动时，保障粮食市场供应，维护社会稳定
2023年5月	《四川省国有粮油仓储物流设施保护实施办法》	确保国有粮油仓储物流设施满足四川省粮食收储供应安全保障需要

（三）改革目标

简阳市围绕粮食储备运行管理，坚持"筑基—提质—引领"三阶段发

展路径，明确"三步走"目标。

第一，近期筑基，重构组织治理体系，完成政企分离改革。组建粮食资产管理公司，建立"四权分立"治理架构（所有权归政府、经营权属企业、监管权赋部门、监督权交社会）。构建数智监管体系，建成区块链监管平台，实现"四穿透"监管（穿透企业层级、业务流程、资金流向、粮权状态）。建立"全链条溯源+双端管控"机制，对粮食出库、运输等关键环节实施全流程动态追踪，违规行为处置率达100%。

第二，中期提质，升级粮食储备技术，提升储备运营效能。推行"四合一"低温绿色储粮技术升级（气调、低温、横向通风、智能粮情），降低损耗与成本；健全粮食应急体系，构建"135"应急体系（1小时全域覆盖、3级配送节点、5万吨日加工能力），应急响应时效压缩至一小时内；探索建立企业合作战略，形成"平战结合"供应网络。

第三，远期引领，搭建粮食应急枢纽，保障川西粮食供给安全。建成"平急两用"智慧粮仓，实现仓容快速转换功能，仓容转换效率达30万吨/日；创新多元化粮食供应模式，实施军民融合军粮供应工程，建成国家级军粮综合保障基地，推进军粮供应、应急供应等多元融合发展。探索"平战结合"的发展道路，军粮供应响应时效提升至4小时（见表2）。

表2 "十四五"时期简阳市粮食储备"三步走"发展目标

发展阶段	核心目标	重点举措
近期	重塑治理结构	组建简阳市粮食资产管理公司，剥离政策性与经营性职能建立储备粮动态调节机制 实施"监销一体化"全流程实时监管
中期	强化运营效能	完成绿色低温储粮技术升级 布局区域配送中心与应急供应网点
远期	形成区域枢纽	建成军民融合保障基地 形成"平战结合"仓容转换机制

二　改革举措

（一）制度优化

传统粮食储备制度长期存在政企职能交叉、监管漏洞等多重问题，易引发虚增损耗、以陈顶新、套取补贴等违规行为，威胁粮食储备安全。2022年9月起，四川简阳国家粮食储备库由四川简州空港农业投资发展集团有限公司运营，推动政企分离，实现经营性与政策性业务独立运行。

政府的主要任务是为粮食储备提供基础设施和硬件条件，负责储备计划审批、质量抽检等监督管理。目前，四川简阳国家粮食储备库低温仓达4.9万吨，食用油罐容1.0万吨。自2022年9月以来，该库承担着储存38018吨各级储备粮油任务，[①] 执行均衡轮换制度，确保"数量、质量、品种、地点"四落实，有效防范违规风险。

企业的主要任务是提升运营效率和经济效益，同时通过市场机制优化资源配置。"十四五"期间，四川简州空港农业投资发展集团有限公司通过与成都粮食集团有限公司建立战略合作关系，开展订单农业、期货套保等新型经营模式；此外，还与市内多家企业签订配送合同，实现资源共享、优势互补和业务创新，将国有粮食企业优质粮油资源推向市场，提升了经济效益。

（二）机制创新

简阳市围绕应急保障与市场化运营，构建起"平急协同、政企互补"的现代化粮食储备管理体系，探索"安全兜底，市场赋能，平急贯通"的改革路径。

2024年，简阳市通过与成都粮食集团等企业签订应急保障协议，拓展

---

① 《当好"天府守粮人"》，http://www.scjy.gov.cn/jianyang/c136358/2025-01/04/content_7fb410af44fc4ab48dd0abcbeccec673.shtml，2025年1月4日。

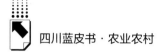

储备库容，大幅缩短应急响应时间，加快实现了应急响应半径不超过 30 公里、响应时效缩短至 1 小时的发展目标，形成政府储备保供应、企业储备补时效的协同效应。同年，简阳市军粮供应站正式被四川省粮食和物资储备局认定为应急储运企业，进一步强化了应急保障能力。

2025 年，四川简州空港农业投资发展集团有限公司计划统筹平战粮食储备，深入推进军粮供应、应急供应等多元融合发展，努力探索"平战结合，平时供应，战时应战"的发展道路。"平时供应"是指在日常运营中，通过优化资源配置保障粮食市场的稳定供应。"战时应战"是指在应急状态下，确保粮食供应的不间断。而"平战结合"的模式则是将应急功能融入平时的粮食储备、管理、运营等各个环节之中，兼顾日常运营与应急需求，推动粮食储备机制的持续优化与完善。

（三）技术升级

粮食仓储的数字化智能化是粮食储备提质增效的重要抓手。2022 年，成都市发展和改革委员会组织开展《成都市"十四五"粮食安全保障规划》研讨会，明确要深入实施"藏粮于地、藏粮于技"战略，推动粮食仓储智能化，以保障粮食储备安全。简阳市作为成都市粮食储备网络的东部核心城市，在优化组织架构的基础上应用智慧化监管，实现了对储备粮从入库到出库各环节的实时监控与精准管理。

"十四五"期间，简阳市创新推出"传感器+自动控温"的技术方案。通过在粮堆内布设近 300 个温度传感器，实时采集粮堆内的温度、湿度、水分等关键数据，一旦粮情数据出现异常波动，将立即发出预警，自动化控温设备将会精准调节粮堆温度，使得粮食始终处于低温、低氧的储存环境中，确保粮食储存稳定。

与此同时，四川简州空港农业投资发展集团有限公司积极响应省级要求，与简阳市纪委联合推出《简阳市粮食购销领域腐败问题专项整治工作方案》，推出覆盖收购、仓储、调运全流程的智慧监管平台，实现了对粮食储备各个环节的实时监控与精准管理。在收购环节，通过信息化系统严格把控粮食质量，并将数据实时上传至监管平台，确保收购的粮食符合国家标准；在仓储环节，利用物联网技术对粮食库存数量、储存条件等进行实时监测，杜绝了"转圈粮""以陈顶新"等违规行为的发生；在调运环节，借助GPS定位和物流信息系统，实现对粮食运输轨迹的全程跟踪，确保粮食调运的安全与高效。

三　改革成效与有待完善之处

（一）改革成效

简阳市凭借"制度优化—机制创新—技术升级"三位一体的改革举措，在粮食储备的管理效能、储备品质与应急能力等方面取得显著成效，构建了粮食储备现代化的新范式。政企权责分离改革为绿色储粮技术推广与应用奠定制度基础；"平战结合"机制反哺市场化运营，应急冗余库存与经营性库存动态调剂，实现安全与效益平衡；技术升级赋能储备体系韧性，支撑粮食储备各环节运行的高效与稳定。

1. 粮食储备管理效能显著提升

简阳市通过"制度重构+技术赋能"双轨并行，系统性破解传统监管漏洞。在制度层面，政企权责分离改革（政府保留计划审批与质量抽检权、企业专注市场化运营）彻底剥离政策性业务与经营性业务，从根源上杜绝"虚增损耗""以陈顶新"等违规行为。在技术层面，依托全流程智慧监管平台，实现数据实时采集与动态管控，有助于及时发现违规行为。2021年《四川省地方粮食储备管理办法》的落地与智慧监管系统的推广应用，推动简阳市粮食储备监管从"人防"向"技防"实现根本性转变，形成"制度刚性约束+技术动态预警"的治理闭环。

2. 粮食应急保障能力进一步增强

简阳市通过"政企协同+平战结合"机制创新，构建多层次应急保障网络。构建"135"应急体系，应急保障能力显著增强。如四川简州空港农业投资发展集团有限公司与成都粮食集团等企业签订应急协议，形成了政府储备与企业储备协同保供应的局面，加快实现应急响应半径不超过30公里、响应时效缩短至1小时内。同时推进"平战结合"模式，实施军民融合军粮供应工程，建成国家级军粮综合保障基地，为粮食市场的稳定供应和应急状态下的粮食保障提供坚实基础。

3. 粮食储备品质明显提高

简阳市以绿色储粮技术升级为核心，实现"储存安全"与"运行效率"的协同提升。在硬件设施方面，建成4.9万吨低温仓与1.0万吨食用油罐，政府储备粮绿色低温仓容全面覆盖，虫害霉变损耗率下降。在品质保障方面，创新应用"传感器+自动控温"技术方案，在粮堆内布设300个监测点，粮情异常识别准确率达99%；自动控温技术将粮堆温湿度波动控制在±1℃、水分误差±0.3%以内，粮食储备损耗率显著降低。在效率提升方面，自动化控温系统替代人工巡检，仓储管理成本大幅降低，轮换周期相比传统模式缩短，轮换损耗率明显降低（见表3）。

表3 "十四五"时期简阳市粮食储备提质增效的主要成效

类型	具体举措	关键指标
硬件升级	绿色低温仓储 食用油罐扩容	建成4.9万吨低温仓、1.0万吨食用油罐 政府储备粮绿色低温仓容覆盖率达100%
品质保障	"传感器+自动控温"技术方案	粮情异常识别准确率达99% 降低储备损耗率
效率提升	自动化控温系统	降低仓储管理成本 缩短轮换周期 降低轮换损耗率

（二）有待完善之处

简阳市在推进粮食储备现代化进程中，虽在制度、技术与机制三方面取得阶段性成效，但在协同监管、风险防控、资源保障等方面仍存在有待完善之处。在协同监管方面，政企权责边界模糊，政府对企业储备数量、质量及

"常储常新"情况较难监管。在风险防控方面，企业尚缺乏全链条风险对冲机制，可能在市场价格剧烈波动时影响储备稳定性。在资源保障方面，资金和人才匮乏，限制了技术应用与设施升级。

1. 政企协同机制存在监管漏洞

在政企协同推进粮食储备稳定的实际操作中，企业可能无法完全履行其储备责任，从而影响整个粮食储备管理的效率和效果。如在企业是否按照规定数量进行储备、是否"常储常新"等方面尚缺乏法理强制监管措施。[①] 2023年1月，简阳市粮友粮食购销有限公司520吨小包装菜籽油目前仍空库，导致简阳市市级储备的小包装成品粮油出现空库问题。[②] 这反映企业在执行储备任务时存在管理疏漏，整改措施也未完全落实到位。此外，在储备库的安全生产检查中曾发现隐患，暴露了企业在日常监管和风险防控上的不足，影响了粮食储备的安全性与稳定性。

2. 市场化风险对冲机制需强化

目前，许多企业为了降低储粮成本，不愿意多存粮，主要通过参加政策性粮食竞拍获得粮源，企业社会责任储备很难落实到位，企业粮食"双储备"体系，即商业库存与企业社会责任储备均有待完善，受市场波动影响较大，难以承担调节区域粮食市场供求和应对局部突发事件等任务。

简阳市在市场化运营层面也存在此类问题。与中粮集团"基差交易+场外期权"组合策略不同的是，简阳市订单农业与期货套保业务尚未建立全链条风险对冲机制，导致市场价格剧烈波动时可能侵蚀储备稳定性。另外，简阳市粮企市场化运营与应急保障职能的权责边界模糊，缺乏"平战结合"模式的演练，导致在应对突发状况时可能无法实现平稳转换和有效协同。

3. 智能化转型资金与人才短缺

推进粮食储备管理智能化是保障区域粮食供应稳定的关键。智能化粮库

---

① 李蕊、张彩彩:《我国粮食企业社会责任储备合同中的政府权责》,《吉林大学社会科学学报》2025年第2期。

② 《我市召开粮食工作联席会议》, http://www.scjy.gov.cn/jianyang/c132741/2023-01-18/content_5e3ef54a9171877ec29a02b27912.shtml, 2023年1月18日。

建设实施需要大量信息技术、粮食储备、自动化控制等方面的专业技术人员和管理人员进行支持与维护。而目前粮食行业信息化自动化领域技术人才队伍建设相对滞后，难以满足智慧粮库建设和运营的需要。[①]"十四五"期间，简阳市虽已研发出了"传感器+自动控温"的创新技术方案，但在"智慧粮库"建设过程中的人才、资金等资源未能得到很好的保障。在人才方面，粮食储备的智能化转型需要大量既懂粮食储备业务又掌握数字技术的复合型人才，而简阳市尚未建立起完善的人才培养与引进体系。在资金方面，2023年简阳市举办的粮食工作联席会议指出，简阳市粮友粮食购销有限公司信息化平台建设工作因资金尚未落实，影响粮食实时调动效率，需尽快推进资金筹措。

四　改革启示

简阳市通过系统性制度重构与数智化转型，探索出一条破解粮食储备"效率—安全"双重困境的创新路径，实现了粮食储备体系从"传统管控"向"智慧治理"的跨越式发展，验证了市场化改革与科技创新在粮食安全领域的协同价值，为欠发达地区粮食储备体系提供了可操作的改革路径。

（一）制度创新是提升粮食储备安全水平的核心驱动

明确政企权责边界、优化组织结构是提升治理效能的关键。简阳市通过政企分离改革与数智监管体系建设，避免了职能交叉导致的系统性风险，实现了治理体系的现代化转型。因此，在推进粮食储备体系改革时，应注重治理体系的现代化建设，结合自身实际情况，探索适合的政企分离模式和监管技术创新路径，以提升粮食储备管理的规范化、科学化水平。

（二）协同机制是强化应急保障能力的重要基础

简阳市构建的"135"应急体系以及军民融合应急保障模式，有效增强

---

① 雷超祥、成盼：《粮库云平台建设历程及意义》，《粮油仓储科技通讯》2021年第2期。

了粮食应急供应能力，确保了市场的稳定。简阳市的实践表明，建立政府储备与企业储备相结合、日常供应与应急保障相协调的协同机制至关重要。因此，应加强应急保障体系建设，完善应急预案与工作机制，强化政府部门、粮食企业以及相关机构之间的沟通协作，定期开展应急演练，提高应对突发粮食事件的快速反应能力和协同处置水平，保障粮食市场平稳运行与社会和谐稳定。

（三）技术升级是粮食储备提质增效的有力支撑

区块链与物联网技术的深度融合是破解监管盲区的关键。低温绿色储粮技术与智能化监管平台的应用，显著提升了简阳市的粮食品质与储备效率。由此说明，粮食储备技术的升级对于保障粮食质量安全、降低储备成本、提高经济效益具有重要意义。因此，应加大对新型储粮技术的研发与推广力度，鼓励企业积极应用先进技术，加强与科研机构的合作，不断探索适合本地气候条件和粮食品类的储粮技术方案，以实现粮食储备的绿色、低碳、高效发展。

未来，简阳市将持续深化粮食储备体系改革，不断推进数智化升级（如数字孪生粮库建设）、绿色储粮技术应用（生物质气调储粮）及跨区域协同机制创新，推动粮食储备体系向更高水平韧性治理迈进，为保障国家粮食安全贡献实践智慧。

参考文献

李腾飞、杨玉苹：《加快建设更有韧性更高水平的粮食应急保障体系》，《中国粮食经济》2024 年第 9 期。

高洪洋、胡小平：《我国政府粮食储备监督检查：博弈分析、机制构建与制度保障》，《农村经济》2022 年第 11 期。

唐芳、李月：《中国智慧粮库建设发展现状及建议》，《粮油食品科技》2024 年第 5 期。

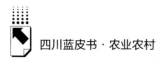

曹宝明、黄昊舒、赵霞：《中国粮食储备体系的演进逻辑、现实矛盾与优化路径》，《农业经济问题》2022年第11期。

郑风田、普蕈喆：《反思政策性粮食储备体系：目标分解与制度重构》，《中州学刊》2019年第11期。

《四川省粮食和物资储备局：深化优质粮食工程促进四川粮食产业高质量发展》，《中国粮食经济》2021年第7期。

B.25
四川健全生态产品价值实现机制的"崇州探索"

尹业兴　陈婷婷*

摘　要： 崇州市作为成都市生态资源富集的郊区新城，积极推进生态产品价值实现，通过落实准备机制、创新实施机制和完善保障机制，初步探索出了生态保护与经济发展的协同路径。然而，崇州仍面临绿色转型发展程度不足、GEP核算体系待完善、生态产品供需对接不畅及生态共富模式创新有限等挑战。对此，本报告提出加快绿色低碳转型、健全GEP核算体系、拓展核算应用场景、创新生态产品开发模式、壮大村集体经济等对策，为健全生态产品价值实现机制提供实践参考。

关键词： 生态产品　价值实现　崇州市

崇州市位于成都市西部，是距成都中心城区最近的郊区新城，多样的生态资源和景观为探索生态产品价值转化提供了重要基础。近年来，崇州市始终坚持系统观念，在推进经济社会发展全面绿色转型方面取得了突出成效，本案例对崇州生态产品价值转化的基本情况进行了分析研判，针对发展中的主要困境和问题，提出了促进生态产品价值转化的五点建议。

---

* 尹业兴，四川省社会科学院农村发展研究所副研究员，主要研究方向为农村发展与反贫困；陈婷婷，四川省社会科学院农村发展研究所，主要研究方向为农业农村发展。

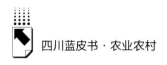

一 崇州健全生态产品价值实现机制的主要做法

崇州积极推进体制机制创新，围绕"优本底、估价值、拓路径、强支撑"四个关键环节，推动全面实现生态产品价值。

（一）落实生态产品价值转化的准备机制

生态资源转变为生态资产的基础在于明晰产权。2020年2月，自然资源部出台《自然资源确权登记操作指南（试行）》，这为各级政府提供了明确且详尽的资源权属确认框架，进而促进了使用权、经营权等多种资源权益的激活与细化。崇州市积极探索并实施了"林业共营制"，通过系统界定林地所有权、承包权、经营权以及林木所有权和使用权等多维权益关系，创新性推进林地经营权益与林木所有权的确权办证，累计颁发权证2.1万本，覆盖林区面积达47.8万亩。依据四川省及成都市颁布的《自然资源统一确权登记暂行办法》，崇州市进一步对关键自然保护区域、江河湖泊、生态功能显著的湿地和草原等关键区域的资源权益进行了系统梳理，为经营主体在权益流转方面提供了有力支撑。

生态产品调查评估和价值核算率先摸清家底。崇州市于2021年11月被列为四川省生态系统生产总值（GEP）核算试点区，成为成都市率先开展系统性GEP评估研究的地区。通过推进川西林盘资源普查工作，完成8198处特色林盘空间界定与命名，分类建立包含126个潜力林盘、400余宗闲置土地及房屋的生态资产数据库。在此基础上，崇州构建了一套涵盖生态系统产品价值、调节服务价值及文化价值三大板块，共计12项功能指标的核算体系，并成功编制了《川西林盘生态系统生产总值（GEP）核算技术规范》《川西林盘绿色发展指南》《川西林盘绿色发展指标体系》等重要文件，摸清了各类生态产品数量、质量等底数，形成了生态产品目录清单，有效破解了生态产品价值转化的"度量难"问题。

以"三生"统筹为抓手拓展生态产品价值空间，崇州市坚定不移地践行"生态优先、绿色发展"的新时代实践。一是优化产业结构,增强城市的绿色低碳转型能力,重点在于促进产业与生态的深度融合,构建以先进制造业为动力核心,现代农业与全域旅游为绿色支柱的低碳环保现代产业新格局,致力于成为公园城市示范区域中的绿色经济增长高地。二是统筹生态保护,启动全域生态景观建设工程。崇州市已斥资近百亿元,成功启动并执行了一系列重要生态建设项目,包括大熊猫国家公园、榿木河水系连通工程以及竹艺公园等,同时打造出 30 万亩壮观的农田风光、两片万亩级湿地、超过 300 公里的绿道网络以及 257 万平方米的城市绿地。三是以生活宜居为目标导向,城乡优质均衡的公共服务体系、开放型现代化的基础设施体系、全覆盖可持续的社会保障体系进一步完善,要素集聚能力和人口承载能力不断提升。

(二)创新生态产品价值转化的实施机制

政府、企业、社会公众多元主体推动生态资源资本化。政府在推动生态产品价值实现的过程中扮演着关键角色,崇州市成立了大气、水、土壤污染防治"三大战役"领导小组,加强了组织领导,强化了统筹协调。企业作为市场的主体,通过参与生态项目,不仅实现了自身的盈利目标,还将生态资产进一步资本化,推动了生态与经济的深度融合。如观胜镇严家弯湾依托 GEP 核算成果,引入崇州当地一家知名园艺企业出资 514.8 万元,共同成立严家弯湾景区运营管理公司,通过植入消费业态,不仅丰富了消费场景,还促进了农商文旅的融合发展。同时,加强志愿者队伍建设,通过多样化公益传播矩阵与志愿服务平台协同运作,引导社会力量有序介入湿地保护行动。科研机构依托专业智库资源与技术研发优势,重点突破生态系统功能恢复技术瓶颈,为厚植生态产品价值注入先进的科技因素,使生态资产更好更快地实现保值增值。

以财政资金为支点解决"钱从何处来"问题。首先,财政扶持是生态保护和修复的主要资金来源。崇州市依托中央财政 1.5 亿元专项资金引导,统筹地方财政配套投入 5 亿元,重点推进榿木河水系连通及农村水系综合整

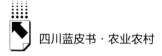

治项目。在此过程中，财政奖补机制得到了充分应用，成为加速水系连通与推进水美乡村建设的有力助推器。其次，吸纳社会资本进入是最为迫切的问题。崇州创新资金筹措方式，以5亿元财政资金撬动160亿元社会资本，该举措遵循"政府引导、市场主导、商业化运作"的基本原则，积极吸引社会企业与村集体经济组织参与其中，有力推动了农商文旅体融合项目的实施。最后，项目还注重群众力量的发挥，引入了国有企业、社会企业及集体经济组织等多方力量，共同参与项目的后期管理工作，从而构建了一个多元化、协同性的管护体系。

以多元场景赋能探索生态产品价值转化实践。崇州依托生态优势和自然资源禀赋，不断深化生态文明体制改革。通过整合川西林盘、天府绿道、产业园区与林盘景区等资源，实施联动发展战略，构建生态价值的转化平台，并精心培育多元化的消费体验场景，从而有效促进生态环境优势向经济价值的深度转化。通过打造多节点景观廊道，以森林、河湖、湿地、特色镇、林盘、农业园区为依托，加快森林型、湖泊型、湿地型、人文型、农林型郊野公园建设。打造蓝绿交织的绿道蓝网，以"十河贯境、五水润城"为骨干建立蓝网体系和以"一脉两轴三带五环"为支撑构建绿道体系。以山水林田湖草沙为自然基底，全面规划并实施全域绿化美化、地貌景观重塑、特色小城镇发展以及川西林盘修复等一系列生态景观构建工程。并充分利用农业林业资源、公园绿地、绿道网络以及独特的川西林盘等生态要素，集中力量推动产业融合与创新场景构建，孵化绿色新兴经济形态。

（三）完善生态产品价值转化的保障机制

形成党委政府高位推动和县区部门共同参与的工作机制。生态产品价值的实现需跨越多部门、多层级进行协同合作，明确界定各自职责范围，并设立专门的组织架构以统筹规划和精确执行相关措施。如强化生态环保规划引领，编制完成的《崇州市"十四五"生态环境保护规划》详细规划了生态环境保护的总体框架、核心任务及关键项目，为深化污染防治、优化生态环境质量,以及促进经济与生态环境协同高质量发展提供了坚实的规划蓝本。加强对提升城乡生态环境工作的统筹协调,完善"党委领导、政府主导、部门共建、社会参与、村民支持"推进机制。细化工作目标,建立相关市级部门、镇、街道责任分工清单,明确牵头责任部门、实施主体,提供组织和政策保障。

健全生态产品保护补偿机制和损害赔偿制度。将生态敏感地带、饮用水源保护区等重要区域纳入生态保护红线范畴,强化生态保护措施,加大监测与监管力度,确保这些区域的生态功能得以维持、面积不受缩减、性质不被改变。在此基础上,深化自然资源督察与生态环境督察的协同工作机制,实现例行督察、专项督察及"回头看"的常规化运行,以形成持续的环境监管压力。应秉持"全面覆盖、绝不容忍、严格执法、注重实效"的基本原则,持续排查并整治生态环境领域存在的风险隐患。构建"土地增值收益补偿初期生态投入"与"市场运营收益维持后期维护"两个平衡机制,并积极探索"损害者补偿、使用者付费、保护者受益"的多元生态治理体系。通过设立耕地保护基金、集体公益林(地)生态保护资金、饮用水源保护激励金等方式,促进了生态产品价值的转化,实现了从经济发展向生态保护的反哺与支持。

健全生态考核机制压实生态保护责任。切实将生态产品价值实现程度、绿色经济发展和自然资产保值增值,确立为衡量各级党政领导干部工作绩效的关键指标,并积极探索构建 GDP 与 GEP 并行的"双重考核、双重评估"体系。作为国家城乡融合发展试验区的崇州,正积极探索一条政府引领、企业与社会各界携手、市场驱动且可持续的生态产品价值实现新路径,在此过程中,崇州尤为注重在体制机制层面上进行大胆创新与先行先试。目前,GEP 已被纳入干部教育培训体系之中,发挥着重要的考核导向作用,引导领导干部更加重视生态环境保护与生态产品价值的提升。同时,崇州已取消对生态涵养保护区域 GDP 等经济指标的考核,转而关注动态监测生态指标,以生态指标作为衡量区域生态保护成效的重要依据。

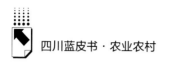

二 崇州生态产品价值转化还存在"四个不足"问题

尽管崇州在生态产品价值核算和生态产品价值转化模式等方面的探索取得了重要进展和突破，但现阶段存在的一系列现实制约和突出问题仍然不容忽视。

（一）绿色低碳转型发展程度不足

近年来，崇州以"双碳"目标为引领、以产业建圈强链为主线，加快推动一二三产业转型升级，但产业发展不平衡、效益偏低，先进制造业和高端绿色科技产业体量小等问题仍然存在；工业门类多、企业数量多、污染物排放总量大，传统产业改造提升和低端低效产业淘汰迁出速度偏慢，对绿色农业、低碳农业的技术和模式应用不足，现代绿色产业体系尚未全面建成。太阳能、风能、生物质供能容量普遍偏小，清洁能源为主导的能源消费结构尚未形成，化石能源消费仍占较高比例。虽然已顺利完成公交国有化改革，建成城市公交、城乡公交、城际公交三级公交体系，但公共交通分担率仍然偏低，货物运输仍以公路为主，"轨道+公交+慢行"的出行模式有待丰富，绿色低碳的生活生产方式仍需进一步推广。

（二）GEP 核算及应用体系建设不足

当前各地在生态价值核算实践中普遍面临核算边界界定模糊、标准化核算流程尚未形成等共性问题。这种制度性缺陷导致核算结果呈现同区域数据难以复现、跨区域指标缺乏可比性等问题，削弱了核算成果的公信力和应用效能。从崇州来看，目前已形成了对整个县域 GEP 的试点核算和主要林盘 GEP 的核算，但尚未推进县乡村三级核算工作，未能对各类生态系统作进一步细分，相关业务核算和特定项目核算还有待进一步探索，完善的核算体系尚未建立。GEP 核算成果在进规划、进考核、进决策等方面尚未形成真正的硬约束、倒逼机制和引导机制，价值实现"后半篇"文章进展慢。

（三）生态产品供需对接不畅

一方面，部分地区生态产品开发项目同质化严重，仅停留在简单的生态种养、特产售卖、旅游资源开发等初级阶段，高品质供给能力不足，附加值不高，难以满足市场需求；部分村集体经济组织缺失或虚设，无力整合分散的农村资源和充分对接城市资本进入。另一方面，地市级及区县级生态产品交易中心或平台的建设尚处于空白状态，导致市场准入条件、交易价格体系以及相关监督管理措施等方面缺乏统一明确的规范标准。此外，生态产品产权归属的界定模糊不清，这极大地限制了生态产品产权实现形式的创新，使得使用权在出让、转让、出租、担保、入股等方面的权能难以得到适当拓展，阻碍了生态产品的顺畅流通与高效交易。

（四）生态共富路径和模式创新不足

崇州各乡镇在生态载体溢价、生态产业开发、生态资本收益等模式的探索上取得了积极成效，也对稻田碳汇、湿地碳汇、林业碳汇等项目进行了布局试点，但是总的应用场景和载体建设还不够丰富，转换路径还不够多元，乡村"好风景"还没有充分转化为富农"新经济"。一方面，生态产业开发项目招商普遍采取"点对点"的方式，信息不对称问题突出，造成投资主体难以准确把握投资机遇，竞价交易机制缺失导致生态资源价值显化不足。另一方面，与农户的利益联结机制存在不足，尚未形成规范化的企业、集体经济组织、农民等多元主体间的利益分配标准和农民权益保障制度准则，契约关系不稳定、联结机制松散，农户参与度和意愿还不够高。

三　崇州推进生态产品价值实现的对策建议

（一）加快探索经济社会发展的绿色低碳全面转型

一是推进生态与宜居融合，提升城乡全域活力。持续优化生产生活环境，增加生态产品供给，统筹推进全域增绿添彩、大地景观再造、特色镇建设和川西林盘修复等全域生态筑景工程，持续推进"海绵城市"达标建设，探索公园城市示范区建设的崇州经验。二是推进生态与农业融合，创新发展生态农业。依托良好生态本底，大力发展高产、优质、高效、安全农业，增加农产品生态属性。大力开发生产机械、智能化管理、数字化运营等主要工具，形成从绿色种质资源到绿色生产、加工、培育以及绿色农业生态环境再创造的全过程发展。三是推进生态与工业融合，加快工业转型升级。引导三大主导产业高效集约发展，加快工业生产绿色化、低碳化转型，推进绿色能源和绿色制造深度融合。四是推进生态与文旅融合，培育新模式新业态。探索"古镇山水+生态康养"模式，促进文旅生态产品开发。深入挖掘林盘特色生态资源、民俗文化资源，促进农商文旅体学研形态融合，引导林盘差异化发展，提高产业型林盘发展韧性，促进研学、文创、体验等新业态快速发展。

（二）加快探索建立和完善生态产品价值核算体系

一是扎实推进自然资源产权确权登记工作。加速推进大熊猫国家公园等关键自然保护区域、江河湖泊、生态功能显著的湿地和草原等关键区域的资源权益登记，完善组织框架，提升技术手段，并建立健全相关制度体系。二是探索建立生态产品动态监测体系。融合遥感技术与地面调查手段，形成一体化的对地观测与监测网络，实时监控并精确获取生态产品在空间和时间维度上的数量配置、质量分级、功能特性、权益归属以及保护和开发利用等方面的详细信息。三是完善生态产品价值核算技术规范。与国内外高等院校、科研院所和专业机构等开展合作，在已有评估标准与技术指南基础上，充分借鉴新理论、新方法，创新评估方法和参数。积极参与全省GEP核算标准的研究制定工作，建立和完善行业标准、地方标准、团体标准和内部标准，编制生态产品价值核算统计报表，完善指标体系、测算方法等。

（三）加快探索生态产品经营开发模式和转化路径

一是推进生态农业产品开发。围绕"天府粮仓"的建设要求，推进特色产业向多元化、精品化发展。推进农业标准化建设，实现生产有标可依、产品有标可检、执法有标可判。二是探索生态调节产品开发。以生态产品核算价值为基础确定生态补偿标准，探索制定政府购买生态产品的生态补偿模式，向"两山公司"及各乡镇市场主体购买调节服务类生态产品。推进市场化、多元化生态补偿，协调整合各相关部门的生态补偿政策与资金项目，推进实施生态综合补偿机制。三是创新生态文旅产品开发。坚持"片区开发、整体招商、一体运营"理念，加快推进精品川西林盘连片保护开发、业态升级迭代。将农事体验、美食品鉴、民俗参与、生态观光、运动康养、自驾露营等新型业态和现代功能充分融入林盘，大力打造"两山"文化品牌和全域旅游品牌。四是拓展异地协同开发模式。探索资金补助、协作帮扶、产业转移及人才培育等多种途径，在生态保护受益区域与保护核心区域、流域下游与上游之间，创新实施横向生态补偿机制。

（四）加快探索壮大村集体经济的共富路径和模式

一是完善生态产品市场交易机制。系统梳理闲置资源资产，定期发布生态产品开发供需机会清单，搭建资源方与投资方合作渠道。开展生态资源收储交易，在调查摸底、确权登记基础上，形成生态资源清单、产权清单、项目清单，整合打包推向市场，拓宽生态产品价值实现路径。二是深化农村产权交易改革。以"深化农村改革、盘活集体资产、激活交易市场、促进产权赋能、壮大集体经济、增加农民收入"为目标，建立和完善农村产权流转交易市场和服务平台。三是构建"集体经济+企业+农户"利益共同体。坚持"政府主导、市场主体、商业化逻辑"，通过多方主体共建、共营、共享的模式创新，盘活利用乡村各项资源资产。探索"生态价值+土地资源"入股等方式，形成"集体经济组织+国有公司""集体经济组织+专业公司""集体经济组织+合作伙伴"等多种发展模式。四是以 GEP 特许经营赋能村集体经济发展。若以县、乡、村等行政区域为核算单元，则授权县、乡级国有企业整体运营，或由各行政村集体经济组织独立运营或联合统一运营；若以投资项目为核算单元，则可由项目投资方独立运营，或与项目所

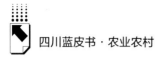

在地的国有企业、集体经济组织混合运营，进行生态旅游产品的开发与创新。

参考文献

廖茂林、潘家华、孙博文：《生态产品的内涵辨析及价值实现路径》，《经济体制改革》2021年第1期。

刘伯恩：《生态产品价值实现机制的内涵、分类与制度框架》，《环境保护》2020年第13期。

张林波、虞慧怡、郝超志等：《国内外生态产品价值实现的实践模式与路径》，《环境科学研究》2021年第6期。

谢贤胜、陈绍志、赵荣：《生态产品价值实现的实践逻辑——基于自然资源领域87个典型案例的扎根理论研究》，《自然资源学报》2023年第11期。

B.26
彭州市金城社区新型农村集体经济发展的创新实践

李泽慧　孙月梅*

摘　要：　新型农村集体经济是推进乡村全面振兴和促进农村共同富裕的主要途径。然而，新型农村集体经济发展不断向好的同时仍存在运营能力和持续盈利不足、农民合作积极性不高、利益关系失衡治理赤字等问题。本报告以四川省彭州市金城社区为例，深入分析金城社区以党建引领健全组织保障、以系统整合盘活村庄资源、以整体经营壮大集体经济、以利益共享保障各方权益和以智慧共治强化社区认同的新型农村集体经济发展实践、现实成效与经验启示。研究表明，坚持党建引领增强政群集体意识、善用系统思维整合多元资源要素、把握利益导向实现成果共享共富、借助整体思维加速产业价值变现、以"智慧+"赋能促进群众共建共治是促进新型农村集体经济高质量发展的重要路径。本报告可为全国其他地区探索新型农村集体经济发展提供借鉴和参考。

关键词：　新型农村集体经济　整体经营　利益共享　金城社区

一　引言

发展新型农村集体经济是推进乡村全面振兴的动力引擎和活力源泉、促

---

* 李泽慧，四川省社会科学院农村发展研究所助理研究员，主要研究方向为城乡发展；孙月梅，四川省社会科学院农村发展研究所，主要研究方向为农村发展。

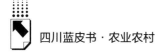

进农村共同富裕的有效路径。自 2016 年首次提出"新型农村集体经济"概念以来，2021 年中央一号文件到 2025 年中央一号文件、2022 年党的二十大报告、2024 年《中华人民共和国农村集体经济组织法》表决、2024 年党的二十届三中全会及《2025 年政府工作报告》中的工作任务安排不断支持新型农村集体经济发展。实践表明，在新型农村集体经济发展不断向好的同时，新型农村集体经济发展仍不平衡、不充分①，弱村与强村差异显著②，运营能力和持续盈利不足③，农民合作积极性不高④，利益关系失衡且治理赤字⑤。因此，进一步促进资源有效挖掘、经营质效提升、收益分配平衡、治理效能提升等，对于新型农村集体经济发展至关重要。

四川省彭州市桂花镇金城社区位于彭州市西北部山区，由原涌华村、庙坪村、小石社区合并而成，总面积 22.6 平方公里，含 21 个居民小组，共 1497 户 4237 人。⑥ 作为国家级森林乡村、四川省合并村集体经济融合发展试点先进村、第三批四川省乡村旅游重点村、四川省"四好村"、"四川省乡村治理示范名村"、"成都市乡村振兴先进村"、龙门山湔江河谷生态旅游区核心起步区的重要承载地，多年来金城社区积极探索自身的新型农村集体经济发展路径，以"同在屋檐下""大家庭文化理念"的基层治理共同体理念为价值内核，从组织创新、资源创新、经营创新、机制创新和治理创新出发，形成了"党建引领+系统整合+整体经营+利益共享+智慧共治"的发展路径，实现了从无主心骨、无路子、无奔头的"三无村"到有思路、有资

① 肖红波、陈萌萌：《新型农村集体经济发展形势、典型案例剖析及思路举措》，《农业经济问题》2021 年第 12 期。
② 齐皓天、张迈、韩玉萍等：《乡镇"全域三变"：条件劣势村集体经济的共富之路——基于重庆市城口县岚天乡的个案研究》，《农业经济问题》2025 年第 4 期。
③ 孙淑惠、张晓、刘传明等：《中国新型农村集体经济发展水平的地区差异及分布动态演进》，《中国农村经济》2024 年第 12 期。
④ 张新文、杜永康：《共同富裕目标下新型农村集体经济发展：现状、困境及进路》，《华中农业大学学报》（社会科学版）2023 年第 2 期。
⑤ 赵黎：《发展新型农村集体经济何以促进共同富裕——可持续发展视角下的双案例分析》，《中国农村经济》2023 年第 8 期。
⑥ 郭晓鸣、吕卓凡、周小娟：《整体性治理与乡村韧性发展：一个"四维"理论分析框架》，《社会科学研究》2024 年第 4 期。

源、有产业的"三有村"的蝶变，[①] 2024 年社区集体经济总营业额 1158 万元，盈利 327 万元。[②] 本报告以金城社区新型农村集体经济发展的实践为基础，深入研究了金城社区新型农村集体经济发展的实践探索、现实成效与经验启示，为全国其他地区探索新型农村集体经济发展提供参考。

二 彭州市金城社区新型农村集体经济发展的实践探索

（一）以党建引领健全组织保障

金城社区始终坚持以党建引领为基础，开展相关的党建工作，健全相关组织保障。一是健全两委干部工作机制，打造硬核基层党组织。金城社区以村"两委"换届为契机，积极吸引具备丰富管理经验以及广泛人脉资源的常年在外经商人员担任社区党组织负责人。探索实施"1+2+N"工作法，[③] 实施"每日晒+相互帮+每月评+末尾排名"的村干部素能提升机制和两委干部"AB 角"工作机制，[④] 动态优化村干部队伍。二是搭建协商共治、发展共谋两个平台。"同在屋檐下"党建品牌先后在"蓉城先锋"、全国党员教育网站等平台展播，被收录进全国党员教育资源库。

（二）以系统整合盘活村庄资源

金城社区以土地盘活、资金整合、人才聚合等资源要素支撑壮大农村集体经济规模。在盘活土地资源方面，金城社区通过自主开发、合股经营等方

---

① 郭晓鸣、吕卓凡、周小娟：《整体性治理与乡村韧性发展：一个"四维"理论分析框架》，《社会科学研究》2024 年第 4 期。

② 《城乡融合 成都试验｜彭州市：因地制宜谋发展"宿"造产业富乡村》，https：//m. thepaper. cn/baijiahao_30905819，2025 年 5 月 3 日。

③ 郭晓鸣、吕卓凡、周小娟：《整体性治理与乡村韧性发展：一个"四维"理论分析框架》，《社会科学研究》2024 年第 4 期。

④ 《"彭州市探索'共建共治共享'乡村治理新路径"》，http：//www. pengzhou. gov. cn/pzs/c111399/2023-07/11/content_b6abf55a89514cf68a905020d527991a. shtml，2023 年 7 月 17 日。

式，盘整社区集体建设用地（400 余亩），盘活 2000 余亩的闲置林地和农用地。① 在资金整合方面，建立政银合作机制，推动农村集体经济组织获批惠农专项贷款 200 万元、项目贷款 165 万元。探索以区域性活动聚投资的招商方式，通过参与承办龙门山民宿发展论坛，扩大"龙门山·柒村"民宿产业园的区域影响力，吸引国有公司注资打造乡村旅游产业，撬动社会资本开发文旅消费新业态。在人才聚合方面，激活社区党支部书记的社会关系网络，吸引商业伙伴、科技团队等多元主体，参与村集体经济组织的资产管理、数字管理系统研发等重点工作。推行"产业引人、情感引人、带动育人"引才策略，成功引进硕博高端人才 6 人，拥有土地管理、企业管理、建筑设计等学科背景的人才 100 余人。② 策划"情怀乡村·我为振兴"年度座谈会，邀请企业管理、植物学等领域优秀人才汇聚于此，为社区新型集体经济发展建言献策。

（三）以整体经营壮大集体经济

金城社区以多元主体经营统筹和多村协同经营，实现集体经济的整体经营。在多元主体经营统筹方面，瞄准"民宿+"文旅产业，探索构建了"村集体+国有平台公司+社会资本+群众"的协同发展模式，创新了共建共富的新型农村集体经济发展路径。具体而言，依托村集体股份经济合作联合社成立资产管理、运营和劳务三个专业化公司，集约盘活闲置宅基地、低效耕地等资源，建成龙门山民宿服务中心、矿山营地、房车营地和露营地等文旅消费新场景，形成了"村集体与企业共投高端民宿+企业主导食品工坊+国资开发矿山营地+农户配套服务"多主体共建的产业生态矩阵。在强化横向多村协同联动方面，创新多村合作模式，牵头成立联结桂花镇全部 14 个村庄的集体经济联营体——成都桂花共兴乡创企业管理服务有限责任公司，推进资源联用、产业联兴、服务联供、治理联建等联合运营管理，形成了区域集体经济聚合发展新范式。

---

① 《城乡融合 成都试验丨彭州市：因地制宜谋发展"宿"造产业富乡村》，https：//m.thepaper.cn/baijiahao_30905819，2025 年 5 月 3 日。
② 《彭州市金城社区"民宿+"点亮乡村振兴》，《农村工作通讯》2024 年第 21 期。

（四）以利益共享保障各方权益

金城社区以共享经济理念为基础，探索构建了主体权属分配机制、集体收益反哺机制、公共资源共享机制，实现村域集体经济参与主体公平分享发展成果。在主体权属分配机制方面，探索"334"（村集体占股30%、村民占股30%、运营公司占股40%）、① "46"（村集体占股40%、运营公司占股60%）差异化股权配置模型，以及村集体的"收益保底+按比分红"等分配方式，实现村集体、公司和村民三方共富共赢的格局。在集体收益反哺机制方面，设立社区微基金创新资金平台，提取集体经济组织5%的收益、社区接待讲解费以及社会捐赠等资金，定向支持社区公益校车运营、贫困学生帮扶等项目。在公共资源共享机制方面，通过清产核资、成员界定、股份量化等规范化流程构建普惠型股份合作制，将荒山、林地等公共资源以作价入股方式融入产业项目，实现股权收益全员覆盖。整合农户分散资金投入精品民宿建设，形成"资金变股金、农民变股民"的联营模式，创造近百在地就业岗位。创新构建农村宅基地"简单租赁—产权入股—投资运营参与"三阶开发路径，促进民宿群的商住一体、生产与生活相融。

（五）以智慧共治提升社区认同

金城社区建设"智慧+"共享安全社区模式，提升社区的智慧治理和社区认同。在智能治理方面，金城社区构建了"三智能五统一"体系化治理架构，建设了人口智能管理系统（收录社区居民基础信息）、村务智能管理系统（为高龄及重度残疾群体配备智能监测手环和健康监护系统）、社区智能管理系统（整合地灾监测、秸秆禁烧、门禁识别等系统于社区综合治理服务室）、统一停车场、粮仓等五类公共服务设施，强化了村民对共享社区建设的认同感。在社区共治方面，成立社会治理综合服务室，组建"晨跑"

---

① 《城乡融合 成都试验｜彭州市：因地制宜谋发展"宿"造产业富乡村》，https：//m.thepaper.cn/baijiahao_30905819，2025年5月3日。

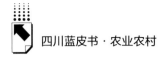

"文艺"等 8 支队伍，丰富了群众社区治理的参与方式，培育了群众共治共建意识。推行积分制模式，开发数字化积分管理系统链接校车接送、岗位兑换等激励措施。创新采用"党员献言+乡贤谏言+群众发言"模式，通过"坝坝会集中讲+进院坝个别讲+邻里间相互讲"途径，激励村民积极投身公共事务。①

三 彭州市金城社区新型农村集体经济发展的现实成效

（一）乡村产业升级实现产业形态多元化发展

金城社区从以农业种植生产为主的单一经济发展模式转型为以民宿服务、观光旅游等第三产业为主，特色农产品产业、食品加工业和生态旅游为辅的多业态协作富民产业模式，集体经济规模大幅提升。金城社区建成了方塘·山宿、方塘·林宿、方塘·青山台、方塘·森林餐厅等乡村精品旅游民宿，打造了共享菜地、矿山艺术营地、溪边亲子乐园等消费场景。同时，依托本地泉水、竹海等自然资源，建立了磁峰麻饼、玉米馍馍等特色产业农产品品牌和"方塘·蜀中糖门"绿色食品品牌，打造了涵盖农产品种植、生产加工、成品展销、制作体验等多功能的农村新消费场景。②

（二）集体经济收益实现从零到千万元的跨越

金城社区通过村集体全资自营、"集体经济组织+运营公司+村民"共建等模式运营的民宿产业、农产品加工业，为村集体经济开辟了持续且稳定的收入渠道，集体经济发展韧性日益增强。2023 年全年农商文旅体营业额达

<hr />

① 郭晓鸣、吕卓凡、周小娟：《整体性治理与乡村韧性发展：一个"四维"理论分析框架》，《社会科学研究》2024 年第 4 期。
② 《彭州市金城社区"民宿+"点亮乡村振兴》，《农村工作通讯》2024 年第 21 期。

1200 万元,[①] 年度经营性收入约 400 万元,[②] 村级集体经营性收入从 2017 年的 3.6 万元增加至 2023 年的 1208 万元。[③]

（三）村民收入实现了从百元到万元的突破

截至 2023 年,金城社区村民年均可支配收入达 2.5 万元,较 2017 年增长约 0.6 万元,高于同期四川全省平均水平（约 0.5 万元）。[④] 社区村民形成了土地流转收入、打工收入、创业收入和村集体分红收入等多元收入渠道,收入渠道类型不断增加。村民思维也由过去单一的务农思想逐渐转变为多元化的经营理念思想,致富意识逐渐增强。同时,农村经济环境和发展环境的改善也提升了村民增收能力。

（四）社区治理实现了由传统治理向智慧治理的转型

金城社区通过人口智能管理、村务智能管理、社区智能管理等"智慧+"安全社区建设,实现了社区 4500 余人的 30 余项基础信息搜集,55 名 80 岁以上老年人、重度残疾人的智慧化监护。[⑤] 新安装了集中居住小区门禁系统及车辆识别系统 4处、安防监控 52 个以及新建了小区安全便道 1.2 公里,全方位提升了集中居住小区的安全性和社区的智能化。[⑥] 同时,智慧碰撞平台为产业提档升级建言献策,提高了村民参与公共事务的积极性,增强了村民主人翁意识和共同体意识。

四 彭州金城社区新型农村集体经济发展的经验启示

在发展新型农村集体经济的过程中,要立足本地要素禀赋,坚持党建引

---

① 郭晓鸣、吕卓凡、周小娟:《整体性治理与乡村韧性发展:一个"四维"理论分析框架》,《社会科学研究》2024 年第 4 期。

② 《彭州市金城社区"民宿+"点亮乡村振兴》,《农村工作通讯》2024 年第 21 期。

③ 《闲置农房变民宿 村民增收路子多》,《四川日报》2024 年 8 月 16 日。

④ 郭晓鸣、郑莅元、唐希鹏:《集体经济主导盘活闲置宅基地的实现路径与模式选择——来自四川省和浙江省三个村庄的案例分析》,《农村经济》2024 年第 11 期。

⑤ 《彭州市探索"共建共治共享"乡村治理新路径》,http://www.pengzhou.gov.cn/pzs/c111399/2023-07/11/content_b6abf55a89514cf68a905020d527991a.shtml,2023 年 7 月 17 日。

⑥ 内部资料:《彭州市桂花镇金城社区"智慧+"安全社区建设情况报告》。

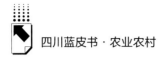

领增强政群集体意识、善用系统思维整合资源要素、借助整体思维加速资产价值变现、把握利益导向实现成果共享共富、以"智慧+"赋能促进群众共建共治,推进新型农村集体经济发展。

(一)发展新型农村集体经济要坚持党建引领增强政群集体意识

坚持党建引领,增强农村集体经济建设干部和群众的集体意识。一方面,要充分发挥基层党组织在新型农村集体经济的政治统筹的核心优势,健全村"两委"工作机制,制定村干部协同联动工作方案,明确职责分工。另一方面,要以社区群众利益为导向,健全村庄集体事务的民主决策、共享模式的利益分配、权利保障机制的设计与落实,使农民在集体经济中更具获得感和参与感,增强农民对集体经济的认同感。

(二)发展新型农村集体经济要善用系统思维整合资源要素

利用系统性思维整合各类资源,促进新型农村集体经济发展。一方面,要充分发挥村集体经济组织协调作用,善用系统思维,统筹梳理闲置宅基地和农村集体建设用地、闲置房产、撂荒和粗放利用耕地等各类闲置资产,全面摸清集体资产底数。另一方面,要充分发挥村集体经济组织的政治资源、村"两委"干部社会人脉资源优势,探索产业引人、情感引人、高校合作等方式吸引优秀人才,链接国有企业、社会资本、银行、金融机构等主体解决资金难题。

(三)发展新型农村集体经济要借助整体思维加速产业价值变现

坚持整村合作、整体规划和整体经营思维有助于促进产业价值变现。一方面,要坚持整村合作(全村人的布局)、整体规划(各类资源的全局布局),鼓励地缘范围相邻、资源优势互补、产业属性趋同的村落,构建跨村域的集体经济联营体和产业的整体规划、差异化配置业态和经营项目,以广域空间的建圈强链促进产业迭代升级,以整体规划、村际合作发挥规模优势,增强市场竞争力。另一方面,要坚持整体经营,在厘清村庄存量资源供给与市场需求适配性的基础上，明确闲置资产的盘活用途、村庄产业定位，探索"村集体+国有平台公司+社会资本+群众"全员股份合作模式，将资源转化为流动性资产。

（四）发展新型农村集体经济要把握利益导向实现成果共享共富

推动多元主体共同参与、构建长效稳固的利益联结机制对集体经济稳定发展至关重要。一方面，要构建多元主体共享机制，遵循公平公正、平等协商的原则，综合考量政策导向、法律法规、投资规模、项目属性等多重因素，明确农村集体经济组织、运营公司、村民的差异化利益分配机制，让国有企业连接社会资本优势、村集体资源整合与组织统筹优势、社会资本市场竞争优势有机结合。另一方面，要鼓励、支持和引导村民运用闲置资产、资金等参股集体经济项目或投资自建民宿、农家乐等，鼓励部分村民以输出劳动力方式参与其中，拓宽村民就业渠道。

（五）发展新型农村集体经济要以"智慧+"赋能促进群众共建共治

推动智慧技术和智慧治理体系在社区的探索与创新，提升村民幸福感。一方面，要引入"智慧+"共享智能模式，推进人口智能管理、村务智能管理和社区智能管理的广泛应用，提升社区治理效率，有效促进安全社区的创建。另一方面，要鼓励将"智慧+"延伸至社区综合治理的各个方面，以"规划引领、专业运作、社区共治"为治理逻辑，增强村民的主人翁意识，塑造智慧共享情感认同，实现共建共治。

参考文献

谢治菊、黄美仪：《新型农村集体经济何以有效运行？——基于三种实践模式的探索性分析》，《中国农村观察》2025年第2期。

B.27
完善乡村振兴投入机制的"郫都实践"

唐新　李梦凡*

摘　要:　乡村振兴投入机制是全面推进乡村振兴战略的基础保障,其完善程度直接影响乡村发展的可持续性。本报告以四川省郫都区为研究对象,聚焦郫都区以"政府引导基金+社会资本"模式完善乡村振兴投入机制的实践探索。研究发现,郫都区通过财政精准引导、社会资本协同、资源整合赋能及产业融合驱动等路径,构建了"资金—产业—收益"闭环机制,有效整合财政资金、社会资本与土地资源,显著提升了资金使用效率,推动了乡村产业多元化发展,并实现农民收入增长与农村环境改善。然而,当前的郫都模式仍面临社会资本退出机制不完善、风险防控不足、农民利益保障薄弱等挑战。基于此,本报告从制度创新、风险管控、利益分配及绩效评价等方面提出对策建议,旨在为四川及其他同类地区完善乡村振兴投入机制提供理论与实践参考。

关键词:　乡村振兴　投入机制　政府引导基金　社会资本　郫都区

　　自党的十九大提出乡村振兴战略以来,乡村振兴逐渐成为新时代破解"三农"问题、实现共同富裕的核心战略。而其中乡村振兴投入机制作为全面推进乡村振兴战略的重要一环,是基础和保障。2025年,中央一号文件《中共中央　国务院关于进一步深化农村改革　扎实推进乡村全面振兴的意见》进一步强调创新投融资机制,要求通过加大中央预算内投资、超长期

---

* 唐新,四川省社会科学院农村发展研究所副研究员,主要研究方向为农村经济;李梦凡,四川省社会科学院农村发展研究所,主要研究方向为农村发展。

特别国债和地方政府专项债券支持农业农村重大项目，运用再贷款、再贴现、差别化存款准备金率等货币政策工具引导金融机构加大资金投放，同时深化农村信用体系建设、推广新型抵押融资模式，并健全多层次农业保险体系以强化风险保障。《乡村振兴中央预算内投资专项管理办法》和《乡村全面振兴规划（2024—2027年）》进一步细化了资金使用规范，提出通过设立乡村振兴基金、引导社会资本参与等路径破解资金分散、投入渠道单一、社会资本参与度低等难题。在此背景下，四川积极响应国家政策，结合省域特点构建了"财政+金融+社会资本"协同发力的投入机制，通过"一省一策"推进农信社改革，成立省级农商联合银行以增强金融服务能力，并率先探索农村集体经营性建设用地入市改革，盘活土地资源吸引社会资本参与乡村振兴项目；同时，依托特色农业产业推动全产业链标准化发展，整合财政资金与社会资本形成产业闭环，提升联农带农效益。作为四川乡村振兴的典型代表，成都市郫都区的实践模式具有鲜明的创新性和示范价值。郫都区以"多元共治、要素活化"为核心，构建了"政府引导基金+社会资本"的投入机制，展现了独特的创新价值。其通过设立乡村振兴基金、推进农村集体经营性建设用地入市、搭建"飞地经济"平台等举措，有效整合财政资金、社会资本与土地资源，形成"资金—产业—收益"闭环。因此，本报告深入研究郫都区乡村振兴投入机制的实践经验，旨在为完善四川乃至更广泛地区的乡村振兴投入机制提供理论支持和实践指导。

一 郫都区完善乡村振兴投入机制的实践探索

郫都区位于成都市西北部，地处成都平原核心区域，是国家级城乡融合发展试验区和国家农业现代化示范区创建单位。其资源禀赋突出，拥有"天府水源地"生态优势，耕地面积约25万亩，以生菜、韭黄、水稻等特色农业为主导产业，并依托"郫县豆瓣"等地理标志产品形成食品加工产业集群。作为成都"西控"战略的重要承载地，郫都区承担着保障粮食安

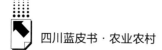

全、推动城乡要素双向流动、服务超大城市郊区功能优化的多重使命。① 在成都"一心两廊三片"全域发展格局中，郫都区以"科创高地、锦绣郫都"为目标，构建"1+2+25+100"城乡空间体系，重点推进八大乡村振兴示范片建设，集成土地、资本、技术等要素，探索城郊融合型乡村振兴路径，成为全国乡村振兴标杆。②

（一）财政精准引导

郫都区通过财政优先保障与多元投入结合，强化乡村振兴资金支撑。在水利基础设施方面，累计投入5.2亿元，其中财政专项占比60%，村民自筹20%，企业配套20%，实现城乡供水"四同步"。同时，郫都区对高标准农田建设资金进行整合，实现了全区农村自来水普及率从75%提升至98%，水质达标率提高至95%。③ 在财政补贴方面，郫都区注重补贴政策的精准性与引导性。对恢复耕种的农户按4000元/亩标准补贴，推动低效果林腾退；对新建粮经基地按面积梯度补贴，最高达300元/亩，有效促进土地规模化经营。郫都区政府还通过"以奖代补"支持农业社会化服务组织，如对全程托管500亩以上的主体给予5万元运营补助，激发市场主体活力。

（二）社会资本协同

郫都区在水美新村建设中，积极探索创新模式，引入社会资本参与项目实施。通过"政府引导基金+社会资本"的合作模式，以PPP项目为载体，吸引社会资本参与。政府通过兜底政策风险、协调金融机构提供低息贷款等方式，有效降低了社会资本进入的门槛，形成了"风险共担、利益共享"

① 《以城乡融合发展 推动成都全域共兴》，https：//news. qq. com/rain/a/20250208A03TPT00，2025年2月8日。

② 《成都市郫都区：推进集成示范片建设 开创乡村振兴新局面》，https：//epaper. scdaily. cn/shtml/scrb/20220325/271637. shtml，2022年3月25日。

③ 《成都市郫都区人民政府关于印发〈成都市郫都区实施乡村振兴战略促进产业发展的支持政策〉的通知》，http：//www. pidu. gov. cn/pidu/c135644/2022－12/02/content_eb9411d09bb147bc9cfaa14fb351d116. shtml，2022年12月2日。

的合作机制。这种模式不仅为项目提供了充足的资金支持，还通过多元化的收益渠道激发了社会资本的参与动力。社会资本可通过项目运营收益、政府补贴以及相关产业开发等多种方式获取回报。此外，郫都区政府通过出台激励政策，进一步增强社会资本"下乡"的意愿。这种创新模式不仅推动了水美新村的建设，也为乡村振兴提供了新的思路和路径。①

（三）资源整合赋能

郫都区在乡村振兴战略的推进过程中，积极探索基层治理与资源整合的创新模式，形成了以"农夫生活信用社"为代表的基层自治创新机制和以全域土地综合整治为依托的土地资源整合路径。"农夫生活信用社"通过积分制管理，将村民参与环境整治、公共事务等行为量化为信用积分，村民可凭借积分兑换低息贷款额度或优先获得合作社资源。这一机制有效激发了村民参与乡村治理的积极性，形成了"村民自治—信用激励—资本引入"的良性循环。通过信用积分体系，村民的行为规范与经济利益直接挂钩，不仅提升了乡村治理的效率，还为乡村经济发展注入了新的活力。在土地资源整合方面，郫都区以全域土地综合整治试点为契机，推行"抱团发展"模式。通过村集体主导的协商平台，分类制定土地流转指导价，将原本零散的土地进行整合，累计整合土地面积1.2万亩。在此基础上，郫都区积极引入社会资本，建设现代农业产业园，推动农业规模化、产业化发展。这种模式不仅优化了土地资源配置，提高了土地利用效率，还为社会资本参与乡村振兴提供了广阔空间，实现了土地资源的经济效益与社会效益的双赢。

（四）产业融合驱动

郫都区以"农工商文旅体"融合为抓手，积极推动特色产业融合发展，促进乡村产业振兴。在示范片区建设方面，郫都区政府通过"链主企业+联

---

① 《成都郫都区坚持科技和改革双轮驱动 激发城乡融合发展动力》，https://www.163.com/dy/article/IIV1N75U05346936.html，2023年11月7日。

合体"模式强化利益联结机制，促进多元主体的协同发展。该模式以产业链为基础，通过整合农业、商业、工业、文旅等多领域资源，形成紧密的利益共同体，实现了产业间的协同发展与增值收益共享。在产业发展方面，郫都区创新性地推行"共享田园"机制，通过盘活闲置农房和土地资源，吸引城市资本下乡，形成了"新村民—原村民—企业"的共赢格局，实现了乡村资源与城市资本的有效对接。郫都区通过构建紧密型利益联结机制，政府引导、企业主导和农户参与协同发展，充分发挥各方资源优势，形成了稳定的产业发展模式。

二　郫都区完善乡村振兴投入机制的经验总结

郫都区通过财政支持与补贴、社会资本引入与风险共担、基层自治创新与资源整合、产业融合与利益联结等举措，构建了"政府引导、市场主导、多元参与"的乡村振兴投入机制。为破解传统模式资金分散、渠道单一等难题提供了宝贵经验。[①]

（一）郫都区完善乡村振兴投入机制的实践成果

郫都区在乡村振兴投入机制的完善过程中，取得了显著的成效，主要体现在以下几个方面。第一，资金使用效率显著提升。郫都区通过整合财政专项资金、政府引导基金、社会资本、银行信贷等多渠道资金，优化了资金配置，避免了传统模式中资金分散、使用效率低下的问题。通过"财政补贴+集体入股+企业投资"模式，筹集1.2亿元建成"乡村十八坊"集群，资金使用效率较传统模式提升40%。[②] 第二，乡村产业发展加速。郫都区以"农工商文旅体"融合为抓手，打造"天府水源地"现代农业功能区，形成豆

---

① 杨人豪、杨庆媛：《资本下乡、经营土地与农政变迁——以成都市郫都区为例》，《南京农业大学学报》（社会科学版）2022年第3期。
② 《"战旗"村印象》，https://epaper.scdaily.cn/shtml/scrb/20230822/299662.shtml，2023年8月22日。

瓣、稻蒜轮作、盆景苗木三大十亿级产业集群，推动了乡村产业的多元化发展。通过"链主企业+联合体"模式，强化了利益联结机制，引入新希望等7家链主企业，建成20个产业联合体，带动农户1.2万户，促进农村产业的规模化和品牌化。[①] 第三，农民收入水平显著提高。郫都区通过集体建设用地入市，创新"保底收益+按股分红+劳务收入"三重分配机制，保障农民在产业发展中的利益分配。第四，公共服务质量大幅提升。郫都区通过财政支持与社会资本参与，建成全省首个"乡村智慧治理中心"，整合投入3.8亿元实施"五网融合"工程。建成标准化卫生室78个、文化大院42个，引入新华文轩等社会资本运营乡村书店17家，完善农村基础设施和公共服务设施。第五，农村人居环境显著改善。郫都区实施"五改五清"工程，通过全域土地综合整治和环境治理，社会资本参与率达60%，共完成23个川西林盘修复，建成战旗村等5个AAA级旅游景区，推动农村人居环境改善。[②]

（二）郫都区完善乡村振兴投入机制的经验

一是多元机制协同推动产业资金高效投入。财政资金在乡村振兴中的引导作用至关重要，郫都区建立乡村振兴基金，将财政专项资金、政府引导基金与社会资本整合，通过高效的资金集中管理，解决了资金分散、使用低效的问题，增强了资金的杠杆效应，促进社会资本积极参与，提高了财政资金的使用效率。针对不同阶段的农业产业项目，郫都区制定了梯度补贴政策，对初创期项目给予较高补贴，对成熟期项目则采用奖补结合的方式促进企业提升其质量和效益。郫都区还积极推广PPP模式，吸引社会资本参与乡村基础设施建设和乡村旅游开发，采取兜底政策保障项目顺利实施和可持续运

---

① 《企业做强 园区聚链 产业集群——郫都区加速推进新型工业化》，https：//cdjx. chengdu. gov. cn/cdsjxw/c132948/2024-11/08/content_7dddfe0c65c6454293af11057375c4d2. shtml，2024年11月8日。

② 《推进城乡融合高质量发展 建设共富共美锦绣郫都》，https：//www. cdrb. com. cn/epaper/cdrbpc/202401/15/c126675. html，2024年1月15日。

营,形成政府与社会资本风险共担机制,在推动农业产业全面升级的同时提高了投资信心,为乡村振兴注入了新的活力,推动其可持续发展。

二是产业融合与资源整合双轮驱动产业收益增长。郫都区通过"资源资本化+产业链整合"双轮驱动产业增值。在资源资本化方面,创新推出"农夫生活信用社"信用积分制,以奖励机制激发农民参与土地流转和产业发展的积极性,同时通过全域土地整治盘活零散土地资源,实现土地集约化利用和农业现代化转型。在产业链整合环节,构建"链主企业+联合体"模式,由龙头企业牵头组建产业联合体,通过技术输出、订单农业等方式带动中小企业和农户协同发展,形成覆盖生产、加工、销售的全产业链体系。同步建立利益联结机制,推行土地入股分红模式,确保农民能够享受产业增值带来的效益,最终推动农业产值提升与农民收入增长双赢。

三是收益反哺强化产业驱动形成良性循环。郫都区将产业收益按比例定向投入再生产领域,持续扩大经营性资产规模,构建多元化分配模式将收益反哺至村民和产业,形成了产业升级联动的长效机制,推动乡村经济可持续发展。在分配机制上,创新性地结合保底租金、劳动分红与股份分红,既保障农民基础收益,又通过再投资形成村级产业基金,支持乡村新业态孵化。通过制度化约束明确收益分配中公共服务与产业投资的优先比例,确保资金持续注入乡村发展关键环节,形成"产业增值—集体壮大—民生改善"的循环链条。

四是形成"资金—产业—收益"闭环内在机制。郫都区以全链条整合思维打通资金流动与产业增值的闭环通道。首先,通过梯度补贴政策与金融工具创新,引导财政、金融和社会资本协同投入资金。其次,依托链主企业整合上下游资源,推动传统农业向加工、文旅等附加值领域延伸,实现标准化生产与农旅融合的深度联动。最后,通过股份合作、众筹入股等收益回流机制,将产业增值收益重新注入村集体和农户,形成资金再投入的持续动力。最终形成"资金—产业—收益"的闭环内在机制,实现资本与产业的相互促进式发展。

五是提高闭环运行效率与可持续性。郫都区通过系统性优化保障闭环机制长效运行,建立跨主体协同平台,整合科研机构、龙头企业与合作社资源,开展技术攻关与成果转化,通过这些举措显著降低了生产成本并提升机械化水平。同时,将数字技术运用于生产管理,依托智能监控系统和一体化服务平台实现精准化运营,推动产量与资源利用效率的共同提升。此外,郫都区构建国有资本担保与集体资产反担保的创新复合机制,利用政策性农业保险保障生产关键环节,增强产业抗风险能力,并对基础设施管理体系进行专业化改革,进一步降低物流成本,为闭环机制的高效运转提供了坚实支撑(见图1)。

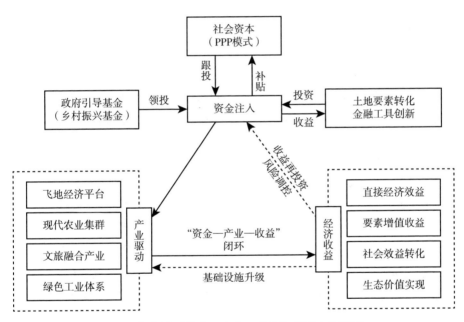

图1 郫都区"资金—产业—收益"闭环内在机制

(三)郫都区完善乡村振兴投入机制的不足与挑战

尽管郫都模式成效显著,但仍面临以下潜在问题。

第一,社会资本退出机制不完善。虽然郫都区通过"政府引导基金+社会资本"模式吸引了大量投资,但社会资本退出仍高度依赖政府回购或项

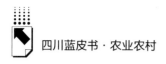

目收益分红，市场化退出渠道单一。郫都区虽开展了集体经营性建设用地入市试点，但现行产权制度下，社会资本持有的乡村资产缺乏统一权属证明，导致抵押融资受限，二级市场交易流动性不足。郫都区已入市的集体建设用地中，仅30%通过抵押融资盘活资产，剩余资产因权属模糊难以形成资本循环，削弱了社会资本持续参与的积极性。

第二，风险防控与收益可持续性不足。部分产业过度依赖政策补贴，市场化收益能力尚未夯实。郫都生菜产业虽年产值达2亿元，但出口创汇奖励政策占其收益的10%，若国际市场波动或补贴退坡，可能引发收益断档风险。此外，郫都区农业保险覆盖面和赔付标准仍较低，2024年生菜产业参保率不足40%，且未纳入极端天气导致的价格波动险种，风险分散机制存在明显短板。[①]

第三，农民利益保障机制待强化。虽然郫都区农民人均可支配收入突破2.2万元，但在土地流转和产业分红中，农民议价权仍处弱势地位。永盛村生菜基地的土地流转合同中，仅45%明确约定了土地增值收益分配比例，且保底租金未与物价指数挂钩，导致实际收益增幅低于土地价值涨幅。且农民在产业链分工中多局限于种植环节，加工、销售等高附加值环节参与度不足，2024年生菜产业链利润中农民占比不足20%，农民收益的提升受到制约。

第四，监管与绩效考核体系需优化。财政资金与社会资本的整合使用存在监管盲区。2024年郫都区乡村振兴基金中，约15%的补贴资金因验收标准模糊或绩效评估滞后，未能按计划兑现。部分项目追求短期成效，对科技创新、品牌培育等长效性领域支持不足，导致资源配置结构性失衡，降低了配置效率。

三　加快完善乡村振兴投入机制的对策建议

郫都区在乡村发展的实践中形成了"政府引导、市场运作、多元参与"

---

① 《成都郫都生菜产业入选成都西部片区国家城乡融合发展试验区典型经验》，https：//news.qq.com/rain/a/20250223A02LTH00，2025年2月23日。

的典型经验，为进一步完善乡村振兴投入机制，本报告从制度创新、风险管控、利益联结和绩效管理四个方面提出相关对策建议。旨在弥补当前乡村振兴投入中存在的不足，为同类地区提供可借鉴的机制方案。

（一）构建可持续的投入保障体系

社会资本与土地要素是乡村振兴的核心资源，构建可持续的投入保障体系，是确保乡村振兴长期获得稳定资金支持的基础。[①] 一是创新土地要素激活机制。建立农村土地产权交易平台，通过集体经营性建设用地入市、闲置宅基地盘活等模式释放土地价值。推行"土地信托+产业开发"机制，明确土地增值收益向村集体和农民倾斜比例，保障农民权益。二是完善社会资本退出机制。设立乡村振兴股权转让平台，采用"政府回购+市场化退出"双轨模式，明确退出条件与收益分配规则，既保障资本合理回报，又增强长期投资信心，形成社会资本持续注入的良性循环。三是优化财政资金使用效能。构建跨部门资金统筹平台，实施"负面清单"管理，重点支持智慧农业、冷链物流等土地密集型产业。通过资金集中投放和精准使用，形成"土地资源—资金投入—产业增值"的协同效应，强化财政资金的杠杆作用，吸引更多社会资本参与。

（二）强化智慧化运营与风险防控

乡村振兴涉及多个领域，科学的风险管控和市场化运营对确保乡村振兴战略的顺利推进至关重要。一是构建智慧化风控体系，建立动态风险评估机制。运用大数据分析市场波动规律，通过物联网设备实时监测自然灾害风险。二是探索"区块链+资金监管"模式。实现涉农资金全流程可追溯，发展"互联网+农村金融"，创新基于农业大数据的信用贷款产品。三是设立风险对冲基金，提供稳定的资金保障。采用"政府注资+保险联动"方式，

---

① 靳炜峰、何飞、卢肖鹏：《完善乡村振兴多元化投入机制的对策研究——以湖北省为例》，《当代农村财经》2024 年第 11 期。

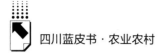

化解自然灾害、市场波动等不可抗力风险，增强社会资本的信心，促进产业的健康发展。[①]

（三）深化农民参与和利益分配机制

乡村振兴的最终目标是改善农民的生活水平，因此推动乡村经济的全面发展，必须确立农民在乡村振兴中的决策核心地位。[②] 一是建立双向赋权机制，组建村民自治组织。评估乡村产业发展的可行性，同时推行"股权量化到户"模式，将集体资产收益权按贡献度量化给农户。二是完善利益分配制度。在农业产业化过程中采用标准化合同，明确"保底收益+按股分红"的分配模式。三是提供争议的调解和申诉渠道。在村级层面设立仲裁委员会，解决农民与企业、政府之间的利益争议，增强乡村振兴的社会稳定性和可持续性。[③]

（四）构建全周期绩效评价体系

乡村振兴的实施是一个长期、复杂的过程，涵盖规划、建设、运营等多个阶段，需要科学合理的绩效评价体系，以确保资金使用的透明和高效。一是建立全周期绩效评价体系，确保资金使用的透明性和效率。将政府绩效目标、专业机构评估与农民满意度调查相结合，重点考核就业带动、收入增长等民生指标，对资金流向进行追溯，确保资金能按预定目标使用，并进行动态监管，以此提高资金使用效率，增强政府和社会资本对乡村振兴投入机制的信任度。二是将绩效与资金拨付挂钩，对低效的乡村建设措施实行"一票否决"制。对于效益不佳、进展缓慢的环节，应该暂停资金拨付，待整改并达到预期目标后再恢复拨款，以此优化资源配置，推动乡村振兴的高质量发展。

---

① 浙江省财政厅农业处课题组：《浙江省乡村振兴多元化投入机制建设探索与实践》，《当代农村财经》2023年第6期。

② 刘振伟：《建立稳定的乡村振兴投入增长机制》，《农业经济问题》2019年第5期。

③ 王新军、高阳、赵福昌：《地方财政在乡村振兴战略中的角色定位与实践路径研究》，《财政科学》2024年第11期。

数字乡村农业的实践探索与路径优化

——以德阳市旌阳区为例

赵利梅　敖龙飞雪*

摘　要： 自2021年始，四川省德阳市旌阳区以数字化改革和农业农村现代化建设为战略导向，取得了一系列成效。通过打造"1+3+N"智慧农业结构，整合涉农政务，农业信息化平台建设，构建全景监管平台，稳步推进数字乡村建设。然而，当地数字乡村建设还存在政策制度与实际需求适配准度不够、数字服务与农产品联结程度不紧密、人才配置与数字农业匹配精度不足等诸多挑战。未来，需从优化科学规划与顶层设计、提升农业信息化水平与发展动能、协同多元主体与人才引进体系三个方面，为乡村全面振兴和数字乡村建设提供制度保障、技术支持与人才队伍建设。

关键词： 数字乡村建设　数字农业　乡村振兴　旌阳区

一　引言

2018年中央一号文件首次写入"数字乡村"概念，为数字乡村建设提供了强有力的政策保障，《数字乡村发展战略纲要》《数字乡村发展行动计划（2022—2025年）》等政策文件相继在全国出台。同时，2020年至今，四川省连续五年将数字乡村建设写入省委一号文件，《"十四五"国家信息

---

* 赵利梅，四川省社会科学院研究员，主要研究方向为农村公共管理；敖龙飞雪，四川省社会科学院，主要研究方向为农业管理。

化规划》以及《"十四五"数字经济发展规划》也提到相关内容。在 2022
年，旌阳区被纳入四川省数字乡村试点地区，同年 10 月又被纳入全省信息
化后评价试点县。自此之后，德阳市旌阳区就数字农业场景创新及耕地种植
用途管控工作开展深入合作，并且其数字农业的模式和经验多次在省级以上
重要活动中推广。基于这一背景，旌阳区将数字农业作为推动数字乡村建设
的核心抓手，并将其视为加速农业农村现代化进程的战略性举措。

二 德阳市旌阳区乡村数字农业实践探索成效

四川省德阳市旌阳区，地处成都平原东北边缘。东邻中江县，西连绵竹
市，北接罗江区，南靠广汉市，总面积为 648 平方千米。旌阳区被纳入四川
省数字乡村试点地区以来，截至 2023 年底，旌阳区常住人口 83.1 万人，地
区生产总值 920.80 亿元，比上年增长 6.2%。①

近年来，通过整合涉农政务、农业信息化平台及相关系统，构建数字乡
村建设的全景监管平台，这一实践成果验证了数字技术赋能乡村振兴的有效
性，其创新实践为解决农村科技服务"最后一公里"难题提供了参考与
启示。

（一）数字赋能：农业农村全域应用

旌阳区立足"示范引领、梯度推进、多元协同、成果共享"的发展思
路，采用了由图到网最后成链的结构推进数字化转型。首先，在"全域资
源图集"建设方面。构建了"1+3+N"的数字化发展体系，其中，数字平
台整合了多个维度的数据资源，实现了农业用地、基础设施与人口分布等要
素的可视化。其次，在"全区感知网络"建设方面。实现了智能化与数字
化的农业生产。以青甜扬嘉数字农业示范园区为例，可以实时采集农作物的

---

① 《德阳市旌阳区二〇二三年国民经济和社会发展统计公报》，https：//www.tfjy.gov.cn/gk/
zfxxgk/tjxx/tjgb/1855310.htm，2024 年 5 月 6 日。

生长数据。最后，在"全链产业生态"构建方面。运用区块链技术将生产管理、行业监管、人才培育等环节与产业链高度融合。通过建立农业生产资源数据库与区块链应用平台，形成由种植养殖到加工销售再配合以物流配送的良性循环产业链。[①]

（二）数字基建：推动乡村智能发展

首先，建设优质通信网络。在推进数字基础设施现代化方面取得突破性进展，德阳市域范围内已实现 4G 网络全域覆盖，5G 网络建设正在提速增质。实施"五网建设"，农村地区固定宽带家庭普及率达 98%，Wi-Fi 信号实现 100% 全覆盖。其次，管理高效信息网络。全区 70.08 万亩农业用地数据已经纳入数字底图，42.9 万亩耕地、41.4 万个地块实现"一地一码一档"，在此基础上 2023 年农产品网络零售额 10208.3 万元，农产品网络零售额占农产品零售总额的比例达 12.45%。[②] 最后，打造智能农业平台。旌阳区开发了"旌耘里"移动应用平台，该平台通过建立农业机械资源的协同共享机制，使农业机械使用效率显著提升。同时，该地区正在积极推进丘陵地带的农业机械化，开展"五良"的融合示范工程。

（三）数字服务：促进乡村协同共享

德阳市旌阳区依托"1+3+N"智慧农业体系架构，全面推进数字化服务在农业农村的应用。首先，在平台建设方面，德阳市科技局成功实施了"四川科技兴村在线"示范项目，构建了包含 1 个市级枢纽平台与 3 个县级分平台的多级联动体系，通过智能化手段提升治理效能与村民参与度。其次，在人才支撑方面，旌阳区创新实施科技特派员工作机制，整合高等院校、科研院所、农业主管部门及龙头企业的智力资源与科技成果。依托

---

① 《数字农业 赋能是本——四川省德阳市旌阳区数字农业创新模式观察》，http://tuopin.ce.cn/news/202111/29/t20211129_37124260.shtml，2021 年 11 月 29 日。
② 《赞！旌阳区获评"四川省数字乡村试点"优秀地区》，https://news.qq.com/rain/a/20240531A00QKG00，2024 年 5 月 31 日。

"荷韵龙居""红光印象"等特色小镇招牌，先后引进四川省非物质文化遗产"德阳潮扇"传承人杨占勇、植染设计师胡蓉为代表的创新创业人才。最后，在创新应用方面。龙居村举办赏荷节、露营节等，年拉动消费1400余万元，全村人均年增收5037元。比如，红伏村改造村集体资产为红光文旅集市，完成14个精品主题农业园建设，实现村集体收益50万元。[①] 结合区域农机装备制造的产业优势，推动农业科技成果在本地实现产业化应用。

旌阳区数字乡村建设关系如图1所示。

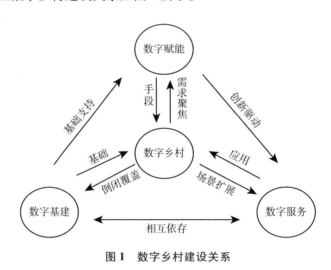

图1　数字乡村建设关系

三　德阳市旌阳区乡村数字农业经验启示

通过对实践成效的探索，本报告总结目前旌阳区数字化转型的经验主要有以下三个方面。首先，在基础设施建设层面。通过通信网络覆盖升级、交通公共服务数字化改造及数据资源共享体系构建，显著提升农业生产要素流通效率。其次，在人才培育层面。构建政产学研用协同育人模式，依托虚拟

---

① 《德阳市旌阳区：激活人才动能 助力乡村振兴》，https://www.scdjw.com.cn/article/72216，2020年12月22日。

仿真平台与实践基地相结合的培养体系，培育兼具数字素养与农业专业知识的复合型人才。最后，在场景技术发展层面。通过数据整合驱动精准决策、智慧化场景延伸产业链条，推动农文旅深度融合与品牌增值。

（一）完善基础设施协同建设，促进生产经营

在农业数字化转型进程中，机械化与智能化的深度融合建设应当从三个维度展开。首先，推进通信网络与数字底座建设。旌阳区依托《德阳市"十四五"数字乡村发展规划》，重点完善乡村数字基础设施，其关键在于提升网络覆盖质量，实施网络提速降费工程。计划到 2025 年实现乡村 4G 网络和光纤网络全覆盖，并在重点区域，例如农业园区、特色应用场景中推广 5G 网络覆盖。其次，交通与公共服务设施数字化。三年来连续推进农村路、水、电、气、通信"五网"攻坚行动，新改建农村公路 560 公里、燃气管网 449 公里，续建农村供水工程 8 个、新开工 2 个，重点提升丘陵地区农村用水保障能力。全市村级燃气、农村自来水普及率分别达 100%、90%，供电可靠率实现 99.8% 以上，① 未来应完善双东互通的同时，探索智慧交通管理模式，提升城乡物流效率。最后，构建数据资源与共享体系。在搭建大数据中心的前提下，加快实现线下信息服务站点的全域覆盖，同时通过线上线下服务点的协同布局，为农民提供种子、化肥等农资产品的实时市场信息。这类"硬件与软件"协同优化的举措，一方面增强了农业生产的智能化程度，另一方面也有力推动了农业信息资源的共享应用。

（二）培育数字技术复合人才，优化服务体系

2024 年 5 月，国家出台《2024 年数字乡村发展工作要点》，明确提出要着力培养兼具农业专业知识与数字技术应用能力的复合型人才队伍。首先，高等教育机构创新人才培养模式。德阳市旌阳区通过培养掌握现代营

---

① 《德阳市乡村振兴工作报告》，http://history.dywang.cn:8389/uploads/npimg/20240228/168069801c39360f824c0cdb3f21e7f0.pdf，2024 年 1 月 10 日。

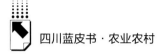

销技能的专业人才，可以有效拓展农产品销售渠道，在推进数字乡村战略的实施进程中，有必要构建一个由多元主体协同参与的创新人才培养机制，以满足数字乡村建设对各类专业人才的需求。其次，政府部门完善人才政策体系。创新激励机制，实施数字农业人才引进计划，引导专技人员、退休人员、大学生等各类不同人才投身到农村创新创业中。同时，旌阳区政府还应当建立政产学研用协同育人平台，整合各方资源，形成人才培养合力。最后，采用线上线下融合的教学方式。第一，建立虚拟仿真实践平台。模拟数字乡村建设中的各种场景。如智慧农业种植、农村电商运营、乡村治理信息化等，让学员在虚拟环境中进行实践操作。第二，在农村地区合作建立实践基地。如数字农业示范园、农村电商孵化基地、智慧乡村建设试点等。组织学员到实践基地进行实地操作和实习，参与数字乡村建设的实际项目。

（三）拓宽场景技术应用方向，提升服务效能

近年来，德阳市旌阳区在数字农业产业园建设上取得显著成效，总的来讲通过数字技术与农文旅协同发展，应用场景的开拓创新，将成为未来发展大方向。首先，强化数据整合与应用。通过建立"三农"数据库和数字地图，为农业生产提供精准决策支持。例如"旌秀桂花"智慧农业园区运用信息技术全区域资源管理图和数字化传感设备有效串联，实现了数字底座与数字管理系统的无缝对接。其次，促进农产品品牌建设。例如，旌阳"新农智谷"项目。该园区规划了六大核心功能区。同时依托旌阳区现代农业示范推广，持续培育高端农业品牌。该项目已入选 2020 年"中国县域现代农业发展高层论坛"乡村振兴优秀案例。最后，完善智慧农业应用场景。提升农业生产效率和农产品质量，例如"旌耘粮仓"项目，旌阳区近年来的春日诗集春游季活动将"旌耘粮仓"作为主要场地之一，吸引了大量游客。同时，全区已建成 10 个以油菜为主题的乡村旅游景点，实现了农产品加工增值和农业文化旅游的协同发展。

四　德阳市旌阳区乡村数字农业面临挑战

数字乡村建设是乡村振兴战略的重要引擎，然而实践进程面临多重结构性矛盾。在政策制度层面，存在技术迭代与政策滞后的适配性偏差，表现为产业数字化政策覆盖不均衡、中小农户参与门槛高、跨部门协同机制不完善等问题；在人才要素层面，复合型技术人才短缺与培养体系滞后形成叠加效应，农业劳动力的结构性失衡，加剧了技术应用"最后一公里"障碍；在技术层面，数字技术与农业产业链的融合深度不足，制约了农产品流通效率和附加值的提升。

（一）政策层面：政策制度与实际需求适配准度不够

技术发展日新月异，通常每半年就是一个更新期，然而政策需要兼顾多重因素，层层下达，赶不上技术变化，具有一定的滞后性，可能与实际需求适配度不足。首先，技术迭代与政策适配存在一定程度偏差。具体表现为农业全产业链数字化覆盖的不均衡现象。旌阳区虽构建了"全区域资源管理图"和"农业全周期产业区块链"，但实际应用中，中小农户难以享受到政策红利，普通农户缺乏技术培训和设备支持，难以参与"链上旌阳"生态，导致政策资源与分散农户需求脱节。其次，智慧农业技术推广与生产存在偏差。数字农业管理平台虽实现"耕种管收"全流程智慧化，但部分农民反映平台操作复杂、维护成本高，仍有村民因技术门槛高放弃使用。最后，政策执行中的多元协同不足。第一，跨部门协同机制不完善。旌阳区在推进"数字乡村一张图"时，因部门间数据壁垒和权责划分模糊，导致平台动态更新缓慢。第二，人才引进政策同乡村地区实际发展需求存在脱节现象，高层次人才引进与本地产业需求匹配度不足。

（二）技术层面：数字服务与农产品联结程度不紧密

旌阳区在农业农村信息化建设方面仍存在极大的短板，主要体现在基础设施运维体系不完善、服务效能低下等方面。首先，数字服务在农业产业链中的数据共享不足。数字基础设施建设有待进一步提高，涉农数据分散在多个独立平台。主要原因包括用户偏好差异、平台间竞争阻碍数据的开放共享、供给端平台过剩与需求端精力有限存在矛盾，以及数据标准不统一造成的整合困难。其次，数字服务与农产品流通的衔接不畅。当前，物流发展程度仍然很低，农产品经营呈现分散化态势，服务内容较为单一。同时，农村物流基础设施、冷链仓储设施以及配送体系存在短板，旌阳区目前尚未构建起涵盖集中贮藏、预冷、保鲜、流通、加工、包装、信息发布以及农资集散交易等多元功能的标准化产地市场，这导致当地农产品难以顺畅地参与全国农产品大流通体系。最后，数字服务对农产品品牌建设的支持不够。缺乏品牌意识和品牌营销能力，导致农产品品牌影响力有限。同时，在农产品品牌推广方面，缺乏有效的品牌推广平台和手段，导致农产品生产者难以通过数字服务将品牌信息传递给消费者。

（三）人才层面：人才配置与数字农业匹配精度不足

农业要素配置与数字技术应用之间存在结构性矛盾，主要表现为人才的复合能力不足以及人才结构失衡。首先，复合型人才短缺。旌阳区缺乏精通农业和数字技术的复合型人才，导致数字农业技术的应用和推广受限。所以现阶段数字农业技术集成应用需要突破传统农业的技术边界。其次，培养体系有待升级。数字农业技术更新换代快，而相关人才培养体系尚未完全建立，导致人才供给与实际需求脱节。高校和职业院校的农业相关专业课程设置与数字农业实际需求存在差距，反映了培训体系不完善的问题。最后，人才结构失衡。根据旌阳区统计数据，旌阳区城镇人口 62.8 万人，农村人口 20.3 万人，常住人口城镇化率 75.56%。[①] 在这样的情况下，农村岗位的吸引力不足，造成人才流动的负向循环，使旌阳区人才结构持续失衡。

---

① 《德阳市旌阳区二〇二三年国民经济和社会发展统计公报》，https：//www.tfjy.gov.cn/gk/zfxxgk/tjxx/tjgb/1855310.htm，2024 年 5 月 6 日。

五　德阳市旌阳区乡村数字农业路径优化

数字乡村建设需系统整合政策、人才与技术要素以破解实践瓶颈。在政策层面应强化顶层设计与科学规划，通过重构乡村聚落体系、优化"三生空间"布局及建立"一村一品"特色产业生态，推动数字农业与乡村振兴深度融合。在技术层面聚焦全域数字化治理，依托智能物联网部署、三维实景地图及可视化管理系统实现农业生产精准管控。在人才层面构建多元协同机制，整合社会资本与本土资源，完善返乡人才激励体系，深化产学研合作，形成"引育用留"闭环以破解复合型人才短缺困境。

（一）政策要素：科学规划与顶层设计优化

在政策要素方面，为推进数字农业高质量发展，德阳市旌阳区应当立足区域实际，构建系统化的规划体系。首先，规划重构。依据德阳市"1+5+21+X"新型城镇化战略框架，重构乡村聚落体系，形成"中心村—基层村—特色村"三级结构。建立"数字+产业+生态"的资源配置机制。其次，具体实践。明确数字乡村建设的总体要求，充分进行空间规划，划定"三区三线"，明确生产、生活、生态空间边界，同时持续构建"15分钟数字生活圈"，优化公共服务设施布局。最后，精细划分。保留乡村特色风貌并且结合产业优势特色，建立"一村一品"特色产业体系，推进"农业+"融合发展模式，构建数字农业产业链生态圈。通过系统性的规划布局，实现数字农业与乡村振兴的有机融合。

（二）技术要素：农业信息化水平与发展动能提升

在技术要素层面，应着力推行提升全域信息化水平的策略，打造"旌韵高槐"等特色IP，更好地开发"农业+文化+旅游"复合型产品。首先，构建农业资源数字化治理体系。在此基础上有效开发"旌阳三农数字管理平台"，集成多个渠道的涉农数据形成智能物联网，建立产业链协同发展机

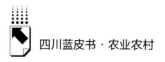
制。同时实施农业用地数字身份认证，建立土地唯一编码标识系统。其次，建设可视化农业管理系统。创建农业资源的三维实景地图，实现土地的动态监测与预警，并开发相关智能决策支持模块。比如德阳市旌阳区的"桂花粮油智慧现代农业园区"村民可以点开手机上的小程序，通过视频画面查看农场实时动态，远程进行田间管理。最后，拓展线上平台业务范围。强化服务功能，旌阳区开发了"神农口袋"App，实现数字资源高效整合。全区24个部门711项政务服务依申请事项全部纳入"综窗"办理，服务事项可网办率达到100%。

（三）人才要素：多元主体与人才引进体系协同

首先，促进社会资本与本土资源整合。从多个渠道联合建立"新农人"培育工程，引进人才返乡激励机制，鼓励返乡人员、退役军人等领办新型农业经营主体。以"旌韵高槐"为例，音乐人小黑是高槐村"民谣小院"乐队的成员之一，作为德阳人的他曾一直在丽江从事音乐创作。其次，促进科研机构与企业合作。建议与省农科院、中国科学院成都山地灾害与环境研究所等科研机构签署合作协议，联合建立院士专家工作站，例如国家梨产业技术体系首席科学家张绍铃团队，推动农业技术创新与成果转化。最后，促进政府与社会资本联动。国家可以设立专项资金构建"财政资金+工商资本+农村资产"的多元投入机制，引进更多人才。例如，德阳市旌阳区住房和城乡建设局采用政府和社会资本合作PPP模式，寻找投资方对旌阳区农村地区管道供水和污水处理基础设施进行运营和维护。

参考文献

段藻洱：《乡村振兴背景下数字农业的发展机理与优化路径研究》，《农业经济》2024年第8期。

陈江、熊礼贵：《数字农业内涵、作用机理、挑战与推进路径研究》，《西南金融》2022年第10期。

兰琦、范静、赵锋：《德阳市旌阳区乡村振兴战略实施中存在问题及对策》，《乡村科技》2022 年第 24 期。

肖艳、徐雪娇、孙庆峰：《数字农业高质量发展评价指标体系构建及测度》，《农村经济》2022 年第 11 期。

孙迎联、贾海刚：《数字乡村建设助推农民农村共同富裕的价值逻辑、现实图景与优化路径》，《农村经济》2024 年第 11 期。

B.29
培育发展新型农业经营主体的"遂宁探索"

章睿馨　杨思梦*

摘　要：　新型农业经营主体是推进农业农村现代化、实施乡村振兴战略与促进农民合作经营的重要力量。遂宁市作为新型农业经营主体培育先行区，在中央及省委支持下，探索出"培育发展共同体、打造产业共融体、构建利益共享体"的实践路径，为其他地区培育新型农业经营主体，促进农民合作经营提供了宝贵经验。遂宁市经验表明，培育新型农业经营主体需强化单体能力与联合协作，深化产业链纵向整合与横向融合，依托数字技术优化产销协同，并通过多元化利益分配机制激发主体活力。

关键词：　新型农业经营主体　农民合作经营　遂宁市

新型农业经营主体作为深化农业供给侧结构性改革的核心力量，是我国推进农业农村现代化和落实乡村振兴战略的重要实践载体，打破了传统小农经济的分散性局限，显著提升了土地、资本、技术等要素的集约化利用效率，为我国构建农业强国和共同富裕提供长效动能。自2012年中央一号文件首次提出新型农业经营主体的概念以来，随后每年的中央一号文件均对新型农业经营主体建设作出重要指示。四川省相继颁布了《四川省人民政府办公厅关于支持新型农业经营主体开展农业社会化服务的指导意见》、《四川省农业社

---

* 章睿馨，四川省社会科学院助理研究员，主要研究方向为新型农业经营主体和数字经济；杨思梦，四川省社会科学院，主要研究方向为农村发展。

会化服务组织能力提升三年行动方案》、2025 年四川省委一号文件等，通过专项资金扶持、信贷贴息、数字化服务配套等扶持体系建设，重点培育家庭农场、合作社和农业社会化服务组织。遂宁市在培育新型农业经营主体的数量和质量上取得显著成效，多个新型农业经营主体获部省级新型农业经营主体典型案例推介，连续 5 年被省农业农村厅表彰为"家庭农场高质量发展工作成效突出单位"。

一　遂宁市新型农业经营主体的基本情况

遂宁市新型农业经营主体发展呈现"量态扩张"与"质态升级"的并行特征。在经营主体数量方面，截至 2024 年末，遂宁市共有农民合作社 1.3 万家、家庭农场 3212 个、县级以上农业产业化龙头企业 207 家以及社会化服务组织 1271 个，经营主体数量实现了快速增长，已经成为推动遂宁市现代农业发展的重要力量。在经营主体收入方面，2024 年，44%的龙头企业涉农经营收入在 1000 万元以上，农民合作社年经营总收入为 17.4 亿元，可分配盈余 4.23 亿元，联农带农效果显著。在经营主体服务能力方面，2024 年经营主体服务小农户数量达 31.49 万户，开展社会化服务面积 363.4 万亩次，建立社会化服务站联盟 1 个，三级农业社会化服务中心 5 个，新型农业经营主体服务能力持续提高。在示范等级方面，家庭农场县级及以上示范占比 14.3%，农民合作社县级及以上示范占比 15.8%，龙头企业 207 家均为县级以上示范等级，社会化服务组织省级示范主体 7 个、市级示范主体 21 个，新型农业经营主体省级和市级示范主体占据主导地位。

（一）遂宁市各区县新型农业经营主体数量情况

从经营主体总数来看，射洪市在新型农业经营主体数量上占据显著优势，家庭农场（5999 家）和社会化服务组织（406 个）均为全市最多，显示其在农业规模化经营方面的显著优势。安居区农民合作社数量（822 家）和龙头企业（54 家）居首，但龙头企业规模较小（仅 1 家营收超 1 亿元），反映分散农户联合需求较强，但产业链整合不足的短板。船山区龙头企业数量（48家）虽少于安居区，但质量突出，拥有5家国家级示范企业，与其靠近城市核心区、经济基础扎实密切相关。蓬溪县以养殖加工类龙头企业（12家）和国家级合作社（9家）为特色，凸显集约化养殖的优势。大英县各类主体数量较少（如龙头企业仅20家），但社会化服务组织（304个）覆盖较广，或因农户分散需更多服务支持。总体来看，射洪市在新型农业经营主体数量的培育和发展方面处于领先地位，而其他地区则在不同类型的农业经营主体上各有侧重（见图1）。

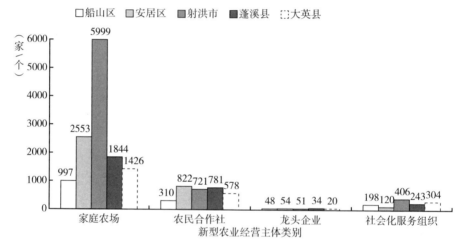

图1　2024年遂宁市各县（市、区）新型农业经营主体数量

资料来源：遂宁市农业农村局。

（二）遂宁市各区县新型农业经营主体示范等级情况

分区域来看，各区域在新型农业经营主体的示范等级分布上存在明显差异。在家庭农场示范中，射洪市省级（55家）和市级（145家）示范数量均居首位，蓬溪县省级（48家）示范数量紧随其后，而船山区因土地资源有限，省级示范仅14家。在农民合作社示范中，蓬溪县以9家国家级示范领跑全市，射洪市和安居区国家级示范社各6家，大英县仅4家国家级示范

社，可能是由于其产业基础较为薄弱。龙头企业示范等级差异最为悬殊，船山区以 5 家国家级和 10 家省级示范居绝对优势，射洪市和蓬溪县各有 1 家国家级示范，而安居区、大英县则无国家级示范，可能的原因是其产业链短、技术门槛低。综合来看，射洪市在多类主体示范性表现均较为突出，蓬溪县靠国家级合作社突围，船山区凭国家级龙头企业领跑，安居区在各项指标上相对较为均衡，大英县示范等级整体偏低（见表1）。

表 1　2024 年遂宁市各县（市、区）新型农业经营主体示范等级分布情况

单位：家，个

区县	家庭农场			农民合作社				龙头企业				社会化服务组织	
	省级	市级	县级	国家级	省级	市级	县级	国家级	省级	市级	县级	省级	市级
船山区	14	46	118	1	8	13	18	5	10	29	4	0	2
安居区	36	129	212	6	23	17	33	0	7	31	16	2	4
射洪市	55	145	310	6	27	50	53	1	7	37	6	4	4
蓬溪县	48	87	181	9	29	41	73	1	5	28	0	1	9
大英县	42	149	260	4	22	38	36	0	3	17	0	0	2

资料来源：遂宁市农业农村局。

（三）遂宁市各区县新型农业经营主体经营效益情况

在经营效益方面，船山区农民合作社经营收入（4.48 亿元）、合作社可分配盈余（1.2 亿元）和龙头企业经营收入超亿元数量（12 家）均居首位，呈现"数量少，收入高"的特点。射洪市收入规模较大（合作社 4.17 亿元、龙头企业 4 家超亿元），但合作社可分配盈余较低仅 0.59 亿元，说明其发展质量有待提升。蓬溪县龙头企业经营收入超亿元数量（3 家）紧随其后，农民合作社经营收入整体不高仅 2.47 亿元，但可分配盈余高达 1 亿元，可能是由于特色养殖的集约化管理提升了利润空间。安居区和大英县合作社经营收入和可分配盈余相对较低，龙头企业经营收入超亿元数量均仅 1 家，均需通过整合资源提升规模效应。

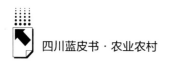

二 遂宁市培育发展新型农业经营主体的探索做法

(一)培育发展共同体:强化主体实力,凝聚发展合力

针对一些新型农业经营主体存在的小、弱、散等问题,遂宁市推动人才培育精准供给,鼓励各主体强强联合,整合资源要素,增强市场竞争力。

1. 单体培育:定制化培育与资金支持

遂宁市构建定制化培育体系,强化产学研联动,落实财政奖补和金融支持,为培育新型农业经营主体注入强大动力。一是强化人才培育与能力提升。在数字技能模块,遂宁市联合与腾讯开设"AI 农管家"认证课程,累计培训8000 人次;在实战孵化模块,遂宁市建立县(市、区)人才入乡工作站,依托安居区海龙凯歌农文旅园区、船山区永河现代农业园等资源,建立"新农人"实训基地。二是产业学院定向研发。遂宁市与四川农业大学共建实验室,围绕柑橘、食用菌、川白芷等特色优势产业,共培育农业职业经理人和高素质农民 500 余人,分类培训乡村干部、农技人员、企业经营管理人员和种养殖户 2000 余人次。此外,每年投入 5000 万元开展"新农人计划",培育 1.2 万名掌握 AI 农管、无人机操作等技能的职业农民。[①] 三是落实财政奖补和金融创新。遂宁市年均统筹安排财政资金约 550 万元,支持培育、评定奖补一批国、省、市级新型农业经营主体。同时,通过筹集 2.4 亿元投入乡村振兴风险补偿基金池,为 2368 户经营主体发放贷款 20.1 亿元,累计安排财政贴息资金1900 万元,对 863 户经营主体给予贷款贴息,有效降低融资成本。

2. 主体合作:合作社强强联合与社会化服务规模扩大

遂宁市通过跨区域协作推动联合社共建、产联式合作整合资源、创新农业托管服务模式等措施,推动新型农业经营主体联合与社会化服务规模化发

---

① 《"三个维度"看遂宁市政府与四川农业大学合作的成功实践》,https://mp.weixin.qq.com/s/0ztKZI7YT4DHGQAOrVrCsQ,2024 年 3 月 13 日。

展。具体实践中，遂宁市与重庆市潼南区联合实施"邻聚党建"工程，建立跨省联合社，两地通过"双理事长"负责制和股份制合作，发展白芷、宝龙蜜柚等特色产业。安居区安叁农机联合社整合6家合作社资源，提供"耕、种、防、收、储、销"全链条服务，统一申请农业设施用地15亩建立育秧、烘干、农机服务、仓储加工四个中心，实现"一降二增三分成"。①2023年，联合社社会化服务收入450余万元，实现盈余80万元，可分配盈余68万元，成员社平均获得联合社分红11.3万元。同时，推出"全托管、半托管、帮办兜底"的多元化托管模式，农户可将土地委托给村集体经济组织，由村集体经济组织统一每年与联合社签订服务合同，水稻收益按照农户、联合社、村集体4∶5∶1分成。2023年服务带动周边2000余户农户发展种植业，户均增收约1500元。

（二）打造产业共融体：纵横双向融合，释放发展活力

遂宁市政府鼓励新型农业经营主体通过纵向打通"生产—加工—流通—消费"链条，横向拓展"农业+文旅+科技"功能，实现农业与第二、第三产业的深度融合，推动新型农业经营主体从"单一生产"向"多元增值"转型。

1. 纵向延伸：全产业链融合与品牌建设

遂宁市通过"链主"企业驱动生产、加工、销售一体化链条，打造区域公用品牌和特色产品品牌，形成"政策支撑—全链协同—品牌增值"的发展路径。具体实践中，正大食品遂宁有限公司以白羽肉鸡产业为核心，构建了从原粮种植、养殖、屠宰加工到销售的全链条闭环模式，成为西南地区最大白羽肉鸡生产基地。一是前端延伸，正大食品通过订单种植模式，以高于市场价收购本地农户原粮用于饲料生产，形成"饲料原粮种植—饲料加工—肉鸡养殖"的种养循环链条。二是中端优化，采用"五统一"标准化

---

① "一降二增三分成"：一降即通过集中采购降低生产成本，每亩水稻降低成本约130元；二增即实现增产增收，每亩水稻增产100斤、增加收入135元；三分成即盈余分成，联合社盈余提取10%公积金和5%备用金后，剩余85%分给成员社（60%按交易量分成、25%按出资额分成）。

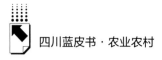

养殖模式,与养殖户合作,垫付鸡苗、饲料等费用以降低农户风险。屠宰加工环节引入全自动生产线,每小时屠宰能力达 6800 只,并延伸至蛋白饲料和血旺等副产品加工,提升资源利用效率。三是后端拓展,通过冷链物流体系将产品配送至全国市场,形成覆盖生产、加工、储运、销售的完整链条。

2. 横向拓展:"农业+"多功能复合型产业体系

遂宁市围绕"大地景观化、庭院果蔬化、农田田园化、产业特色化、城乡一体化"规划理念,鼓励新型农业经营主体以农旅融合为载体,构建"农业+"多功能复合型产业体系,实现三产深度融合发展。具体实践中,安居区海龙凯歌文旅园以海龙村为核心,联合"两镇七村"共同成立海龙联村党委,组建四川凯歌农旅发展有限公司,形成共富联合体。一是以沼气文化为核心IP,打造"猪—沼—果"生态循环体系。园区内通过沼气工程年处理粪污4800 吨,年产沼气 7.3 万立方米,为周边 80 户居民提供清洁能源,并将沼渣沼液输送至 600 亩桃林、300 亩粮油基地,形成"种养结合—沼气利用—绿色能源"模式。二是创新"联村党委+土地合作社+党员致富带头人"的新型农业生产经营体系,整合 7 村资源发展大豆油菜轮作、脆桃种植等 2400 亩规模农业,并开发航天育种果蔬基地、研学旅行等业态,年均接待游客超 135 万人次。

(三)构建利益共享体:主体合作共赢,增强发展动力

遂宁市通过数字技术形成"数据驱动生产—技术保障分配—平台连接市场"的新型利益联结机制,为构建利益共享体提供"加速器"。同时,创新探索多元化利益分配方式,为构建利益共享体提供"稳定器"。

1. 利益联结:数字经济赋能利益共享

遂宁市以政府主导的"数字农服"网络建设和现代农业示范园区建设为双轮驱动,通过龙头企业搭建 ERP 系统等数字化管理平台,将现代农业示范园区作为当地新型农业经营主体的"孵化平台",构建多方共赢的农业收益共享生态圈。具体实践中,蓬溪县现代农业示范园区通过价格指数引导生产决策、智能化技术降低成本、多元合作强化利益联结,实现多方共赢。一是以价格指数共享机制,推动市场透明化与供需精准匹配。园区接入杏鲍

菇、虫草花、鹿茸菇、黄色金针菇、金耳等 20 余个食用菌价格发布指数，使新型农业经营主体能够根据实时行情调整种植结构。同时，建成蓬溪食用菌孵化交易中心，实现产销信息透明化，拓宽食用菌产品的销售渠道。二是引入智能化生产体系，将技术红利转化为农户收益。园区内企业应用智能监控系统和自动化设备实现降本增效，并将节约的成本反哺产业链参与者。通过自动化控温、调湿技术，杏鲍菇等菌类生长周期缩短 10%，单位产量提升 15%，提高了生产效率。[①]

2. 利益分配：创新实践多元化分配方式

遂宁市创新构建"土地流转得租金、入股分红得股金、产业发展得现金、就业务工得薪金、旅游创业得真金"的"五金"利益分配模式，覆盖不同经营主体。具体实践中，海龙村以凯歌农业发展公司为载体，通过"党支部+集体经济+企业+合作社（家庭农场）+农户"的模式，建立"土地租金保底+产业纯利润""55"分红制度（公司 50%，村集体 50%），集体经济收益按"622"比例分配（60% 归农户、20% 归集体、20% 用于发展），形成"公司+集体+村民"的集体经济综合发展模式，实现农民、企业、村集体等多方共赢。安居区白马农业社会化服务中心推行共享农机设备，实现农户、联合社、社员与村集体等利益共享。具体而言，农户采取"保底收益+超额分成"保障体系，服务中心提供保底收益，并共享剩余收益，2023年服务带动 2.3 万余户小农户，户均节本增效 264 元。[②]

三　遂宁市培育发展新型农业经营主体的经验启示

（一）"强个体"夯实基础，"大联合"突破瓶颈

遂宁市以"强个体"与"大联合"双轨并进培育新型农业经营主体，

---

① 《蓬溪县将食用菌作为核心产业精心培育　奋力打造食用菌百亿产业集群》，https://mp.weixin.qq.com/s/nGNkaCSA3AsiZaAorfMt2A，2023 年 4 月 11 日。

② 《搭平台聚资源　创优服务链条——四川遂宁市安居区推进农事服务中心建设实现多方共赢》，https://mp.weixin.qq.com/s/Iiqpvk0g3DlikHN49Av7vw，2024 年 12 月 11 日。

通过人才培育、财政奖补、金融创新、组建联合社整合资源、构建社会化服务网络与跨区域协作机制等措施，破解规模瓶颈。遂宁经验表明，在个体层面，对示范类经营主体扩大规模、小农户创建示范农场给予奖补，对生产托管、用工成本等提供补贴；通过农业政策性担保贷款贴息、优惠费率和保险费率下调，降低融资成本；开展职业技能培训，建立"经营主体带头人人才库"，培养高素质农民和新型职业农民，提升管理能力和技术水平。在联合层面，引导同类合作社组建联合社，整合资源提供全链条服务；推动跨区域联合，实现资源共享与市场联动；建立农事服务超市或托管中心，提供"耕、种、收、储"全流程服务，健全社会化服务网络。

（二）纵向融合"强链"，提升产业链韧性

遂宁市以全链闭环和品牌增值为核心，推动新型农业经营主体转型升级。遂宁经验表明，一是强化产业链核心主体的组织引领作用，通过订单联结、技术输出等方式带动弱小经营主体融入产业链；二是强化品牌价值，通过区域公用品牌（如"遂宁鲜"）整合特色农产品资源，构建线上线下展销平台，提升产业链韧性。应以龙头企业或合作社为牵引，通过前端整合原料生产保障稳定供应，中端依托标准化、智能化手段提升加工效能与产品附加值，后端延伸冷链物流、品牌营销等环节开拓市场，形成产供销一体化链条，实现"全链闭环、协同增值"。同时，为推动农业全产业链增值收益更多留在县域、惠及农户，应当优化政策供给，支持主体向精深加工、数字营销等高端环节延伸。

（三）横向融合"扩链"，拓展农业增值空间

遂宁市将传统种养业与文旅、教育、科技等业态深度融合，打造集农耕体验、文化传承、生态观光于一体的多元消费场景，并创新联农带农模式，实现新型农业经营主体增收渠道从单一生产向服务经营、资产入股等立体化转型。遂宁经验表明，一是可以依托特色文化IP开发差异化产品体系，激活"农业+文旅+教育"融合价值，推动新型经营主体与乡村产业形

成更深层次融合发展生态，突破产业边界构建价值共生网络；二是强化科技赋能，联合科研机构共建专家工作站和试验基地，形成"高校研发—基地试验—企业转化"链条，推动农业技术研发、成果转化与产业应用的深度衔接。

（四）数字赋能产销协同，多方共享利益增值

遂宁市以数字经济为引擎重塑农业产销协同体系，通过构建全链条数字化服务网络与利益共享机制，推动新型农业经营主体与小农户深度融合。遂宁经验表明，数字赋能的关键在于建立开放共享的价值循环体系，深化数据要素在农业全产业链的应用，完善"数字基建+技术渗透+利益联结"的协同机制。一方面，可以鼓励政府主导搭建覆盖县乡村的三级数字服务平台，整合生产指导、市场研判、政策对接等功能，以数据共享破解信息壁垒，帮助新型农业经营主体精准对接市场需求；另一方面，引导龙头企业依托智能化管理系统整合产业链资源，通过标准化品控、动态化调度实现全链条增值，并以订单合作、要素入股等方式将技术红利转化为农户收益。

（五）探索多元组织模式，创新利益分配机制

遂宁市通过创新利益分配机制与组织模式，以"五金"模式为框架，整合土地流转、入股分红、产业增值、务工就业等多维收益渠道，激活了新型农业经营主体活力。遂宁经验表明，一是可以通过"党支部+集体经济+企业+农户"等组织形式，将分散资源转化为集约化经营优势，强化集体经济纽带作用，更通过利益捆绑机制激发企业、农户等主体参与积极性。二是构建"保底收益+超额分成"保障体系，探索"阶梯式分成"模式，在保障农户基础权益的同时，增强农户和新型农业经营主体黏性，还可以构建风险共担机制，通过农业保险、价格调节基金等工具对冲市场波动，确保多元分配模式的可持续性。

参考文献

张晓山:《实施乡村振兴战略的几个抓手》,《人民论坛》2017 年第 32 期。

张红宇:《中国现代农业经营体系的制度特征与发展取向》,《中国农村经济》2018 年第 1 期。

楼栋、孔祥智:《新型农业经营主体的多维发展形式和现实观照》,《改革》2013 年第 2 期。

孔祥智:《新型农业经营主体的地位和顶层设计》,《改革》2014 年第 5 期。

B.30
第二轮土地承包到期后再延长30年的探索

—— 以什邡市为例

张克俊 曾 强 李建国 李美霖*

摘 要： 本报告基于什邡市第二轮土地承包到期后再延长30年的试点实践，探讨稳定土地承包关系的路径。报告强调，延包工作对巩固农村基本经营制度、保障农民土地权益和优化土地资源配置至关重要。什邡市的核心经验在于坚持"大稳定、小调整"原则，运用系统化的"七步工作法"，通过民主协商和基层组织动员，针对人口变动、土地确权争议、机动田管理等问题，制定了精细化的分类治理方案，有效维护了农民权益和农村稳定。针对实践中暴露的土地细碎化、农民参与度不足等问题，本报告提出关键对策建议：协同治理推进"小田并大田"，禁止违建；深化精准土地确权；保障农民参与权和知情权；因地制宜采取灵活策略。

关键词： 土地承包经营权 土地延包 什邡市

一 开展农村土地二轮延包的政策背景与意义价值

我国农村土地制度以家庭承包经营为基础、统分结合的双层经营体制为核心，对农业从业者生计与发展权益影响深远。20世纪80年代初以来，家

---

* 张克俊，四川省社会科学院农村发展研究所研究员，主要研究方向为统筹城乡、农村经济；曾强，什邡市农业农村局工作人员，主要研究方向为农业农村发展；李建国，四川省社会科学院农村发展研究所，主要研究方向为农村发展；李美霖，四川省社会科学院农村发展研究所，主要研究方向为农村发展。

庭联产承包责任制经实践优化逐步完善，1983 年首轮 15 年承包启动，1998
年第二轮承包延长至 30 年。2017 年党的十九大提出第二轮到期后延长 30
年。2019 年中央一号文件细化政策，选 10 个县试点延长 30 年。2025 年中
央一号文件重申稳定承包关系的必要性，提出"大稳定、小调整"原则，
稳妥推进试点并扩大范围，确保承包地平稳顺延。开展二轮延包试点具有重
要现实需求和意义价值。

1. 稳定农村基本经营制度的现实需求

农村土地承包关系作为我国农村基本经营制度的核心，其稳定性直接关
系到国家粮食安全与农村社会稳定。农地仍然承担着一定的社会保障功能，
稳定土地承包关系就是充分考虑亿万农民生存和发展的需要。在乡村振兴战
略实施背景下，二轮延包试点通过将承包期再延长 30 年，有效化解了第二
轮承包到期后的制度空窗风险。这种制度延续不仅巩固了家庭承包经营的基
础性地位，更通过"三权分置"改革为现代农业发展提供了稳定的制度预
期，可以在很大程度上避免政策不确定性导致的土地撂荒和短期经营行为。

2. 保障农民土地权益的制度延续

随着土地资源资产属性显化，承包权已成为农民最重要的财产性权利。
但在城镇化进程中，2.9 亿农民工群体的"离乡不离土"现象导致土地权益
虚置与利用低效并存。二轮延包试点通过确权颁证、建立动态台账等举措，
既保障进城农民保留承包权，又为留守农户拓展经营权抵押融资渠道。这种
"固权活产"的制度设计，使土地承包权从生存保障向财产权利转型升级，
为农民增收构筑了长效制度屏障。

3. 新型城镇化背景下的土地资源优化配置

在我国城镇化率突破 65% 的当下，城乡要素流动催生土地资源配置新
需求。二轮延包试点通过明确承包权属期限，激活了土地要素市场化配置，
使土地资源在城乡间实现动态平衡，既缓解了城市建设用地指标紧张，又推
动了资本、技术等资源向农业农村领域的流动，为构建新型工农城乡关系提
供了重要的制度支撑。

4. 考量社会公平与效率的统一

制度设计应兼顾公平与效率，特别要关注最不利群体的利益。[1] 二轮延包试点面临的核心挑战之一是如何在"长久不变"的政策导向下保障新增人口的权益，需要探寻既维护既有承包户的权益稳定，又为新增人口提供发展空间的制度设计，在效率与公平间寻求平衡点。同时，阿马蒂亚·森的能力理论指出，制度安排应关注个体可行能力的提升。二轮延包试点通过赋予农民更完整的土地权利，增强了其参与市场的能力，为乡村振兴注入了内生动力。

二　什邡市开展土地二轮延包的主要做法

在国家政策导向下，四川迅速响应国家部署，于2020年率先制定省级试点方案，选定青神县、什邡市和苍溪县作为首批省级试点单位，延包试点。经过五年的探索与实践，四川在总结试点经验的基础上，进一步贯彻落实2025年中央一号文件精神，并结合省委一号文件的具体要求，于2025年全面扩大"二轮延包"试点范围，深化试点内容。四川在政策实施中，坚持以现有承包地为核心，确保大多数农户的承包地能够平稳延续，避免出现承包地打乱重新分配的情况。同时，严格执行"增人不增地、减人不减地"的原则，进一步巩固了土地承包关系的稳定性。什邡市作为四川省级首批第二轮土地承包到期后再延长30年试点单位，通过系统化的"七步工作法"有序推进延包工作，在坚持依法依规、稳妥推进的原则下，充分结合地方实际情况，形成了一套系统化、可推广的实施模式。什邡市地处成都平原西北部，作为四川直辖的县级行政区域，该市总面积达821平方公里，下辖8个建制镇、2个街道办事处以及1个省级经济技术开发区。[2] 截至2023年底，全市

① 段江波：《正义何以优先于效率——兼论罗尔斯的"正义原则"对我国制度改革的启示》，《华东师范大学学报》（哲学社会科学版）2006年第3期。
② 《什邡概述》，https://www.shifang.gov.cn/gk/jtzl/gs/sfgs/1939264.htm，2024年2月29日。

常住人口 41.4 万人，农村户籍人口 27.7 万人，耕地总面积 31.1 万亩。① 什
邡市率先开展了第二轮土地承包到期后延包 30 年的地方性试点工作。作为
先行试点地区之一，该市已成功完成了 18 个村庄的土地发包工作。这些实
践经验为后续工作的开展提供了宝贵的参考案例，并验证了相关政策在实际
操作中的可行性和有效性。2025 年，什邡市将进一步对剩余的 78 个村庄开
展延包工作，确保所有农户都能享受到政策带来的红利。什邡市开展土地二
轮延包的主要做法有以下几个方面。

（一）遵循"大稳定、小调整"的实施路线

在实施土地承包期延长 30 年的试点过程中，什邡市严格依据《中华人
民共和国农村土地承包法》《四川省实施〈中华人民共和国农村土地承包
法〉办法》《农村土地承包合同管理办法》等法律法规，确保试点工作依法
依规推进。鉴于该试点工作直接关系国家法律法规与政策的贯彻执行，并深
刻影响农户的切身利益，什邡市实施第二轮土地延包过程中采取了系统化和
规范化的实施策略，始终贯彻"大稳定、小调整"的方针，严格遵循国家
政策导向，确保在第二轮土地承包期满后延续承包关系，避免对承包地进行
大规模重新分配，从而维护了大多数农户原有承包地的长期稳定。针对少数
自然灾害等不可抗力因素导致承包地毁损的情况，且当地群众普遍要求调地
的村组，什邡市采取了灵活而严格的调整措施。这些调整需经过农民集体民
主协商，并获得本集体经济组织成员的村民会议的同意通过才能实施，还需
上报镇人民政府及市农业农村局批准。

（二）针对人口变动采取精准施策、分类治理的问题的分层应对
策略

什邡市在推进第二轮土地承包延包工作中，针对人口变化采取了一系列

---

① 《什邡统计年鉴—2024》，https：//www.shifang.gov.cn/gk/xxgk/zfsj/tjnj/2235659.htm，2025
年 2 月 13 日。

精准和分类举措。对于迁入人口，什邡市明确规定因结婚等原因迁入的人口原则上仅作为承包经营权共有人，不划给承包地。但对于1999年8月31日以后出生的迁入人口可确定为承包人口并划给承包地。对于迁出人口，什邡市坚持保留其承包人口身份及承包地，试点期间不作调整。对于新生人口，什邡市明确其为承包人口，并通过原有集体机动田或收回的集体耕地划给承包地；若试点组无机动田且未收回承包地，则按新生儿出生日期顺序排序，以逐年依法收回的集体耕地划给承包地。对于死亡人口，什邡市通过召开村组会，动员有死亡人口的家庭自愿将承包地交回村民小组，收回的土地主要用于解决新生人口的承包地问题。对于整户消亡家庭，什邡市依法将该户所有承包地收归村民小组重新安排。对于购买社保农转非人口，什邡市根据村民小组决议或本人书面承诺执行土地承包权的处理方式。对于集中供养的五保户，什邡市原则上将其承包土地收回村民小组重新安排，但应与五保户亲属及村民明确遗产及安葬费用约定。

（三）采取精准丈量、分类推进方式解决二轮延包土地面积难题

什邡市在推进第二轮土地承包延包过程中，通过一系列精准措施，有效解决了土地面积分配难题。针对集体机动田超标问题，什邡市采取了灵活的收益分配机制。对于因田块零散、细碎导致无法二次发包而形成的超标机动田的收益，原则上按照村民小组内有户有地的承包人口进行分配，同时允许试点组根据实际情况召开村民大会讨论具体的分配办法。对于集体公益事业占用承包地的问题，什邡市明确将修沟、修渠、修路等公益用地从总耕地中减除，并由村民小组召开大会决定是否重新划定承包地或给予补偿。针对承包地与机动田混淆的问题，什邡市通过清理台账记录，确保土地现状的真实准确反映。对于因历史原因建房占用承包地的农户，什邡市明确了土地坐落位置及四至，并将收回土地作为机动田发包给占用土地的农户并进行收费。在确权颁证面积错误问题上，什邡市通过核实农户宗地台账、地块分布图等资料，按实有面积重新发包并登记台账。什邡市严格把握自留地和承包地的界限，明确禁止将承包地或机动田变更为自留地，或将自留地变更为

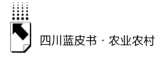
承包地。针对部分村民人均承包地台账与现状不符的问题，什邡市通过解决地震后农房重建占用承包地、父子地块界定不清、承包地互换面积不准确等问题，确保台账与现状相符。除因村民小组原因外，原则上不得补划承包地。

（四）建立二轮土地延包工作共性与特殊问题的处置办法

在推进第二轮土地延包工作中，分别设立共性与特殊问题的处置办法是什邡市优化土地资源配置、维护农民权益的重要举措。什邡市通过收集、归类和总结，梳理出二轮延包工作中的共性与特殊问题，并制定了相应的处置办法。其中关于共性问题的处置办法有以下几个方面。明确了发包起止时间并设立了从 2022 年 9 月 1 日至 2029 年 8 月 31 日的过渡期。通过签订过渡期合同与正式合同，保障了农户权益。什邡市严格遵循"按户承包、按人分地"的原则，以 2014 年确权登记数据为基准。对于新生人口，通过集体机动地或依法收回的承包地进行配置，迁入迁出人口不进行承包地调整，整户消亡情况依法收回承包地。规定集体机动地面积不得超过耕地总面积的5%，防止随意扩大"机动地"占比。针对特殊问题的处置办法则聚焦于提升资源利用效率并维护社会经济稳定。对于农转非及社保购买人群，要求其作出自我承诺，确保土地交回集体重新分配。针对历史遗留问题，如因政策变动失去土地权益的家庭，通过困难补助进行补偿；对于田埂界限消失的情况，采用"确权不确地"的方法，确保流转面积与收益分配的准确性。

（五）采取系统化的"七步工作法"推进二轮延包

什邡市针对土地第二轮延包工作，制定了系统化的"七步工作法"，并成立专门的延包试点工作领导小组，确保相关政策和措施得到坚决而有效的贯彻执行。一是宣传动员阶段。通过组织领导小组成员会议、业务骨干培训会以及农户动员大会，积极开展关于第二轮土地延包的宣传与推广工作。二是资料准备阶段，分试点组，将农村土地承包花名册、农户与宗地台账、地块分布图等确权登记颁证的成果资料移交给各镇（街道）。三是调查摸底阶段，主要从以下四个维度进行详细调查与分析。对拥有土地和户籍的人口及其所占土地面积进行摸底；对仅有户籍而无土地的人口状况进行调查；对实际拥有土地但不具备相应户籍的人口情况进行摸底；对机动田的面积进行详查。四是清理核实阶段，主要针对以下几类情况进行详细的核查与确认。延包人口及其共有人口、仅有户籍而无土地的人口、实际拥有土地但不具备相应户籍的人口、整户消亡情况、信息错漏的人口、延包地初步调查中的错漏情况，以及延包人口和延包地的计算等。基于上述清理核实的结果，编写详尽的人口及延包地清理情况说明文档，并根据重点核查结果编制面积及使用状况说明文件。最终的核查结果将在公共平台上进行公示，根据所收到的意见对清理核实结果进行必要的调整和修正，从而形成最终版的延包人口及面积核实汇总表和延包人口计算汇总表。五是制定各试点组的延包方案阶段，坚持"一组一案"。根据各试点组的工作组及承包工作小组全体成员的集体讨论，基于本组土地和人口的清理结果，对特殊事项和特殊人群进行详细探讨，制定针对性的土地承包办法，并根据农户的反馈意见对延包方案进行调整和完善，最终由农户通过签字予以确认。六是实施延包阶段，各试点组的工作组及承包工作小组依据既定的承包方案，对农户进行逐户土地分配，并在此过程中修订和完善农户与宗地台账、土地延包花名册等重要文档资料。同时，与农户签订过渡期合同书，确保土地延包过程中的法律保障和权益确认。所有相关数据经过仔细审核后上报，最终汇总形成包括土地分配详情、农户信息更新以及合同签订情况在内的综合报表。第七阶段为验收总结环节，主要对试点单位的基本情况、延包工作进展、实践经验、存在问题及改进建议进行全面梳理和总结。

三　经验启示和对策建议

（一）经验启示

确保农村基本经营制度的稳定是试点工作的根本基石。什邡市农村土地

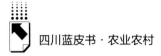

二轮延包试点进展顺利，据调研，在这个过程中不仅没有带来社会的不稳定，而且农民对此十分满意。什邡市农村土地二轮延包试点的经验可归纳为以下四个方面。一是坚持农村土地集体所有制，保障集体经济组织成员平等享有土地权益，这既符合了现行土地制度的基本要求，也体现了对集体所有权的尊重。二是把落实"大稳定、小调整"的方针作为试点工作的核心要点。通过延续承包关系，避免对承包地进行重新分配，不仅减少了土地调整引发的社会矛盾，也维护了农民的土地权益。三是始终把重视农民主体地位作为试点工作取得成果的关键支撑。充分发挥基层组织和农民的自主性，鼓励其解决实际利益问题，不仅提升了政策的适应性和灵活性，也增强了农民对改革的参与感和认同度。四是保障农村社会稳定是试点工作的首要条件。在推进过程中，什邡市采取稳慎有序的实施方式，结合当地实际，实行分类指导和差异化策略，避免"一刀切"的做法。同时，分级负责、稳步推进的工作机制为试点实施提供了有效的组织保障。

（二）对策建议

农村土地承包二轮到期后再延长30年是一项非常复杂和系统的工程，涉及农民的切身利益和农业农村现代化发展，必须对之考虑周全，慎之又慎地稳妥推进。目前，全国和四川正在扩大土地承包二轮到期后再延长30年的试点。为使这些工作推进更为有效，本报告根据什邡实践，结合农业农村的巨大变化，提出如下建议。

1. 强化衔接：推动土地承包权延期工作与其他土地问题共同治理

土地承包权延长政策的实施需与农村其他土地问题与规划形成协同效应。土地细碎化是当前推进农业现代化和乡村振兴面临的重要障碍之一，主要表现为每一户地块数量多、面积小且分散，导致农业生产效率低下、土地利用效率降低以及农业可持续性受到威胁。因此，如何破局土地细碎化问题，推进土地规模化经营是提高农业生产效率的关键路径之一。此外，过去一段时期利用承包地违规建房亦同为农村土地的重要问题，不仅影响土地的农业功能，还可能导致土地资源浪费。因此，在二轮延包过程中，应结合土地确权工作，通过调整承包地边界、合并零散地块、鼓励农民互换等方式，实现"小田变大田"。同时，应严格禁止违规利用承包地分散建房"分割"耕地，通过统一规划集中安排宅基地用地，促进农村居民点适度集中。

2. 以土定权：稳步推进农民土地确权与调整分配

土地确权作为承包权延长的前提条件，是维护农民权益的关键性举措。四川各地应对土地确权工作进行质量回顾并进一步深化确权、确地、确权属工作，确保承包地的权属清晰、面积准确，并通过确权、确地、确权属的方式解决土地调整引发的纠纷问题，通过信息化手段提升土地管理效率。除此之外，针对四川山区过去耕地面积测量不准确而导致的难以确权，进而影响二轮延包工作推进的问题，应积极出台相关应对策略，加大财政支持力度，并借助信息技术手段精确测定耕地面积，从而有效推进二轮延包工作的顺利实施。

3. 以人为本：通过多种措施切实保障农民的核心权益

什邡市作为四川的重要农业区域，其在二轮延包工作中的实践经验具有重要的示范意义。在实施二轮延包过程中，需切实尊重农民的主体地位，确保其充分参与决策的权利得到有效保障。通过召开村民大会、建立村民议事会等形式，让农民直接参与到土地调整和承包合同签订过程中。依法完善土地二轮延包工作，通过立法和政策手段加强对农民承包权的保护，确保延包过程中不出现"走过场"的现象。加大政策宣传力度，确保农户全面掌握政策信息，防止信息不透明而导致的矛盾与争议。

4. 采取因地制宜策略性推进"二轮延包"工作

在四川省的土地二轮延包工作中，应充分考虑不同地区、不同人群的实际情况，制定灵活且具有针对性的政策。对于进城务工的农民，可以探索通过市场机制建立退出与新承接机制，促进土地资源的合理流转；可以借鉴什邡试点村组在土地调整中的经验，通过确权确地不确亩的方式，结合机动地调整和减地增效的手段，确保土地承包关系的长期稳定，同时最大化保障农民的利益。同时，应根据农户家庭构成、土地流转情况以及经营主体的需求，灵活调整土地分配方式。

Abstract

Annual Report on Sichuan's Agricultural and Rural Development Report (2025) —— *Deepen Rural Reform* comprehensively shows the important research results of Sichuan's agricultural and rural reform and development. The book is divided into three parts: the first part is the general report, including 2 reports on the current situation of Sichuan's agricultural and rural development in 2024 and the outlook for 2025, and the progress of Sichuan's rural reform, its effectiveness and experience, and the direction of breakthrough It describes the steady progress of Sichuan's agricultural and rural development in 2024, the effectiveness of agricultural and rural reforms continue to improve, but facing structural contradictions, the difficulty of farmers to increase income, the relatively low level of agricultural industrialization, the depth of the adjustment of the industrial structure of the pressure of the regional development of imbalance and many other issues. In 2025, Sichuan will focus on key areas in the process of promoting rural reform, exploring more groundbreaking reform paths, and breaking down institutional barriers; the second part is a thematic chapter, including Sichuan's deepening reform of the "separation of three rights" of contracted land, the operation mechanism of the new-type rural collective economy, the sound promotion of long-term mechanisms for rural revitalization, and the mechanism for preventing the return of poverty in the countryside, the mechanism of guaranteeing the income of grain farmers, the construction of high-standard farmland, deepening the reform of the three rights of collective forest land, the mechanism of accelerating and improving the citizenship of the agricultural transfer population, and mechanism of guaranteeing the exit of the three rights of farmers who have settled down in the city, etc. The study will focus on the deepening of the reform of Sichuan's agriculture and rural areas, and explore the optimization path after the rural reform. The third part is case studies, including 14 selected case studies in the fields of land system, institutional mechanism innovation, agricultural industry, urban-rural integration, and ecological value transformation and etc, it summarizes the innovative practices of deepening rural reform in many areas of Sichuan, and develops experiences and models that can be replicated and promoted. Many experiences and practices in the management of poverty alleviation and support assets in Junlian County, the value of assets has been preserved and increased; in the reform of rural homestead's "separation of three rights" in Luxian County, value of rural land resources have been activated; in the process of the civicization of the agricultural transfer population in Daying County, the "three rights of ownership" of rural residential bases are being explored, so as to activate the value of rural land resources. In the process of citizenship of the agricultural transfer population, the construction of rights and benefits, public service support system, to accelerate the process of urban-rural integration; Meishan Dongpo District, Xichong County, Wenjiang and other places respectively in the construction of high-standard farmland management and care, agricultural social services, modern agricultural business system innovation and other aspects of the remarkable results, in order to practice to verify the theory, to experience to promote the reform. These cases show the diversity and creativity of Sichuan's agricultural and rural reform and development from different perspectives, and provide the province and even the country with rich practice samples and ideas.

Keywords: Deepen Rural Reform; Rural Revitalization; Sichuan Province

Contents

I General Reports

Abstract：2024 is a year in which significant achievements have been made in the development of agriculture and rural areas in Sichuan Province. The gross domestic product of agriculture has steadily increased, the development of modern agriculture continues to improve, the efficiency of agricultural and rural reform continues to improve, the construction of livable, business friendly, and beautiful rural areas has accelerated, and the living standards of farmers have significantly improved. At the same time, it also faces prominent structural contradictions, increasing difficulties in sustained income growth for farmers, relatively low levels of agricultural industrialization and operation, insufficient level of development of agricultural productivity. In 2025, Sichuan will seize the existing new opportunities, take the No. 1 central document of the Central Committee and the No. 1 Document of the Sichuan Provincial Party Committee as the guide, deeply focus on the key and difficult issues in the field of "agriculture, rural areas and farmers", further consolidate the construction of "Tianfu granary", consolidate and expand the achievements of poverty alleviation, strengthen the county area to enrich people's industries, focus on promoting rural construction and governance, and deepen key rural reforms, promote the transformation of Sichuan from a major agricultural province to a strong agricultural province, and lay a solid foundation for the modernization of Sichuan's agriculture and rural areas.

Keywords: Agriculture and Rural Areas; Agrarian Reform; Sichuan Province

Abstract: Since the Third Plenary Session of the 18th CPC Central Committee, Sichuan has actively explored and implemented rural reforms, achieving significant results. Reforms such as the separation of the "three rights" of contracted farmland, the rural collective property rights, the market entry of collective construction land and the agricultural management system have progressed steadily, stimulating rural economic vitality, safeguarding farmers' rights, and accelerating urban-rural integration. However, challenges remain, including insufficient systemic reform, difficulties in breaking through key areas, and weak reform motivation. Moving forward, Sichuan's rural reform should prioritize breakthroughs in key areas, strengthen systematic integration, and enhance reform motivation. These efforts will also provide valuable insights for rural reform across the country.

Keywords: Rural Reform; Rural Revitalization; Urban-rural Integration

II Special Reports

Abstract: Deepening the reform of the "separation of three rights" of

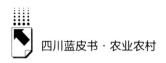

contracted rural land is a crucial link in improving the rural land system and promoting the implementation of the rural revitalization strategy. This thesis takes the "separation of the ownership right, the contract right, and the management right" of the contracted rural land as the core, and systematically analyzes the main problems existing in the current reform practice, including blurred boundaries of rights and responsibilities, an imperfect rural land transfer market, an unbalanced mechanism for the distribution of interests, insufficient policy and legal safeguards, inadequate control of social risks and insufficient willingness of farmers, as well as issues of regional differences and the adaptability of the system. Through an investigation and research on the actual situation in Sichuan, countermeasures and suggestions for optimizing the reform path are put forward: First, clarify the boundaries of the "three rights", and construct a scientific mechanism for the division and coordination of property rights, to ensure that the basic principles of collective ownership, farmers' contract rights, and the transferability of management rights are effectively implemented. Second, improve the service system of the rural land transfer market, establish a standardized and efficient rural land transfer platform, and improve the allocation efficiency of land resources. Third, improve the security system for the distribution of interests, strengthen the protection of farmers' rights and interests, and reasonably distribute the land proceeds. Fourth, strengthen legal and policy support, improve relevant laws and regulations, and enhance the institutional guarantee for the reform. Fifth, pay attention to the reform strategies with regional differences, design reform plans according to local conditions, and achieve policy balance.

Keywords: Contracted land; Separation of Three Rights; Rural Revitalization

B.4　Study on Deepening the Development Path and Reforming the Operation Mechanism of New Rural Collective Economy in Sichuan Province　　　　*Gao Jie, Wu Lingchu* / 081

Abstract: Since the reform of the rural collective property rights system,

Sichuan Province has actively guided the establishment and development of new rural collective economic organizations, and the rural collective economy in Sichuan Province has achieved remarkable results. However, in the process of developing a new type of rural collective economy, there are generally problems in the province, such as unbalanced collective economic development, lack of specialized talents, non-standard organization and operation, and unclear development path. In view of the above problems, this paper puts forward the direction of the development of a new type of rural collective economy with the leadership of party building as the core and the guidance of laws and regulations, and puts forward countermeasures and suggestions such as building a professional talent team and providing demonstration and guidance for the development of a new type of collective economy.

Keywords: New Rural Collective Economy; Rural Collective Property Rights system; Sichuan Province

B.5　Research on Improving the Long-term Mechanism
　　for Promoting Rural Revitalization in Sichuan

Zhou Xiaojuan, Pang Jingtao / 092

Abstract: The sound advancement of long-term mechanisms for rural revitalization has served as a dynamic practice and honorable mission for Sichuan in learning from and applying the experience of the Green Rural Revival Program to uphold its golden reputation as a major agricultural province. It has also constituted a crucial foundation and necessary condition for Sichuan to comprehensively advance rural revitalization and establish a higher-level "Tianfu Granary" in the new era. In 2024, Sichuan achieved remarkable progress in improving its rural revitalization mechanisms: the long-term mechanism for cultivating and developing rural specialty industries was continuously optimized; institutional frameworks for building beautiful and harmonious villages yielded tangible results; mechanisms for agricultural and rural

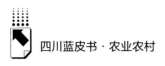
reform steadily advanced; and systems promoting county-level urban-rural integration were systematically implemented. Through these efforts, Sichuan has accumulated innovative experiences, including prioritizing top-level design, focusing on targeted objectives, driving progress through industrial revitalization, advancing integration at the county level, and optimizing governance as a stabilizing force. These achievements have laid a solid foundation for Sichuan to fully unleash its potential in rural revitalization, accelerate agricultural modernization, and vigorously advance toward becoming an agricultural powerhouse.

Keywords: Rural Revitalization; Long-term Mechanism; Sichuan Province

B.6 Practical Exploration and Optimization Strategies of Rural Poverty Prevention Mechanisms in Sichuan Province

Gao Jie, *Yang Shiyu* / 104

Abstract: As a western agricultural province with a large rural population and relatively weak development foundations, rural residents in Sichuan still face intertwined pressures from external risks and internal vulnerabilities, which may lead to a return to poverty or new impoverishment. To comprehensively eliminate poverty recurrence risks, Sichuan has established a normalized mechanism for preventing poverty relapse. Through classified monitoring, targeted assistance, and financial safeguards, the province has achieved a high risk elimination rate. However, challenges persist, including insufficient precision in dynamic monitoring, an incomplete social security system, weak sustainability of industrial development, limited participation of social forces, and regional development imbalances. After the transition period, Sichuan should further refine its dynamic monitoring mechanisms, strengthen social security systems, extend industrial chains, encourage social participation, and give priority to develop key areas to advance comprehensive rural revitalization and modernize agriculture and rural areas across the province.

Abstract: Improving the income guarantee mechanism for grain farmers is not only a "ballast stone" for consolidating the foundation of national food security and ensuring a stable supply of grain, but also a "booster" for promoting agricultural modernization and achieving high-quality development. In recent years, Sichuan Province has achieved remarkable results in stabilizing the income of grain producers by improving the guarantee system. However, in the face of multiple challenges such as high prices of agricultural production materials, frequent extreme meteorological disasters, intensified fluctuations in grain market prices, and relatively lagging agricultural infrastructure, it is still necessary to adopt systematic measures and promote as a whole to effectively build a solid income guarantee network for grain producers.

Abstract: The construction of high-standard farmland is a crucial initiative for safeguarding national food security. As a major agricultural province and a key grain-producing region, Sichuan Province holds a significant political responsibility to advance high-standard farmland construction with high quality, thereby consolidating the foundation of food security. Efforts in this domain within the

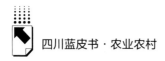
province have progressed through three distinct phases: Initial implementation, accelerated expansion, and high-quality development. Although substantial progress has been achieved and valuable practices have been established, several critical challenges remain. These include the substantial workload associated with developing unconstructed farmland, the complexity of upgrading existing farmland, mismatches between funding supply and demand, deficiencies in quality supervision mechanisms, and tensions between economic and social benefits moving forward, efforts should be focused on strengthening strategic planning, enhancing quality supervision throughout the entire construction process, establishing a long-term management and maintenance mechanism with multi-stakeholder participation, optimizing the allocation and standardized utilization of funds, and improving mechanisms for the efficient use of high-standard farmland. These measures are expected to provide robust support for the sustainable and high-quality development of high-standard farmland in sichuan province.

Keywords: High-standard Farmland; Food Security; High-quality Development

B.9　Practices and Strategies of Deepening the Reform

of the Separation of Three Rights in Collective

Forest Land in Sichuan Province　*Pang Miao, Chen Yuqin* / 138

Abstract: The deepening of the reform of the "separation of three rights" in collective forest land in Sichuan Province is of great significance for the management of forestry resources and the realization of the value of ecological products. This paper reviews relevant policies promoting the separation of three rights in collective forest land both nationally and within Sichuan, providing an in-depth understanding of the current distribution of collective forest land resources, forest tenure structures, and management models in Sichuan Province, while elucidating the theoretical foundation of the reform. By analyzing practices in pilot areas, the paper clarifies the achievements of the reform and the challenges faced, covering aspects such as policy implementation, market mechanisms, and social awareness. Furthermore, it proposes strategies for deepening the reform from four perspectives: strentherning the ledding role of collective economic organizations, improving mechanisms for realizing the value of ecological products, cultivating and expanding new type of business entitles, and improring supporting policies and services. The aim is to promote the sustainable development of forestry in Sichuan, contributing to rural revitalization and ecological civilization construction.

Keywords: Collective Forest Land; "Separation of Three Rights"; Value of Ecological Products; Sichuan Province

B.10 Research on Accelerating the Citizenization of Agricultural Migrant Populations in Sichuan Province

Hu Junbo, Sun Yuling and Li Bingyi / 149

Abstract: The citizenization of rural migrant populations is a critical step in dismantling the urban-rural dual structure and advancing the high-quality development of new urbanization. Its progress is directly linked to the realization of social equity and justice and the effectiveness of integrated urban-rural development. Under the national policy framework, Sichuan Province has established a multi-tiered citizenization policy system. However, challenges persist, including a persistent urban-rural income gap, ineffective exit mechanisms for rural "three rights" (land contractual management rights, homestead use rights, and collective income distribution rights), mismatches between policy design and implementation, and unequal public service provision. These issues not only constrain the quality of citizenization but also hinder the broader urbanization process. To address these challenges, this report proposes measures such as narrowing the urban-rural income gap, improving exit mechanisms for rural "three rights," enhancing policy coordination, and optimizing public resource allocation, aiming to accelerate the citizenization of rural migrant populations in Sichuan Province.

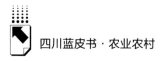

四川蓝皮书·农业农村

Keywords: Agricultural Transfer Population; Citizenization; New-type Urbanization; Sichuan Province

B.11 Research on Ensuring the "Three Rights" Withdrawal Mechanism for Farmers Settling in Urban Areas

Fu Zongping, Zhou Huixing / 160

Abstract: The "three rights" withdrawal mechanism for farmers settling in urban areas, as a core system in deepening the reform of rural property rights, represents a significant institutional innovation aimed at promoting urban-rural integration and the rural revitalization strategy. Through analysis, this paper concludes that the withdrawal of the "Three Rights" meets the practical needs of effectively protecting farmers' rights and interests, optimizing the allocation of land resources, standardizing the land transfer market, promoting the development of new urbanization, maintaining fairness within rural collectives, and improving relevant laws and supporting policies. However, there are still problems in the "Three Rights" withdrawal mechanism in Sichuan, including issues related to compensation funds, the connection between urban and rural systems, legal support, policy implementation, and land resource allocation. To improve the "Three Rights" withdrawal mechanism for farmers who have moved to urban areas and settled down, it is necessary to promote the integrated development of urban and rural systems; improve relevant laws and regulations.

Keywords: "Three Rights" Withdrawal; Farmers Settling in Urban Areas; Compensated Withdrawal

B.12 Promoting Equitable Access to Public Services in Sichuan

Zeng Xuhui, Fan Zhenqi and Li Qingqing / 172

Abstract: This report analyzes the current characteristics and key experiences of basic education and basic medical public service provision in Sichuan Province, based on a review of relevant policies for promoting equitable access to public services. In terms of education, this is reflected in the optimization of school distrution, the continuous growth of financial investment, and the more balanced and accessible allocation of high-quality resources. In terms of healthcare, this is reflected in the further improvement of the three-tiered basic healthcare service system, the enhancement of the supply capacity, and the effectiveness of mobile medical outreach. The report summarizes Sichuan's main experiences, draws on typical practices from economically developed regions, and proposes relevant policy suggestions. For educational public services, it's suggested to implement a dynamic "population-school" matching strategy, promote the equitable coverage of high-quality educational resources, and improve the education funding allocation to fit demographic changes. For medical public services, it's suggested to build a service system covering all population groups and the entire life cycle, strengthen the capacity of basic healthcare services, and enhance the quality management and quality control of medical care.

Keywords: Public Services; Education; Medical; Sichuan Province

B.13 Study on the Model Innovation and Long-term Management Mechanism for the Formation of Assets from Sound Government Inputs for Poverty Alleviation in Sichuan Province *Tang Xin, Li Mengfan* / 184

Abstract: This report focuses on the long-term management mechanisms for assets formed through government investment in poverty alleviation in Sichuan Province. It systematically analyzes four innovative models: equity-based dividend distribution, industry integration-driven development, revitalization of existing assets, and entrusted operation for income generation. The study identifies key challenges in current asset management, including issues related to ownership

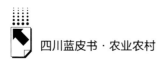
clarification, shortage of professional talent, operational efficiency, and supervisory mechanisms. Based on these findings, the paper proposes a series of policy recommendations: establishing a classified and layered management system to clarify rights and responsibilities; innovating multi-stakeholder collaborative operational mechanisms to enhance efficiency; building a comprehensive closed-loop supervision system to mitigate risks; and advancing modern asset management through professionalization and digital empowerment. These measures aim to ensure that poverty alleviation assets continue to play an effective role in the rural revitalization strategy.

Keywords: Poverty Alleviation Assets; Model Innovation; Long-term Governance Mechanism

B.14 Research on Promoting the Professionalization of Leaders of Family Farms and Farmer Cooperatives in Sichuan

Yu Hong, Pang Jingtao, Su Shiya and Xiao Zhina / 195

Abstract: Promoting the professionalization of the leaders of family farms and famer cooperatives is a key move for Sichuan to build a modern agricultural management system and accelerate the construction of a strong agricultural province. Sichuan through the establishment of high overall propulsion mechanism, strict regulate in and out mechanism, improve the mechanism of education training, improve the production support policy, superposition security out thrift, demonstration lead closely linked exploration practice, has made remarkable achievements, and accumulated the overall planning, industry, organization coordination, accurate docking, multiple security innovation experience. However, in the process of related work forward also face personnel management, personnel training, capital policy, insurance problems, need to further broaden the qualification access channels, strengthen production support policy, innovation training system mode, improve the social security system, improve the agricultural insurance system, optimize personnel dynamic management, and promote the professionalization of the leaders of Sichuan family farms and farmer cooperatives to a higher level.

Keywords: Family Farms; Farmer Cooperatives; Professionalization; Sichuan Province

B.15   The Mechanism of Integration Development of Agriculture
Commerce, Culture, Tourism, Sports and Health
in Sichuan: Current Situation, Problem Diagnosis
and Optimization Path   *Liu Li*, *Liu Jiaxin* / 206

Abstract: As a strong agricultural province and tourism resource-rich area in southwest China, Sichuan, under the background of the 14th Five-Year Plan, relies on its diverse resource endowments such as agriculture, culture, tourism, and health care to actively explore the integrated development path of agriculture, commerce, culture, tourism, and health care. However, in practice, it still faces systemic problems such as institutional fragmentation, barriers to the flow of factors, insufficient industrial coordination, lagging technology application, and talent loss, resulting in weak industrial value-added capabilities, a single channel for farmers to increase their income, and a low ecological value conversion rate. Starting from the eight dimensions of institutional innovation, industrial integration, technological empowerment, talent cultivation, interest linkage, ecological protection, brand building, and guarantee mechanism, this report proposes an optimization path for the "eight-dimensional linkage" mechanism, constructs a replicable "Sichuan Plan", and provides theoretical support and practical examples for rural revitalization and industrial integration.

Keywords: Agriculture, Commerce, Culture, Tourism, Sports and Health; Rural Revitalization; Industry Integration

B.16   Study on the Reform of Promoting Rural Collective

Operational Construction Land into the Market

in an Orderly Manner in Sichuan Province

Pang Miao, Jiang Xingrui / 217

Abstract: Since the Third Plenary Session of the 18th CPC Central Committee, Sichuan Province has been actively exploring the reform of market entry of rural collectively-operated construction land, and has achieved a series of remarkable results in the process of pilot work, institutional innovation, and related industrial development. The "trinity system framework" has served as the fundamental framework for the pilot counties in Sichuan Province, facilitating the market entry of rural collectively-operated construction land. This initiative has yielded notable outcomes, including the activation of rural land resources, the enhancement of farmers' income, and the accumulation of land reform and innovation experience. Additionally, it has led to the establishment of a series of practical and institutional achievements. However, the reform of market entry of rural collective construction land in Sichuan Province faces many difficulties, such as top-level Institutional constraints on the pilot work, large-scale utilization of land, insufficient motivation of multi-party subjects, and innovation of industrial development models. Sichuan Province also needs to take institutional innovation as the core, promote the participation of multiple subjects in the land interest linkage mechanism, clarify the implementing entity for the entry of collectively-owned business land into the market, the establishment of the construction of a fair and transparent market trading platform, to encourage collective economic organizations and social capital to help revitalize the countryside, and to provide institutional innovation samples for the reform of the rural land system for the country as a whole, in order to promote the integration of urban and rural development to a higher level.

Keywords: Collective-owned business Construction Land; Market Entry; Sichuan Province

III   Case Reports

Abstract: Junlian County has carried out innovative practices in poverty alleviation and asset management. Through the systematic promotion of asset clearing and verification, innovative management and operation models, the construction of risk prevention and control systems, and the strengthening of interest linkage mechanisms, the efficiency of resource integration has been improved, grassroots governance capabilities have been enhanced, industrial development resilience has been strengthened, institutional innovation has led development, and the comprehensive social benefits has manifested in multiple dimensions. This has provided strong support for rural revitalization and farmers' income increase, and valuable experience and reference for similar areas. The experience of Junlian County shows that systematic integration of resources, market-oriented operation, long-term management and protection, and full process risk prevention and control are key to achieving sustainable management of poverty alleviation and assistance assets.

Keywords: Poverty Alleviation and Support Assets; Asset Management; Junlian County

Abstract: This report takes the reform of "three rights separation" of rural homesteads in Lu County, Sichuan Province as the research object, and

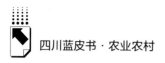

systematically analyzes its practical paths and comprehensive effects in optimizing the allocation of land resources, promoting farmers' income increase, and promoting rural revitalization. Based on the framework of "three rights separation", Lu County has innovatively established a dynamic qualification right identification mechanism, improved the rules for compensated withdrawal and transfer of homesteads through policy guidance, built a two-way flow platform for urban and rural elements by introducing market mechanisms, and promoted digital management, forming an integrated model of "right confirmation, circulation, and governance". This has not only improved the utilization rate of homesteads and increased farmers' property income, but also built rural revitalization projects such as homestay clusters and characteristic industrial parks. These innovative practices provide a complete solution covering institutional design, policy implementation, and technical application for the reform of rural homesteads nationwide, offering referable practical models and theoretical basis for the reform of rural homesteads in other regions.

Keywords: Rural Homestead; "Separation of Three Rights"; Lu County

B.19 Daying's Practice of Citizenization of Agricultural

Migrant Population

Hu Junbo, Cui Rongrong, Zhou Junjie / 248

Abstract: Promoting the citizenization of rural migrants is a crucial task in advancing new-type urbanization. As one of the national pilot counties for new-type urbanization in Sichuan Province, Daying County has achieved positive results in recent years through reforms to the household registration system, actively advance housing security and optimize employment services. However, challenges persist in advancing the citizenization of rural migrants, including lagging land system reforms, the household registration policy does not align with the settlement intentions of the agricultural transfer population. fiscal and land-use pressures in destination areas, and insufficient industrial and factor support. To address these issues, Daying County needs to improve mechanisms for the free flow of urban-rural resources, refine fiscal and land-use incentive policies for citizenization, and promote integrated urban-rural infrastructure development, thereby achieving high-quality urbanization.

Keywords: Citizenization of Rural Migrant Population; Integrated Development of Urban and Rural Areas; New-type Urbanization; Daying County

B.20   A Case Study on the Acceptance and Maintenance

of High-standard Farmland Construction

in Sichuan Province

—*Taking Dongpo Districtof Meishan City As an Example*

Fu Zongping, Zhu Xiaodi / 257

Abstract: Dongpo District, Meishan City, Sichuan Province, as the first national agricultural comprehensive development of high-standard farmland construction demonstration zone in the plain area, guided by planning, through innovative construction mode, strengthening the acceptance mechanism, and improving the management and protection system, built a "planning-construction-acceptance-management and protection" full cycle management system, providing a core model for the construction of "Tianfu granaries" in Sichuan Province. Based on the practice of high-standard farmland construction in Dongpo District, this report systematically summarizes the innovative practices in construction, acceptance and management and protection of high-standard farmland in Dongpo District. At the same time, we will refine the experience of high-standard farmland construction that can be replicated and promoted, such as scientific planning for local policies, regulating capital investment standards, promoting supporting science and technology management, and establishing a diversified supervision system, so as to provide reference for the high-quality development of high-standard farmland

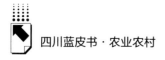

in other regions.

Keywords: High-standard Farmland; Acceptance Management and Protection; Dongpo District

B.21 The Construction of Agricultural Socialized Service System in Xichong County: Achievements, Challenges, and Practical Pathways   *Zhang Zemei, Wu Die* / 266

Abstract: With the deepening of the rural revitalization strategy and urban-rural integration, the construction of an agricultural socialized service system has become an important pathway for promoting agricultural modernization. Xichong County has actively explored the development of such a system, forming a service model with distinct local characteristics. Taking Xichong County as an example, this paper analyzes its experience, achievements, and challenges in building an agricultural socialized service system. Furthermore, it proposes pathways for improvement, including strengthening agricultural labor force training and optimizing land resources, promoting the diversified development of service entities, and precisely aligning agricultural service demand with supply-side reforms.

Keywords: Agricultural Socialized Service System; Agricultural Modernization; Xichong County

B.22 The "Wenjiang's Practice" in Urban Modern Agricultural Management System Innovation and Its Experiences and Insights   *Zhang Kejun, Zhang Lihong* / 277

Abstract: Urban modern agriculture is a crucial component of modern agriculture, playing a significant role in ensuring the "vegetable basket" supply for metropolises, meeting urban residents' demand for leisure and tourism, promoting urban-rural integration, and maintaining ecological conservation. As a typical representative region for urban modern agricultural development in Sichuan Province, Wenjiang District of Chengdu City has gradually established a new agricultural management system aligned with the requirements of urban modern agriculture through years of innovative exploration, offering valuable lessons for other regions. However, the innovative practices in Wenjiang's urban modern agricultural management system still face several prominent problems and constraints. There is a need to enhance the ability of small farmers to integrate into the development of urban modern agriculture, further improve the development quality of new types of agricultural businesses such as family farms, make dedicated efforts to overcome land constraints in urban modern agricultural development, and place high importance on green and low-carbon development in urban modern agriculture.

Keywords: Urban Modern Agriculture; Agricultural Management System; Wenjiang District

B. 23　The Practical Exploration of Collective-Managed

　　Construction Land Entering the Market:

　　—A Case Study of Lu County

Zhao Limei, Shi Jing / 287

Abstract: The entry of collectively-owned commercial construction land into the market is a core component of deepening rural land system reforms. As one of the first national pilot areas for land reform, Luxian County has spent a decade developing a comprehensive strategy to revitalize "dormant assets". Through innovative measures such as rural residential land withdrawal and collective land marketization, Luxian's "land + forest" natural resource combination supply case

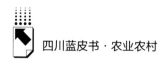

has been selected as a national exemplary model, signifying that its reform experience now holds nationwide promotion value. This report examines the institutional design, implementation outcomes, and future optimization directions of Luxian's reforms by analyzing policy documents, practical cases, and data. Moving forward, Luxian must strengthen planning guidance, benefit-sharing mechanisms, and farmer rights protection within national and provincial policy frameworks, while leveraging digital tools to streamline processes—positioning collectively-owned commercial construction land marketization as a key driver for rural revitalization and urban-rural integrated development.

Keywords: Collectively Managed Construction Land; Homestead; Rural Land System Reform; Lu County

B.24 Jianyang's Practice of Improving Grain Reserve Security Level in Sichuan Province

Mao Yu, Zhang Qiongdan and Yang Simeng / 297

Abstract: The security of grain reserves is closely related to the national economy and people's livelihood, and is an important foundation for national security. As one of the 13 major grain producing provinces in China, Sichuan Province shoulders the significant responsibility of ensuring food supply in the southwest region and maintaining national food security. This report analyzes the strategic position and practical challenges of grain reserves in Jianyang City, Sichuan Province, sorts out the motives and goals of its reform exploration, deeply analyzes the reform measures of the separation of rights and responsibilities system, collaborative guarantee mechanism, and upgrading of grain storage technology in Jianyang municipal enterprises, and summarizes the main achievements and shortcomings of the reform. Research has found that the separation of power and responsibility between government and enterprises is an effective way to reduce the breeding of corruption and lower the risk of violations; establishing a sound collaborative guarantee mechanism is an important foundation for strengthening emergency food security capabilities; upgrading grain storage technology is a powerful support for ensuring the quality and efficiency of grain reserves.

Keywords: Grain Reservation; Separation of Rights and Responsibilities; Smart Grain Warehouse; Jianyang City

B. 25 Chongzhou's Exploration of Promoting the Realization of Ecological Product Value *Yin Yexing, Chen Tingting* / 309

Abstract: As a new suburban city rich in ecological resources in Chengdu, Chongzhou has been actively promoting the realization of the value of ecological products. Through the implementation of preparatory mechanisms, innovative implementation mechanisms, and improved guarantee mechanisms, it has initially explored a coordinated path for ecological protection and economic development. However, Chongzhou still faces challenges such as insufficient green transformation, an incomplete GEP accounting system, poor alignment between supply and demand of ecological products, and limited innovation in common prosperity models. In response, this article proposes measures such as accelerating green and low-carbon transformation, improving the GEP accounting system, expanding accounting application scenarios, innovating ecological product development models, and strengthening village collective economies. These suggestions aim to provide practical references for improving the mechanism for realizing the value of ecological products.

Keywords: Ecological Products; Value Realization; Chongzhou City

B. 26 The Innovative Practice of New Rural Collective Economic Development in Jincheng Community, Pengzhou City *Li Zehui, Sun Yuemei* / 319

Abstract: The new rural collective economy serves as a practical pathway

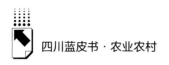

toward advancing all-around rural revitalization and achieving common rural prosperity. However, its development faces challenges including insufficient operational capabilities and sustainable profitability, farmers' lack of active participation, imbalances in benefit distribution, and governance deficits, despite positive overall progress. This study analyzes the practices of the new rural collective economy through strengthening organizational structures via Party-led governance, systematically integrating and revitalizing village resources, enhancing the collective economy through holistic management, protecting mutual rights and interests through shared benefits, and reinforcing community identity with smart co-governance, the outcomes and experiences in Jincheng Community, Pengzhou City, Sichuan Province. Study shows that high-quality development of the new rural collective economy can be achieved by leveraging Party leadership to foster collective political consciousness among the masses, applying systemic thinking to consolidate multifaceted resource elements, implementing interest-oriented mechanisms to ensure shared outcomes and common prosperity, accelerating industrial monetization through holistic planning and enabling collaborative participation via smart governance. This report can provide insights and guidance for other regions across the country exploring the development of the new rural collective economy.

Keywords: New Rural Collective Economy; Holistic Management; Benefit Sharing; Jincheng Community

B.27 Improvement of the Rural Revitalization Investment Mechanism: A Case Study of Pidu District

Tang Xin, Li Mengfan / 328

Abstract: The rural revitalization investment mechanism is a fundamental guarantee for the comprehensive implementation of the rural revitalization strategy, and its level of improvement directly affects the sustainability of rural development.

This report takes Pixian County in Sichuan Province as the research object, focusing on its practice and exploration of improving the rural revitalization investment mechanism through the " government-guided fund + social capital " model. The study finds that Pixian County has built a "funds—industry—benefits" closed-loop mechanism through fiscal precision guidance, social capital collaboration, resource integration, and industrial fusion, effectively integrating fiscal funds, social capital, and land resources. This has significantly improved the efficiency of fund utilization, promoted the diversification of rural industries, and achieved increases in farmers' income and improvements in the rural environment. However, the current Pixian County model still faces challenges such as an imperfect social capital exit mechanism, insufficient risk prevention, and weak protection of farmers' interests. Based on this, the paper proposes countermeasures and suggestions from four aspects: institutional innovation, risk management, benefit distribution, and performance evaluation, aiming to provide theoretical and practical references for improving the rural revitalization investment mechanism in Sichuan and other similar regions.

Keywords: Rural Revitalization; Investment Mechanism; Government-guided Fund; Social Capital; Pidu District

Abstract: Since 2021, Jingyang District, Deyang City, Sichuan Province, has pursued digital reform and agricultural modernization as its strategic focus, achieving significant outcomes. Implementation of the "1+3+N" smart agriculture framework—integrating agricultural administration, developing information platforms, and establishing a panoramic monitoring system—has steadily advanced

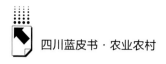

digital village development. Challenges remain, however, including policy-actual demand misalignment, weak digital service-agricultural product linkages, and insufficient talent allocation for digital agriculture. Future efforts must prioritize: optimizing scientific planning and top-level design, enhancing agricultural informatization and development momentum, and coordinating multi-stakeholder engagement and talent recruitment. These measures will provide institutional, technological, and talent support for comprehensive rural revitalization and digital village construction.

Keywords: Digital Rural Construction; Digital Agriculture; Rural Revitalization ; Jingyang District

B.29 Suining's Exploration of Cultivating and Developing New-Type Agricultural Management Entities

Zhang Ruixin, Yang Simeng / 350

Abstract: The new-type agricultural management entity is an important force in promoting the modernization of agriculture and rural areas, implementing the rural revitalization strategy, and promoting farmers' cooperative operation. As a pioneer area for cultivating new agricultural management entities, Suining City, with the support of the central and provincial committees, has explored the practical path of "cultivating and developing a community, building an industrial integration system, and constructing a benefit sharing system", providing valuable experience for other regions to cultivate new agricultural management entities and promote farmers' cooperative operation. The experience of Suining shows that cultivating new agricultural management entities requires strengthening individual capabilities and joint cooperation, deepening vertical integration and horizontal integration of the industrial chain, optimizing production and sales coordination through digital technology, and stimulating subject vitality through diversified benefit distribution mechanisms.

Keywords: New Types of Agricultural Management Entities; Farmers' Cooperative Operation; Suining City

B.30 The Practices of Extension for Another Thirty Years
after Expiration of the Second Round of Land
Contracting in Shifang City

Zhang Kejun, Zeng Qiang, Li Jianguo and Li Meilin / 361

Abstract: This report explores the path to stabilizing land contracting relationships based on the pilot practice of extending the second round of land contracts for another thirty years after expiration in Shifang City. The study emphasizes that the extension work is crucial for consolidating the rural basic management system, safeguarding farmers' land rights and interests, and optimizing land resource allocation. The core experience of Shifang City lies in adhering to the principle of "overall stability with minor adjustments", employing a systematic "seven-step working method," and through democratic consultation and grassroots organizational mobilization, developing refined classified governance solutions to address issues such as population changes, land ownership disputes, and management of reserved land, effectively safeguarding farmers' rights and rural stability. In response to problems exposed in practice, such as land fragmentation and insufficient farmer participation, this report proposes key policy recommendations: collaborative governance to promote "consolidating small plots into large fields", prohibiting illegal construction; deepening precise land ownership confirmation; ensuring farmers' rights to participation and information; and adopting flexible strategies according to local conditions.

Keywords: Land Contract Management Rights; Land Extension Contracting; Shifang City

社会科学文献出版社

皮 书

智库成果出版与传播平台

❖ 皮书定义 ❖

皮书是对中国与世界发展状况和热点问题进行年度监测，以专业的角度、专家的视野和实证研究方法，针对某一领域或区域现状与发展态势展开分析和预测，具备前沿性、原创性、实证性、连续性、时效性等特点的公开出版物，由一系列权威研究报告组成。

❖ 皮书作者 ❖

皮书系列报告作者以国内外一流研究机构、知名高校等重点智库的研究人员为主，多为相关领域一流专家学者，他们的观点代表了当下学界对中国与世界的现实和未来最高水平的解读与分析。

❖ 皮书荣誉 ❖

皮书作为中国社会科学院基础理论研究与应用对策研究融合发展的代表性成果，不仅是哲学社会科学工作者服务中国特色社会主义现代化建设的重要成果，更是助力中国特色新型智库建设、构建中国特色哲学社会科学"三大体系"的重要平台。皮书系列先后被列入"十二五""十三五""十四五"时期国家重点出版物出版专项规划项目；自2013年起，重点皮书被列入中国社会科学院国家哲学社会科学创新工程项目。

皮书网

（网址：www.pishu.cn）

发布皮书研创资讯，传播皮书精彩内容
引领皮书出版潮流，打造皮书服务平台

栏目设置

◆ **关于皮书**

何谓皮书、皮书分类、皮书大事记、
皮书荣誉、皮书出版第一人、皮书编辑部

◆ **最新资讯**

通知公告、新闻动态、媒体聚焦、
网站专题、视频直播、下载专区

◆ **皮书研创**

皮书规范、皮书出版、
皮书研究、研创团队

◆ **皮书评奖评价**

指标体系、皮书评价、皮书评奖

所获荣誉

◆ 2008 年、2011 年、2014 年，皮书网均
在全国新闻出版业网站荣誉评选中获得
"最具商业价值网站"称号；

◆ 2012 年，获得"出版业网站百强"称号。

网库合一

2014年，皮书网与皮书数据库端口合
一，实现资源共享，搭建智库成果融合创
新平台。

皮书网

"皮书说"
微信公众号

权威报告·连续出版·独家资源

皮书数据库
ANNUAL REPORT(YEARBOOK)
DATABASE

分析解读当下中国发展变迁的高端智库平台

所获荣誉

- 2022年，入选技术赋能"新闻+"推荐案例
- 2020年，入选全国新闻出版深度融合发展创新案例
- 2019年，入选国家新闻出版署数字出版精品遴选推荐计划
- 2016年，入选"十三五"国家重点电子出版物出版规划骨干工程
- 2013年，荣获"中国出版政府奖·网络出版物奖"提名奖

皮书数据库

"社科数托邦"
微信公众号

成为用户

　　登录网址www.pishu.com.cn访问皮书数据库网站或下载皮书数据库APP，通过手机号码验证或邮箱验证即可成为皮书数据库用户。

用户福利

- 已注册用户购书后可免费获赠100元皮书数据库充值卡。刮开充值卡涂层获取充值密码，登录并进入"会员中心"—"在线充值"—"充值卡充值"，充值成功即可购买和查看数据库内容。
- 用户福利最终解释权归社会科学文献出版社所有。

社会科学文献出版社 皮书系列
SOCIAL SCIENCES ACADEMIC PRESS (CHINA)

卡号：543216457216
密码：

数据库服务热线：010-59367265
数据库服务QQ：2475522410
数据库服务邮箱：database@ssap.cn
图书销售热线：010-59367070/7028
图书服务QQ：1265056568
图书服务邮箱：duzhe@ssap.cn

基本子库 SUB DATABASE

中国社会发展数据库（下设 12 个专题子库）

紧扣人口、政治、外交、法律、教育、医疗卫生、资源环境等 12 个社会发展领域的前沿和热点，全面整合专业著作、智库报告、学术资讯、调研数据等类型资源，帮助用户追踪中国社会发展动态、研究社会发展战略与政策、了解社会热点问题、分析社会发展趋势。

中国经济发展数据库（下设 12 专题子库）

内容涵盖宏观经济、产业经济、工业经济、农业经济、财政金融、房地产经济、城市经济、商业贸易等 12 个重点经济领域，为把握经济运行态势、洞察经济发展规律、研判经济发展趋势、进行经济调控决策提供参考和依据。

中国行业发展数据库（下设 17 个专题子库）

以中国国民经济行业分类为依据，覆盖金融业、旅游业、交通运输业、能源矿产业、制造业等 100 多个行业，跟踪分析国民经济相关行业市场运行状况和政策导向，汇集行业发展前沿资讯，为投资、从业及各种经济决策提供理论支撑和实践指导。

中国区域发展数据库（下设 4 个专题子库）

对中国特定区域内的经济、社会、文化等领域现状与发展情况进行深度分析和预测，涉及省级行政区、城市群、城市、农村等不同维度，研究层级至县及县以下行政区，为学者研究地方经济社会宏观态势、经验模式、发展案例提供支撑，为地方政府决策提供参考。

中国文化传媒数据库（下设 18 个专题子库）

内容覆盖文化产业、新闻传播、电影娱乐、文学艺术、群众文化、图书情报等 18 个重点研究领域，聚焦文化传媒领域发展前沿、热点话题、行业实践，服务用户的教学科研、文化投资、企业规划等需要。

世界经济与国际关系数据库（下设 6 个专题子库）

整合世界经济、国际政治、世界文化与科技、全球性问题、国际组织与国际法、区域研究 6 大领域研究成果，对世界经济形势、国际形势进行连续性深度分析，对年度热点问题进行专题解读，为研判全球发展趋势提供事实和数据支持。

法律声明

"皮书系列"（含蓝皮书、绿皮书、黄皮书）之品牌由社会科学文献出版社最早使用并持续至今，现已被中国图书行业所熟知。"皮书系列"的相关商标已在国家商标管理部门商标局注册，包括但不限于LOGO（▦）、皮书、Pishu、经济蓝皮书、社会蓝皮书等。"皮书系列"图书的注册商标专用权及封面设计、版式设计的著作权均为社会科学文献出版社所有。未经社会科学文献出版社书面授权许可，任何使用与"皮书系列"图书注册商标、封面设计、版式设计相同或者近似的文字、图形或其组合的行为均系侵权行为。

经作者授权，本书的专有出版权及信息网络传播权等为社会科学文献出版社享有。未经社会科学文献出版社书面授权许可，任何就本书内容的复制、发行或以数字形式进行网络传播的行为均系侵权行为。

社会科学文献出版社将通过法律途径追究上述侵权行为的法律责任，维护自身合法权益。

欢迎社会各界人士对侵犯社会科学文献出版社上述权利的侵权行为进行举报。电话：010-59367121，电子邮箱：fawubu@ssap.cn。

社会科学文献出版社